当 代 世 界 学 术 名 著

Personal Influence:

The Part Played by People in the Flow of Mass Communications

[美] 伊莱休·卡茨 Elihu Katz
保罗·F·拉扎斯菲尔德 Paul F.Lazarsfeld / 著

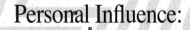

新闻与传播学
译丛
大师经典系列

中国人民大学出版社
·北京·

人际影响
个人在大众传播中的作用

张 宁 / 译　刘海龙 / 校
伊莱休·卡茨 Elihu Katz / 撰写新版导论
埃尔默·罗珀 Elmo Roper / 撰写前言

新闻与传播学译丛·大师经典系列　　　　　展江　何道宽 /主编

"当代世界学术名著"
出版说明

中华民族历来有海纳百川的宽阔胸怀，她在创造灿烂文明的同时，不断吸纳整个人类文明的精华，滋养、壮大和发展自己。当前，全球化使得人类文明之间的相互交流和影响进一步加强，互动效应更为明显。以世界眼光和开放的视野，引介世界各国的优秀哲学社会科学的前沿成果，服务于我国的社会主义现代化建设，服务于我国的科教兴国战略，是新中国出版工作的优良传统，也是中国当代出版工作者的重要使命。

中国人民大学出版社历来注重对国外哲学社会科学成果的译介工作，所出版的"经济科学译丛"、"工商管理经典译丛"等系列译丛受到社会广泛欢迎。这些译丛侧重于西方经典性教材；同时，我们又推出了这套"当代世界学术名著"系列，旨在迻译国外当代学术名著。所谓"当代"，一般指近几十年发表的著作；所谓"名著"，是指这些著作在该领域产生巨大影响并被各类文献反复引用，成为研究者的必读著作。我们希望经过不断的筛选和积累，使这套丛书成为当代的"汉译世界学术名著丛书"，成为读书人的精神殿堂。

由于本套丛书所选著作距今时日较短，未经历史的充分淘洗，加之判断标准见仁见智，以及选择视野的局限，这项工作肯定难以尽如人意。我们期待着海内外学界积极参与推荐，并对我们的工作提出宝贵的意见和建议。我们深信，经过学界同仁和出版者的共同努力，这套丛书必将日臻完善。

中国人民大学出版社

"新闻与传播学译丛·大师经典系列"
总　　序

　　新闻与大众传播事业在现当代与日俱增的影响与地位，呼唤着新闻学与传播学学术研究的相应跟进和发展。而知识的传承，学校的繁荣，思想的进步，首先需要的是丰富的思想材料的积累。"新闻与传播学译丛·大师经典系列"的创设，立意在接续前辈学人传译外国新闻学与传播学经典的事业，以一定的规模为我们的学术界与思想界以及业界人士理解和借鉴新闻学与传播学的精华，提供基本的养料，以便于站在前人的肩膀上作进一步的探究，则不必长期在黑暗中自行摸索。

　　百余年前，梁启超呼吁："国家欲自强，以多译西书为本；学子欲自立，以多读西书为功。"自近代起，许多学人倾力于西方典籍的迻译，为中国现代社会科学和自然科学的建立贡献至伟。然而，由于中国新闻学与传播学的相对年轻，如果说梁任公所言西学著述"今之所译，直九牛之一毛耳"，那么新闻学与传播学相关典籍的译介比其他学科还要落后许多，以至于我们的学人对这些经典知之甚少。这与处在社会转型过程中的中国的社会经济文化发展的要求很不协调，也间接造成了新闻与传播"无学"观点的盛行。

　　从1978年以前的情况看，虽然新闻学研究和新闻教育在中国兴起已有半个世纪，但是专业和学术译著寥寥无几，少数中译本如卡斯珀·约斯特的《新闻学原理》和小野秀雄的同名作等还特别标注"内部批判版"的字样，让广大学子避之如鬼神。一些如弥尔顿的《论出版自由》等与本学科有关的经典著作的翻译，还得益于其他学科的赐福。可以说，在经典的早期译介方面，比起社会学、政治学、经济学、法学、心理学等现代社会科学门类来，新闻学与传播学显然先天不足。

　　1978年以后，尤其是20世纪90年代中期以来，新闻与传播教育和大众传播事业在中国如日中天。但是新闻学与传播学是舶来品，我们必须承认，到目前为止，80％的学术和思想资源不在中国，而日见人多势众的研究队伍将 80％以上的精力投放到虽在快速发展但是仍处在"初级阶段"的国内新闻与大众传播事业的研究上。这两个 80％倒置的现实，导致了学术资源配置的严重失衡和学术研究在一定程度上的肤浅化、泡沫化。专业和学术著作的翻译虽然在近几年渐成气候，但是其水准、规模和系统性不足以摆脱"后天失调"的尴尬。

我们知道，新闻学产生于新闻实践。传播学则是社会学、政治学、心理学、社会心理学等学科以及新闻学相互融合的产物。因此，"新闻与传播学译丛·大师经典系列"选择的著作，在反映新闻学研究的部分代表性成果的同时，将具有其他学科渊源的传播学早期经典作为重点。我们并不以所谓的"经验学派/批判学派"和"理论学派/务实学派"划线，而是采取观点上兼容并包、国别上多多涵盖（大致涉及美、英、德、法、加拿大、日本等国）、重在填补空白的标准，力争将 20 世纪前期和中期新闻学的开创性著作和传播学的奠基性著作推介出来，让读者去认识和关注其思想的原创性及其内涵的启迪价值。

法国哲学家保罗·利科（Paul Ricoeur）认为，对于文本有两种解读方式：一种是高度语境化（hypercontextaulisation）的解读，另一种是去语境化（decontextaulisation）的解读。前者力图从作者所处的具体社会语境中理解文本，尽可能将文本还原成作者的言说，从而领会作者的本意；后者则倾向于从解读者自身的问题关怀出发，从文本中发现可以运用于其他社会语境的思想资源。本译丛的译者采用的主要是第一种解读方式，力图通过背景介绍和详加注释，为读者从他们自身的语境出发进行第二种解读打下基础。

"译事之艰辛，惟事者知之。"从事这种恢弘、迫切而又繁难的工作，需要几代人的不懈努力，幸赖同道和出版社大力扶持。我们自知学有不逮，力不从心，因此热忱欢迎各界读者提出批评和建议。

"新闻与传播学译丛·大师经典系列"
编委会

断裂与延续：《人际影响》的影响
（代译者序）

在传播学术史的研究与探讨中，一般有两种相互对立的话语。其一是施拉姆（Schramm，1997）建构起来，并被罗杰斯（2002）重申的以"四大奠基人"为传播学科源起的学术史话语。这一历史话语体系以传播效果为核心，将整个传播学术史大体划分为强效果论（"魔弹论"）阶段、有限效果论阶段和新强效果论阶段，诸多传播理论按其效果观以及提出的时间，在一个线性的时间轴上各居其位、各安其所。这无疑是一种主流的历史叙事（但也经常处于被批判地位），绝大多数传播学教材普遍采用这一说法——这既体现了它的主流地位，同时又反过来将其进一步强化。在这个谱系中，拉扎斯菲尔德以及传播学的哥伦比亚学派当仁不让地处于历史转折点的核心位置，被认为是"魔弹论"的终结者和有限效果论的重要开创者。而开启这一重要转折进程的，是拉扎斯菲尔德所领导的两项重要研究以及据此出版的两部著作——伊里县调查与《人民的选择》、迪凯特调查与《人际影响》。

与此同时，近十多年来兴起了重新评价与重写传播研究学术史的潮流。在这一话语体系下，"四大奠基人"被认为是施拉姆一手创造出的"神话"，其目的之一在于让传播学能够攀附上政治学、社会心理学等主流学科从而更快得到学界承认。在这一"神话"体系中，美国式的实证传统成为传播研究的主流，而以杜威为代表的芝加哥学派的更偏向于人文的路径，以及欧洲的批判主义的路径均被忽视，甚至受到贬抑（可见黄旦，2015；胡翼青，2007）。在对这种历史谱系的批判中，作为"美国传统"的重要代表，拉扎斯菲尔德以及哥伦比亚学派几乎成为众矢之的，受到猛烈批评。不过吊诡的是，这样的批判客观上却又使得哥伦比亚学派的学术影响力得到极大提升，至少进一步证明了哥伦比亚学派的重要学术地位（刘海龙，2010）。因为无论是支持者还是批评者都发现，拉扎斯菲尔德和他的一系列重要研究，始终是绕不过去的话题。

更值得注意的是，再晚近些，出现了对于上述批判的进一步反思与"批判"。此处所说的"批判"与批判者，并非简单地站在主流路径上与第二种历史话语展开论争，而是认为上述相互对立的两大历史话语系统都有失偏颇，有将其自身意识形态化的倾向。一方面，施拉姆及其路径的追随者们对传播研究的框定有其狭隘之处；但另一方面，鼓吹芝加哥学派、批判传统等等其他路径的学者们，出于确立自身正当性的需要，往往在将哥伦比亚学派树为稻草人进行否定与批判时，裁剪、修正了哥伦比亚学派的学术思想，忽略了该学派一些重要的探索与贡献。换言之，主流路径的研究者们对于传播学源流与发展的认识是一种有着自身目的的建构，那么它的批判者们，比如凯瑞（James Carey），同样也在建构，并受到其所处情境的影响（周葆华，2008a；方师师、於红梅，2010；孙藜，2012）。

由此可以看出，在对传播研究知识地图的谱绘中，不同学者从各自立场和角度，对于拉扎斯菲尔德和哥伦比亚学派有着不同的解读，这也使得哥伦比亚学派的面孔似乎在逐渐变得模糊——大体近似，但在一些重要的细部上却又众说纷纭。这也正是译介包括《人际影响》在内的哥伦比亚学派经典著作的价值所在，它可以使我们在揭秘式的知识社会学视角之外，能够更多地从传播研究的内部，更为清晰地厘清哥伦比亚学派的成就与贡献，以及它的不足与问题。

即使是哥伦比亚学派最严厉的批评者，也不得不承认《人际影响》在传播研究学术史上的重要地位（Gitlin，1978）。该书基于拉扎斯菲尔德在1944年领导进行的迪凯特研究，而就在四年前，拉氏刚刚进行了著名的伊里县调查，出乎意料地发现大部分选民所获取的竞选信息以及他们的决策依据，并非如预想那般来自大众媒体，选民们似乎更倾向于从其他个体那里获得信息，并受到直接影响。由此，拉扎斯菲尔德等人提出了"意见领袖"与"二级传播"的假设（拉扎斯菲尔德、贝雷尔森、高德特，2012）。但是，什么样的人才是意见领袖，他们具有哪些属性，他们与他们的追随者之间是怎样的关系，二级传播的具体过程如何展开，受到研究时间、经费等各方面的限制，这些问题并没有在伊里县调查中得到确认与检验。因此，拉扎斯菲尔德迫不及待地想要展开一项新的研究，对这些意外得来却悬而未决的假设进行检验。

此时，拉扎斯菲尔德出众的运筹能力又一次得到验证，他成功地从一家出版商麦克法登出版公司那里拉来了赞助，这使得迪凯特调查能够顺利实施。赞助商本只想让哥伦比亚大学应用社会研究所调查一下读者的期刊阅读行为及取向，以帮助其更好地打开市场，但拉扎斯菲尔德却由此确证了意见领袖的存在，以及他们的基本属性和影响流程，打开了传播研究的一个重要领域。这种"管理研究"最为批评者所诟病的地方之一，就在于这种研究路数对经济势力与政治势力的依附，而这种依附势必会损害学者本应持有的独立性与批判性，使他们沦为"学术行政官"和"研究技术专家"（米尔斯，2005：60），并进而影响到知识生产过程，使得学者的研究成为维护既有体制与秩序的策略工具。对于这一批评，卡茨在本书的导言中作了简单回应，认为迪凯特研究在总体上是以社会科学家的旨趣为导向的，它并未完全受限于资助者简单的商业用途，而是进入了对人类行为的普遍性问题的探讨之中。直到晚年，卡茨依然坚持认为尽管接受了资助，但早期哥伦比亚传播学者们的方法与结论是有借鉴意义的，当下的研究不应当完全抛弃以前的范式与方法，也不应该对以前的研究一味否定，这样势必会影响到传播学科的合法性，而是应在继承的基础上建立新的研究范式与路径（刘新传、公文，2011）。

应该说，学者们对哥伦比亚学派学术传统的批评确实击中要害，但卡茨的辩解亦非全无道理。就拉扎斯菲尔德本人而言，尽管将接受各方资助作为应用社会研究所乃至他本人的生存发展之道，但就学术旨趣而言，他并没有将仅为赞助者服务作为研究的根本目标。受到罗伯特·默顿及其中层理论（middle-range theory，又常译作"中距离理论"）的巨大影响，拉扎斯菲尔德没有满足于对若干变量的描述与归纳，而是希望将研究对象置于相对更为广泛与复杂的网络中，得出对人类行为的一定程度的抽象概括。在这点上，将拉扎斯菲尔德与霍夫兰及其耶鲁学派做一番比较，就会发现二者间的重要差别（胡翼青，2012：96～97，152～153）。迪凯特调查中，拉扎斯菲尔德在完成雇主委托任务的基础上"夹带私货"，加入了对公共事务领域影响流动的调查，正是其理论努力的体现之一。迪凯特研究从1945年完成数据采集工作，到1955年《人际影响》出版，用了10年的时间。在这期间，拉扎斯菲尔德尝试让应用社会研究所中的不同成员来进行理论架构，但对他们所做的工作都不甚满意，其间更是经历了与米尔斯的决裂。直到当时还是博士研究生的卡茨接手，尝试用当时社会学领域中日渐盛行的小群体研究为框架对数据进行整理分析，才使得整个研究在一定程度上具备了理论抽象的可能。因此，拉扎斯菲尔德欣然将卡茨列为了本书的第一作者。卡茨的努力主要集中在本书的第一部分，从中我们可以看出，卡茨围绕着个人在传播过程中所扮演的角色这一核心，梳理分析了小群体研究领域中的数百项研究，这与中层理论所要求的综合大量前人研究进而得出抽象概括的研究理路相一致，体现出默顿及其中层理论的巨大影响，以及拉扎斯菲尔德和卡茨的理论追求。因此，简单地将拉氏的研究斥为只为雇主利益服务，并进而质疑其理论努力，是不切合实际的。

在沿用了伊里县调查中所采用的"小样本反复研究法"（panel study）的基础上，迪凯特调查又加入了"滚雪球法"（snowballing）和"指认"（designation，包括了自我指认与相互指认）的方法来进行社会关系测量，以期能够更加精确地抓住人际关系网络中的意见领袖。这是迪凯特研究在方法上的创新之处。在数据分析中，拉扎斯菲尔德和卡茨构建了"生命周期"（life-cycle）、社会经济地位和"合群性"（gregariousness）三个指标，以探求意见领袖的属性与特质。具体而言，在日常生活用品购买领域，生命周期是决定一个女性能否成为意见领袖的最重要因素——"大家庭妻子"（即45岁以下，已婚并育有两个或两个以上子女的女性）更容易成为这方面的意见领袖，合群性亦有一定影响，但社会地位在这一领域中对于能否成为意见领袖几乎没有什么作用；在时尚领域，与购物领域相似的是，生命周期是意见领袖的决定性因素——"女孩"（即单身的小于35岁的年轻女性）是主要的时尚意见的输出者，但与前者不同的是，在这一领域中社会地位与合群性这两个指标都在发挥作用，不过值得注意的是，当影响在不同社会地位的女性间流动时，中间社会阶层的女性与高社会阶层的女性在成为意见领袖方面的比例相当，而不是人们容易想象到的那样简单地自上而下流动；在电影观看领域，同样是生命周期要素最为关键——当需要寻找一位电影"专家"时，所有年龄层次的女性都转向了"女孩"群体，而社会地位要素和合群性要素与获得电影意见领袖地位之间的联系很弱。然后，麻烦来了：在公共事务领域，前三个领域中几乎都属于决定性变量的生命周期要素在决定谁能成为这一领域的意见领袖方面作用十分有限，而社会地位成为最重要的决定因素，这一领域中的影响也更为频繁地由较高层级向低层级人群流动，而不是相反，呈现出明显地"垂直（向下）流动"的特征。

由上可以看出，公共事务领域的加入，使得拉扎斯菲尔德和卡茨对于意见领袖的概括陷入了无法"确认"的境地。尽管在上述前三个领域中都存在着明显的意见"水平流动"的特点，但正如吉特林所言，如果沿续伊里县调查的传统，以政治生活为核心考察对象的话，那么对于意见领袖特性以及意见流动的归纳，与《人际影响》"勉强"得出的结论就可能是完全相反的（Gitlin, 1978：219-220）。如果进一步追问的话，拉扎斯菲尔德所选择的这三个变量是否恰当呢，其他社会领域中的影响流动又会是哪些变量起主导作用呢，男性群体中的意见领袖又由哪些因素决定呢……这样一来，确实如批评者所说，《人际影响》中对于意见领袖和意见的人际流动过程的概括没有什么确定性与规律性可言，仍相当粗糙，并不能算作真正的中层理论（胡翼青，2012：93～95）。其中，也确实可以看到赞助者对研究的巨大影响，这是"管理研究"终究难以回避的问题。因此丹·席勒（Dan Schiller）十分尖锐地批评说，拉扎斯菲尔德的研究必须符合赞助厂商的目标，这使得迪凯特调查在指标选择与建构上就已经对女性进行了侮辱与伤害（比如将年长于35岁的单身女性排除在调查之外，因为她们"通常已经被排除在婚姻市场之外"），这种对研究对象进行"剪裁"的操作方法自然不可能带来普遍性的结论，而且阶级、性别、种族等等结构性要素在这项研究中消失无踪或无法掌握，因此迪凯特调查以及此后哥伦比亚学派的研究路径模糊、回避了传媒生产与传播行为背后的真问题——作为劳动者的"人"以及隐藏于传播行为背后的政治、经济的结构性力量，这使得美国传播研究走入了狭窄的巷道（席勒，2012：81～84）。

席勒的批判对于反思哥伦比亚学派的研究路径与范式当然不无裨益，但是否如他所言，只有从批判的政治经济学的路径入手，才有可能从根本上揭示传播与影响/效果的根本动因，才有真正的学术价值？其实倒也并不尽然，至少同为批判学派的文化研究路径下的学者就不会完全赞同。更何况，如果研究都只能在某一种所谓"绝对正确"的路径下展开，那学术的思想探索也未免太无趣了。对已经意识形态化的所谓主流路径进行范式批判当然有其必要，但同时也要避免新的意识形态化。从《人际影响》对于意见领袖与意见流动的归纳概括上看，确有未能普遍化与规律化之憾，但这并不构成全然否定此项研究的理由，因为一方面，不同于霍夫兰等人或是后来流行并占据主导地位的高度精细化的经验量化研究，理论取向的探索与推测才是拉扎斯菲尔德以及当时的哥伦比亚学派的追求，而不仅仅是对变量关系的证实（胡翼青，2012：95～96）；另一方面，从思想史的角度看，《人际影响》最大的意义还并不完全在于其对意见领袖和二级传播，乃至所谓"有限效果"的具体理论阐述，而在于其为传播研究开创了一条全新的路径，这条路径在一定程度上具有较为丰富的可能性，只是在传播研究此后的发展中，被后来的"主流路径"的研究者们作了筛选与裁剪，并被批评者们贴上了"标签"予以了固化。从这点上看，《人际影响》的第一部分，即卡茨所撰写的理论基础部分，可能较聚焦于数据分析并对意见领袖与意见流动过程进行具体描述的第二部分，更为重要。

在《人际影响》的第一部分中，卡茨由大众传播过程的四个中介变量入手，指出另外还存在一个重要的但尚未被充分研究的中介变量——人，或者说人际关系。在这点上，以我们的后知之明来看，《人际影响》及其后哥伦比亚学派进行的新药扩散的研究甚至可以视为现在很流行的社会网络分析的先驱。以此为视角，卡茨对当时逐渐盛行的小群体研究进行了梳理，提出了"初级群体（primary group，又常被译作首属群体）的再发现"的论断，并将之作为架构《人际影响》全书理论体系的基础。通过对"霍桑实验"、《美国士兵》以及"扬基城系列研究"的简单回顾，卡茨指出，这些研究不仅发现了初级群体确实存在的可靠的经验证明，还进一步提示我们，初级群体将个体联结起来，构成了个体行动的情境，因此必须将关系/情境因素与个体行动有机联系起来加以分析，才有可能更为清晰地揭示人类行为背后的普遍动因与模式。从传播思想史的角度看，这一理论基点的确定，其意义有以下两方面：

其一，明确地将哥伦比亚学派的研究与大众社会理论以及霍夫兰等人拉开距离。在施拉姆所构建的历史叙事中，四大奠基人被笼而统之地归入一个"主流"路径之下，他们大体上均强调科学化的经验量化研究，均以效果问题为核心，基本都是有限效果论的开创者。这一"神话"式的建构很容易让人们注意到四大奠基人之间的相似之处，但他们之间的差异，甚至是对立却往往被忽视。实际上，细究文本我们可以发现，虽然拉扎斯菲尔德和霍夫兰的研究确实都以"效果"为核心，但二者的效果观和研究路径实则有着根本性的差别。霍夫兰继承了其老师华生的行为主义心理学的衣钵，在其劝服研究中更多地从个体心理学的视角出发，将个体与其社会联系隔离开来，并试图通过对促成个体态度改变的少数具体变量进行测量，来推知一般大众的普遍情况，强调的是方法论上的纯粹性而排除其他，追求的是变量间因果关系的精确描述以及对个体行为的准确预测（柯林斯、马科夫斯基，2006：14）。从这点上讲，尽管霍夫兰的研究否定了大众社会理论下的强效果观，但从根本上看，霍夫兰对"人"的认识与大众社会理论是完全一致的，即将人视为原子化的、彼此隔绝孤立的存在，并继而很自然地采用了个体主义的研究视角。同时，这也使他的研究带有强烈的"刺激—反应"色彩，个体处于被动接收的地位，其主体性与能动性几乎完全消失不见。而拉扎斯菲尔德则与此截然不同，在《人际影响》中，两位作者不厌其烦地强调个体不是与社会相隔离的，而是无时无刻不处于与其他人的相互影响之中，处于社会群体之中，传播研究应将人置于复杂而多变的情境中，去追踪影响的流动。因此，迪凯特调查摆脱了对人的"原子化"的认识方式，对人际关系、社会结构和权力关系予以了更多的整体性的关注，从而重新获得了典型的涂尔干式传统（莫里森，2004：220；周葆华，

2008b：15）。

其二，从《人际影响》中，可以解读出哥伦比亚学派与芝加哥学派之间可能存在的承袭关系。在詹姆斯·凯瑞（Carey，1997）看来，这两个学派是割裂而且对立的，四大奠基人以及后来的研究们抛弃了芝加哥学派的民主理想与传统，走到了维护既有规制的保守一面，因此，美国传播研究的传统是断裂的。凯瑞的这一叙述极具影响力，在很大程度上被奉为对美国传播研究史的经典解读。不过，这也带来了新的问题：芝加哥传统是如何以及为何失却的呢，哪些人、哪些力量促成了这样的断裂，它又是为何在 20 世纪 60 年代以后逐渐开始被学者们所关注从而"再度发言"的呢……在对这些问题的追问中，学者们逐渐发现，哥伦比亚学派与芝加哥学派的对立，似乎也是一种凯瑞等人所建构的"神话"。

在《人际影响》中，一眼即可发现卡茨对芝加哥学派的重要概念——初级群体——的借用，并将之作为全书的理论基点。当然，名词上的简单挪用并不意味着一定存在着沿袭或继承关系，因为完全可能存在着意义上的误读与歪曲——确实也有学者是这样认为的（严功军，2015）。要厘清究竟是继承还是误读，就必须回到原始文本进行细致阅读、分析。

在《人际影响》中，卡茨认为，初级群体对于身处其中的个体而言，其影响首先在于使得个体与群体保持一致——由于群体规范与压力的存在，个体想要获得并维持与他人的紧密联系，就必须使自己接受群体整体的意见和价值观。这并非是一个理性计算的结果，人们在不自觉中遵循着这样的传统，个体由此受到群体内他人的根本性影响，从而使群体能够保证整体一致性。其次，群体具有"提供现实"的功能，它是环境意义的提供者（因为环境自身无法进行自我解释），由此个体完成了对于现实的建构，并与群体内他人共享并保持一致。最后，在初级群体中，人们通过互动完成价值共享。此时，个体的意见和态度在与群体内其他成员的互动之中产生，并在这种互动中得以维持，因此初级群体成为一个"参照群体"（reference group），其成员从中获得解释、意见和影响，然后形成他们对于外部世界的反应。在此基础上，卡茨将初级群体与人际网络中的影响流动联系起来，探讨了当个体面对群体外部流入的影响企图时，群体共享规范对个体反应所起到的作用，分析了对人们面对面接触产生了实质影响的不同因素，以及初级群体网络与大众媒介之间存在的关联，由此完成《人际影响》的整体理论建构。

而在库利的初级群体思想中，最引人注目的无疑是他将初级群体看作"人性的养育所"，即在与初级群体内他人交流的过程中，个体的人逐渐发展起自我，"形成'社会本性'（social nature）与个体思想"，从而完成社会化。因此，传播，尤其是初级群体内的传播，是"社会人"形成的基础，使人成为人，使人与社会融为一体、密不可分。库利将初级群体视为"人"产生与发展的根本，这一思想在《人际影响》中确实并未得以体现，但这是否就意味着卡茨与拉扎斯菲尔德是在误用或曲解库利的概念呢？其实不然。因为除了强调初级群体对于人的社会化过程的根本性意义外，库利也提出了初级群体的其他一些特征与功能，而这往往是《人际影响》的批评者们所忽视的。库利认为，在初级群体中，"亲密关系的结果，是在精神上使个体与普遍整体融合在一起，因此特定个体的特定自我，至少在目的上，就是与群体的普遍生活和目标相一致"。群体内当然可以存在着多样性与竞争，群体也允许每个人有不同的情感，"但是这些情感……处于（群体的）共同精神的规制（discipline）之下。个体可以有自己的愿望，但他的愿望的首要目标，是与群体内他人的期望相一致，个体忠诚于（群体的）普遍标准与规则"。在此，我们完全可以看出，在库利对初级群体的剖析中，同样强调个体与群体保持一致，遵从群体的共享规范。此外，库利亦论及了初级群体的"提供现实"与价值共享的功能，认为正是在初级群体中，人们体认并获得了社会中占主导地位的思想、价值观与行为规范，从而把自己一体化到社会整体之中（库利，2013，第3章）。

由上可见，《人际影响》并未明显地误读与曲解库利的"初级群体"的概念，只是由于研究取向、研究目标与研究方法的不同，卡茨与拉扎斯菲尔德更多关注了外部世界（大众媒介）与群体的互动、群体内的人际互动行为及影响流动过程，而库利则更为强调初级群体对个体自我的形成及社会化的意义。因此，与其说《人际影响》的作者们歪曲了库利与芝加哥学派的思想，甚至由此质疑《人际影响》的理论意义及其对历史和现实的启发价值，毋宁说是不同的学者们都以初级群体为基点，沿着不同的方向与维度进行思考与探索。在这里，《人际影响》体现出了对于芝加哥学派思想的继承与发展，而不是歪曲、割裂、对立。

《人际影响》还反映了在传播研究形成初期，该领域与更广大的社会学以及其他社会科学的密切合作，大量社会学家和社会学理论与传播研究产生了重要的"化学反应"。但是近年来，传播研究与社会学可以说是渐行渐远。卡茨（Katz, 2009）发表了《社会学为何抛弃了传播研究》，提醒学界注意这一现象。其后他又与批评者普利（Pooley and Katz, 2008）一起发表了《再议社会学为何抛弃大众传播研究》，修正了部分看法。这两篇文章从另一个侧面说明了《人际影响》发表前后传播研究与社会学的关系，以及社会学，包括芝加哥学派社会学在其中扮演的重要角色。

《人际影响》往往被认为是开启"有限效果论"的重要著作之一（甚至卡茨本人也这么认为），但实际上，在这本书中，并未对大众媒介的影响效果做出明确的回答。一方面，作者认为意见领袖往往比其追随者更多地接触大众媒介；但另一方面，我们也可以质疑说，接触并不等于受到影响，"信息流"也不一定等同于"影响流"。此外，拉扎斯菲尔德与哥伦比亚学派也往往被认为开启了聚焦于媒介与短期态度转变的研究路数，并影响了后来的研究者。确实，在《人际影响》的一开始，卡茨就强调说大众媒介研究的最重要旨趣，是去探究一个较短的特定时间段内，大众媒介在试图影响（通常是改变）意见或态度方面的有效性，亦即要研究大众媒介"宣传运动"（campaigns）的影响。不过需要注意的是，在书中的不同地方，作者也数次强调，传播效果绝不仅止于短期影响，按照拉扎斯菲尔德的区分，以四种类型的大众媒介的"刺激"和四种类型的受众"反应"为指标，可以划分为 16 种不同的效果类型（Lazarsfeld, 1948）。另外，由于筑基于"初级群体"这一极具学术价值与活力的概念基础之上，《人际影响》在人际互动、群体规范、价值共享、意义赋予等方面的讨论，实则为后来的研究提供了多元而富于弹性的可能路径，其中就包含与社会网络研究、文化研究、公共领域、参与式民主等学术资源对接的可能性。从卡茨本人以后的研究经历看，其视野也由短期效果拓展开去，"达拉斯"研究、"媒介事件"研究等，都已经涉及了更宽广的社会文化因素或者媒介的中长期影响，用卡茨自己的话来说，这是他研究生涯中的另一条主线——文化（或者说是功能）的路径（卡茨，2014）。

因此，当我们回过头去阅读这本出版于 1950 年的经典著作，需要的恰是通过对于文本的细读，抛开或修正可能存在的标签化认识，走入传播思想史叙事中的"灰色地带"，重新反思那些已经约定俗成的"共识"，去发现"延续共识"中的断裂与罅隙，"断裂共识"中的继承与沿袭。从这个角度上讲，翻译出版《人际影响》一书，最重要的价值并不在于让我们重温拉扎斯菲尔德与卡茨对"意见领袖"与"二级传播"所做出的具体理论概括，而是能让更多有兴趣思考传播研究历程的人们走近文本，在细读的基础上反思既有的，特别是已被意识形态化的主流叙事，再配合以对知识生产机制与动因的反思，发现被遮蔽的其他可能性，反思历史，照亮未来的传播研究。

张宁

2016 年元月

于南京师范大学随园

注释

1. 方师师、於红梅：《詹姆斯·W·凯瑞版本的芝加哥学派及其建构》，载《国际新闻界》，2010（12）。

2. 胡翼青：《传播学四大奠基人神话的背后》，载《国际新闻界》，2007（4）。

3. 胡翼青：《传播学科的奠定：1922—1949》，北京，中国大百科全书出版，2012。

4. 胡翼青、何瑛：《学术工业：论哥伦比亚学派的传播研究范式》，载《中国地质大学学报（社会科学版）》，2014（6）。

5. 黄旦：《美国早期的传播思想及其流变——从芝加哥学派到大众传播研究的确立》，载《新闻与传播研究》，2015（1）。

6. ［美］伊莱休·卡茨：《通勤与合著：如何同时出现在一个以上的地方》，载

《国际新闻界》，2014（3）。

7．［美］柯林斯、马科夫斯基：《发现社会之旅：西方社会学思想述评》，北京，中华书局，2006。

8．［美］查尔斯·霍顿·库利：《社会组织》（英文版），北京，中国传媒大学出版社，2013。

9．［美］保罗·F·拉扎斯菲尔德、伯纳德·贝雷尔森、黑兹尔·高德特：《人民的选择：选民如何在总统选战中做决定》（第三版），北京，中国人民大学出版，2012。

10．刘海龙：《传播研究的哥伦比亚学派及其批评者》，载《国际新闻界》，2010（4）。

11．刘海龙：《连续与断裂：帕克与传播研究芝加哥学派神话》，载《学术研究》，2015a（2）。

12．刘海龙：《解放灰色地带：对传播思想史叙事的反思》，载《山西大学学报（哲学社会科学版）》，2015b（1）。

13．刘新传、公文：《国际传播研究回顾与反思——伊莱休·卡茨演讲与访谈综述》，载《国际新闻界》，2011（4）。

14．［美］E.M. 罗杰斯：《传播学史：一种传记式的方法》，上海，上海译文出版社，2002。

15．［美］C·赖特·米尔斯：《社会学的想像力》，北京，三联书店，2005。

16．［美］大卫·E·莫里森：《寻找方法：焦点小组和大众传播研究的发展》，北京，新华出版社，2004。

17．孙藜：《对美国新闻业思想遗产的两种建构——以凯瑞与舒德森的争鸣为中心》，载《当代传播》，2012（4）。

18．［美］丹·席勒：《传播理论史：回归劳动》，北京，北京大学出版社，2012。

19．严功军：《〈个人影响〉对芝加哥学派传播思想应用研究》，载《现代传播》，2015（3）。

20．周葆华：《重探拉扎斯菲尔德："效果地图"与批判"效果"思想》，载《新闻大学》，2008a（6）。

21．周葆华：《效果研究：人类传受观念与行为的变迁》，上海，复旦大学出版社，2008b。

22．周葆华：《转型年代：效果研究的聚焦与哥伦比亚学派的兴起》，载《新闻大学》，2010（4）。

23．Carey, J. W.（1997）. "The Chicago School and the History of Mass Communication Research," in Munson, E. S. and Warren, C. A. (eds.), James Carey: A Critical Reader. Minneapolis: University of Minnesota Press.

24. Gary, B. (1999). The Nervous Liberals: Propaganda Anxieties from World War I to the Cold War. New York, Columbia University Press.

25. Gitlin, T. (1978). "Media Sociology: The Dominant Paradigm," Theory and Society, 6, 2: 205 - 253.

26. Jansen, S. C. (2009). "Phantom Conflict: Lippmann, Dewey, and the Fate of the Public in Modern Society," Communication and Critical/Cultural Studies 6, 3: 221 - 245.

27. Katz, E. (2009). "Why Sociology Abandoned Communication," The American Sociologist, 40, 3: 167 - 174.

28. Lazarsfeld, P. F. (1948). "Communication Research and the Social Psychologist," in W. Dennis (ed.), Current Trends in Social Psychology. Pittsburgh, PA: University of Pittsburgh Press.

29. Morisson, D. (2008). "Opportunity Structure and the Creation of Knowledge: Paul Lazarsfeld and the Political Research," in Park, D. W. & Pooley, J. (ed.), The History of Media and Communication Research: Contested Memories. New York: Peter Lang.

30. Pooley, J. and Katz, E. (2008). "Further Notes on Why American Sociology Abandoned Mass Communication Research," Journal of Communication, 58, 4: 767 - 786.

31. Schramm, W. (1997). The Beginnings of Communication Study in America: A Personal Memoir. New York: Sage Publications.

32. Schudson, M. (2008). "The 'Lippmann-Dewey Debate' and the Invention of Walter Lippmann as an Anti-Democrat 1986—1996," International Journal of Communication, 2: 1031 - 1042.

致 谢

　　许多合作者对本书第二部分的田野调查及分析做出了大量贡献，对他们的工作的重要性，我们无须区分。一些合作者，他们在数据收集与分析上花费了大量精力，值得感谢；而另一些研究者，他们在特定的话题上，贡献了有益的思想，或是极有帮助的研究预案。在此，有必要按照本项研究的不同阶段，列出我们的合作研究者们的姓名，以表谢意。

　　与调查城市的选择和各城市样本相关的统计工作，由伯纳德·R·贝雷尔森（Bernard R. Berelson）负责。

　　整个田野调查的组织工作由 C·赖特·米尔斯（C. Wright Mills）负责。

　　调查团队由珍妮特·格林（Jeanette Green）进行培训与指导。最初的材料研读分析工作由一组分析人员完成，他们据此就当时所关心的不同议题写出了一系列报告，尤其是海伦·迪纳曼（Helen Dinerman）和蒂尔玛·安德森（Thelma Anderson）对此做出了许多贡献。莉拉·A·萨斯曼（Leila A. Sussmann）和帕特丽夏·L·肯德尔（Patricia L. Kendall）则在购物和电影观看方面提供了早期的分析材料。

　　当进入本书的初稿写作阶段时，以下几位合作者分别负责了不同部分的写作，在此要向他们表达最诚挚的谢意：

戴维·B·格雷切尔（David B. Gleicher）

彼得·H·罗西（Peter H. Rossi）

雷奥·斯罗尔（Leo Srole）

斯罗尔和格雷切尔先生就意见领袖的特征提供了初稿，罗西先生的工作则主要集中在人际影响的效果方面。

在整个分析和写作的不同阶段，C·赖斯·米尔斯做出了极有价值的贡献，他常常在数据分析方面，为我们开启全新视角。

我们要感谢埃德蒙·德·S·布伦纳（Edmund de S. Brunner）、戴维·里斯曼（David Riesman）和 M·布鲁斯特·史密斯（M. Brewster Smith），他们阅读了本书第一部分的初稿，并提出了有益的建议。帕特丽夏·L·肯德尔阅读了第二部分的每一稿，从初稿到最终的校对稿，包容我们的不足，但亦尖锐地提出意见，始终那样明晰、谨慎与理智。

艾伯塔·柯蒂斯·拉特雷（Alberta Curtis Rattray）负责了索引部分，图表部分的工作则由西摩·霍华德（Seymour Howard）完成。大部分终稿由罗伯特·韦特（Robert Witt）负责打字，哥伦比亚大学应用社会研究所的服务团队以他们一贯的高效，完成了编码和制表这一极其困难的工作。

我们要感谢麦克法登出版公司（Macfadden Publications）的埃弗雷特·R·史密斯（Everett R. Smith）和自由出版社（The Free Press）的杰里迈亚·卡普兰（Jeremiah Kaplan），作为赞助商、出版人和朋友，他们的耐心，大大超出了我们的想象。

拉扎斯菲尔德的遗产：有限效果论的力量[①]

I.

在埃米尔·涂尔干（Emile Durkheim）与加布里埃尔·塔尔德（Gabriel Tarde）展开的著名论争中（Clark，1969），涂尔干认为，社会学的工作是揭示出社会规范的强制性力量。不过，那场论争表面上的失败者——塔尔德，则更强调对集体行为（aggregation）的研究，即从一个人到另一个人，再到其他人的传播行为如何影响了这些社会规范的形成。在设计本书所讨论的迪凯特研究（The Decatur Study）时，保罗·拉扎斯菲尔德（Paul Lazarsfeld）站在了塔尔德一边，表现出他对塔尔德（Tarde，1898）才华横溢的研究的赞赏——后者研究了对话

① 感谢贾廷·阿特雷（Jatin Atre）、杰夫·普利（Jeff Pooley）和彼得·西蒙森（Peter Simonson）的建议，以及欧文·路易斯·霍罗威茨（Irving Louis Horowitz）、迈克尔·德利·卡尔皮尼（Michael Deli Carpini）和彼得·贝尔曼（Peter Bearman）的鼓励。

(conversation) 在公共意见形成过程中的作用。塔尔德观察到，"如果没有人参与对话，报纸将没有任何作用……因为它们将不可能对任何心灵产生巨大影响"，这完全是拉扎斯菲尔德"两级传播论"（two-step flow of communication）的先驱。

迪凯特研究是对拉扎斯菲尔德在 1940 年的选举研究中的一项偶然发现的经验确认，当时那项研究促成了《人民的选择》（*The People's Choice*）一书的诞生。拉扎斯菲尔德在那项研究中发现，媒介讯息可能经过了非正式的"意见领袖"的中转，这些意见领袖在他们所处的人际网络中拦截、解释、扩散他们的所见所闻。与选择性接触、选择性理解、选择性记忆的"选择性"（selectivity）概念一起，"两级传播"假设指出大众媒体与受众之间的权力对比发生了变化，至少就短期劝服效果而言，媒体不再具有绝对影响。这导致了"有限效果论"的出现，并预示了"积极的受众"的产生。这一假设暗示，媒介的效果在某种程度上依赖于人际影响的"补充"（Lazarsfeld and Merton，1948；Katz and Popescu，2004）。

xvi　　这一假设唤起了学界的兴趣。除迪凯特研究外，它还催生了哥伦比亚大学应用社会研究所的大量后续研究，其中较为著名的有罗伯特·默顿（Robert Merton，1949）所做的"非本地事务"方面的意见领袖（"cosmopolitan" opinion leaders）如何向其他人转述新闻类周刊内容的研究，伯纳德·贝雷尔森等人（Benard Berelson et al.，1954）对 1940 年选举研究所做的后续研究，以及丹尼尔·勒纳（Daniel Lerner，1958）对现代化过程中意见领袖作用的研究。然而这些结论也引起了愤怒的"强效果论"提倡者的反对，比如吉特林（Gitlin，1978）认为意见领袖的概念不过是媒介直接效果的另一种表现，再如朗（Lang，1981）、阿多诺（Adorno，1969）和麦克卢汉（McLuhan，1964）坚信媒介的力量存在于缓慢渐变或"长期"影响之中，而不在于影响选举或购买行为的短期"宣传运动"（campaigns）之中。

II.

在概念层面上，迪凯特研究源于拉扎斯菲尔德与 C·赖特·米尔斯的合作（Sterne，2005），但两人很快就分道扬镳。从方法论上看，这项研究完全是拉扎斯菲尔德式的，它将拉氏在选举研究中的创新性设计拓展到其他决策制定领域。通过拉氏的"小样本反复调查法"（panel method），即针对同一样本的回答者进行重复访谈，就能够测量日常决策中大众媒介和人际影响之间的互动过程。迪凯特研究在选举研究的基础上更进一步，通过"滚雪球"（snowballing）调查法，即调查对象由原始样本成员不断扩展至影响这些成员决策的其他人群，构建了"影响者—被影响者"的二元关系（influential-influencee dyads）。这是社会测量方法与大规模意见研究相结合的第一步。还应该注意的是，拉扎斯菲尔德坚信，媒介效果的研究或许更应该"逆向"（backward）操作，即从反应入手反观刺激，而不是"正向"（forward）进行。

以上这些简短文字说明了拉扎斯菲尔德对于传播研究的主要贡献，当然这还不包括间接影响。值得注意的是：（1）他的理论探索精神和他对于基本前提假设强烈的质疑精神；（2）他在现实生活中，而不是实验室环境中，检视媒介影响的努力；（3）他在从一项研究到另一项研究中对学术延续性与累积性的专注；（4）他在方法上的卓越才能和在大规模调查研究方面的创新设计；还有相当重要的是（5）他为实施这些研究而创建了大学研究机构，或者实验室（Barton，2001）；有些人可能还会再加上一点，即（6）他坚信，开展那些由政府或商业机构所委托的应用研究，并不一定会削弱研究的学术性和尊严。拉扎斯菲尔德（1941）认同法兰克福学派的观点，对"管理研究"与"批判研究"作了区分，他认为前者站在委托人的立场上建构研究问题，而后者则将"委托人"本身视为问题不可分割的一部分。批评者们抱怨哥伦比亚学派的研究轻视媒介的权力，从而允许媒介逃避它们所应承担的社会责任，然而拉扎斯菲尔德所参照的可能是他自己定义的媒介效果的知识地图，短期劝服效果的研究仅仅是其中一隅（Klapper，1960；Katz，2001）。① 然而，在这个角落里，他是最为活跃的——这一点确信无疑。

单凭一个人是无法完成这个领域的所有工作的，迪凯特研究即是明证。除了早期米尔斯所做的贡献，以及他对精心设计的田野调查的监督实施外，彼得·H·罗西、戴维·B·格雷切尔和雷奥·斯罗尔在分析过程中也做出了重要贡献。他们的工作在本书的致谢和其他相关部分被正式提及，但这仍无法充分体现他们工作的重要性。大约在田野工作开展 10 年以后，拉扎斯菲尔德认为该项研究仍未完成。1954 年，他让我参与其中一试身手。我也同意准备一篇论文，探讨在两级传播视角下，小群体研究（small-group research）与大众传播研究之间的令人意外的联系。这篇文章后来成了我的博士论文，即本书的第一部分。

---

① 拉扎斯菲尔德在 1948 年写的一篇论文中提出，媒体效果可以分成两个维度：（1）媒体待研究的某个方面，如特定内容（某个广播节目或报纸文章）、形式（如肥皂剧）、媒体的组织结构（如商业和公共广播）或技术；（2）反应的性质，即即时反应、短期影响、长期影响或制度性变化。将这两个维度进行交叉即可获得由 16 个单元构成的效果矩阵。

传播研究类型	效果种类			
	即时反应	短期影响	长期影响	制度性变化
单个内容	11	12	13	14
一般类型	21	22	23	24
媒体的经济和社会结构	31	32	33	34
媒介技术的一般特征	41	42	43	44

资料来源：Lazarsfeld, Paul, "Communication Research and the Social Psychologist," In W. Dennis ed., *Current Trends in Social Psychology*, Pittsburgh: University of Pittsburgh Press, 1948, pp. 218 - 273。

——译者注

III.

拉扎斯菲尔德对于传播研究的重要性远远超出迪凯特研究，甚至超过了他在这一领域中所有研究的总和。事实上，这一影响一直延续到他去世之后，连拉扎斯菲尔德自己也不曾预料到。他预言了这一领域的发展方向，甚至还预言了这一领域将来可能分崩离析的方式。

如上所述，哥伦比亚学派的经验研究得出了媒介在大众劝服过程中只产生"有限效果"的结论，这与早期伴随着广播媒介发展而兴起的讨论形成了鲜明对比。这一结论基于在一个相对较短的时间内对改变意见、态度和行为的集中努力所做的反复测量。在解释为什么不存在强大影响的过程中，哥伦比亚学派确认了许多媒介与受众之间的"中介变量"。

在这些中介变量中有两个值得注意。一个是信息接触与感知中的"选择性因素"，个体在遭遇不一致的讯息的挑战时，通过它来"保护"既有的认知结构。另一个是"人际关系"（interpersonal relations），这也是一种选择性因素，不过是群体层面上的。它使得讯息被社会网络过滤，同时受到群体规范的"审查"。这两个中介因素，以及它们在"媒介—对话—意见"的"两级流动"中的扩展应用，为我们评估 20 世纪五六十年代以来传播研究的发展过程提供了切入点。在这一过程中，我们必然会发现拉扎斯菲尔德留下的足迹和影响。

让我们依次思考以下三条线索或路径。我们首先将展示赋予受众以权力的选择性理论是如何与"使用与满足"理论相交汇的，以及在此后是如何与近来颇为时新的接受研究（study of reception）相汇集的。接下来，我们将展示在讯息和意见之间起到中介作用的影响者（influentials）如何引发了社会网络研究与创新扩散研究。最后，我们将探寻"两级传播论"与当下那些探讨参与式民主（participatory democracy）的公共领域理论之间的深层联系，并让塔尔德、拉扎斯菲尔德和哈贝马斯（Habermas）重聚在一起。传播研究发展中的这三种路径，以及其他一些路径，均早已被标注于拉扎斯菲尔德的知识地图之中。

首先，让我们来讲述两个中介变量的故事。

（1）选择性因素。将选择性因素引入劝服范式，有助于解释媒介活动为何总是达不到预期效果。劝服活动更有可能强化而不是改变态度，因为那些不相信的人逃避或是错误理解了劝服信息——对这一现象的观察引发了对于个体选择的其他一些方面的强烈兴趣，这时个体所作的选择不仅基于防御性的目的，而且还基于他们的利益和角色责任。这一思想与另一个被称为"使用与满足"理论的哥伦比亚学派的研究传统相交汇。"使用与满足"理论将注意力从直接效果转移开来，不再去问"媒介对人们做了什么"，而是去问"人们用媒介做了什么"。赫尔塔·赫尔佐格（Herta Herzog，1941）很早就研究了广播听众从肥皂剧和益智问答节目（the quiz show）中获得了什么；马蒂尔达和杰克·莱利（Matilda and Jack Riley，1951）比较了离群索居的孩子和社会化的孩子们仿效动作—冒险节目的不同方式；爱德华·萨奇曼（Edward Suchman，1941）研究了爱听古典音乐广播的听众的不同类型。出于同样原因，在迪凯特研究中，那些在购物、时尚或政治问题上为他人提供建议的女性因为她们所扮演的角色，对相关领域的了解要多于被她们影响的人。

与之类似，知识沟（knowledge-gap）研究认为，既有的认知结构或不同兴趣会导致受众选择性地理解特定主题中蕴含的信息（Tichenor，1970）。欧洲对这方面的研究要多于美国。因此，该研究被设计用于缩小信息富裕（information-rich）和信息贫穷（information-poor）群体之间差距的媒介运动，却经常得到相反的结果。即使所有人都从媒介信息中有所收获，那些在开始阶段便具备更多信息储备的人也能比其他人从媒介那里得到更多。

但选择性理论却在当下接受研究的实践之中达到兴盛的顶峰。接受研究聚焦于不同"读者"解码"相同"文本的方式。一些研究集中探究解码过程中的变量,另一些研究试图对文本的"隐含读者"(implied reader)和"真实读者"(real reader)进行比对。更具社会学取向的研究(Liebes and Katz,1990)则旨在发现不同类型的读者和不同类型的解读行为之间的关系。与"满足研究"相似,这类研究赋予读者相对的自主性(权力)。许多后现代学术研究的流派一直在从事这方面的工作,只是对"满足研究"吝于承认。对于二者之间的区别,有论者比如利文斯通(Livingstone,2003)认为,"满足研究"处理的是"使用"(uses)问题,而接受研究则关注的是"意义"(meanings)问题。具有讽刺意味的是,那些在所谓文化研究中安身立命的接受研究的学者们却不这么认为;詹姆斯·柯伦(James Curran,1990)正试图纠正上述以利文斯通为代表的观点。对于接受研究而言,更具讽刺性的是它逐渐与大众媒介相分离。任何事物,从一封情书到柏林墙,都是文本,大众媒介也是文本的另一个提供者。一些论者甚至假定并无文本的存在,读者自己就是作者。更多相对谨慎的理论家将解读行为描述为一种与文本的协商式互动(negotiated interaction)。也许我们可以这么说:大众媒介在选择性理论的灌木丛林中走失,而接受理论对于寻找它却没有什么特别的兴趣。不过近来从事接受研究的学者们所致力的对传播的民族志研究,即针对接受"情境"(context)的研究,似乎为重新引入小群体及大众媒介提供了良机。我们对此拭目以待。

    (2)人际关系。类似"数典忘祖"(losing-touch-with-origins)的现象,在劝服过程的另一个主要障碍中也有体现。人们最初注意到小群体与大众传播具有(意料之外的)相关性,是在1940年的选举研究之中。当时研究者发现亲朋好友和家庭成员在政治倾向上具有高度同质性,同时研究者们还观察到这类初级群体(primary groups)对其成员的决策施加了规范压力。之后产生的"意见领袖"的提法,使媒介研究

xx

重新聚焦于媒介与人际网络相互联结的节点。这就是初级群体的规范及其网络的思想如何悄悄渗入哥伦比亚学派的大众传播研究的过程，其中也包括这个研究。

有限效果范式从《人民的选择》发端，经由迪凯特研究，在"新药扩散研究"（The Drug Study）中又得到了重复应用。"新药扩散研究"旨在追踪一款新的抗生素药品，在四座城市中经由销售人员、广告、医药杂志和人际影响最终到达医生那里的散布（spread）过程（Coleman，Katz and Menzel，1966）。比拉扎斯菲尔德从维也纳到纽约所从事的"决策"（decision）研究更进一步，这项研究是一项信息流，或者说"扩散"（diffusion）研究，即对决策链（cascading sequence）的研究。

通过挑战"讯息在被接收的同时发生作用"这一假设，"新药扩散研究"拉大了与强大效果范式之间的距离。强大效果范式基于以下三点：（1）每个受众个体；（2）接受行为的同时性；（3）信息发送者与接收者之间无中介的直接接触。而"新药扩散研究"所遵从的范式的前提则是以下三点：（1）受众的选择性；（2）历时性的一系列采纳行为；（3）影响者与社会网络的中介作用。因此，"决策"研究发现了选择性因素和人际网络，而"扩散"研究则发现了时间（虽然在选举研究中的小样本反复调查法和投票研究的数据表格中，时间维度已经呼之欲出）。①

"决策"研究与"扩散"研究之间存在重要的区别。至少在迪凯特研究中，决策研究模型并不关注时间因素和对象的变化（A 小姐的时尚造型可能从 X 变成 Y，而 B 小姐的则可能从 Y 变成 X）。决策研究最为关注的是"为什么"，也就是一则信息的内在吸引力，推荐这则信息的外在影响来源，以及采纳行为的事实本身。这类研究也同样强烈关注

---

① 指在"扩散"研究中，在方法上仍受到"决策"研究的影响。——译者注

"影响对"（影响者—被影响者）中的"传者"（who）和"受者"（whom），以便描绘信息流动的方向。

扩散研究模型同样对采纳行为感兴趣，但它更为关注的是当某些特定的信息随着时间的推移在集体的不同层级间流动时，集体内采纳行为的累积性增长。比如，对于医生的各种关系的社会学测量与图绘，使得跟踪一款新型抗生素药品在他们的人际网络中的流动成为可能，同时也可以揭示在每个时间点上采纳行为比的变化。扩散研究所问的问题是"什么时候"，它更宜于用来推测个体决策的影响来源，以及这些来源在不同时间所起的作用有何变化。不同于决策模型，扩散模型试图获取的是"客观"的采纳数据，它不依赖采纳者回忆的能力。

比较"决策"与"扩散"，可以揭去面纱，显露出二者间更为迷人的差别。基于调查对象的自省能力（introspective ability）的决策研究与"劝服"相关联，在劝服过程中影响者和被影响者均能确认影响已经确切地产生。然而，"劝服"并非影响的唯一形式，事实上，至少还有其他三种影响方式："模仿"（imitation）、"操纵"（manipulation）和"传染"（contagion）。传染最好地定义了扩散研究，比如在麻疹的传染中，A 可能影响了 B，但他们二者都不知道，所扩散的对象只是在二者间进行了传递而不是协商。类似地，会有这样的情形出现：在一群人中可能只有一个人知道影响已经发生。在"操纵"中，影响者自己清楚真实的情形，而其操纵对象并不知道。在"模仿"中，情况正相反，即模仿者可能知道自己正在受到影响，但影响者可能还一无所知。事实上，所有这四种影响类型均可被包含进扩散范式之中，但是在拉扎斯菲尔德关于决策制定中个人影响作用的研究只涉及了"劝服"（或许也包括了"模仿"）。

"新药扩散研究"清楚地表明要确认人际网络和大众媒介的接触点

是多么困难。医药杂志和药品公司的销售人员的影响进入到医生的决策以及他与同事的对话之中，但要系统地确定这些外部影响并不容易。这一问题很好地反映在格拉德威尔（Gladwell，2000）的通俗版的扩散研究中。[①] 在他的书中电视根本没有出现在目录中，似乎在暗示仅凭人际网络自身就完全可以造成创新扩散的腾飞（take off）[②] 和普及。从方法论上看，只有决策和扩散这两种模型的新的结合，才能有望克服这一问题。

现在，社会网络研究是一个方兴未艾的领域（Watts，2003），它部分受到了哥伦比亚学派传统的启发（Kadushin，1976；Burt，1999）。尽管扩散研究是社会网络研究的应用成果之一，但即使是在这里，就像接受研究一样，也极少有人试图将大众媒介带回到该研究领域。对比一下这两种思想的进化过程：选择性理论——满足理论——接受理论，人际关系理论——扩散理论——社会网络理论，我们再一次注意到大众媒介是如何几乎从学术视野中消失的，这是一件多么有趣的事情。

IV.

现在让我们来思考《人际影响》与公共领域的关系。"两级传播论"意味着人际关系对大众劝服过程的涉入，但这并不是全部。拉扎斯菲尔德的假设将传播研究拯救出来，使之不再陷于讯息及其反应的心理主义（psychologism）窠臼。从更广泛的意义上来说，拉氏的研究将媒介置于社会情境（social context）之中，并且在传输（transmis-

xxiii

---

① 格拉德威尔的书中文版名为《引爆点：如何制造流行》（中信出版社，2006/2009）。这本书的很多概念和观点只不过把"创新扩散"研究换了个通俗形象的说法，如"个别人物法则"就是意见领袖和两级传播的翻版，"附着物法则"则是罗杰斯的创新要素的翻版等。所以卡茨认为它只是通俗流行版的"创新扩散"研究，并不严谨。——译者注

② 创新扩散中的腾飞或起飞（take off）指的是扩散的 S 形曲线中由开始的平缓上升到陡然上升的拐点阶段，反映在曲线上就像飞机的起飞轨迹一样，故有此名。——译者注

sion）和接受的层面思考社会。或者援引某些经典理论的说法，它将社会自身视为一个传播系统。通过对"意见领袖"角色的研究，它提出了一个更大的问题：如何将社会系统与媒介系统之间的联系概念化。

在迪凯特研究中，就像其他领域内的影响者们一样，"公共事务领袖"（public affairs leaders）在政治事务方面吸引了他们的人际网络中的其他成员。比如在 20 世纪 40 年代，丈夫们非常明显地影响了他们配偶的选择决策，而且他们更有可能追随大众媒介对政策的看法。在政治领域中，影响可以跨越阶级界限，而且由上而下的人际影响层级可以得到清晰辨别。但在协商民主（deliberative democracy）的公共领域中，也有"两级传播"的一席之地，而且其广度要远远超过个人决策制定的范围。可以说无论是塔尔德（Tarde，1898）还是哈贝马斯（Habermas，1989），都在"媒介—对话—决策—行动"这一序列的基础上对公共领域予以了概念化。在塔尔德的思想中，是媒介将政治话题的"菜单"传送进了酒吧餐馆、咖啡馆和沙龙。对这些话题的讨论使更多"深思熟虑的意见"（considered opinion）向四周扩散。这些意见在咖啡馆与咖啡馆之间流转，直到它们在公共意见中逐渐清晰，然后再反馈至政府、媒介和个人决策。正如已经提到的，从媒介到对话，再到意见的"两级传播"过程，明显地存在于这些理论之中。但即使在协商民主的研究者之中，大众媒介的作用也经常被忽视或低估。例如普特南（Putnam，2001）对作为信息代理人的大众媒介感到绝望，甚至更糟的是，媒介只会让人宅在家里，公共事务要由那些远离电视的人来一肩承担。其他一些人对此并不赞同，比如穆兹（Mutz，1998）指出，民主需要人们了解与自己对立的观点，而政治交谈只会在观点相似的人之间进行。因此，大众媒介成为我们了解其他人想法的唯一来源。舒德森（Schudson，1997）也发现政治对话

（political conversation）的功用微乎其微。

　　如果拉扎斯菲尔德继续停留在政治传播领域，那么他可能已经将注意力从个体选民（或购物者和电影迷）的狭小范围，转移到更大的包含这些社会和政治基本问题的公共领域话题上。决策与扩散研究在方法上的结合，有助于解释协商与集体行为的动力机制：媒介从何处进入，以及具有约束力的社会规范如何出现。

　　V.

　　讽刺的是，"接受"、"社会网络"和"公共空间"的理论与研究，仍然纠结于比较个人、大众媒介和人际影响之间谁的影响更大的问题（Chaffee and Mutz，1988）。同样的情况也出现在购物和时尚领域，人们总在对比广告和"口碑"（buzz）的影响孰大孰小。

　　现在我们知道，对于短期劝服而言，媒介只发挥了有限效果。即使（伪装得很好的）广告研究①也将确证这一点。我们知道，自柏拉图始，个人影响就非常有说服力。我们同时也了解到，想要探究哪一种媒介更加重要是没有什么用的，因为在决策和扩散中，每种媒介都在不同的时间发挥着不同的功能。

　　我们应该追问的是：个人层面的决策和集体层面的扩散中，大众媒介和人际影响究竟是如何相互影响的。《人际影响》是迈向决策范式和扩散范式相结合的第一步，拉扎斯菲尔德在维也纳的早期工作中就开始致力于前一种范式的研究。同时，再辅之以个人网络的研究和传播流方向的研究（"由谁到谁"）。现在已经非常明确，扩散模型应该与决策模型相结合，而不是去取代后者。人际影响和大众媒介的互动同时是这两种模型的核心问题。

---

　　① 指一般而言，广告研究往往更为强调媒介的"强大效果"，或者说绝大多数广告研究的基点是认为大众媒介对受众往往具备较强大的影响。——译者注

VI.

站在巨人的肩头，可以让我们看得更远一些：

（1）意见领袖的引导是第一点。作为日常生活中的影响者，他们无所不在，试图把他们一个一个地找出来已经被证明是没有意义的。秘诀在于，要在每一种特定的领域内找到那些影响了其他部分的人群。比如说，如果丈夫们真的影响了他们妻子的投票，并且如果你知道如何接近丈夫们，那么你的付出就会事半功倍。

（2）即使在一群人中似乎是水平流动的影响（horizontal influence）占绝对优势，也需要观察那些跨越边界（性别、阶级、种族、年龄等等）的意见垂直流动的迹象。

（3）意见领袖发挥着不同的功能。有时他们仅仅是流通的管道，有时他们起到选择、解释或号召的功能，有时他们又追随他人。

（4）当你发现意见领袖时，一定会发现对话（conversation）行为——关于政治、时尚、购物、电影、教育、体育等的对话。研究对话可以更好地理解劝服，仅仅区分谁是意见领袖、谁是追随者用处不大。

（5）尝试找到媒介进入对话的节点。

（6）人际影响是一个系列链条，而不仅限于两个人之间。

（7）不要去问"在你所提及的那些信源中，谁对你的决策影响最大"。不同的来源（来自个人的或媒介的）在决策的不同阶段发挥着不同的功能。一般而言，应关注不同来源之间的互动模式。

（8）首先要围绕着样本中的每一个"原子"构建起一个社会性的"分子"①，而不是通过"滚雪球"的方法去外部寻找影响样本中决策者的影响者。这既可以保证样本的代表性，同时也方便对个人网络进行社

xxv

---

① 指要围绕样本中的个体，构建起一个社会关系网络，并且将其置于该网络之中，寻求他们之间的社会联系。——译者注

会关系的测量。

（9）影响的流动不仅限于劝服。要对劝服、模仿、操纵、传染进行区别。

（10）要考虑到集体行为的挑战，也就是说要跟踪意见如何扩散以及它们如何结合成公众意见的过程。

如果把拉扎斯菲尔德看成预言家的话，他预见到了政治、时尚、购物等社会行为可以被视为传播系统并进行理论研究；他向我们展示了未来的惊鸿一瞥，独自前进，然后又与我们告别。迪凯特研究所留下的，是让我们将传播和扩散的社会学中所隐含着的稳定与变化的动因与大众媒介重新连接起来。

伊莱休·卡茨

费城和耶路撒冷

2005 年 2 月

参考文献

Adorno, T. (1969). "Scientific Experiences of a European Scholar in America." In D. Fleming and B. Baylin (eds.), *The Intellectual Migration: Europe and America 1930-1960*. Cambridge: Harvard University Press.

Barton, A. (2001). "Paul Lazarsfeld as Institutional Inventor." *International Journal of Public Opinion Research*, 13, 245-269.

Berelson, B., Lazarsfeld, P., and McPhee, W. (1954). *Voting: A Study of Opinion Formation in a Presidential Campaign*. Chicago: University of Chicago Press.

Burt, R. S. (1999). "The Social Capital of Opinion Leaders." *Annals of the American Academy of Political and Social Science, 566*, 37-54.

Chaffee, S. and Mutz, D. (1988). "Comparing Mediated and Interpersonal Communication Data." In R. P. Hawkins, J. M. Wiemann, S. Pingree (eds.), *Advancing Communication Science: Merging Mass Media and Inter-Personal Processes*. Newbury Park, Cal.: Sage Publications.

Clark, T. (ed.) (1969). *Gabriel Tarde on Communication and Social Influence.* Chicago, University of Chicago Press.

Coleman, J., Katz, E., and Menzel, H. (1966). *Medical Innovation: A Diffusion Study.* Indianapolis: Bobbs-Merrill.

Curran, J. (1990). "The New Revisionism in Mass Communication Research: A Reappraisal." *European Journal of Communication, 5 (2-3),* 135-164.

Gitlin, T. (1978). "Media Sociology: The Dominant Paradigm." *Theory and Society, 6,* 205-253.

Gladwell, M. (2000). *The Tipping Point: How Little Things Can Make a Big Difference.* Boston: Little, Brown and Company.

Habermas, J. (1989). *The Structural Transformation of the Public Sphere: An Inquiry into a Category of Bourgeois Society.* Cambridge: MIT Press.

Herzog, H. (1941). "On Borrowed Experience: An Analysis of Listening to Daytime Sketches." *Studies in Philosophy and Social Science, 9(1),* 65-95.

Kadushin, C. (1976). "Networks and Circles in the Production of Culture." *American Behavioral Scientist, 19,* 769-784.

Katz, E. (2001). "Lazarsfeld's Map of Media Effects." *International Journal of Public Opinion Research, 13,* 270-279.

Katz, E. and Popescu, M. (2004). "Narrowcasting: On Communicator Control of the Conditions of Reception." In P. Golding and I. Bondebjerg (eds.), *European Culture and the Media.* Bristol: Intellect.

Klapper, J. (1960). *The Effects of Mass Communication.* New York: The Free Press.

Lang, G. and Lang, K. (1981). "Mass Communications and Public Opinion: Strategies for Research." In M. Rosenberg and R. H. Turner (eds.), *Social Psychology: Sociological Perspectives.* New York: Basic Books.

Lazarsfeld, P. (1941). "Administrative and Critical Communications Research." *Studies in Philosophy and Social Science, 9,* 2-16.

Lazarsfeld, P., Berelson, B., and Gaudet, H. (1944). *The People's Choice: How the Voter Makes Up His Mind in a Presidential Campaign.* Columbia University Press: New York.

Lazarsfeld, P. and Merton, R. (1948). "Mass Communication, Popular Taste and Organized Social Action." *The Communication of Ideas.* New York: Institute for Religious and Social Studies.

Lerner, D. (1958). *The Passing of Traditional Society: Modernizing the Middle East.* Glencoe: Free Press.

Liebes, T. and Katz, E. (1990). *The Export of Meaning: Cross-Cultural Readings of "Dallas."* New York: Oxford University Press.

Livingstone, S. (2003). "The Changing Nature of Audiences: From the Mass Audience to the Interactive Media User." In A. Valdivia (ed.), *The Blackwell Companion to Media Research.* Oxford: Blackwell.

McLuhan, M. (1964). *Understanding Media: The Extensions of Man.* Toronto: McGraw-Hill.

Merton, R. (1949, 1968). "Patterns of Influence: Local and Cosmopolitan Influentials." *Social Structure and Social Theory*. New York: Free Press.

Mutz, Diana C. (1998). *Impersonal Influence: How Perceptions of Mass Collectives Affect Political Attitudes*. Cambridge: Cambridge University Press.

Putnam, R. (2001). *Bowling Alone: The Collapse and Revival of American Community*. New York: Simon & Schuster.

Riley, M. and Riley, J. (1951). "A Sociological Approach to Communication Research." *Public Opinion Quarterly*, *15*, 445-460.

Schudson, M. (1997). "Why Conversation is Not the Soul of Democracy." *Critical Studies in Mass Communication*, *14*, 297-309.

Sterne, J. (2005). "C. Wright Mills, the Bureau for Applied Social Research, and the Meaning of Critical Scholarship." *Cultural Studies/Critical Methodologies*, *5(1)*, 65-94.

Suchman, E. (1941). "An Invitation to Music." In Lazarsfeld and Stanton (eds.), *Radio Research 1941*. New York: Duell, Sloan and Pearce.

Tarde, G. (1898, 1989). *L'opinion et la Foule*. Paris: Presses Universitaires de France.

Tichenor, P. et al. (1970). "Mass Media Flow and Differential Growth in Knowledge." *Public Opinion Quarterly*, *34*, 159-170.

Watts, D. (2003). *Six Degrees: The Science of a Connected Age*. New York: W.W. Norton & Co.

序　言

在过去的 20 年中，我们对于美国人的品位、偏好与行为模式有了大量的了解。我们已经开始建构起一个重要的知识体系，去探究他们的品位、偏好与行为模式是如何被他人改变的。经过多年的研究，我们已经能够绘制出这些方面的静态图像，而且近年来，我们也已经开始试图进行一些动态的测量研究。

但是，若追问是哪些力量在帮助人们形成基本态度的同时，促使这些态度发生转变，我们则仍然缺乏整体性的研究。而各种不同力量所产生的影响在程度上有何差异，我们对此更是知之甚少。通往这一人类行为的重要知识领域的第一步就是探寻态度和意见是如何传递的，这就是传播研究。

当言及传播研究时，我们首先必须要面对的就是理念（ideas）的传输。过去，我们倾向于将理念的传播看作印刷文字的首要功能，或者认为它是正式的、有选择性的大众媒介的主要功能——因为广播和电视媒介也开始显得越来越重要。也许我们对这类正式的理念传递方式予以了过分重视——至少我们对理念传递在何种层面上运作还知之甚少。

我自己在对于公众态度（public attitudes）的研究中，得出了这样一个暂时性的结论：理念常常缓慢地渗入作为整体而存在的公众之中，更为重要的是，这往往是通过邻里之间的互动而得以实现的，大众媒介在这一过程中并没有产生任何明显的影响。

让我们对这一结论做进一步的分析。我曾在其他地方①提出过假设：就思想流动而言，整个美国公众可以被划分为六个群体。处于同心圆最里层的是一个极小的群体，我称他们为"伟大的思想者"（Great Thinkers）。即使人们可能会认为这些伟大的思想者存在于众多领域之中，但在任何一个时期，他们都只有寥寥数人，而且通常需要随着时间的推移，人们才能对他们得出全面的认识和评价。在他们所处的时代，他们并不必然广为人知。事实或许正好相反，在许多时候，同时代人可能对他们知之甚少，甚至完全无知。

让我们列举几个"伟大的思想者"作为例证（当然有一些伟大的思想者现今仍然在世，但为避免争论，在此所列举的人物均已离世，只有一位例外）。在经济学领域，亚当·斯密（Adam Smith）和卡尔·马克思（Karl Marx）符合要求（"伟大的思想者"并不必然都建立了"好的"思想体系或哲学思想）。而在政治学领域，柏拉图（Plato）和托马斯·杰斐逊（Thomas Jefferson）亦是当之无愧的"伟大的思想者"。

所有这些"伟大的思想者"所具备的共同基本特征是，他们都发展出了重要的哲学思想或理论体系——这些思想都曾在历史的某个阶段被广为接受。我斗胆将仍在世的爱因斯坦提名为科学领域中的"伟大的思想者"，之所以如此，是因为他清楚地证明，"伟大的思想者"在一个领域中是领导者，但在另一个领域中则可能只是初出茅庐者。爱因斯坦就是如此，在政治科学领域中他只是一个新手——尽管他经常借助其在自然科学领域中的巨大成就来在政治领域中发表见解。

居于"伟大的思想者"之后的群体，我们可以称之为"伟大的追随者"（Great Disciples）。在任何一个时间段内的任何一个国家，可能会出现十几位这样的人物。他们并没有原创性地提出什么重大理论或原

---

① See *Saturday Review*，July，1954.

理，但是他们对于某一思想或原理非常了解，与提出者有着紧密的精神联系，从而成为这些思想的极有影响的拥护者与倡导者。比如在宗教领域，圣保罗（St. Paul）就是一位"伟大的追随者"。在哲学领域，是斯宾诺莎（Spinoza）；在自然科学领域，是托马斯·赫胥黎（Thomas Huxley）；在政治领域，是亚伯拉罕·林肯（Abraham Lincoln）。这些人的共同特征是，他们有着极强的表达能力并且拥有一个表达平台，能够表达、解释"伟大的思想者"所提出的理论，同时他们还能够理解这些理论的社会意义。

xxxi

在思想演化和传递的同心圆模式中，处于更外一层的第三个群体是"伟大的传播者"（Great Disseminators）。在今天的美国，这群人不会多于 1 000 人，但也不会少于 250 人。在当下美国，这些"伟大的传播者"们的典型肖像是：他们拥有重要的发声渠道（国内或国际的），为许多人所尊敬，他们的声音也被许多人聆听。美国参议院就是这样一种发声渠道的代表，因此尽管拉尔夫·弗兰德（Ralph Flanders）议员和约瑟夫·麦卡锡（Joseph McCarthy）议员在许多方面相去甚远，但在这一理论里，他们都是"伟大的传播者"。产业工会联合会（CIO）主席沃尔特·鲁瑟（Walter Reuther）也可以被认为是这种人。因为在国内拥有大量的阅听受众，埃尔默·戴维斯（Elmer Davis）、罗伯特·舍伍德（Robert Sherwood）、沃尔特·李普曼（Walter Lippmann）、韦斯特布鲁克·佩格勒（Westbrook Pegler）和乔治·索科尔斯基（George Sokolsky）等人也都符合这个条件。由于拥有众多影响巨大的期刊，亨利·鲁斯（Henry Luce）也可以名列其中。在科学和技术领域，我们还可以提名爱迪生（Edison）和马可尼（Marconi）。需要提醒的是，在"伟大的传播者"中，有些人传播的是"好"的思想，而有些人传播的是"坏"的思想。不过，在此我们并不以道德判断来界定他们的角色。我们采用的只是一个简单的标准，就是看他们的声音是否被多数人所倾听，以及是否在某种程度上影响了人们。

第四个群体可以被称作"一般传播者"（Lesser Disseminators），在美国，这一群体的人数在 15 000 人至 50 000 人之间。这一群体同样有发声的渠道，而且他们的声音也同样会被其他人听到，但是他们说话的平台大小有限。如果说一位全国性工会的领导者承担着"伟大的传播者"的角色，那么一位地方工会的主席则是一般传播者——人们可以听到他的发言，但只是在一个更为本地化、更为有限的范围内。这一人群还包括了小地方的市长、地方性周刊的编辑，或是纯粹的地方新闻评论员。

　　处于同心圆再外一层的第五个群体，可以被称为"参与性公民"（Participating Citizens）。在今日的美国，他们的人数在 1 000 万到 2 500 万之间。他们定期投票选举，为地区性或全国性公共运动贡献财力或人力，加入了某个致力于公共事务的组织，给议员或政府官员写信，积极参与当下事务或问题的讨论。他们是分布在美国社会图景之中的大量社会组织的成员。他们是警醒的公民，通过发挥投票、结社等简单的民主职能，期望人们能够更加清晰地听到自己的声音，从而履行自己的社会义务。他们一般是人群中更善于表达的那类人，接受过更好的教育，对身边的世界更感兴趣。

　　这一群体中的许多人成为第六类群体的"专家"，引导后者对于政治、经济、社会问题中的"好"与"坏"形成自己的意见。有一位"一般传播者"拥有一个 50 人组成的小团体，他有关米德尔维尔（Middleville）① 是否能够负担得起一所新学校的意见，对于其他成员而言就如同法律一样。另一位身边围绕着 100 人，在他对进军朝鲜的利弊发表了意见后，其他人对此的认识一下就清晰了很多。简而言之，"一般传播者"及其意见受到他们身边人的尊敬，而后者在思考方面的能力要弱于前者。

　　第六类群体我称之为"政治迟钝者"（Politically Inert）。这类群体的分析能力不强，当他们面对未经加工的原始信息时尤其如此。他们在所处的社群中并不活跃，很少公开发表自己的意见，也不轻易表达自己的信仰。但是这一群体非常重要，因为他们人数众多——在美国至少有

---

　　① 美国东北部一座只有数百人口的小城。——译者注

7 500 万人，如果他们被唤起并且有足够的人数参与到各类选举之中，则能够从根本上决定政治、经济和社会方面的未来图景。最后，即使他们很少表达自己的观点，但实际上他们仍然可以传递对于众多思想的判断。在某种意义上，他们是数量众多的受众，是巨大的思想传播链条所指向的最终对象，他们至少处于传播链条的一端。

这六个群体都比较松散，互相之间并不排斥。一位某个领域中的"伟大的传播者"，在另一个领域中则可能就是一个"政治迟钝者"。我所提出的假设是（已有一些证据可以支持这一假设），无论思想以怎样的方式传递，其中一种有效的途径就依循我在此所介绍的模式——由"伟大的思想者"至"伟大的追随者"，之后是"伟大的传播者"和"一般传播者"，最后经由"参与性公众"传递到"政治迟钝者"那里。当然，在这一过程中，有时可能会越过一个或更多的群体。

xxxiii

有证据表明，思想可以由大众媒介直接传递至"政治迟钝者"。但我认为更值得研究的是这样一种假设，即"政治迟钝者"更容易从相邻的"参与性公众"那里接受思想，同样"参与性公众"更倾向于接受"一般传播者"所传递的思想，而"一般传播者"在思想上又依次受到"伟大的传播者"和"伟大的追随者"的影响。

本书提出了一个有趣的问题："伟大的追随者"或"伟大的传播者"在基本观念体系（philosophical concept）的渗透方面，以及在"日常生活事务"（比如食品、服饰、电影观看等方面）的意见影响方面，其作用是不是并没有显著差异？本书不仅提出了这个问题，并且朝着正面回答这一问题的方向前行了一大步。本书作者有力地指出，在所谓的"次要观念"（lesser concepts）或曰"日常生活"方面，观念更倾向于横向流动，而非垂直流动。

在本书中，卡茨和拉扎斯菲尔德所做的工作不同寻常，同时又极具实用价值。他们仔细梳理了相关领域中的既有研究（这对于研究者们具有实际帮助，对于系统地了解相关研究不可或缺），同时也为现有知识体系的发展做出了全新的、积极的贡献。学术专著的读者们常常会由于无法判定某一项特定的研究成果在既有文献中到底处于什么位置而觉得不快。本书则将大量出色研究恰如其分地安置好，让它们各居其所。

在思想传播领域和人际影响测量领域，迪凯特调查是一项极其重要的研究。尤其令人耳目一新的是，这项研究拓展了一些全新的维度。除了在政治研究领域收获颇丰外，本书作者在他们的研究中还将视野拓展至时尚影响、电影观看以及其他领域，除了公共事务之外还涉及社会事务。同时，他们还极为出色地分析了不同领域在影响和非正式传播方面的互动关系。这一成就不仅对学术研究者们极有价值，同时对那些商品销售商和服务提供商们也具有极大的应用价值。在这一点上，该项研究为我长久以来所坚持的观点提供了极佳的例证，即"实践界"（practical people）可以从所谓"学界"（academic practitioners）学到很多（反之亦然）。

正如开创了小样本反复调查法，并由此为我们开辟了全新的分析维度一样，在此，拉扎斯菲尔德亦为我们提供了全新的知识营养——他以全面的数据分析了人与人之间的传播效果，这与大家都已经非常熟悉的有关大众媒介对人的影响的讨论有着显著区别。

在探索"参与性公众"和"政治迟钝者"之间的思想传递方面，卡茨和拉扎斯菲尔德合著的此书做出了令人钦佩的努力。由此，它成为我在此简短介绍的更大的一般性理论框架中的一部分。作为一项前沿性研究成果，本书毫无疑问正沿着我们所需要的研究方向前行。我期望本项研究能够在上文所介绍的假设范围内，帮助我们绘制一幅全新的社会研究图景，并在此基础上深化我们对人类行为，尤其是思想传递的理解。毕竟，这是社会科学研究的目标，也是对我们这些致力于此的人的真正回报。

埃尔默·罗珀
纽约州纽约市
1955 年 1 月

目　录

第二部分　中西部社区中日常影响的流动

导　论

　　尽管大众传播研究是一个新兴的研究领域，但它已经具备了明确的结构，这就是我们经常提及的那个著名的传播模型："谁，说了些什么，对谁，产生了什么效果？"本套丛书的第一卷即在这一范围内展开，由保罗·拉扎斯菲尔德编辑，伯纳德·贝雷尔森负责进行内容分析。其他几卷则将分别涉及受众研究、传播产业的结构，以及当下美国人生活的不同领域内大众媒介产生的影响。一般而言，所有从事大众传播学习、研究的人都对这一模型中的每个部分非常熟悉。然而近年来，上述传播模型获得了意义上的拓展。当它首先由拉斯韦尔（Lasswell）提出时，其目的在于说明广播电台或报纸就像传递讯息流的个人。但此时，我们再次将兴趣转移到人与人之间的传播之上。现在越来越清楚的是，那些阅读某些材料并就此与他人展开讨论的个人，并不能被简单地视为报纸或杂志这类社会实体的等同物。对于个人，需要从其能力的两个方面进行研究，即作为传播者和作为大众传播网络中的中转者加以考察。因此，本套丛书收录进有关个人影响的一卷，是题中应有之义。

　　人际影响研究是一个新兴的领域，因此尚无法发展起统一的路径。本卷主要由两个部分构成。第一部分把社会心理学家们所做的大量研究

用一种特定的方式组织起来，以凸显它们与人际影响之间的相关性。本
书的第二部分包含了在伊利诺伊州的迪凯特市所做的调查的主要发现。
如果对我们的现场调查作一个简要回顾，这将有助于读者理解这两部分
之间的联系。

　　在第二次世界大战之前，一位全国性新闻杂志的主管想要对熟悉的
调查内容做一些改变。他们不断发现，该杂志的读者是那些在商业共同
体中身居要职的人，比如银行家、律师和企业家。但是，他们是否是真
正的影响者，即他们是否通过自己的示范作用或者通过劝告的方式，影
响了其他人的决策？本书的一位作者受邀为此提出可行的程序，以调查
这种可能性。他提出了以下设计：在众多地区中任意选择一个中等规模
的社区，去询问样本中的受访者谁影响过他们；那些最经常被提及的个
人，即可被视为影响者，然后再去询问这些被提及的人他们阅读哪些
杂志。

　　我们很容易发现，这一建议包含着两种研究思想。其中之一来自社
会关系测量（sociometry）领域：通过调查不同社区成员之间存在的关
系类型，确定他们在社区人际关系网中的相对位置。这正是社会测量学
者们描绘社会的方式——询问群体中的成员他们喜欢与谁交谈或与谁一
起工作，并从这些信息中推断哪些个体被群体排斥，哪些个体是群体想
要吸纳的对象。但此处所提出的社会测量的建议不是抽象的或假想的，
它是对人们已经做出的选择的描述。为此，研究者将调查样本实际已经
做出过的决策，以及他们所受到的、与他们的决策相关的影响便关联起
来了。特定的个体是否被认为是影响者，将由他通过某种有形的方式所
影响的决策者的数量来决定。[1]

　　同时，另一项研究[2]集中关注所谓的"分子化意见领袖"（molecu-
lar leaders），即对身边的人产生直接影响，但在整个社区中并不一定拥
有显著地位的那些人。这类意见领袖的重要性是无意间被发现的。在
1940年的总统选举中，研究者在俄亥俄州的一个社区内展开调查，研
究广播和印刷媒介对投票决策及其变化的影响。该研究发现，与个人影
响所起的作用相比，大众媒介影响甚微。投票者的最终决定均与他们所

在社会环境的政治倾向保持高度一致。有大量的证据表明，这些投票者的决策极大地受到日常生活中接触到的他人的意见、建议的影响。研究者们由此得出这样的结论：在不同的社会群体中均存在着这样一些个体，他们会帮助周围人形成自己的意见（crystallization of opinion）。

这一发现引起了埃弗里特·R·史密斯先生的注意——他是麦克法登出版公司（Macfadden Publications，Inc.）的研究主管。他感觉到这项发现对其公司有着重要的意义，因为众多的这类出版公司都将其目标读者定位在工薪阶层。此前一般认为，意见产生于社区中的精英阶层，然后由一个社会阶层向下渗透到另一阶层，直至所有人都追随着那些处于社区结构顶端的、地位显著的精英人群，接受他们的引导。但是1940 年的选举研究显示，似乎同时存在另一种意见流动，即所谓的"水平意见引导"（horizontal opinion leadership）。每一个社会阶层都会产生自己的意见领袖——那些在他们所处的环境中影响着他人的个体。另外，这项调查还暗示了大众媒介影响的两级传播。在每一个社会阶层之中，这些"分子化"的意见领袖更倾向于接触杂志和广播，尤其是那些与他们的教育水平和兴趣相契合的媒介。这似乎意味着各种影响由媒介流向与其接触的意见领袖，然后再由他们传送给其他人。显然，此时一个新的问题被提了出来：这些发现是否能够得到更为细致地聚焦于个人影响的其他调查的确证？

本书所讨论的研究始于对不同阶层女性的抽样调查，接下来寻找在日常生活中对样本产生影响的人。研究专门调查了四个方面：日常生活用品的购买；时尚，尤其以服装、化妆品和美容为代表；电影观看行为；对调查期间正在讨论的本地公共事务的意见。每位调查对象均被问及近期是否在上述四个方面有所改变或做出了决策。如果得到确认，她需要回答大量的问题，以便使研究者找出哪种媒介和哪些个人对她施加了影响。通过相反的程序，根据一系列标准，我们也能够确认哪些个体更有可能为周围人提供建议。

调查地点是根据大量的客观指标选择出来的。研究者首先确定调查将在人口为 6 万人左右的城市中展开。在众多符合这一条件的城市中，研究者搜集了所有能够获取的人口普查信息。根据这些城市的特征均值,一小部分最为典型的城市被挑选出来。再经过进一步的考察,伊利诺伊州的迪凯特市被认为是最为理想的选择。整个选择程序见本书的附录。

本研究选取了五个主要问题进行调查;在本书的第二部分,将围绕这五个问题对迪凯特调查的数据进行筛选与组织。为方便读者,在此简要介绍一下这五个方面的问题。

(1)由我们的研究程序所界定的个人影响的概念,如何与声望、劝服等类似的概念相联系(在默顿的先期研究中,他对大量的此类概念进行了细致分析。我们的研究为其中一些概念提供了对比性的数据)?

(2)在一个 6 万人左右的社区内运用社会关系测量方法(sociometric methods)是一个尝试。此前对于互选(mutual choices)的研究①,大多限定在一些小群体之内进行,比如在学校的班级或童子军军营之内。在这些研究中,每一位接受调查的对象,以及每一位被调查对象所指认的个人,均属于同一团体。但是我们的研究只能调查城市总人口中的一小部分。调查对象所指认的那些个人(在我们的调查中,即那些被指认为影响者的个人)很有可能并不在我们的样本之内,因此必须找到他们,并对他们进行单独的后续调查。为了在原始样本中挑选出那些身为影响者的个人,我们必须运用自我指认(self-designation)的技术。本项研究要求包含多条不同路径,因此各种研究程序的结果需要得到相互检验。

(3)一旦发现影响者(在我们的研究中,她们被称为意见领袖,而且她们中的大多数人是通过自我指认的程序而被找到的),我们希望确认她们所属的类型,这就需要考察她们的社会特征和人口统计学特征,她们在调查所涉及的四个领域的兴趣指向,以及她们在大众传播网络中

---

① 互选法是社会网络研究中的一种测量方法。一般是在一个小群体中,让受访者根据一定标准对群体内每个人都进行选择(比如和其他每个人是否是朋友,是否接受过建议或为他们提供过建议等)。然后根据所有人的调查结果,绘制出这个群体的社会关系网络图。如果把每个城市看成一个受访者,飞机航线图就是这样一张图。——译者注

所处的位置。我们还想找出她们与那些受其影响的人群之间的关系类型，比如说影响者更年长还是更年轻？影响者更富裕还是更贫穷？影响者与被影响者是亲人、朋友、邻居还是同事？

（4）重要的是，我们想要了解在所有调查对象的决策制定过程中，影响是如何从其他人处流动到她这里的，并将其与大众媒介的影响进行比较。这就需要对我们所说的"效果分析"（impact analysis）进行仔细讨论。问题在于，在正常的调查条件下，是否能够准确地追踪到广告或其他人的劝说这类外部因素对调查对象决策制定的影响。本书的两位作者此前已经做过大量类似问题的研究，但本书则首次对相关研究程序的细节进行了分析。[3]

（5）在研究的开始阶段，我们希望能够对影响者进行多于两步的后续访谈调查，以便更好地追踪从一个人到另一个人的影响流动链。由于经费的限制，我们只能收集一些不完整的代表性的数据（token data）。但本书中所提及的这些数据为今后的研究指示了一个充满希望的发展前景。

在我们研究报告的最后一部分读者可以发现，这里已经清楚地说明在人们日常生活的许多重要方面存在着水平层面的意见引导。当然这并不意味着一个人只受到身边同类人的影响。在我们的研究中也发现，在某些方面垂直型的意见引导扮演着非常重要的角色，并不是根本不存在。因此我们就必须思考这一问题：不同模式的个人影响是如何相互交织的？在选择观看哪部电影时，年轻人影响着较为年长的人。选择购买小件的生活消费品时，年长的家庭主妇影响着年轻女性。在真实的总统选举投票中，由于事关社会忠诚，人们更倾向于根据所在阶层选择投票对象，而不是去追随更高或更低社会阶层选民的投票意向。但是当一个人就本地事务做出决定时，此时党派倾向不再重要，而更为需要的是获取特定信息，因此工薪阶层似乎更有可能接受那些受过更好教育的白领的建议。本项研究最初的资助者将会很高兴看到在日常消费品购买领域，水平意见引导处于主导地位，在这个领域内，影响几乎不会从一个社会阶层跨越至另一个阶层。然而，不论这些发现有多大的用处和创新性，不可忽视的一点是它们还不是定论，它们只不过为我们开启了一个有趣而复杂的研究领域。

在这里我们正好可以表明在一个令社会科学家们争论不休的问题上的立场。许多社会科学家将研究课题分为"严肃的"（dignified）和"不严肃的"（undignified）两类。大学生如何选择约会对象被认为是一个可以拿来做博士论文的严肃选题。而广告对购买行为的影响研究往往被许多学者看不起，尽管事实上在对人类行为的经验研究中，很少能够寻找到比这更好的材料来帮助我们发展系统化的知识。本书的一位作者在他的另一本著作中运用大量细节材料，对此进行了分析。[4]在此，再继续争论没有什么意义，因为我们的研究结果将充分显示，对消费者行为的分析远远超越了其商业意义，它可以进入对人类行为的普遍性问题的探讨之中。[5]

本项研究的准备工作开始于1944年秋季，而现场调查工作于1945年春季展开，此时第二次世界大战欧洲的战争刚刚结束。对收集来的大量数据的分析工作进展缓慢，因为在此后的几年间，战后军人复员退伍的工作被强加给大学，这带来了繁重的工作负担。正如在本书的致谢中可以看到的，许多在早期参与本项研究的合作者转移到了其他工作岗位，无法再继续参与我们的研究工作。在我们的发现准备付梓之际，社会研究领域内兴起了一股十分重要的新趋势，我们必须将它与本研究进路联系起来考虑。这又需要额外的时间。

发端于众多不同知识体系的小群体研究，现在几乎已经成了一个独立的学科。这一研究领域中迅速发展、累积起来的知识成果，在许多方面与我们的研究课题密切相关。比如，当一个人被视作完全孤立的个体，或仅是集体中的一个统计单元时，那么我们的研究视野将遗漏掉很多东西。现在已经十分清楚的是，大众媒介的影响与个人的影响并非仅是平行关系，我们可以这样说，大众媒介的影响还会受到终端受众所构成的人际环境的干扰。一个人是否对其他人产生影响，并不完全取决于他们二者之间的关系，还取决于他们共同嵌入朋友圈、亲属圈和同事圈的方式。当我们已经收集了与这条新的学术路径相关的大量数据时，我

们当然就不再考虑仅仅按照"群体动力学"（group dynamics）的基础　8
理论来展开我们的研究。

　　在深入研读有关小群体研究的著作时，我们也进行了逆向的思考。
小群体研究领域内的这些作者们，几乎无人关注他们的研究与大量研究
大众媒介的知识之间的关联；同时他们也很少去追问如何能将实验的结
果与大规模现场调查的发现联系起来，以及如何与研究日常生活中普通
人所受影响的直接访谈技术联系起来。因此，在我们的研究中对此进行
补充就显得十分自然和必要，我们应该尝试对以下两种在同一时期迅速
发展起来的，但彼此没有太多交集的研究路径进行系统性的整合：一个
是小群体研究，另一个就是通过大规模调查技术进行的大众媒介和个人
影响研究。

　　因此，本书的一位作者承担了进行这种整合的任务。这项工作在本
书出版前的两年中，占用了过半的时间，现在它成为本书的第一部分。
它以简短的历史回顾开始，以说明对"小群体的发现"同时产生于社会
研究的几个不同领域。相关发现可以分成两类：对群体内影响的追踪，
以及对外部因素如何影响群体的研究。

　　就"群体内部的传播"（communication within the group）而言，
当前小群体研究中有两个方面的主要发现与之密切相关：

　　第一，表面上看，个人意见和态度往往在家庭、朋友、同事这类规
模较小、关系紧密的群体中生成和（或）强化。如果意见被群体成员共
享，它会更稳定；面对"宣传运动"的压力时，人们更倾向于共同转变
意见，而不是独自改变。

　　第二，家庭、朋友、工作伙伴之类的团体构成人际传播的网络，影
响在其中的流动方式呈现出某种规律。领导者在群体意见形成方面起到　9
关键作用：他更了解群体中其他成员的想法；他在成员之间起中介作
用；他代表着"典型的"群体思想。

　　下面让我们来思考小群体研究对于理解"对群体的传播"（commu-
nication to the group）有何帮助，也就是说，群体如何保持与其所处环
境的联系，以及外部影响如何进入群体。当我们对这第二个问题进行探

讨时，可以明显地发现个人影响与大众媒介紧密地交织在一起。不过，小群体研究对此却无法提供什么帮助，因为大量这方面的研究是在实验室中进行的，生活中的自然情境被有意忽略了。尽管小群体研究在这方面无所作为，但我们也注意到社会研究的其他一些领域却可以为我们提供帮助。比如在欠发达地区，面对面的传播可能扮演着比它在西方社会中更为重要的角色。当现代大众媒介逐渐进入中东和远东国家时，我们的主要研究课题可以在那些地区展开，因为那里具备对这类研究而言非常理想的研究条件。事实上，我们很快意识到有大量的相关材料值得我们从自己的特定研究角度出发予以仔细考量。在近年来迅速累积起来的人类学数据中，大众媒介和人际接触之间的相互影响已经引起了田野调查者们的注意。即使在我们所处的社会中，也存在着一些需要我们从这一特定的视角对它进行重新审视的情形，比如农业代理商和他们的农民同事在向其他农民们解释广播或政府发放的手册中的相关讯息时起到了怎样的作用？

　　这些就是我们在组织本书时主要考虑的问题。最初，我们还想加入第三个部分，这一设想虽未实现，但现在至少需要对它略作介绍，以帮助读者能够在更为全面的语境中思考个人影响的问题。人们相互影响的方式不仅受到他们所处的初级群体的影响，还受到美国社会的整体制度条件的影响。有些影响是由压力集团（pressure groups）的集中努力而得以实现的。近年来，这方面的努力已经扩展至以下几个方面：不仅是立法者，整个公众意见也受到影响；也就是说，压力集团所试图影响的目标不再仅仅局限于立法者层面，也包括了终端消费者的选择与普遍态度。诸如广告和公共关系这类新兴行业的发展均与此相关。但是，并非只有这类具有明确目的性的实践活动才与我们的研究相关。当被认为是日用品销售的一种手段或渠道时，美容院、音乐节目主持人、百货公司成了衍生的中介（agencies），它们也会影响追随者的生活方式和思想方式。一些社会理论家，比如戴维·里斯曼，倾向于认为在现代工业社会中整个思想环境均遭到了"广告精神"（advertising spirit）的渗透。在田野工作期间，我们收集了大量与人际影响的制度来源相关的数据，我们采访了美容院老板、为迪凯特的报纸提供观点的专栏作家、律师，以及当地的商人和政治人物。然而，由于这些材料过于粗略，无法条理清晰地呈现出来，因此最终并没有收入本书之中。

在此还需要就我们对于本书中经验数据的选择多说几句。从本书附录中的问卷中读者们可以发现，在最初的研究计划中包括了如此之多的话题。比如读者们会注意到，调查对象在许多话题上接受了两次访谈。最初的计划是对调查对象两次回答中的变化进行分析，这一调查程序就是现在已经逐渐广为人知的小样本反复调查技术（panel technique）。[6]然而近年来，我们可以广泛获取如此之多的小样本反复调查的数据，因此再发表这些早期的数据似乎已经没有价值了。读者们可以发现，我们针对调查对象的阅读与收听习惯提出了大量的细节性问题，而她们的答案在今天看来似乎已经完全过时了。

但是与之相反，有一些数据即使在统计层面已经不再那么令人印象深刻，但是由于它们可以为更重要的研究思路提供例证，我们仍把它们收录进本书。比如，我们记录了两个人之间的对话，一个人提供建议而另一个人接受了它。由于多种原因，本书中所讨论的这类案例并不多。但是这类信息不仅当时很新颖，而且就我们所知，在此之后也没有其他研究这样做过。因此，有必要让我们的同行关注这些信息，并且希望其他的研究者们今后能够发现它们并将之运用到更大规模的研究中。[7]在本书中我们附上了相当冗长的技术性的附录，并对我们的成果的不足之处和值得进一步研究的地方作了坦率的讨论。

对于本书在这一传播研究系列丛书中的地位，可做如下总结。我们呈献了一项经验研究的成果，在本书中，我们希望通过对个人作用的思考，拓展传统传播研究的视野。在本项研究的设计中隐藏着这样的思想：个人，尤其是意见领袖，可以被视为大众传播系统中的另一种媒介，就像杂志、报纸和广播一样。我们可以研究他们的"覆盖范围或受众"（coverage）、效果，以及在某种程度上，研究他们的内容（content）。[8]迪凯特研究为这样一条路径提供了扎实的数据支撑，但它仍然过于狭隘。个体的人，无论他是影响的产生者还是影响的对象，都必须被置于他所生活的初级群体的框架之内进行研究。在新兴的小群体研究传统中所做的探索，需要围绕着这一更为宏大的问题被重新组织和重新解释。我们对于这些材料所进行的次级资料分析（secondary analysis）的结果，也呈现在本书中。本书留下的相应课题是，如何将本书的两个部分与那些致力于一般社会分析的学者们的著作联系起来。这只能留待今后再作努力。

伊莱休·卡茨

保罗·F·拉扎斯菲尔德

伊利诺伊州，芝加哥

加利福尼亚，帕罗奥多

1955 年 5 月

注　释

2n.　　[1] 依据这些原则所进行的实验性的研究，实际上已经在罗伯特·默顿的领导下展开。根据他们施加影响的领域不同，那些在公共事务中被其他人认为是影响者的个体，被分为"本地事务影响者"和"非本地事务影响者"。研究发现，为数众多的"非本地事务"方面的意见领袖实际上都是全国性新闻期刊的订阅者 [Merton's "Patterns of Influence: A Study of Interpersonal Influence and of Communications Behavior in a Local Community," in Lazarsfeld and Stanton, eds., *Communications Research*

3n.　　1948 - 1949 (New York: Harper and Brothers, 1949)]。弗兰克·斯图亚特在这方面进行了更早的探索性研究 [Frank Stewart, "A Sociometric Study of Influence in Southtown" (*Sociometry*, Vol. 10, pp. 11 - 31, 273 - 286)]。

[2] Lazarsfeld, Berelson and Gaudet, *The People's Choice* (4th ed.; New York: Columbia University Press, 1954).

5n.　　[3] 这方面的进一步探讨，参见《社会研究的语言》[Lazarsfeld and

6n.　　Rosenberg, eds., *The Language of Social Research* (Glencoe: The Free Press, 1955)] 第 5 章，尤其是彼得·罗西（Peter Rossi）的论文。那是对费城居民流动性的一项研究，该研究中所作的"效果分析"，是对迪凯特研究中相关工作的推进与拓展。

7n.　　[4] In *The Language of Social Research*. 见前注。

[5] 事实上，本书在总体上是以社会科学家的旨趣为导向的，因此强调它对于分析人类日常行为的有效性，实为明智之举。埃尔默·罗珀先生充满善意地在其为本书所写的序言中突出了这一点。他在其中还加入了他自己对"思想传播"问题的一般性思考。这进一步强调了在本学术领域内更为深入的经验研究是多么重要。

[6] 由社会科学研究协会（Social Science Research Council）发起，哥伦比亚大 *10n.*
学应用社会研究所对这一方法进行了回顾与评价。其成果将由自由出版社（The Free Press）于近期出版。

[7] 在由我们的材料所形成的初步报告的基础上，业已形成了许多研究，具体 *11n.*
体现了其中一些思想。在我们的早期数据分析中贡献颇多的彼得·罗西，在他对马萨诸塞州社区的研究中运用了这些思想；罗伯特·D·雷（Robert D. Leigh）和马丁·A·特罗（Martin A. Trow）在佛蒙特州的班宁顿市（Bennington）开展了与公共事务意见相关的媒介和个人影响的扩展性研究。不过这些研究目前还没有进入出版阶段。其他一些明确运用了"意见领袖"思想的研究如下。Matilda and John Riley，"A Sociological Approach to Communications Research，"（*Public Opinion Quarterly*，Vol. 15，Fall，1951）；S. N. Eisenstadt，"Communications Processes A-mong Immigrants in Israel，"（*Public Opinion Quarterly*，Vol. 16，Spring，1952）；David Riesman，*The Lonely Crowd*（New Haven：Yale University Press，1950）；Leo A. Handel，*Hollywood Looks at Its Audience*（Urbana：University of Illinois Press，1950）；Berelson，Lazarsfeld and McPhee，*Voting*（Chicago：University of Chicago Press，1954）；Lerner，Berkman and Pevsner，*Modernizing the Middle East*（tenta-tive title，forthcoming）.

[8] 个人的"内容"，作为一种传播方法，是指他们的对话（conversations）。在后来对 1948 年总统选举运动的研究中，对话的统计数据收集成为可能：谁发动了他们；参与者之间的相对位置如何；在多大程度上对话涉及实际信息或意见的交换等。See Berelson，Lazarsfeld and McPhee，*Voting*，*op. cit.*

第一部分
个人角色：大众媒介效果研究的新焦点

第 1 章　在媒介与大众之间

　　当人们开始第一次思索大众媒介的效果问题时，他们便表现出了两种对立的倾向。一些社会评论家认为，大众媒介至少能够重新创造一种明智通达的公众意见，在以前这项工作往往由"镇民大会"（town meeting）承担，公民将能再一次平等而紧密地亲身参与到需要他们决策的那些事务中。这种观点认为，现今人们已经跟不上日新月异的世界了，大众媒介则可以使人重回过去的美好时光，让世界变得触手可及。[1]

　　另一些人提出了完全相反的意见。在他们看来，大众媒介是邪恶的使者，旨在彻底摧毁民主社会。首先是报纸，然后是广播，都被视为威胁——它们将自己的思想印刻在毫无防备的读者和听众的头脑中。在 20 世纪 20 年代，人们普遍认为是报纸及其发动的宣传"使我们陷入战争之中"；而在 20 世纪 30 年代，人们又将罗斯福的竞选获胜视为广播中的"金嗓子"（golden voice）可以在任意方向支配摆布公众的"证明"。[2]

　　从某一个角度看，这两种有关大众媒介功能的观念是完全对立的。

但从另一个角度看，他们的分歧并没有那么大。也就是说，无论是将大众媒介的出现看作社会民主的新契机，还是将其视为邪恶手段，其实这两种观念对大众传播过程的描绘都是相同的。首先，这两种观念都将数量庞大的读者、听众和影迷视为愿意接受讯息的原子化大众（atomistic mass）；其次，它们都将特定讯息看作对行为的直接而强大的刺激，并可以引起即时反应。简而言之，在一个变动不居、人与人之间缺乏联系的社会，传播媒介则被视为一种新型的统一力量（unifying force），一种简单的神经系统，它可以通达至社会中的每一个个体。[3]

17　　这种关于社会和传播过程的"模式"产生并流行于传播研究的初始阶段，当时是 20 世纪 20 年代，广播刚出现不久。这一模式部分源于普通民众对大众媒介力量的想象，同时它也在某些社会学和心理学理论中寻求到了支持。因此，19 世纪晚期欧洲经典社会学重点关注城市中人际关系的崩溃、工业社会问题，以及间接的、非个人化的社会控制新形式的出现。[4]此后，随机抽样调查方法、意见和态度的测量技术，以及建立在研究"代表性"个体基础上的学科逐渐从原来的学术背景中独立出来，并将早期的传播研究与应用社会心理学联系起来。

大众媒介研究：对"宣传"的研究

大众媒介研究是在不同的思想基础上发展起来的。随着这方面研究的推进，人们习惯上将传播研究领域划分为三个主要部分。受众研究主要探讨各种不同类型的受众如何处理特定的传播讯息或媒介。这是传播研究中最早兴起，也是至今最为多产的领域。第二个研究领域与内容分析相关，包括语言、逻辑和传播讯息设计制作方面的研究。最后，就是
18　所谓的效果分析，或者说是对大众传播影响的研究。

从某些方面看，这种三分法有其作用。但从另外的角度出发，尤其是站在本书的视角看，如此分类具有误导性，因为它掩盖了这样一种事实，即从根本上讲所有的传播研究均指向效果问题。从最早的对传播问

题的理论化分析，到当下的经验研究，根本性的问题只有一个："媒介能'做'什么?"——尽管它并不总是能够得到明晰的表述。我们在前面讨论"模式"时就涉及了这个问题，同样，大众媒介研究的"委托人"（clients）也关注效果问题。比如广告主、广播电台主管、宣传家或是教育者，这些研究的资助者们唯一感兴趣的就是他们的讯息对公众的影响。如果我们发现，他们所委托的研究是分析他们的目标受众特征的，或是他们制作的讯息的内容的，显然我们也有理由认为这些方面都在某种程度上与效果问题相关联。

此外，如果我们对这些研究的资助者及其动机进行更为细致的分析，那么对于效果观念的理解就会更为明晰。"效果"看似是一个简单的概念，但实际上大众媒介对社会的影响存在许多不同的表现以及不同的维度，因此效果可以分成不同类型。[5]在我们所讨论或划分的这些不同的效果类型中，那些研究的资助者们（他们的研究目标往往强调大众媒介）所关注的基本只是其中的一种效果，对其他效果则几乎不予理睬。我们认为，大众媒介研究最重要的旨趣，是探究大众媒介在短期内影响（通常是改变）意见或态度的有效性。或许对于这一旨趣最好的表述是：研究大众媒介"宣传运动"的影响——这些媒介运动的目的是影响选举投票、出售肥皂或是消除偏见等。当然还存在着大量其他方面的媒介影响，它们无疑都值得研究，但还未受到足够重视。[6]在我们继续进行下面的研究前，请记住这样一个谨慎的定义：大众媒介研究的目的，在于理解大众媒介的"宣传运动"（即短期内的特定活动）是如何，以及在何种条件下成功地影响了人们的意见和态度的。

中介变量与效果研究

如果我们赞同大众媒介研究的焦点是对宣传运动的研究，那么我们就很容易证明传播研究的几个子领域如受众研究、内容分析等等根本就不具备独立性，事实上它们都属于媒介宣传运动效果问题的子问题。要证明我们的这一观点并不困难。比如，我们可以思考一下受众研究——这是大众媒介研究中最为多产的领域。有观点认为，受众研究是一个独立的研究领域，涉及的是所谓的收集事实或记录信息的活动。然而我们认为，受众研究更应被视为效果研究的一个方面，在这一意义上讲，收集受众信息、检视他们的特征以及好恶，仅仅是分析特定媒介或讯息的潜在效果的第一步。换句话说，如果我们没有忽略处于传播研究中心地位的是媒介效果问题这一事实的话，那么我们就可以发现受众研究只是通向这一终极问题的中间步骤。

　　大众媒介研究的其他主要分支的情况完全相同。可以这么说，大众媒介研究的知识发展历程或许可以被视为受众、内容等研究问题被陆续引入传播研究的过程，它们把效果研究归结为对这些与效果相关且更易进行的中间性因素的分析。

　　然而，这些因素不仅仅是效果的间接测量指标或输入条件，它们还开启了对大众传播过程中的一些错综复杂的问题的专门研究。也就是说，对这些中间步骤进行分析，可以使我们更好地理解在大众媒介宣传运动中发生了些什么。或者换一种表述，可以使我们更好地理解"介入"（intervene）大众媒介的刺激和个人的反应之间的一系列事件和各种因素。因此，每一个新的方面被引入，都使得传播研究最早出现的假设面临崩溃。该假设认为：一方面，是无所不能的媒介在发送讯息；另一方面，是原子化的大众在等待接收讯息——二者之间，别无他者。

　　现在，让我们转向对这些观点更为细致的论证。我们将对进入（或者可以说"介入"）媒介和大众之间并改变了传播预期效果的四个因素做一番简要分析。我们要考察的这四种中介变量是接触、媒介、内容和既有倾向（predispositions）。它们中的每一个均分别成为传播研究的焦点（受众研究、媒介比较研究、内容分析和态度研究），而且每一个都有助于我们理解大众劝服运动的复杂性。对这些因素进行分析论述，将为我们引入另一个中介变量打下基础。这个中介变量就是人际关系，它是最近才被纳入传播研究视野之中的，也是我们将特别关注的。

大众传播过程的四个中介变量

我们将要考察的四个变量，在一些条件下可以推动媒介与大众之间的传播流动，但在另一些条件下则又有可能起到阻碍作用。因此，正是在这个意义上，我们称其为中介。[7]

首先让我们来考察"接触"（或者说"接近"、"注意"）变量，当然，它来自受众研究领域。[8]受众研究已经表明，最初的大众传播"模式"并不充分，原因很简单——因为人们并不像想象中那样频繁、轻易或随意地接触大众媒介。是否接触大众媒介，可能会受到技术因素（比如在许多尚未工业化的国家）[9]、政治因素（比如在一些威权国家）、经济因素（比如买不起一台电视）的影响，尤其是可能受到意愿因素的制约——受众就是单纯地不愿意接收信息。特别是在美国，意愿因素最有可能解释谁会成为特定讯息的受众。或许在这一领域中，至少是在有效的劝服过程中，最重要的经验总结是：那些最被期望成为传播对象的群体却往往最不可能是这些讯息的受众。因此，我们经常发现，教育节目往往不会到达那些没有受过教育的群体，而充满良好意愿的节目却很少被那些对其他群体抱有偏见的人群接收，如此种种，不一而足。[10]正是从这个意义上讲，我们将媒介接触本身视为大众传播过程中的一个主要的中介变量。

大众媒介研究的第二个焦点是对媒介自身不同特征的区分与比较，它也是这一领域中较早发展起来的研究范畴。这方面的研究关注的普遍性问题是：如果一条讯息 X，经由 A、B 或 C 这几种媒介进行传播，效果有何差异？坎特里尔和奥尔波特（Cantril and Allport，1935）出版的专著《广播心理学》（*The Psychology of Radio*），引起了人们对于这一类"媒介比较"实验的关注。这些研究发现表明，劝服过程受到传送讯息的渠道的影响，在这种情况下，媒介类型（type-of-medium）成为一个中介变量。[11]

22

　　讯息的内容——主要包括形式、呈现、语言等，是我们提出的第三个中介变量。尽管导致人们分析传播内容的原因各异，但在大体上，大众媒介研究在这一领域中的主要旨趣，是试图解释或预测不同内容所导致的传播效果的差别。更准确地说，这一领域中的大多数研究把起中介作用的心理过程的差异（也就是效果的差异）归结为由可观察的内容的差异所造成。[12]内容分析告诉我们哪些心理技巧最有效（比如重复传播、诉诸权威、引起从众效应等）；相对于"意见"，"事实"（facts）和"事件"（events）的影响力更大；"不要争辩"的基本原则；面对争议时要明确表示支持或反对"某一边"，而不要"左右摇摆"；陈述中"用事实说话"（documentary）和"直接提供意见"（commentator）之间的对立；论述时"自相矛盾"（cross-purposes）的负面效应等等。这样的一些重要技巧已经在该领域中发展起来并运用于实践，同时控制实验法被广泛采用，以观察不同传播内容及其表达方式所带来的直接效果。这些技巧的特质十分明显：它们集中关注"刺激"问题，通过观察与效果有关的心理变量或接触不同内容的对象的实际"反应"，判断"刺激"的有效性。

　　第四个介入传播过程的因素（或中介变量）产生于对受众态度和心理既有倾向的研究之中，这些态度或既有倾向常常是媒介宣传运动是否成功的标志。在这一领域中，大众媒介研究证实了社会心理学家们在实验室中的发现：个人态度或既有倾向能够改变，或者有时完全扭曲特定讯息的意义。比如，一个对外部群体（out-group）抱有强烈戒备态度的人，对于一则强调包容的讯息可能进行积极的防御，甚至将其感知为对自己所持偏见的支撑，或者认为这则讯息与自己的偏见毫无关联。[13]

　　正如必须研究受众对特定话题所持的预设态度一样，如果想要全面理解心理既有倾向对于传播有效性的影响，我们还必须思考受众对媒介本身的态度。在此，对既有心理倾向的研究就与之前讨论的媒介差异问题联系起来。因此，许多人认为广播比报纸更可信，但也有不少人持相反意见。与之相类似，在许多高度政治化的国家中，人们不仅对整个媒体的信任度很高，而且也十分信任每一份报纸和每一家广播电台。[14]同样，对信息源和新闻源的态度也可能影响到大众媒介讯息的接收。针对这一问题，学者们进行了大量"声誉暗示"（prestige suggestion）方面的研究。[15]

至此，我们已经对处于讯息接收端的接触和既有倾向因素，处于发送端的媒介差异和内容差异这四个中介因素进行了考察，它们中的每一个都有助于我们更好地了解处于媒介和大众之间并影响了传播效果的是什么。[16]这意味着，每当发现一个新的中介因素的作用，复杂的大众劝服过程就会被照亮几分，同时揭示出为了使大众传播的讯息更有效，众多不同的因素应该如何相互配合。因此，研究者们在开始时所提出的大众传播过程的图景（其中媒介可以产生直接影响）随着新的中介变量的不断发现而被加以越来越大的限定。

现在，让我们转向近来受到重点关注的人际关系变量。在一些先驱性的传播研究的基础上，以及我们后面将要看到的，在大众媒介研究领域内展开的小群体分析的基础上，我们可以发现以往的传播研究极大地低估了两个方面的重要性：个体与他人之间的社会联系，以及个体与他人所分享的意见和行动的特征——这些都影响了个体对于大众媒介的反应。换句话说，我们认为要分析个体对媒介宣传运动的反应，就必须考察社会环境及人际关系的特征。这正是我们最想细致考察的东西，因为它极有可能是中介变量链条的关键一环，同时也因为它有可能推动两个社会科学研究领域的融合——一个是宏观的大众传播研究，另一个是微观的社会关系研究。

人际关系："人"的发现

人们或许要问，那些非正式的、看似无关的社会联系，如何影响了个人的所见所闻？对于这个问题我们将从以下几个方面进行回答：首先，我们将列举几个研究个案，以说明人际关系与大众传播过程的相关性；其次，我们将试图指出，那些认为在原子化的个体与大众媒介之间

别无他者的早期研究，是如何在不经意间暗合了人际关系因素可能与效
果问题相关这一观点的；最后，我们将对社会科学其他领域中的一些相
关发现做一番考察，它们近来也"重新发现"了人际关系的相关性。这
三个方面的分析，构成了本节的余下部分，以及此后的全部章节的主要
内容。在下一章中，我们将继续讨论本章提出的问题，即提出并验证这
一假设：如果要正确理解大众传播过程，就必须将人际关系变量纳入思
考之中——不过我们的路径将与以往的研究大异其趣。

　　在这里，我们的第一个任务是对近年来的几个研究案例进行考察。
这些对大众传播的研究说明了人际关系的重要性（有时甚至是出乎研究
者预料的）。

　　（1）我们要谈到的第一个研究所讨论的问题是儿童融入同辈群体的
程度，以及这种融入与大众媒介使用之间的关系——这一研究极好地说
明了我们想要阐述的观点。在此项研究所形成的报告中，玛蒂尔达和约
翰·赖利（Matilda and John Riley，1951）充分论证了作为中介变量的
人际关系是如何影响大众传播过程的。[17] 比如他们的研究有一个发现：
相对于那些融入了同辈群体的孩子来说，那些与同辈的社会联系较弱的
儿童更喜欢收听广播中的动作暴力节目。在这个具有启发性的发现的基
础上，两位研究者更进一步对所有自称喜欢动作暴力节目的儿童进行了
分析，发现那些喜欢此类节目的同辈群体中的"成员"（即很好地融入
了群体的儿童），其收听行为与那些"非成员"之间存在很大区别。那
些"非成员"更喜欢这类故事所带来的"毛骨悚然"、"难以忘却"
（hard-to-get-out-of-your-mind）所带来的兴奋感，而"群体成员"则更
倾向于从相同的动作暴力节目中获得群体游戏的灵感，比如用一种新方
式和朋友们玩"牛仔"和"印第安人"的游戏。研究者们认为，同辈群
体的"成员"评价媒介的标准是看其是否有利于他们的社会生活，而
"非成员"则更倾向于将媒介作为幻想和逃避的工具。显然，儿童与其
同辈之间社会联系的差异是造成同一传播内容呈现不同效果的重要决定
因素。[18] 对于我们而言，这项研究表明，除非对儿童所处的不同人际情
境予以考察，否则将无法对这些不同的效果予以充分说明。

（2）不过，是否拥有朋友并非人际关系对大众传播的全部影响。对于理解传播行为（以及一般行为）而言，同等重要的是那些成了个人的人际关系组成部分的特定朋友和家庭成员们的意见、态度和价值观念，即群体规范（norms）。也就是说，两个个体融入其各自群体的程度可能相同，但这两个群体的规范却可能存在差异。萨奇曼研究了广播媒介对于严肃音乐收听行为的影响，这项研究表明，周围人的意见可能影响了个体的媒介接触行为。[19]萨奇曼在研究中对两类人群进行了对比，一类人群是因为收听广播而对严肃音乐感兴趣的，另一类音乐爱好者的兴趣则由广播以外的因素造成。这两类严肃音乐爱好者均被问及："是否能告诉我们，你最初是怎样对严肃音乐产生兴趣的？"结果表明，在那些认为广播是其音乐兴趣产生的主要因素的受访者中，有接近半数的人回答说是"朋友"给了他们最初动力，而在第二类人中，回答"朋友"的比例只有 26％。

这一发现表明了社会压力的重要性——它促使人们接触媒介，并接受传播的影响。[20]此研究显示，当有助于某人在其朋友圈中获得更多尊重时，对于他来说传播才是"有效的"。比如，当一个人希望被一个新的、更"有文化"的群体所接受时，他可能会去收听广播中的严肃音乐，以使自己在这方面达到群体规范的要求。研究者总结道："广播最为重要之处，不在于激发兴趣，而在于它能有效地引发后续的与广播无关的其他效果。"

（3）现在让我们来看另一个案例。在过去十年中我们已经了解到，有很好的理由可以猜测（尽管没有真正的经验证据），一些最有效的广播节目的听众都是有计划的收听群体，而不是孤立的个体。比如库格林神父（Father Coughlin）①在广播上获得的成功，似乎就是建立在群体收听的基础之上的。[21]从近来对苏联的传播研究中我们了解到，那里的传播渠道极大地依赖于面向组织化群体的亲身传播，而大众传播则叠加于这种人际构架之上。[22]在希尔斯和贾诺维茨（Shils and Janowitz，

28

---

①　20 世纪 30 年代的民粹主义者，创办了私人的天主教广播电台，号称吸引了四千万听众。——译者注

1948）所做的二战期间盟军针对德国军队的宣传研究中，也提出了类似的观点：个体会拒绝那些试图将他们从其群体中分离出去的传播。

（4）在国际传播研究刚刚发端的时候，我们再一次发现世界上存在着这样原始的社会情境：在一个村庄中只有一个广播频率，或是一个城市中没有一份报纸。在这样的社会环境中对新闻和影响的流动进行研究，不仅可以让我们对于前工业社会中的传播活动有更多的了解，而且也涉及我们目前所关注的主题——人际关系与大众媒介效果之间的联系。这样的研究可以为我们指明在像我们这样的大众媒介社会之中，人在传播中所扮演的角色。我们在下面还将以国际传播研究为例，对此再作详细讨论。

（5）在 G. D. 威伯（G. D. Wiebe）近年来所做的两项研究中，对一个被广泛讨论的问题进行了很好的分析：为什么大众媒介在推销生活用品方面十分有效，而在"推销"公民理念和民主行动方面却影响甚微。[23]威伯指出，成功的商品广告在人们的动机上施以最后一推，并引导他们接近与之相适应的"社会机制"（social mechanism，在这里一般是指零售商店）以释放这些动机。这个"社会机制"必须在物理和心理层面上与人们相"接近"，而且必须与特定的需求相适应。根据这一看似合理的社会行动模型，威伯进一步考察了几个成功和不成功的大众媒介宣传运动。比如他发现，一部极力主张听众成立社区理事会（neighborhood council）以遏制青少年犯罪的广播纪录片，实际上完全就是在要求听众建立起自己的"社会机制"，而且并没有为他们提供具体可操作的蓝图。我们从威伯那里获得的启示是，大众传播的效果可能受到个体与特定他人间关系特征的影响，这些他人构成相应的"社会机制"。我们可以得出这样的结论，良好的意图之所以没有被转化为行动，是因为个体与相应的"社会机制"之间不够"接近"——这里我们所假定的"接近"指的是与他人之间的联系。[24]

像上面这样的研究案例数量并不多，但其重要性却不言而喻。它们说明，传播的效果达成与以下几个方面相关：第一，个体与同伴联系的频次；第二，个体与共享特定规范或标准的他人之间的联系；第三，群

29

体可以补充或强化大众媒介讯息对其成员的影响；第四，加入社会群体 *30*
将个体自己的传播系统与相应的大众媒介系统连接起来；第五，个体与
相应的社会渠道（social outlet）保持足够"接近"以促进有动机的社
会行动的释放。

　　总之，这些研究指出了人际关系作为大众传播过程的中介变量的意
义。据我们所知，这类研究并不多。当然，并非所有的这些研究最初都
是以此为目的而设计的。事实上这些发现一些来自我们的后续思考或推
断，而另一些更新的发现则（至少是部分）受到我们还没有提及的一项
早期"发现"的启发。

注释

　　[1] 罗伯特·E·帕克（Robert E. Parker）是美国先驱性的社会学家，记者出 *15n.*
身。1925 年，他在报纸上发文论述了记者的社会作用："无论是否被意识到，所有
的作家和媒体对社会所起的推动作用在于，他们尽可能地将田园小镇的生活带入城
市之中。在田园小镇中，所有人都相互认识……在田园小镇中，传言和公共意见是 *16n.*
社会控制的主要来源。"与帕克相类似，C. H. 库利（C. H. Cooley）在其 1909 年出
版的经典著作《社会组织》（*Social Organization*）中，对此做了充满理想主义色彩
的表述："……一般来说，自 19 世纪初期以来，传播和整个社会系统内发生的变化
意味着人类本性的拓展，也就是说，人类在社会整体中自我表达的力量得到了增
强。这些变化使得社会能够越来越多地依据人类的才能、理性与情感而得以组织，
而不是根据权威、等级和惯例。这些变化意味着自由、远见和无限可能性。公共意
识（public consciousness）不再仅仅活跃在地区性群体之中，伴随着意见的给予与
接受，新的交流形式成为可能，这使得公共意识能够扩展到整个国家层面，直至整
个世界最终被联结成一个生机勃勃的精神整体。"See Park（1949），p. 11 and
Cooley（1950），p. 148.

　　[2] Berelson（1950），p. 451.

　　[3] 沃斯（Wirth，1949）近期对这个方面进行了比较研究，并对媒介受众的
传统图像做了生动描绘。同时，沃斯也分析了我们在正文中所提及的媒介影响的两 *17n.*
个方面，即"操纵型的"（manipulative）与"民主的"（democratic），认为媒介在
这两个方面都有相似的影响。另一项与之相近的研究见布鲁默（Blumer，1946）。

　　[4] 在《初级群体研究》中，希尔斯（Shils，1951）讨论了 19 世纪欧洲社会

学的这一主要倾向，他提出了这样的观念："任何对非正式的、联系紧密的传统性关系的坚持都是……对过去的田园社会或小城镇手工业社会的复古。"在讨论美国早期社会学时，希尔斯认为研究者们更乐于将初级群体作为他们的研究对象。不过，希尔斯也指出，C. H. 库利的杰出贡献和美国社会学家在志愿团体（voluntary associations）、压力集团（pressure groups）等方面所显示出来的兴趣则走向反面，强调城市生活中初级群体的瓦解——这种思想可以在托马斯（W. I. Thomas）、帕克及其同事，以及其他一些研究者的著作中找到。在本节，以及其后的一些章节中，我们将对希尔斯的出色论述做进一步讨论。

18n.　　　[5] 例如，拉扎斯菲尔德（Lazarsfeld，1948）区分了四种类型的大众媒介"刺激"和四种类型的受众"反应"，通过对它们进行列联表分析（cross-tabulating），区分出 16 种不同的效果类型。根据大体上的时间维度，受众反应被区分为：即刻反应、短期影响、长期影响和制度性变化（institutional change）。这种分类表明，假设我们要去调查《汤姆叔叔的小屋》（*Uncle Tom's Cabin*）对南北战争爆发所产生的影响，我们就需要建立专门的概念和特定的研究工具，这种效果概念要与"印刷媒介对西方文明的影响"、"利用地铁乘车卡所做的消除偏见的宣传活动"等研究中使用的效果概念区分开来。本节中有关大众媒介研究发现的大量论述基于拉扎斯菲尔德的这篇论文，以及克拉珀（Klapper，1950）的观点。

19n.　　　[6] 前文注释中所引用的拉扎斯菲尔德（Lazarsfeld，1948）对传播效果所做的分类可以清楚地表明，与大众媒介"宣传运动"相关联的"即刻"反应或"短期"影响，仅是效果问题不同维度中的一种。我们可以更进一步地说，一些已经被研究者仔细思考的效果类型，并不能被拉扎斯菲尔德的分类所涵盖。这些效果类型绝大多数属于长期效果，麦克菲（McPhee，1953）和卡茨（E. Katz，1953）论文的附录中列举了其中一些能够和值得进行经验调查的效果类型。重要的是我们要注意到，这些很少被学者们仔细调查的长期效果有希望揭示出大众媒介对社会拥有较之短期"宣传运动"影响更为强大的力量。正如我们在后面所要提到的，媒介"宣传运动"的效果给人以这样一种印象，即媒介在社会和政治说服上（即那些非市场的事务方面）影响甚微。为何媒介对于市场的影响更有效也更容易把握，而在其他方面的影响则相对较弱，威伯（Wiebe，1951）就此进行了探讨，拉扎斯菲尔德和默顿（Lazarsfeld and Merton，1949）也在其著作中以"引导"（canalization）为题对此予以讨论。在后面我们将论及威伯的文章。See also Cartwright（1949）.

21n.　　　[7] 对于我们所使用的"中介变量"一词，不应与调查分析中方法论层面上的技术词汇相混淆。后者将"中介变量"用作一种"实验"要素，以帮助"理解"

(interpret) 与其（指"试验"因素）存在关联的两个因素之间的相关性。对于这一用法的完整讨论，参见拉扎斯菲尔德和肯德尔（Lazarsfeld and Kendall，1950）。对这一术语在心理学中更广泛用法的讨论，见托尔曼（Tolman，1951，pp. 281 - 285）。

[8] 有关广播、报纸、电影和电视方面的受众研究的主要发现，参见如下文献。Lazarsfeld and Kendall（1948），Minnesota（1949），Schramm and White（1949），Handel（1950），Meyersohn（1953），Lazarsfeld（1948）。也许无须再次重申，受众研究自有其此处讨论未能包括的内在价值，而且进行受众研究的动力也不都是指向效果问题的。也就是说，研究一位受众的喜好或厌恶，或许是出于理解其想法，以便从一条正确的道路探究媒介"宣传运动"的目的，但也有可能是为了研究受众"趣味"的特征，以在这一领域中验证某些假设。

[9] 参见胡思（Huth，1952）。他探讨了这些方面的因素是如何成为国际技术援助与信息计划的障碍的。

[10] 对这一现象的研究范例，参见拉扎菲尔德（Lazarsfeld，1948）和克拉珀（Klapper，1950）。 *22n.*

[11] 在某种意义上，本书后面的章节"个人影响的效果"（第二部分第二单元），将个人影响与广播、报纸和杂志的影响进行了比较分析，这对该领域的研究有所助益。另外，这方面的研究见拉扎斯菲尔德等人（Lazarsfeld, Berelson and Gaudet，1948），第14至16章。

[12] 这一领域中的权威性著作，参见贝雷尔森（Berelson，1951）。贝雷尔森在这本书中对内容分析的技术及其应用范围做了概述。该书亦列出了内容研究方面的大量参考书目。霍夫兰等人（Hovland, Lumsdaine and Sheffield，1949）进行了一系列这一领域中最为重要的实验研究，试图直接测量内容变量和效果变量之间的关系，而不是由内容推论效果。美国宣传分析学会（Institute of Propaganda Analysis）出版的一系列专著，对有效宣传的一些"原则"进行了论述，如李和李（Lee and Lee，1939）。对这些"原则"的进一步讨论，参见克雷奇和克拉奇菲尔德（Krech and Crutchfield，1948），第9章。 *23n.*

[13] 库珀和亚奥达（Cooper and Jahoda，1947）对这类故意误解（motivated missing-of-the-point）进行了论证。海曼和希茨利（Hyman and Sheatsley，1952）就国际事务的公共意见进行了这方面的研究，他们证明，向那些最初就持与讯息意见相反态度的人进行传播，往往是无效的。要了解对这一主题的纯粹理论层面的观点，参见卡茨（D. Katz，1949）。

24n.　　　[14] 对媒介可信度的态度调查，是社会科学研究会（Social Science Research Council，1947）所发起的研究的一部分。应用社会研究所（The Bureau of Applied Social Research，1947）在其中进行了对中东和远东国家的传播研究。

　　　[15] 对这些研究的回顾，参见阿施（Asch，1952B）。

　　　[16] 前文已述，大众传播研究对于这些因素的分析探讨越来越精细，思考的预见性也在不断增强，随之而来，人们对大众媒介效果的怀疑也与日俱增。随着现有的研究愈加大胆，以下这点也愈发明显——在市场消费行为影响之外的领域，大众媒介对人们的影响远远弱于传播者的预期。针对公民和政治领域内的劝服企图更是声名狼藉。然而，将大众媒介在这类直接和短期影响上所扮演的角色，与大众媒介更为长期和更为间接的效果混为一谈，这是错误的。

26n.　　　[17] 在此应该注意到，这项研究，以及后面将要提到的这方面的其他一些研究，并非是针对媒介"宣传运动"效果而进行的。比如此项研究所探讨的，是麦克菲（McPhee，1953）和卡茨（E. Katz，1953）所称的媒介"使用"或"满足"方面的问题。由于极少有大众媒介研究真正涉及对于人际关系的探讨，因此在这里我们决定尽可能列举那些最为有趣的研究案例。不过，这些案例中的每一项研究，都与我们从特定的角度研究效果问题密切相关。

27n.　　　[18] 因此，群体关系影响着受众对媒介的接触、偏好和媒介效果。W. S. 罗宾逊（W. S. Robinson，1941）在其"广播与农民"（Radio Comes to the Farmer）的研究中指出，在当地农村女性中，广播系列剧的收听行为与参加俱乐部聚会之间存在着高度相关性。在此，收听广播的"使用"价值（"use" value）十分明显，因为"过半数的女性认为，收听广播与她们的俱乐部活动存在关联"。

　　　[19] Suchman（1941）.

　　　[20] 这项研究证明了人际关系在促使传播产生效果和促使人们接触媒介方面
*28n.*的作用。人际关系促发媒介接触作用的另一个有趣方面，由弗雷德森（Freidson，1953B）的研究所揭示。该项研究关注儿童的媒介习惯，研究表明，这些媒介习惯与不同年龄段儿童所喜好的不同社会框架（social setting）相适应。因而，年幼的儿童更喜欢家庭环境，而不是与他们的同辈待在一起，同时他们也更喜欢看电视，因为收视行为是在家庭环境中进行的；而年龄稍大一些的，更喜欢与同辈联系的孩子，则喜爱看电影甚于电视——这明显是因为观看电影是同辈的集体行为。

　　　[21] 拉扎斯菲尔德（Lazarsfeld，1941）在这方面讨论了其合理性，并在此后又做了进一步思考（Lazarsfeld，1942）。

　　　[22] 参见英克尔斯（Inkeles，1950），尤其是第 8 章"口头鼓动和苏维埃系

统"（Oral Agitation and the Soviet System）。

［23］Wiebe（1951）and Wiebe（1952）.　　　　　　　　　　　　　　　29n.

［24］尽管威伯并没有明确地表达出这样的意思，但从他所列举的几个研究案例中可以清楚地看到，与持有相近价值观念的他人之间的人际关系，可以克服个体和表现为行动的"社会机制"之间的距离，或者说，这种人际关系实际上就是"社会机制"得以建立的前提条件。

第2章　个人扮演的角色

　　对 1940 年总统竞选宣传运动进行的研究中，研究者们发现社区每一个阶层里均有某些人扮演着把大众传播中有关选举的信息和影响传递给其他人的中转者的角色。[1]

　　这个"发现"源于研究者们注意到，广播和印刷媒介对于实际投票决策的影响似乎微乎其微，特别是在改变决策方面更是如此。在此，它与其他类似发现一起，对大众媒介在影响方面的强大魔力提出了质疑。不过，研究者们并没有仅仅满足于公布这一意外发现。他们进一步将研究兴趣聚焦于人们如何做出决定，又因何做出改变。于是研究者们追问，如果大众媒介不是个人投票决策的主要决定因素，那么什么才是？[2]

意见领袖的概念和两级传播

　　为了弄清上面所提出的这些问题，研究者们对那些在选举过程中改变了投票意向的人予以了特别关注。当那些人被问及是什么左右了他们的决策时，他们的回答是：其他人。由此可见，在影响人们决策的诸多决定性因素中，首要因素似乎应是人际影响。沿着选民们给出的线索，我们收集了另一些数据，并提出新的假设。结果显示，人们倾向于采用和身边同伴相同的方式投票：妻子听从丈夫，俱乐部成员遵从其俱乐部的总体意向，工人跟随着工友们的决定等。由此更进一步可以发现，数据表明（尽管它们并不能完全验证这一新的假设）有一些人对其同伴选举意向的影响超过其他人。数据同时还显示，这些被冠以"意见领袖"名称的人，完全不像习惯上所认为的那样是影响的支配者（wielders），而是广泛分布于所有职业群体以及每一个社会经济层级之中。

至此，另一个问题浮现出来：谁，或者是什么，影响着那些影响他人的人？此时，大众媒介重新进入思考范围之中。因为和非意见领袖相比，意见领袖认为大众媒介对自己的影响更大。将上述这一切统合起来，一个新的概念由此产生——"两级传播"。这一概念的基本含义是：观念常常是从广播和印刷媒介流动到意见领袖那里，接着从意见领袖处流向较不活跃人群的。

本书的主要内容就是试图检验和进一步拓展这些观点。与此相类似的其他研究，以及这些研究之间的相互关联，已在本书的导论部分做了简要介绍。

这些研究均试图从不同方面证明意见领袖概念的合理性，同时也都十分清楚地表明在大众说服的传统思想中，必须为"人"这一中介变量留出空间——它介于媒介的刺激和由此而产生的意见、决策、行动之间。这些研究不仅对这一新的中介因素的显著作用予以了确认，同时也对意见领袖这一观点本身进行了卓有成果的系统阐述。也许我们可以这样说，针对意见领袖所进行的研究和思考，使当下的大众传播研究加入到近年来对初级群体的"再发现"的社会研究之列。[3] 如果没有说错的话，这一"再发现"是分两步实现的。首先，研究者们发现了意见引导现象的存在。不过很快，对整个人群中广泛分布的意见领袖的研究，以及对他们与被影响者（家庭成员、朋友、同事）之间关系特征的分析，促发了第二个观点。这一观点认为，意见领袖并非是一个与众不同、高高在上的群体，同时意见引导也并非是只有一些人参与而另一些人置身事外的社会现象，相反，意见引导中的"给予—接受"存在于整个日常个人关系之中。换言之，它意味着，所有的人际关系均是传播的潜在网络，而意见领袖最好被理解为在传播中扮演着关键角色的群体成员。正是这样的研究——它将意见领袖和与他们接触的特定他人紧密联系起来，完成了这一"再发现"。[4]

如果我们的模型差错不大的话，在过去 30 年中，社会科学领域内的众多不谋而合的发现都推动了初级群体的"再发现"。当然，传播研究是最后一批勉勉强强引入小群体思想的研究领域之一，这一点并不奇怪，因为传播研究对人际关系根本视而不见，或者即使承认它的存在，也不认为它与自己有什么关联。

在此，我们想把眼光暂时从大众传播上移开，去探讨初级群体的"再发现"是如何在几个完全不同的领域内，以一种极其相近的方式出现的。本章余下的篇幅，都将聚焦于这方面的讨论。

初级群体的再发现：一个中介变量的研究历史

初级群体的"再发现"是经验社会科学领域内的重要成就之一。我们在前文中已经讲述了其中一个研究领域的"再发现"的故事，说明了研究者们是如何偶然地发现基本社会关系可能是大众传播过程中一个重要的中介变量，以及这一思想现在是如何开始得到应用的。在社会研究的其他领域内，类似的故事也正在上演，在此我们将重新审视其中的几项研究，以证明我们的观点。我们认为，对这些研究案例的审视，将揭示研究者们的这些经验发现是如何迫使他们修正其研究领域的知识图景而将初级群体中的人际关系这一中介角色纳入其中的。

在此，我们首先将通过一个近来十分著名并且具有深远意义的研究案例，来简要回顾小群体在工业社会学（industrial sociology）领域内的"再发现"；其次，我们将关注战时研究中所形成的一本专著《美国士兵》(*The American Soldier*),这是"再发现"的第二个案例;最后,我们将对社区语境中的小群体研究进行一番思考,在此所引用的案例是 M. L. 沃纳(W. L. Warner)的"扬基城"(Yankee City)系列丛书中的第一卷。

我们最感兴趣的,是这三种语境中(工厂、军队和城市社区)初级群体再发现的模式(pattern)。我们所关注的是这些研究是如何发现初级群体是一个重要因素的,以及最初它又是如何被忽视的。之前回顾我们在大众媒介研究方面的经历,正是为了着力指明这一点,将其与这里的三个案例进行比较,可以证明初级群体的再发现有其特殊的模式。在下面的研究案例中我们可以看到,这些研究均由一个过于简单的"模型"(model)开始;接着在特定的关节点上,研究者们发现这一"模型"无法对研究对象做出充分解释;往往正是在这时,指向初级群体的线索被研究者们发掘出来;最后,人际关系的重要性被"再次发现"。我们将在下文中详细说明这一模式中的共同要素,不过首先还是让我们一起回顾以下三个研究案例。

工业语境中的群体:霍桑研究

初级群体作为大众社会中的一个因素,对其经典性的再发现,是工业社会学领域著名的霍桑研究(The Hawthorne Studies)的核心主题。[5]起初,这项研究是为了发现工作条件的变化比如照明状况、薪酬计划、工间休息时间、作业时间的改变等对生产效率的影响。结果发现,不管条件如何变化(变得更好或更糟),被挑选出来进行测试的实验组的工作效率总是在不断提高。此后经过几年的研究,谜团变得更大,但逐渐清晰的是,工人们的反应与实验变量并不相关,而是与其他一些因素相关。对这些神秘因素的研究,使得谜底最终被揭晓。

事实上,是实验组中的女工们自己的陈述揭示了线索。她们说:"这很有趣。"她们的意思是,她们是一个气氛融洽、关系紧密的团体,彼此之间成为要好的朋友,对于自己从实验一开始就不断受到管理者和研究者们的高度关注,她们也非常感激。每当一个实验变量被引入,不管它是改善了工作环境还是使其变得更糟，实验组都以提高产出的方式来表现这个集体高昂的精神状态，并因此影响到实验任务的完成。不过，这还不是重点。

人工实验环境的测量结果促使研究者反问自己：在大工厂的实际情境中（比如不隔离出专门的实验车间，以避免产生第一个实验组所表现出的那种对实验的特定认知），非正式群体难道不会自然产生吗？如果确实会出现非正式群体的话，它们难道不会影响到生产效率吗？这次，调查者们对处于自然情境中的一些工人进行了观察，结果不断发现这些工人都或多或少参与了非正式群体的构建。当调查者们对这类群体进行研究时，他们发现它对于生产行为具有决定性的影响。但是，与实验环境下提高生产效率不同的是，调查者们发现在自然情境下，群体规范更倾向于降低效率。也就是说，这些工人自发地组织起来，对抗管理者出于提高效率的目的而经常采用的针对个体的激励措施，比如说流行的"计件工资"。非常简单，工人们在管理者所能接受的最大范围内，按照他们的想法计算出每天的平均产量，并在生产中共同遵从这一产量规范。

此处讨论霍桑研究的关键点在于：在对大众传播和选举意向的研究中，早期的研究计划并没有考虑到人际关系与实际行为之间可能存在的关联性，而这里对从事大规模生产的工厂（它们是工业社会的核心）的研究无异于发现这一传统"模型"是完全错误的，当然前提是传播研究者们能够意识到这一研究揭示出初级人际关系的存在并且和生产效率密切相关。

军队语境中的群体：《美国士兵》

37　在一些近期的研究中，我们在大型的、组织形式更为正式的社会结构中意外地发现了其他初级群体的案例。其中最为著名的研究专著是《美国士兵》，这是对二战期间美国陆军士兵所进行的态度研究。[6]这项研究的几个不同部分均使用了初级群体的思想，并将初级群体作为主要的解释性变量。

这方面的研究集中关注战斗意志这一潜在动机，为我们的思考提供了有趣的例子。研究者们发现，士兵的战斗动机与对非正式群体的归属相关。比如，保护朋友或是遵从初级群体期望的需要是士兵们经常提到的愿意参加战斗的最重要原因。在此，研究者们又一次多少有些惊奇地发现，与人际关系相关的动机不断被接受调查的士兵们提及，并且认为它比对敌人的憎恨、战争的政治或意识形态目标、纪律的强制或者上级的正式命令更为重要。这又一次验证了我们前面所提出的模式——起初研究者们并没有意识到初级群体与研究课题之间的相关性。[7]

霍桑研究主要基于观察，而且很容易集中关注个体之间的互动。然而《美国士兵》中的数据则是从分散的（atomized）、随机抽取的士兵个人所填答的问卷中收集而来的。从这个特定的方面看，《美国士兵》更接近于传播效果的研究，而不是工业社会学。促使传播研究在偶然间发现初级群体的那些数据的类型，与《美国士兵》所提供的数据十分类似，即它们都来自分散的个体，并且这些样本中的个体分布在不同的群体之中。也就是说，必须将这两类研究结合起来才能促进对初级群体的分析。[8]

社区语境中的群体：扬基城系列研究

38

社会科学中另一个较大的研究领域近来也逐渐意识到对非正式群体进行分析的必要性，这就是城市社区研究。这一领域中的大众传播研究也非常活跃。

就我们此处的论述目的而言，这方面的研究中最为重要的是 M. L. 沃纳及其合作者进行的扬基城系列研究（the Yankee City series）。[9]有证据清楚地显示，沃纳在其研究的初始阶段也没有将初级群体作为社区的重要因素加以研究——对于初级群体，他甚至使用了"发现"一词。沃纳在研究报告中说："对小集团（clique）的发现，以及将它确定为一种重要的社会和结构机制，是我们在扬基城的现场调查进行到最后阶段时才实现的……我们最终确信，在决定群体的社会位置方面，小集团的重要性仅次于家庭。"扬基城研究再一次显示，发现初级群体的线索是由研究对象提供的。对此，沃纳说道：

⋯⋯我们一直知道以下这些表述的重要性，比如"我们这群人"（our crowd）、"我们这伙人"（our bunch）、"琼斯帮"（the Jones's gang）、"我们加入的圈子"（the ring we go in）、"我们的圈子"（our circle），但我们从未注意到这些话语的理论意义，它们其实描述了一种特殊的社会关系。然而我们很快明显地意识到，"那群人牛哄哄"，"她没那么受欢迎，她跟 X 那伙人混在一起"，"他认为他很牛，因为他和 Y 那帮人一起玩"，以及其他与之类似的评论性话语（嘲弄或夸赞），均指向特定的小集团，这些表述非常重要，因为它们将人安置于城市等级中不同的社会位置上。[10]

在此我们又一次看到了对人际关系的"再发现"。当然，此项研究与之前提到的两个研究案例在许多方面存在差异，但它们之间，以及它与大众媒介研究之间的共同之处在于，研究者们发现，人际关系对于理解社会研究中的问题具有重要意义。在扬基城研究中，这个"问题"是要厘清社区中的社会地位系统（status system）的作用，以及人们评估彼此的和自己的社会声望的标准。起初，研究者们设想的相关因素包括收入、居住区域、家庭状况等，但没有考虑到基于友谊的非正式小集团也有可能是社会地位的基本赋予要素，同时他们也没有发现想象中的从一个小集团到另一个小集团的"流动"（mobility）。因此沃纳说，小集团被发现了。而在我们看来，它其实被"再发现"了。

"再发现"模式中的共同要素

现在，我们已经检视了四个"再发现"的研究案例——我们自己的大众传播研究，以及对工厂、军队和城市社区的研究。在探究每一个案例时，我们都尽量回顾了研究者发现人际关系（初级群体）是重要的"中介变量"的过程，这一中介变量影响了工厂的生产、军队的战斗动机、都市社区的社会流动，以及公众对大众媒介影响的反应。十分明显，无论这些研究所处的学科领域有着怎样的差别，初级群体的"再发现"模式都有着一些共同要素。概言之，这一模式有以下共同特点：

（1）每一项研究均有重建假设的可能性，以探求到底什么才是研究对象的相关因素。换言之，每个研究中都有一个关于某件事如何运行的"模式"，这是研究者在开始研究时心中所关注的对象。在工业社会学中，研究对象是影响生产效率的因素；在军队研究的案例中，研究者们分析的是影响士气的因素。研究者对于哪些因素重要、哪些不重要具有自己的某种期待。在上述每个案例中，研究者的心中都没有初级群体，或者说人际关系的位置，也就是说他们并不认为初级群体与生产效率或战斗意愿相关。

这就是"再发现"模型的第一个要素，我们可以花点时间来对此进 *40*
行一番思考。为什么最终被证明极其重要的人际关系要素会被系统性地忽视？逐个审视这些案例可以发现，它们都有一个共同的根源。我们应该注意到，这些研究的图景都与"大众"这一概念相关：大众化生产，大众传播，城市中的大众社会。在这些案例中，"大众"的观念都与新近"独立的"、新近个体化的工业时代的现代公民有关，与此同时，因为这些个体主义的特征，他们遭遇到来自体制的遥远的控制，但是他们和其他大量的"无组织"的同伴却认为他们已经远远摆脱了这些控制。人们所认为的典型的个体，以及研究者们心目中的个体，可能是一个工人，他必须为了收益最大化而适应竞争中以个体经济为取向的激励机制；他也可能是芸芸众生中一位匿名的城市居民，正努力使自己"跟上"同样匿名的其他人的生活步伐；他还可能是一位广播听众，把自己关在屋内，沉浸于媒介所提供的自足的外部世界之中。[11] 这些就是个人行为的标准图景，在这样的思想中，紧密的人际联系被认为是过去时代才有的东西——当然，这种思想并非全然错误。但是，当对这些不充分的假设予以经验研究时，这些想法的错误之处就暴露无遗。

（2）"再发现"模式的第二点也非常典型。当这些研究进展到一个特定的节点时，研究者们发现他们的工作陷于停滞（至少在比喻意义上），因为他们意识到原先所考虑的变量无法对研究对象做出充分解释。这使得研究者们怀疑，或许他们所构想的相关因素的"模型"哪里出了问题。在霍桑研究中，物理和经济变量显然不是全部；在军队研究中，纪律和对战争的高尚目标的认知并不能充分说明士兵的战斗动机；在城市研究中，社会流动似乎不仅限于经济上的进步；在大众传播研究中，对媒介的直接接触并不能完全说明观察到的人们在改变投票意向方面的差异。在这个认知节点上，调查者们开始尝试接纳新的思想，以进一步思考哪些可能与研究对象更为相关。实际上，他们变得更为敏感，意识到可能有一些其他的因素在发挥着作用。

（3）应该注意到，是那些研究对象自己提供了"再发现"的主要线索。在这些研究案例中，当发现相关因素的期望受挫时，调查者们转向他们的研究对象，询问他们对正在发生的一切做何解释。在工厂研究中，就经历了这样的过程，在第一个实验中，实验组中的女工们告诉调查者，她们之间形成了良好的团队精神（esprit de corps），并且很享受生产效率持续提高所带来的快乐。在城市社区中，研究对象不断提及社会地位与所属小集团之间的联系，这引起了研究者们的注意。在军队中，在填答有关战斗意愿的主观性问题时，研究对象大量提及的是对初级群体的归属和维护，而对敌人的憎恨、对爱国主义目标的认同以及对纪律惩罚的恐惧等因素则较少涉及。最后，在针对总统选举所进行的有关大众传播效果的访谈研究中，研究者让那些在选举宣传运动过程中改变了投票意向的受访者尝试着指明是哪些因素影响了他们。他们的回答更多地指向个人影响，而不是大众媒介的影响。

（4）接下来则是"再发现"。在这些研究中，研究者们的注意力均以一种类似的方式被导向意识到初级群体（人际关系）可能是一个重要的相关因素。这主要是因为，研究者们不仅发现了初级群体存在的事实，而且他们也发现初级群体与他们的分析对象之间存在着实际的关联。因此，研究者们所发现的并不是工人之间建立起友谊、士兵们之间建立起了紧密的联系、城市居民们分属于特定的小集团或者广播听众拥有自己的家庭，而是这些团体均与大众化生产、战斗信念、阶层地位与流动、传播行为密切相关。[12]

注释

[1] Lazarsfeld, Berelson and Gaudet (1948). 31n.

[2] 研究者们之所以能够提出这样的问题,是因为他们的思考工具并不仅限于标准的大众传播研究领域。他们将两个方面的研究结合起来,即大众传播效果研究和我们所说的"决策制定"方面的研究。这两种路径之间存在着一些有意思的差别:传播研究往往由传播者一端入手,并进而试图追踪影响的流动;而决策制定研究则从"效果"的另一端,即决策入手(比如职业选择、居住地迁移的决定、市场和时尚方面的购买行为等),尝试寻找进入决策制定行为中的所有影响类型,包括偶尔发生的影响。在此我们所讨论的研究形成了《人民的选择》(*The People's Choice*)一书,该书应该是首部对这两种社会研究传统(大众媒介研究传统和决策制定传统)进行有机结合的规范的学术专著。

[3] 初级群体的"再发现"现在已是一个被广为接受的术语,它所指的其实是 33n. 这样一种旧有的认识,即在许多领域中研究者更为强调情境中非正式的人际关系的重要性,而在以往,人们更习惯于从正式关系和人的原子化存在这种角度来分析情境。之所以是"再发现",是因为美国先驱性的社会学家和社会心理学家们在其著作中对初级群体予以了细致分析(尽管多是描述性的且与制度化语境相分离),后来这一概念在经验社会研究中被系统性地忽略,直至最近它才又在一些研究中被戏剧性地"再发现"。正如默顿(Merton, 1948B, pp. 66 - 67)所指出的,也正如我们在后面所要证明的那样,从根本上讲,我们所"再发现"的是初级群体的"潜功能"(latent function)。对初级群体的早期兴趣,它被再发现的过程以及现今相关研究的分析,见前文提及的希尔斯(Shils, 1951)的论文。

[4] 与此处的讨论相一致,弗雷德森(Freidson, 1953A)对大众传播中的"大众"概念进行了完全独立的研究,并提出在大众传播过程的模式中,必须抛弃将受众视为完全原子化存在的观念。我们与弗雷德森在观点上的趋同值得注意。

[5] Roethlisberger and Dickson (1939). 我们将在霍曼斯(Homans, 1952) 35n. 的研究基础上,对霍桑研究与我们的兴趣点之间有关联的那些部分予以讨论。

[6] Stouffer et al. (1949). 我们的分析基于该书的第二卷,名为《战斗及其 37n. 后果》(*Combat and its Aftermath*),同时也借鉴了希尔斯(Shils, 1950)对该书所做的概述和分析中与初级群体相关的材料。

[7] Shils (1950), p. 17. 顺便说一句,有意思的是我们注意到,军队似乎正在寻求将这项研究以及有关军事生活的其他社会科学研究的成果付诸应用。1953

年 7 月 5 日出版的《纽约时报》星期日版以整页篇幅报道了一则新闻，标题为《军方欲让士兵选择"搭档"组成 4 人小队共同生活与战斗》（Army to Let G. I.'s Pick "Buddies" to Live and Fight in 4-Man Teams）。不过据报道，随后发布的声明显示这一公开政策发生了一些变化。

［8］不过，对工厂和军队中群体的发现，提出了相同的核心理论问题：群体功能如何与一个组织的正式的既定目标联系起来。其他一些对正式组织的研究也在偶然间发现了人际关系的相关性。这方面尤其要关注希尔斯（Shils, 1951）所列举的那些研究。这里我们必须再次强调，我们从希尔斯的这篇文章中获益良多。

38n.

［9］Warner and Lunt（1941）.

［10］Ibid., p. 110.

40n.

［11］军队研究的案例明显存在着一些不同之处。这项研究的假设涉及军队纪律、对国家目标的确认、对敌人的憎恨等。不过，共同点也十分明显。士兵被设想为典型的社会原子（social atom），他们对军队及其目标的正式的、非个人化的控制做出反应。

42n.

［12］在本书的这些章节里，有意识地回避了两个社会科学传统，它们不仅在近年来"再发现"了小群体，并且已经开始以它（以及其他一些相关的社会性因素）为基础，对特定的传播项目进行研究和实践指导。这两个研究领域分别是农村社会学中的新型农业实践的创新扩散研究，以及与应用人类学（applied anthropology）相关的殖民地管理和技术援助研究。这两个研究传统的概念框架和经验发现清楚地表明，它们与在此以及后面章节中所讨论的传播研究有着紧密关联。尽管我们后面将提及一些与人类学关系紧密的国际传播研究，但我们并不会集中探讨二者之间的联系，因为我们觉得对这方面应该单独进行专门讨论。从本书的角度看，这一讨论的目的应是实现大众媒介研究、小群体研究和应用人类学（以及农村社会学）的融合。应用人类学与农村社会学领域近来涉及传播问题的研究，可见布鲁纳（Brunner, 1945）和米德（Mead, 1953），以及《农村社会学》（*Rural Sociology*）、《人类组织》（*Human Organization*）、《经济发展与文化变迁》（*Economic Development and Cultural Change*）这些期刊。

第3章 两个领域的融合

前面的章节做出了两个基本论断：第一，迄今为止，传播研究主要关注的是大众媒介的短期效果问题；第二，大众媒介研究的知识发展历程，可以被视为不断在大众媒介和受众之间引入中介因素的过程，并且这些中介因素影响着大众媒介的效果。第一单元的中心话题是人际关系这一中介变量的发现过程。

在本单元的下面四章中，我们将对人际关系这一概念进行细致考察，并追问这种社会联系中的哪些因素会影响传播效果。换言之，我们将努力找出并仔细研究非正式的初级群体中那些与大众传播过程相关的"活跃因素"。

当然，我们的目的在于为研究由大众媒介传递的大众劝服指明方向，尤其是要指明如何将人际关系因素整合进这类研究的设计之中。我们将细致分析在人与人的互动中哪些因素可能与大众媒介效果相关，同时也将探究社会科学领域对这些因素及其作用方式的思考。由此，我们或许可以为大众劝服运动的研究构建一个更为复杂，也更为真实的"模型"。

让我们由上文所提到的几个大众媒介研究的案例，以及对意见领袖的思考和分析开始。如果我们对这些研究进行一番反思，并且思考一下人际关系是以何种方式影响个体对于媒介宣传运动的反应，我们就能够发现人际关系的两个主要特征，它们对于我们所探讨的问题十分关键：

（1）人际关系是个体的意见、态度、习惯和价值观的"锚定"点（"anchorage" points）。也就是说，处于互动之中的众多个体生产和维护着共同的思想及行为模式，这是一个集体的与持续的行为过程，个体并不愿意单方面地放弃或修正这些模式。如果情况确实如此，如果大众媒介运动试图影响的个体的众多（或者绝大多数）意见和态度植根于较小的群体，那么我们就应该对群体关系和媒介宣传运动效果之间的联系予以关注。

（2）人际关系意味着人际传播网络，这一特征通过下列两个相互关联的方式与媒介宣传运动的效果问题联系起来：首先，"两级传播"假设认为，人际网络与大众媒介网络相互联结——那些与媒介接触相对较多的人，将他们的所见、所闻、所读传递给他们身边较少关注媒介的人。换言之，初级群体成为大众媒介传递讯息的渠道，这一属性可以被称作人际关系的中转功能（relay function）。其次，这意味着，人际影响与大众媒介的讯息相关联，它抵消或强化着媒介讯息。这可以被称作强化功能（reinforcement function）。我们有充足的理由相信，当人际影响发挥着正面强化的功能时，媒介传播可能会更加有效。[1]

我们猜测关系紧密的小群体具有以下两个特征：（1）人与人之间共享意见和态度（我们常称之为"群体规范"）；（2）存在着人际传播网络。我们认为，这两点是充分理解人际关系在大众传播过程中的中介作用的关键所在。

现在，让我们转向当下的社会科学研究，去寻找支持这些假设的证据，同时去探究这种视角是否能够帮助我们更好地理解此类社会关系对大众传播有效性的影响。熟悉社会研究的人都知道，现今已有一些审慎的理论和实验发现可以帮助我们更深入地理解在此所提出的问题，尽管在这方面我们仍然任重道远。这些理论和发现均属于"小群体研究"领域。这是社会科学中一个被广泛讨论，同时有时让人觉得困惑的分支领域，但它似乎已经结出了丰硕成果。当一些社会学家发现非正式群体几乎无所不在时，另一些社会科学家（尤其是实验社会心理学家）则对"他人"对个体行为的影响进行了相当广泛的调查。[2]换言之，我们可以说，当社会学家们发现大众社会中制度化的秩序（institutional order）的效果受到人际关系的影响时，心理学家们则发现日常心理过程（比如感知和判断）和日常行为（比如个体在实验中的表现）也极大地受到人际关系的影响。小群体研究正是源自这两种兴趣的结合。[3]

在此，我们的目的在于整合小群体研究的发现，提出一个对大众媒介研究有意义的分析框架。当然，我们并不打算对整个小群体研究领域做全面探讨，但这也不意味着我们仅关注那些与大众媒介宣传运动直接相关的小群体研究。我们关注的是那些小群体研究中可以应用于传播效果研究的原则和结论，这些原则和结论有的与传播研究相关，有的可以为它提供指导。

因此，本单元的安排是：

在下一章（第 4 章）中，我们将为"小群体是意见、态度和价值观念的锚定点"这一假设寻找证据。如果我们能够有力地证明这一点，我们将进一步探究当个体面对来自群体外的影响时（不论该影响来源于大众媒介还是其他地方），群体中共享的规范对个体会起什么作用。因此，第 4 章将致力于证明群体共享规范的存在，探讨这类规范的来源，分析群体规范发挥作用的原因和动力。而在第 5 章中，我们将探讨上述思考及发现对于理解有效传播过程的影响。

第 6 章将梳理关于小群体人际信息传递过程的研究为我们提供的有益启示。我们将探讨人际传播产生效果（或无法产生效果）的条件，并

46

47

追问在面对面的接触中，是什么导致了实质性影响。此外我们还想知道，是什么人在什么条件下影响了谁。当我们对群体内的影响流动有了一定的理解之后，在第 7 章，我们将转而探寻群体内的传播网络是如何与群体之外的世界联结的。我们尤其想知道是否有证据可以支持我们的假设——小群体网络与大众媒介之间存在着联系。在此，我们将这第二阶段的传播称为对群体的传播。

如果我们能够成功地完成这些探索，我们不仅将深入理解大众传播的过程，而且有可能在内容和方法层面上促成两个研究领域的融合，而在过去，这两个领域被认为几乎完全不可能产生交集。一方是涉及广泛的、将世界描绘为原子化社会的大众传播研究，另一方是与心理治疗和心理学相关的小群体研究，现在这二者有了对话的可能。我们在后面所做的绝大部分努力，就是试图阐述这一对话的结果。

注释

［1］拉扎斯菲尔德（Lazarsfeld，1942）将其称为"补充"（supplementation）。

［2］尽管社会心理学的基础在于对心理学的排斥，因为后者将人从其所处环境中抽象出来进行研究，但我们仍然有理由说，即使在社会心理学中，对于初级群体的"发现"也是姗姗来迟的。这一发现经由两种不同的路径得以实现。一些实验者
对于小型非正式群体的兴趣，仅仅源于他们创建"社会"情境（以匿名"他人"的在场或缺席为特征）的尝试。对于这些实验者而言，对"初级群体"的发现包含这样的观念：小群体的本质之所以值得研究，是因为它是社会结构中的自然单位，个体在其中通过模式化的互动和情感联系而彼此联结。另一些实验者，其中最著名的是库特·勒温（Kurt Lewin）及其同伴，他们的研究亦起始于对这种人际互动模式及情感模式的分析，但在他们看来，关注小群体，实际上是为了建构一种小型模型，以便对大型社会结构的属性进行分析。如果这种看法是正确的话，那么勒温及其追随者们对小群体本质的兴趣，可以被视为研究者兴趣的重新定位——在我们看来，这也是"发现"的一种类型。通过比较涉及小群体本质的研究的数量，以及研究者们对小群体的兴趣指向，我们可以获得这方面的证明［Newcomb and Hartley（1947）with the revised Swanson，Newcomb and Hartley（1952）］；我们对于"勒温主义者"们的思想的推断，参见勒温（Lewin，1951，p. 164）。

[3] 希尔斯（Shils，1951）在其对小群体研究的历程及其当下成果的杰出讨论中，对三位学者的先驱性研究予以了高度评价，他们分别开创了该领域研究的不同传统：梅奥（Mayo）——工业研究中的"人际关系"路径；莫雷诺（Moreno）——描绘与分析人际关系中吸引与排斥模式的社会关系测量方法；勒温——"群体动力学"传统。

第 4 章 规范与小群体：
意见和态度的共同特征

我们研究的焦点是初级群体。我们主要关注的是家庭、朋友、非正式的工作团队等，同时也关注那些相对较正式的俱乐部群体和各种形式的组织，在它们中个体形成了我们所说的可以进行社会关系测量的联结（sociometric connections），也就是说，个体间被彼此的个性相互吸引。这些群体的特征通常在于它们规模较小且相对持久，带有非正式性，面对面接触，群体目标具有多元性（或者说多少带有非特定性）。[1]本书中我们会交替使用初级群体、小群体、紧密的社会联系、人际关系等表述，有时可能就简单地用"他人"（others）一词，而并不对它们进行细致的概念区分。现在我们的目标是探讨既有的针对人际关系所进行的研究是否可以帮助我们解释在当代社会的大众媒介影响流动过程中，人（people）所扮演的角色。

我们主要关注的是这样一个假设：这些群体积极地影响和维持着个体的大多数意见、态度和行动。这方面的证据数量不多，但极具说服力。比如，我们从一些研究中了解到，家庭成员在政治、宗教等方面往往持有相近的态度，只有在特殊条件下例外。我们知道同样的情况也出现在朋友圈中。[2]通过一系列先驱性研究［这些研究构建了所谓"参照群体理论"（reference group theory）的核心内容］，我们知道了个体表达意见时，总是"考虑到"特定群体的存在。[3] 因此，我们认为个体总是与其所在群体的具体的他人保持一致，个体的意见由此产生并得以维护。

互动的个体彼此相互影响，或者新进入某一群体的个体很可能采纳这一群体的思维习惯——这一事实并不容易证明，因为它总是会遭遇到一个否定的替代假设，即认为处于相似情境中的个体，会独立地对相同的外部刺激做出相似的反应。因此，即使已经证明进入南方大学的北方学生随着在校就读时间的增长，对黑人（the Negro）的歧视也不断加深（尽管永远达不到南方学生的歧视程度），但研究者仍然不能做出论断，认为北方学生采纳了他们的南方同学们的态度，因为这要求研究者必须同时表明（但他们的数据不允许他们这么做），那些引起南方学生的歧视态度的因素中的任何一个，都没有直接作用于北方学生。[4]

不过，尽管我们仍然没有大量统计数据证明这样一个事实，即意见、态度、决策和行动根植于规模相对较小的群体之中，但是较之以往，我们对此却更为确信，因为通过对一些研究案例的细致分析，我们寻找到了支持这一论断的理由。并且，其中的一些理由相当令人信服。

50

工具性功能：遵从的益处

首先，我们将思考什么是所谓的工具性价值（instrumental value），即个体通过共享意见和态度所获得的"利益"——个体期望由此获得群体内其他人的认同。在此，我们将引用纽克姆的著名研究作为例证，在这项研究中，他对本宁顿学院（Bennington College）女生的政治态度进行了调查。[5] 纽克姆在大学一年级新生中开始他的调查，并记录这些女生在大学四年中的态度变化。由此纽克姆发现，那些积极适应大学团体，渴望被其他人接受或是谋求领导地位的学生，倾向于吸收校园中流行的自由主义的态度和情感，尽管她们出身的家庭可能带有强烈的保守主义色彩。与此同时，纽克姆证明，有些学生拒斥校园中流行的政治气氛的主要因素，也正是因为她们对家庭群体有着强烈的正面认同。因此，家庭和小型的大学社团均扮演着不同强度的"正面"或"负面"参照系的作用，一些学生坚定的保守倾向以及大部分女生不断增长的自由倾向，均与此相关。用纽克姆自己的话说：

> 在一个特定态度得到广泛认可（比如为大多数人所持有，并且在领导者中尤其如此）的群体内，个体会对这些态度予以积极接受，此时群体（尤其以领导者和占统治地位的子群体为代表）起到了正面参照系的作用。[6]

51 　　换言之，此时群体对于个体具有强烈吸引力，此时她期望作为群体中的一员而得到接受，因此她受到驱动（无论是否清楚地意识到），去接受群体的观点。

　　另一组发现充分支持了纽克姆的研究结论。在《美国士兵》[7]中，斯托弗（Stouffer）等人对两类新兵（green soldiers）进行了比较，其中一类新兵作为补充兵员被送到以老兵为主的部队中，另一类新兵则身处与他们一样的新兵所组成的部队中。研究者们注意到，后者中有45％的人表达出"随时准备战斗"的态度，而在前者中这一比例只有28％。对此该书的作者认为，是这些原本没有什么区别的新兵们所处的社会情境的不同，造成了他们态度上的差别。研究表明，那些身处老兵群体中的新兵们极大地受到了这一群体的普遍态度的影响，因为参加过战斗的老兵对同一问题的回答绝大多数是否定的（只有15％的人表示愿意投入战斗）。研究者认为，这是因为新人们试图寻求群体的接受，并相应调整了他们的意见。

　　遵从并非仅是"新"成员或潜在成员的强烈需求。即使是群体的老成员，如果"偏离"群体意见过远，也会失去其在群体中的地位，甚至失去其成员资格。近期一些实验研究极好地证明了这一普遍现象。在费斯汀格（Festinger）、沙赫特（Schachter）和巴克（Back）所做的公寓社区（housing community）研究中——我们在后面还将提及这项"西门"（Westgate）公寓研究以及其他一些由他们及其同伴所进行的研究。研究者们发现，当受访者被要求列举出他的三位最好的朋友时，那些（在研究所涉及的特定方面）与其近邻的意见较少保持一致的人，往往不会成为其他人的选择对象。[8] "西门"公寓社区研究的其中一位参与者还进行了另一项相关研究，从中我们了解到，当俱乐部的成员被问及（在此之前他们进行了一段时间的集体讨论）在他们看来哪些成员与这一群体相脱离时，被最多提及的是那些持有极端的偏离性意见的人（这些极端主义者实际上受雇于实验者）。[9]

至此我们已经看到，个体对群体的遵从，并由此获得接受与友谊。为了成为领导者，一个人必须接受群体内流行的意见和态度。梅雷（Merei）在"儿童群体的领导者"这一出色的研究中，对此予以了证明。[10]

研究者对托儿所中的儿童进行观察，那些表现出领导能力的孩子被挑选出来并与其他儿童相隔离。剩下的孩子们根据年龄和性别被分成了12 个组，每组有 3 至 6 人。每组成员经过几天的聚会，很快发展出他们行动上的群体"传统"，其中大部分与实验所预设的任务相关。梅雷报告说，经过 3 至 6 次聚会（每次 35 至 40 分钟）后，群体"传统"得以形成，比如固定的座位安排、固定的物品区分（谁玩什么玩具）、游戏时的固定次序、区别于他人的特定行动偏好、群体专有的语汇等等。然后，那些不属于这 12 个群体的原来的领导者被重新引入群体之中。在每一组中，当某位原来的领导者试图申明自己的权威，且与新建立的群体"传统"相对立时，群体往往对此没有反应。事实上，在那些原来的领导者中，有一些再也没有重新获得权力。另一些较为成功的孩子的确重获领导权，但那也是在他们完全认同新的"传统"并参与其中之后。

总之，所有这些研究似乎都显示，如果某位个体想要获得或维持与他人的紧密联系，或者如果他想要在群体之内或是借助群体"获得成就"，他就必须使自己接受群体内其他人的意见和价值观。这并不意味着对群体的认同必须是理性计算的结果，相反它可能是相当无意的。但是，我们所关注到的对群体的遵从（或不遵从）的最终结果是相同的，并不因个体对此是否有清晰意识而有所区别。

因而，从"工具"的视角看，我们被导向这样一种观点，即个体的意见受到其所处群体（或是他所期望追随的群体）中他人的根本性影响。[11]

提供社会现实

现在让我们来考察另一个理由，它同样对我们的论断——个体广泛地与其身边的他人共享意见——提供了支持。在此，我们将不再从工具性层面对群体进行分析（即不再关注遵从的"收益"），而是从功能的角度，将群体视为环境意义的提供者，因为环境自身无法进行自我解释。那些专注于分析群体对知觉过程的影响的实验社会心理学家[12]，尤其是晚近的库特·勒温以及追随他的传统的研究者们，都对这一现象进行了研究。勒温主义者们将之命名为"社会现实"，他们对此的解释是：

> 针对个体记忆和群体压力所进行的实验显示，对于个体而言，其所处的"现实"，在很大程度上受到对现实的社会性认定的影响。这甚至出现在对自然世界的认识中：对于南海岛民（South Sea Islanders）而言，地球可能是平的，而对于欧洲人而言地球是圆的。因此，"现实"并不是绝对的。它因个体所属群体的不同而不同。[13]

这一概念为我们前文提及的士兵态度提供了替代性的解释，或者说是更好的补充说明。不同于将补充兵员（与全部由新兵所组成的部队相比较）对战斗的特定态度仅仅归结为是为了获得老兵团体的接受，在此我们认为（其实在前文亦已提及），那些与参加过战斗的老兵有着日常接触的士兵们在态度中所表现出的对于战争"现实"的认定，与那些待在新兵部队中的士兵存在着差异。西门公寓社区研究对此做出了很好的表述：

> 可以提出这样的假设：意见或态度借以获得其正当性的"社会

54

现实"，就是个体所感知到的这种意见或态度为其他人所共享的程度。一种意见或态度如果没有获得其他人的相同意见的强化，那么一般来说是不稳定的。什么可以被称为"事实"，往往与社会意见和态度密切相关，因此一般来讲，并不存在可以清晰辨别的令人信服的事实，诸如"哪种态度是错误的"或是"哪种态度是正确的"之类。如果正驾车沿着一条道路前行的某人被他的朋友告知这是一条死路，那么这则信息很容易被证明与物理性的"现实"不符……但如果"现实"涉及社会态度和意见，那么它是否能够得以成立，取决于与某人交流的其他人在多大程度上被认为彼此共享着这些意见和态度。[14]

这就是刻板印象生成的途径，这就是不同群体在宗教或政治领域对"何以为真"有着不同认识的一个原因。世事繁杂，人们无法对所有事物都进行直接的经验观察，因此人们只能持续地彼此依靠，以探寻事物的意义。一些经验研究对此予以了证明。比如，谢里夫（Sherif）针对20 岁左右的年轻人所做的一项经典的实验社会心理学研究就是一个极好的例证，该项实验揭示了小群体中的意见、态度、行为是如何影响了实验对象的注意力的。[15]谢里夫在实验中运用了"游动效应"（autokinetic effect），它指的是一种知觉错觉现象——当极小的光束照进一间完全黑暗的屋内时，尽管光点实际上是静止不动的，但观察者会产生光点在移动的错觉。谢里夫首先对实验者单独进行了测试，要求他们判断并回答每次光束亮起时，它"移动"了多少英寸。当每位个体都发展起了个体"规范"后，也就是获得了每位个体所回答的数据的集中值（其他数据都围绕着这一集中值）之后，谢里夫将所有实验对象聚集在一起，使之结成 2 人或 3 人小组，以小组为单位重复进行实验。每位实验者起先都基于他们之前所建立起来的标准提出估算的数值，但这次他们遭遇到了小组中其他人所提出的异议，因此每位成员都相应作出调整，直至新的群体标准得以建立。因此，在已经了解每位个体带入小群体之内的"个人规范"的基础上，谢里夫得以向我们展示他人所做出的判断，是如何带来了不同个体标准的实质融合以及共享规范的出现的。当实验方向再次逆转时，即首先进行群体情境的实验，之后再针对个体进行实验时，实验者发现个体接受了群体标准，并将之带入个体实验的情境之中，因而群体标准变成群体内每位成员的规范。互动，形成了每位参与到群体之中的个体所共同持有的对于"现实"的界定。

　　这类实验室研究无疑会受到反对者的集中批评，认为它们会产生将实验室发现普遍化为"现实生活"情境的危险。乍一听，这些警告非常有理。然而通常情况下，这些批评至多也不过是在宣称通过实验室方法研究人类行为的不可行性。那么，结合我们所提到的谢里夫的实验，对这些可能的批评意见进行一番思考，或许会有一些有趣的发现。比如，让我们考虑以下一些观点：（1）实验中的环境完全是非结构化的（unstructured），因而也是不真实的，因为毕竟没有人知道光点实际上完全没有移动；（2）这项研究对实验者的情感因素完全没有考虑，也就是说，实验对象并不在意他们回答的有效性问题；（3）在实验中，实验对象是被强迫对人为制造的实验情境做出回答的。简言之，综合来看，这三点反对意见认为谢里夫的实验只有在这样的情境中才是有效的，即个体（1）被强迫（2）针对他们毫不知情的（3）且毫不关心的事物做出决策。针对实验室研究的批评通常仅止于此，但我们将更进一步。现在让我们假设这些反对意见是有效的，并且确实限制了谢里夫的发现的普遍性——实际上它们也的确可能起到了这样的作用。但这里仍然有一个问题：与这个实验所设置的环境相类似的现实生活环境存在吗？我们的回答恰巧是——确实存在。让我们思考这样一种情况：对于大多数人而言，总统选举的社会情境可能具备以下特征，即社会压力（1）强迫人们做出非此即彼的选择，（2）他们对两位候选人所知甚少，（3）他们也可能根本不在意到底谁赢得选举。在这样一种环境中，对于这些人而言，我们可以预期非正式群体在界定环境和影响决策方面扮演着重要角色。我们还可以再加上一点，对于几乎任何一个较为复杂的、人们需要对其产生某种意见的社会事务而言，高估其所处社会环境的客观证实性（objective verifiability）都是错误的。

56

互动：融合的过程

现在如果回想一下我们在此所探讨的主题，即分析个体的意见和态度是如何根植于他们所属的社会空间的，那我们可以从谢里夫的研究中有更多发现。这一研究为我们指明了两个基本思想：首先，当个体需要在未明的情境中形成意见或做出决策时，他们转向并依赖他人——我们将此称作群体的"社会现实"功能；其次，不同个体就他们所共同遭遇的特定问题进行互动，这将发展出针对这一问题的集体方法（collective approach），并因此创造出一种共同的意见、态度、决策或者行为。

因而，在此我们就有了另一条"理由"，可以使我们有信心提出以下论断：个体的意见、态度和行为很可能与人际互动联系在一起。因为在谢里夫的实验中，我们发现了研究者为解释"共享规范如何被创造出来"所做的早期尝试，同时我们也获得了这样的思想，即当个体就他们所共同面对的问题进行互动时，他们开始以相同的方式"看"事物，进而创造出社会规范。如果遵从的"收益"和群体的"社会现实"功能是在解释个体的意见和态度为何常常根植于群体之中，那么对个体经由互动而产生规范所做的观察，则是在回答如何的问题。现在，我们就将考察互动着的个体是如何同步地创造出看待事物或采取行动的共同方式的。[16]

西门公寓社区研究为此提供了一个契机，以观察在一个新建成的公寓社区的"真实生活"情境中，规范是如何形成的——这些公寓是为进入东部一所大型高校学习的已婚退伍老兵而专门兴建的。[17]

这个社区由几个院落构成，每个院落包括几幢楼房，每幢楼房又包括若干间公寓住房。公寓住房随机安排，在搬入之前，居民们彼此之间并不认识。研究开始于这个社区项目竣工、居民迁入之际。在研究的初始阶段，研究者们聚焦于那些促进邻里之情增长的因素，并得出这样的思想：至少在这个同质化的社区[18]中，邻里之间的友谊联系和一些直

57

58

接因素相关，比如物理上的接近和功能上的接近（如你每天都要经过某人的门前）。因此，最主要的友谊联系产生于那些居住在同一院落或同一幢楼的人群之内。研究者们在就该项研究所完成的专著中写道："这些生态学方面的因素不仅决定友谊类型，同时还决定了群体的构成。"这清楚地表明，接触（或者说互动）是社会群体形成的基础。现在，再让我们来看看规范的产生。

在西门公寓社区研究中，研究者们要求社区中每一位居民就"谁是你最重要的社交对象"这一问题给出三个人名。通过这种社会关系测量方法，研究者们得以对邻里友谊和非正式群体进行图绘。此外，研究者们还针对态度问题实施调查，以便对社区居民的态度扩散进行分析，比如看他们对新成立的租户委员会（Tenants' Council）是支持还是反对。研究者们发现，在大多数的个案中，个体的态度和他所居住的院落中其他人的普遍态度趋同。由于我们已经知道居民的日常接触主要集中于院落之中，同时我们也知道不同院落对租户委员会的态度并不一致，因此我们可以得出结论（也确实正如研究者们所指出的）：每个院落内成员的共享意见产生于他们的相互接触和互动之中。

在社会关系测量中，研究者们分析了每个居民的回答对象是否与其共处于同一院落之中，通过对此的比例统计，得出不同院落群体"凝聚力"的强弱差别。研究者们发现，凝聚力越强（亦即互动越频繁），态度的一致性就越高。同时，对那些与同院落成员意见不一致的个体的回答，研究者们做了进一步的分析，发现这类个体的朋友交际和社会生活圈不仅超出了其所居住的院落，甚至还超出了整个社区。

从这项研究中我们了解到，那些被随机安排进一个公寓社区中的个体，迅速结成了基于邻里友谊的群体，而这个群体一旦形成，便会产生群体成员所共享和共同遵循的思考与判断事物的方式。这些真实生活中的群体和真实生活情境中的证据，证明了我们的观点：很明显，个体的意见和态度常常产生于他和群体内其他成员的互动之中，并在这种互动中得以维持。[19]

共享价值的吸引

在上文中，我们讨论了接近性和积极的互动是集体规范产生的基础，在此我们将转向对另一个因素的探讨，它将有助于我们解释个体的意见为何倾向于与其周围的意见保持一致。在此我们所指的现象是，具有相近意见和价值观念的人们倾向于寻找彼此，从而获得同伴。在一项即将公布的研究中，罗伯特·默顿将之称作"价值类聚"（value homophily），并将其作为人际关系研究的核心概念。[20]

"价值类聚"，或者说建立在共享价值基础之上的相互吸引，很难进行经验研究，因为研究者必须全面而彻底地证明，共同价值先于互动而产生，而不是之后。因此，当带有多种价值观的不同个体刚刚开始彼此间的接触之时（这种接触有利于友谊和初级群体的形成），研究就必须开始。在此，有必要介绍一项与此问题相关的边缘性研究。[21]该研究既没有也并不打算解决这里我们所提出的问题，但它朝此方向迈出了有意义的一步。

对共享价值和互动之间的关系问题的思考，其实是这项研究的一个副产品。研究者约瑟夫·A·普莱克（Joseph A. Precker）起初被要求为巴德学院（Bard College）的学生和教师制定一个基础的标准体系，以对学生在校期间的教育成果进行整体性评估。242位学生和42位教师（这是整个学院的全部人数）提供了约1 300条他们认为较重要的标准，之后三位评审者将之精简并归为39个类别。接着，所有学生和教师被要求根据他们对这些标准的重要性的个人判断，对这39个类别进行排序。同时，每位学生还被要求：（1）列出3个他毕业后最想保持联系的同学的名字；（2）提名一位教师作为自己最期望的导师。借由排序的相关性系数对这些数据进行处理，普莱克对每个学生、他们所提名的3个同学以及他们所选择的教师进行了排序比较。研究者发现，学生们倾向于选择那些与他们自身的价值观相近的对象（这反映在他们所提出的教育标准中），作为自己毕业后的交往对象或是自己的导师。普莱克还进一步指出，在同辈的学生之中，那些在社会关系测量中互选的学生，他们在价值观上的相似性要远大于做出单方面选择的学生们。

当然，要对这些数据做出确切的解释并不容易。一方面，我们可以很简单地说，这种情况与我们之前所看到的一些案例并没有什么不同，也就是说，互动产生了友谊，而友谊则带来了价值观的共享和将友谊持续发展下去的渴望。普莱克自己也提供了可以支持这种说法的数据。[22]然而在另一方面，由双向互选所得出的发现并不能解释这样一个问题，即他们的选择并没有得到回应的那些学生，为何会选择出一个与自己的价值观相近的学生。因此，这确实表明，基于"价值类聚"的寻找过程的确存在，并且很有可能存在于形成相互间友谊的最初阶段。相对于其他一些可能的因素，比如接近性或相互依赖，对共享价值在友谊形成过程中的作用，还值得做更为深入的研究。[23]

62　　相互依赖的个体需要彼此遵从

遵从的工具价值（"收益"）告诉我们，一般而言，个体渴望与他们想要交往的互动对象保持意见、态度和习惯上的一致。群体生活的"社会现实"因素告诉我们，个体之间相互影响彼此的感知，这使得个体的社会联系可以在很大程度上决定他们"看"事物的方式。现在，让我们来谈谈人际关系因素（这也是我们在此处要讨论的最后一个方面），从某种意义上讲，这一因素与上述两个因素是一个硬币的两面，它同样为我们提供了一条"理由"，以使我们相信互动着的个体将在思想和行为上保持统一。这就是，群体要求其成员遵从。

群体要求其成员遵从的一些原因值得我们检视一番。首先，个体不愿发现他们的同伴偏离"看"事物的传统方式。对于个体而言，如果发现他的某个同伴准备用一种新的视角"看"事物，这会令他感到非常不安。设想一下，在一个到处搜捕女巫的清教徒社区中，如果某人不相信女巫的存在，那么后果会是怎样？

其次，群体要求保持自身区别于其他群体的特殊性，而保证群体边界清晰的主要方法之一，就是要求其成员在行为上保持一致。

最后，或许也是最重要的一点，就是群体像个体一样，有着自己的目标，而群体内的意见如果不统一，则很难保证这个目标的达成。也就是说，意见一致是群体行动的先决条件。在这个方面，费斯汀格观察到，之所以会出现要求群体成员的意见和态度"保持一致的压力"，"或许是因为这种一致性是群体要达到某种目标所期望或必需的"。[24]显然，如果个体不赞同"下面应该做些什么"，他们就不可能采取集体行动。[25]

至此，我们已经分析了一系列"理由"，它们均出自社会科学领域 63
中的理论和研究文献，以说明个体意见、态度和行为的主要社会特征。我们首先指出了个体在意见上遵从的"收益"，即获得接受和达到他们所期望的社会层级。接着，我们讨论了群体作为标准和意义的提供者的功能，而个体依赖这些以对"社会现实"进行界定。在我们的讨论中，我们还检视了规范形成过程中的一些基本方面，我们看到了个体间的互动如何导致了判断、意见和行为方式的共享标准的产生。[26]在这之后，我们提出，互动并非是解释群体成员为何会形成共同的思考和行动方式的唯一路径，因为基于相近价值观而形成的最初的吸引，常常要先于常规的互动而产生。最后，我们对群体倾向于保持意见一致的一些原因进行了说明。

总之，我们对小群体研究的文献进行梳理，主要是想说明，为何我们会认为对规模相对较小的群体（其中人们彼此紧密联结）的研究，是理解个体意见、行为的内容和动力的关键。在此，特别是对我们过于简 64
化的分析，有必要唤起读者们的注意。

一些不成熟的限定

有时我们的讨论会给人这样的印象，人们只从属于一个群体，有时我们又似乎在暗示，只有个体所属的群体在影响着他的意见，尽管我们非常清楚对参照群体的分析是当前研究的一个主要焦点。有时我们的讨论似乎确定无疑地认为，个体只从小群体中自己所熟悉的他人那里获得思考和行动的标准，而不会受到陌生人或者大众媒介的影响。有时我们的讨论还会给人这样的印象：世上除了非正式群体，别无其他结构化的存在；除了人际的影响和排斥，世间别无其他控制或约束机制在运行。常常，我们的分析听上去是在说，所有那些决定了个体思考和行动的标准、判断、价值和思想，只产生于他们所"扎根"（保持和强化）的小群体之中。[27] 所有这些，我们认为是过于简化的。

　　再次需要提醒的是，我们清楚有时我们误导了读者对"群体"一词内涵的理解。它是指其他人在我们感兴趣的传播过程中所扮演的角色，而我们经常仅将"群体"一词当作一种简使的称谓，含蓄地指称与一个个体相联系的重要"他人"（significant "others"）。哪种类型的"他人"是重要的，将是我们不时就要面对并努力处理的问题，尽管并没有以一种系统的方式来集中解决。因为它还不能帮助我们对不同类型的群体进行精确的界定，或是对个体生活中实际发生的群体间的相互影响进行复杂的思考。此时，我们只需要记住，在我们的知识中，精确的界定、成熟的思考或是任何类型的"答案"等，对于我们的帮助均远远比不上我们已经看到（以及时时刻刻将要看到）的各种类型的问题，因为这些问题将为经验研究指明道路。

　　最后要说的与"遵从"（conformity）一词有关。我们对于偏离的后果以及遵从的"收益"等的讨论，主要针对的是紧密互动中的个体在意见上的统一或是分歧而言的。很明显，这与当下美国思想界中出现的政治方面的有关遵从和正统的讨论不在一个层面上。后者所讨论的主要结论是：在大型社会中，不遵从规范者（non-conformists）倾向于和持有相近思想，同样不符合传统规范的人保持紧密联系。

　　现在，我们已经做出了自我解释，该是总结本章的时候了。然而在最后我们要重申，我们所试图说明的，并不仅仅是初级群体中互动的个体建立起了支配他们互动的规范。这个命题已经被很好地证明了，我们所提及的各项研究毫无疑问支持了这一论断。我们在此所真正论述的是，即使从表面上看完全属于个人的意见和态度，也可能是人际关系的副产品。我们所提及的证据强有力地表明，常常是通过与他人的联系，意见和态度才得以维持，有时是得以产生，有时又仅仅是得以强化。我们在此努力汇集了证据，以证明我们的观点，即个体的意见和态度的表达，并不仅仅是个体的私人事务。

注释

[1] 此处沿用库利（Cooley，1909）对初级群体的经典界定。要了解与之相对的次级群体（secondary groups），见戴维斯（Davis，1949），第11章。 *48n.*

[2] 家庭成员间意见的同质性的经验证明，可以在纽克姆和斯维拉（Newcomb and Svehla，1937）有关父母和儿童态度的研究中找到，同时亦可参见拉扎斯菲尔德等人（Lazarsfeld，Berelson and Gaudet，1948，pp. 140-145）。有关朋友之间政治意见一致性的证明，参见贝雷尔森等人（Berelson，Lazarsfeld and McPhee，1954），同时亦可阅读费希尔（Fisher，1948）以及该书中的参考文献。尽管我们对于家庭这一初级群体的了解要多于其他初级群体，但有意思的是当代的社会学家（不同于他们的更具理论导向的先驱们）很少尝试将由对家庭研究中所获得的知识推及到其他关系紧密的团体之上，不过近来一个引人注目的例外是霍曼斯（Homans，1950）。本章将涉及家庭和其他初级群体之间的关联——尽管没有对此予以明确阐述。比如，本章将显示，每一个群体均有针对妨碍群体利益的新来者的教育机制，以使偏离者回归到群体所需的正常轨道上来；本章将显示，个体会以他身边的其他人对他的认识，来认识自己；本章将显示，各种类型的紧密群体均会在思想和行动方面影响着群体内成员的意见和态度，这种影响远远超过群体当下所关注的范围。所有这些（当然并不止于此）都是家庭这一初级群体的特征。 *49n.*

[3] 参见有关参照群体理论的著述，尤其是默顿和基特（Merton and Kitt，1950），以及纽克姆（Newcomb，1952）。

[4] Sims and Patrick（1947）.

[5] Newcomb（1952）. *50n.*

[6] Ibid.，p. 420.

[7] Stouffer et al.（1949），Vol. Ⅱ，p. 244. 见希尔斯（Shils，1950）对它的概述和分析，在同一本书中，默顿和基特（Merton and Kitt，1950）也对这一主题 *51n.*

进行了探讨。

[8] 也就是说，他们会大量地提名其他人，但其他人却很少提名他们。这是费斯汀格、沙赫特和巴克（Festinger，Schachter and Back，1950）所用的一种标准化的社会关系测量程序。

52n.　　[9] Schachter（1951）.

[10] Merei（1952）. 如果想确认社会地位和遵从群体规范程度之间的关系，见霍曼斯（Homans，1950）中"社会层级与规范"一章，在其中他通过个案研究对此予以了证明。

53n.　　[11] 沃纳和伦特（Warner and Lunt，1941）在扬基城研究中对于小集团的"发现"表明，个体在社会阶层系统中的向上流动依赖于其被小群体所接受（据此我们也可以推测依赖于其对小群体的遵从），在此，小群体代表着社会层级阶梯中的每一层台阶。默顿和基特（Merton and Kitt，1950）在他们有关参照群体的论文中跨越了社会学领域内的僵硬边界，对这些研究进行了整体性的分析。他们由《美国士兵》的数据入手，指出相对于其他的二等兵，那些在 A 时间点上更能与士官的态度保持高度一致的二等兵，更有可能在 B 时间点上获得更高的军衔。在概括这一发现时，默顿和基特写道："如果我们认为一位谋求晋升的二等兵，其行为与下列个体有着怎样的本质差别，那将是非常狭隘的，同时在理论思考上也极其表面化——比如一位积极吸收所在国群体的价值观念的移民，一位试图遵从中产阶级上层成员的行为模式的从属于中产阶级下层的个体，一位努力使其价值观念向街角帮（street corner gang）靠拢的贫民区男孩，一位抛弃其父母所持的保守信念而采纳其大学同伴的自由思想的本宁顿学院女生，一位违背了其所在群体的行为模式而投了共和党一票的低阶天主教徒，或是一位遵从当时的革命群体立场的 18 世纪的法国贵族。"

[12] 要了解格式塔心理学家们对于影响着知觉、判断、动机的群体过程的研究，参见卡茨（D. Katz，1951）。

54n.　　[13] Lewin and Grabber（1945）. 对于"社会现实"概念的另一项重要的相关研究，见沙利文（Harry Stack Sullivan，1953）对于"同感效证"（consensual validation）的探讨。

[14] Festinger，Schachter and Back（1950），p. 168.

55n.　　[15] Sherif（1952）.

57n.　　[16] 在一篇有关《社会心理学理论》（Social-Psychological Theory）的论文中，纽克姆（Newcomb，1951）写道，"谢里夫的不朽功绩在于他……依据知觉过程对

社会规范予以了确证"。"规范，"纽克姆说，"意味着感知事物的共享方式（或者更直接地说，是事物被感知时所共享的参照框架）。"

[17] Festinger，Schachter and Back（1950）.

[18] 这个社区中的居民都是年轻夫妇，他们年龄相近，并拥有类似的社会经济地位。丈夫们都是二战期间在军队服役的老兵，现在也都是同一所大学的学生。 *58n.*

[19] 在接下来的本部分第5章中，我们会对人际传播的过程进行更为细致的分析。这里，我们所讨论的是这样一个事实，即无论如何，人际传播（或者说互动）确实形成了共享的意见和态度，同时也讨论了我们为何会这样认为的一些理由。当然，本章中在不同的地方亦隐约涉及"如何"的一面，但对此的详细探讨将在以后的章节中展开。 *59n.*

[20] Merton et al.（forthcoming）. 默顿还对"地位类聚"（status homophily）进行了探讨，它指的是基于社会阶层、宗教、民族等方面的相似性而形成的一种相互吸引。但在此，我们仅关注"价值类聚"。有关友谊与思想相似性之间的关系的另一项研究，见李普塞特、特罗和科尔曼（Lipset，Trow and Coleman，1955）。

[21] Precker（1952）. 对于相似价值的共同吸引问题的研究是如此之少，这令人感到奇怪。除了在此提到的这项边缘性研究，以及默顿和李普赛特（Lipset）对此所进行的直接研究外，我们几乎看不到针对这一领域的其他研究。不过，在《社会组织》（1909）一书中，C. H. 库利提及了有关新兴传播媒介效果研究的两个流行观念中的一个："……在文明社会中，那些具有相近思想的人们相对更容易聚合在一起，并彼此鼓励。"库利进一步说道："现代社会……倾向于使得生活更为理性和自由，从而减少本地化色彩和生活中的偶然性。"在建立在共同兴趣而不是血缘接近性基础之上的法理社会（gesellschaft society）中，新兴的自治组织（voluntary associations）近年来也引起了极大的注意，这方面的论述可参考希尔斯（Shils，1951）。吉丁斯（Giddings，1896）"同类意识"（consciousness-of-kind）的概念也明显与此相关，但现在这一概念既可指互动的结果，也可以是互动的先导。显然，这两种用法必须加以辨析，而且只有后者才切中此处的论题。但无论如何，这方面的经验研究尚付阙如。 *60n.*

[22] 他发现，相对于新生，老生们对评估指标的排序，更接近于他们的实际导师所做的排序（不管他是不是学生们在社会关系测量调查中所提名的理想导师人选）。 *61n.*

[23] 在这个问题上，初步的经验研究及相关讨论，可参见如下文献。Lundberg and Beazley（1948），Lundberg，Hertzler and Dickson（1949）and Maisonneuve（1952）.

这些研究分别在一所小型学院、一所大学和一所法国的寄宿制学校内，研究友谊形成的决定因素，相对于"地位类聚"的不同维度，它们更为强调接近性的相对重要性。这些研究值得称道。此外，还可见罗杰斯（Rogers, 1952）对霍曼斯（Homans, 1950）所做的评论，它代表了一种社会关系测量的方法和立场，强调人类关系中选择的作用，还援引了"心电感应"（tele）这一多少带点神秘主义色彩的概念，以反对更倾向于强调接近性的"互动主义者"（interactionists）的观点。此外，还可参见默顿等人（Merton et al., forthcoming）以及李普塞特、特罗和科尔曼（Lipset, Trow and Coleman, 1955）的研究。当然，这方面的研究并不是要在思想上做出非此即彼的选择。它要求对环境做出细致梳理，以判别在特定的环境中，更有可能是不同因素中的哪一个发挥主导作用。

62n.　　[24] 他称之为"群体运动"（group locomotion）（Festinger, 1950）。

　　[25] 它预示个体受到某种驱动，以保持其自身处于群体之内。这种驱动或许
63n.　是完全出于自愿，或许是保持团结以应对危险环境的一种需要，又或许是实现某种只有通过集体行动方可达成的目标的需要。需要进一步强调的是，我们在此更为关注的是隐含于群体生活之内的"自动"控制，而不是群体为强制遵从而产生的某些带有强迫性或者其他类型的"特殊"压力。因此，在日常生活中，群体确实不会偏离群体规范，这是因为他们不愿放弃遵从所带来的"收益"（接受、友谊、领导地位、个人目标的实现等），同样也是因为他们不愿发现他们"看到"了其他人看不到的一些东西，而让自己陷于精神危机之中。诸如此类还有其他一些原因。这就是我们所说的"自动"控制。有关这方面，可参见霍曼斯（Homans, 1950）对"社会控制"的论述。

　　[26] 当然，在此对人际影响和传播的过程并未过多涉及。这方面更为充分的讨论可见本部分第6章"人际网络"部分。

64n.　　[27] 此处还值得注意的是，参照群体的理论和研究，以及小群体的理论和研究，现今仍没有获得概念上的整合。默顿和基特（Merton and Kitt, 1950）从参照群体理论的角度，对《美国士兵》中的数据进行了分析，他们指出，小群体研究中的许多知识对于参照群体概念而言，是具有根本性意义的。我们在此方面所提出的一些问题，可以在默顿和基特的研究中找到，比如个体是只和他所认识的他人产生关联，还是也和非人格化的地位类别相关，比如"所有免除兵役的军工厂工人"（all draft-exempt war workers）或是"上层社会"。如果确与后者相关，那么我们的兴趣就会立即被导向去探寻个体和此类匿名的他人建立"接触"的机制是怎样的。意见领袖的研究在这方面可以做出重要的贡献。

第 5 章　群体在影响改变中的作用：
对大众媒介研究的启示

本章将沿着我们前面的论述继续展开，即认为个体意见或态度的变化，远不像它表面上那么简单。因为如果意见和态度是在与他人的联系中得以创建和维持的，那么这些思想的变化也显然不会是纯粹的个体层面的事务，此间一定存在着社会因素的回响。

现在，有关大众媒介的效果问题——这也正是我们关注小群体研究的出发点——直接把焦点对准了"改变"。我们正在努力了解大众媒介在改变人们的思想和行为方面的效果。我们已经说明了意见和态度（它们正是大众劝服运动的目标）根植于人际关系之中，因此，我们下面所要做的工作就显而易见了。既然事实已经告诉我们，个体自身并不如我们想象的那样，可以自由地、单方面地发生变化，那么我们就需要探究小群体研究中的哪些证据有助于我们思考个体意见和态度改变的问题。

当然，迄今为止，我们所了解到的一些思想可以直接应用于改变的研究。遵从可以带来"收益"，或是个体"看"事物的方式会受到其周围人的影响，这些思想清楚地表明，改变了意见和态度的个体很可能是向着群体规范的要求变化。下面让我们来对证明这点的部分研究进行一番检视。

作为变化中介的群体

首先，存在这样一种类型：意见、态度或价值观念的变化伴随着由一个群体向另一个群体的积极移动。也就是说，为了被新的圈子接纳，个体设法使自己的意见和态度和新群体保持一致，反过来，这也可以使得群体对他给予支持。这是一个基础性的观点，它为不同领域中的应用性工作和研究提供了引导，比如再教育（re-education）和社会行为矫正（re-habilitation）、领导力训练、减少偏见等等。贝尔斯（Bales，1945）对"匿名戒酒协会"（Alcoholics Anonymous）的研究分析了一位新成员融入群体的过程，这提供了一个极好的案例。根据贝尔斯的分析，当研究对象初次被带进这个由已经戒酒者发起的互助团体时，他得到的是褒奖和回应，而不是他司空见惯的责备，"因为他坦白了他以前要不顾一切加以隐瞒的思想和行为"。很快，他开始觉得自己确实有力量戒酒。当这一切发生之后，第二步，或许是更为重要的一步，被提上议事日程。他被要求加入一项活动计划，即为在他之后加入互助组织的新人们提供建议，充当指导老师和群体规范的倡导者。此时，根据贝尔斯的观点，这位前酗酒者开始觉得，他不仅可以抵抗酒瘾，而且酒瘾已经离他远去。因此，群体的作用不仅在于为达成成员资格本身所指代的目标提供支持，而且还作为情感驱动成为实际变化的中介。这种通过介绍新成员（回归社会的战俘、长期失业者等）进入过渡性治疗团体来展开治疗工作的同类案例，我们近来还可以找到更多，尤其是在英语国家的社会科学家和精神病学家们对于群体的研究之中。[1]

68　　换言之，要在一个新的社会圈子中寻求和获得接受，需要个体使其意见和态度与新的群体保持一致。如果回忆一下前面我们谈到过的纽克姆在本宁顿学院所做的研究，以及《美国士兵》的研究（即新兵的态度被参加过战斗的老兵所同化），我们在此所论及的观点就会更为清晰。[2]这种变化的类型与我们已经介绍过的工具性功能或遵从的"收益"相对应。

变化的另一种类型虽然在一定程度上与工具性功能相对应，但与它更为契合的还是遵从的"社会现实"方面，对此，我们可以通过威信暗示（prestige suggestion）研究传统中的一些案例来加以检视。即使是对威信暗示研究的基本模型加以粗略的分析，也足以发现这些研究的主要特征。这一研究传统的典型实验，是试图通过提供被假定具有威信的名人或群体的意见，从而改变实验对象之前公开表明或认为理所当然的某些看法。此时，重要的是要了解一个特定的个体或群体，对于每位实验对象而言，到底具有多大程度的"威信"，之后我们才能理解他们的暗示为何有效，或为何无效。[3]比如，由阿施（Asch）所做的一项早期研究证明，当实验组中的个体认为意见来自和他们志趣相近的群体时，他们更容易受到这些意见的影响并改变原有的观点（这项研究中根据重要性对不同职业进行了排序），而当他们认为意见来自对立群体时，则较为排斥这些意见。[4]威信暗示并不是万能的。只有当某一个体或群体对于特定对象而言具有特别崇高的威信时，才有理由期望他们的暗示能够带来特定对象意见上的改变。

对于改变如何发生，以及在多大程度上真正发生了改变的研究，几乎是被完全忽视的，而且是被明显误解的，这种情形一直延续到格式塔心理学家们开始介入威信暗示研究之时，他们试图研究当面对威信暗示时，到底是什么进入了实验对象的头脑内。[5]在此我们并不打算对这个话题进行深入探讨，除非它能够对真实群体环境中威信暗示的效果分析有所助益。在一项通过社会暗示以纠正儿童偏食行为的实验研究中，卡尔·登克尔（Karl Duncker，1938）发现，当需要在几种替代性的食物中进行选择时，儿童更有可能接受其他孩子的引导，而不是成人。[6]因此，当一位成人首先选择食物时，17个孩子中只有4人做出了相同的选择；而首先进行选择的是另一个孩子时，同样一群儿童在20次中有17次做出了完全一致的选择。换言之，尽管这些儿童认为成人具有权威性，但仅有权威是不够的。他们追随着同辈，这可能是因为他们想从同辈那里获得自我认同。有关于此的最为显著的证据是，在一群有着极

69

高程度的共同友谊的孩子中，他们对于食物的选择完全一致。

　　贝兰达（Berenda，1950）最近的研究为我们讲述了相同的故事。通过运用阿施所设计的实验模式（我们在下文中将很快涉及这一模式），她发现，学生们更容易受到同学的影响，而不是他们的老师。由此，我们从这一研究分支中可以得出这样的观点："权威"人物对于意见的影响力要小于志趣相投的群体。

　　这一研究传统当前的领军人物所罗门·阿施（Solomon Asch，1952）已经决定"研究当群体压力被察觉与事实相悖时，促使个体抵抗或屈从群体压力的社会及个人条件"。[7]实际上，阿施在此所研究的，是群体迫使意见由"正确"转变为"错误"的能力。

　　实验的程序如下：每名实验对象都被置于由 7 名他不认识的人所构成的群体中，这些人都是研究人员的合作者。群体中的每一位成员被要求从三条直线中，挑选出与他们手中的几英寸长的标准线条等长的一根。蒙在鼓里的实验对象被安排在最后一位进行线条的配对，而在他之前，特意安排好的其他人都故意做出了同样的错误选择。这些错误选择都非常离谱且明显可知，但即使这样，仍有 1/3 的实验对象在他们所做的一半甚至更多的选择中，屈从于群体压力，追随了其他人的错误选择。相对地，在没有群体压力的控制组中，实验对象的选择完全正确，没有出现任何错误。在评价多数人在扭曲真相方面的强大影响力时，阿施指出，"那些被置于意见完全一致的多数人之中的、属于少数人的有判断力的实验对象，可能是在他们的生命中首次遇到这样的情形，即群体的一致意见与他自己的正确感觉完全相悖"。[8]

　　就像对谢里夫实验一样，或许我们在此同样应该提出一项异议，即真实生活情境根本不可能像这里的实验环境一样荒谬。然而，有关大众传播的经验告诉我们情况并非如此，因为我们有理由相信，在一些极权国家中，对媒介的"垄断"是造成媒介宣传可以取得极佳效果的主要手段。也就是说，当没有可能进行反宣传，或是不存在公开的抵抗性活动时，即使是对显而易见的"谎言"的宣传，也可能取得极大的成功。[9]通过对实验条件做一个小小的调整，阿施为我们提供了支持类似想法的有力证据。这个变化是毫不知情的被试所面对的情境不再是其他所有人都故意做出错误选择，而是在他们中有一人转而选择正确答案。这个人要么是加入这一群体的另一位毫不知情的被试，要么是指定一名合作者做出正确选择。在这种情形下，犯错的被试的数量显著下降。

　　至此，我们所看到的这些研究都说明了，群体是如何作为改变个体的意见、态度和习惯的中介在发挥着作用的。我们可以提出更进一步的假设，即如果一个群体的成员资格与遵从的压力紧密联系在一起，那么与群体联系越是紧密的成员，就越容易强烈地感受到意见和态度方面的群体压力。这正好是我们最后要介绍的一项研究所探讨的问题。该研究探讨的是遵从性和群体凝聚力之间的关系。凝聚力的标准，实际上就是群体成员彼此之间关系的强度。通过运用一套设计好的程序，加强或降低群体内成员相互间的吸引力，巴克（Back，1952）创造了若干具有较强或较弱凝聚力的（由两名成员所构成的）群体。每一位群体成员首先被要求为一组照片写下初步的解释，然后与群体内的另一名成员相互交换，以考虑对方所写的内容是否可以加以改进。此时，被试并不知道他的同伴所看到的那组照片（在被移走之前他们只看了一次）与自己所看到的存在着细微的差别，这些差别可以导致被试对照片产生不同的理解。因此，当两位同伴相遇的时候，他们也必然会面对对方就照片内容所做出的多少有些不同的解释。研究发现，凝聚力较低的群体倾向于被动地对这些理解上的差别做出反应，而凝聚力较高的群体则倾向于主动地对这些差别进行协调。除了可以在群体所提交的最终的图片解释中观察到以上的差异外，每位被试也可以对协商过程中发生了什么做出说明。因此，在回答"你是否认为你的同伴在试图影响你"这一问题时，低凝聚力群体中有不到一半的成员，而高凝聚力群体中有超过 2/3 的成员认为，他们感受到了同伴试图影响他们的压力。

　　巴克进一步告诉我们，在高凝聚力群体中，影响行为更容易获得成功（比如更有效），而在低凝聚力群体中则不然。在下一个部分中，我们将回到这一论断上来。

　　在此，通过对来源于不同研究传统（"群体动力学"和"威信暗示"）的研究案例的探讨，我们解释了人际关系并不仅仅是一种指向共享的意见、态度或行动体系的被动的路标。相反，我们试图展示：在某种程度上，人际关系是积极主动的，是持续能动的，它活跃于群体规范的维持、偏常行为的规训，以及影响的流动之中，以使群体保持一致。

73

作为变化目标的群体[10]

现在我们已经看到，人们通过共同行为（con-act）而彼此相连，这不仅创造并维持了每个人的思想，并且也在改变着这些思想。那么我们必须提出这样的问题（因为这也是我们的首要动机）：这种认识如何（或是否可以）应用于对产生于群体外部的影响的研究之中？如果纳入大众媒介因素的话，这个问题可以表述为：是否有证据表明，人际关系行为同样也限定了大众媒介宣传运动对于个体的影响效果？

或许我们最好从一个否定性的论断入手：迄今为止我们所了解的一切都让我们产生了这样的想法，即如果个体的意见就是他与彼此联系着的他人所共享的意见，那么他人没有发生变化，则改变个体意见或态度的努力就将不会成功。凯利和沃卡特（Kelley and Volkart，1952）在一项关于男童子军的研究中，对这一假设予以了非常清晰的论证。

在基于态度方面展开的问卷调查中，研究者们将童子军分为了两类：一类高度重视童子军成员身份，而另一类则相反。研究者们首先想要弄清，当试图改变孩子们对于童子军生活的相关态度时，那些非常看重自己童子军身份的孩子，是否会比另一类孩子表现出更大的抵抗力。为验证这一假设，研究者们安排了一位外来的演讲者，在他对童子军的演讲中，暗中攻击了露营和丛林探险的价值，而这两项是童子军活动的主要内容。演讲之后，研究者们进行了问卷调查，以了解演讲在多大程度上改变了童子军对这两项活动的态度。而在演讲之前，研究者已经对相关态度做了预先记录。最终得出的结果证实了先前的假设，即那些认为群体成员身份对他们而言并不重要的成员，受到了演讲的影响，偏离了群体的中心价值。当然，相反的情况也十分明显：那些高度看重群体身份的调查对象，对这种来源于外部的努力予以了抵制，因为它在试图改变他们与所在群体所共享的意见。

无疑，当外部传播行为试图攻击个体所持有的，与重要他人所共享的意见、态度和习惯时，这种外来的影响势必会遭到抵制。在此，有坚实的证据表明，人际关系介入大众传播过程之中，影响了传播的效果。

同样，人们也可以提出这样的设想：如果个体感知到他人支持他做出某种改变，那么他就更倾向于对外来的影响做出积极回应。这一假设是勒温及其合作者所开创的、著名的"群体决策"（group decision）实验的基础。[11]所有这些研究均关注个体行为中促发改变的因素，同时，它们均试图从根本上证明群体讨论（继而是"群体决策"）在促发改变方面的有效性。

这些研究中的其中一项对群体决策和私人指导的有效性进行了比较。[12]某家产科医院习惯于在新妈妈们出院前对她们进行儿童保育方面的指导，而且这种指导一般情况下是对一位妈妈单独进行的。在研究中，一些妈妈像以往一样接受个人指导，而另一些则结成6人小组进行讨论，并最终做出"决策"——参与者们被要求以举手的方式表明她们是否决定遵循所给的建议。群体讨论所花费的时间不多于一位妈妈接受单独指导的时间，而两种情形下所接受的指导是一样的。后续访谈在两个星期和一个月后分别进行了一次，结果表明，相对于接受单独指导的妈妈们，群体讨论的参与者们更愿意按照儿童保健项目的指导采取行动。

另一组实验比较了授课与群体讨论在影响决策方面的有效性。在这一系列实验的最初阶段，一位营养专家对三组同属一个俱乐部的妇女进行授课，主题是食品的营养，以及战时食品运动（war time food campaign）具有爱国主义性质，并呼吁购买食用肉类中"不受欢迎"的部分。[13]另有三组妇女则被要求就相同的问题进行讨论，同时讨论还涉及"像我们这样的家庭主妇"如果参与这一运动，会遭遇到哪些困难。最后讨论组被问及她们中的哪些人愿意尝试购买食用建议的（不受欢迎的）食物，愿意者举手并计数。此后的跟踪统计表明，听课的家庭主妇中只有 3% 的人实际购买了这些肉类，而在参与群体讨论和决策的妇女中，这一比例是 32%。

在这个实验中，授课者和群体讨论的领导者是不同的两类人，同时研究者也并没有试图使授课和讨论的内容保持一致。不过在后续的一项旨在提高家庭牛奶消费量的实验中，研究者们将这些变量纳入了考虑之中。[14] 6 个小组的家庭主妇被划分为授课和讨论两大类。这次，授课的讲师同时兼任讨论组领导的角色，而且讲授和讨论的内容也基本相同。跟踪调查同样是在两周和四周后进行了两次，结果显示，相对于授课组，参与了群体讨论与决策的组员中更多人增加了牛奶的消费量，也就是说，改变了家庭的饮食习惯。

来自另一个研究领域的更新的案例，对上述实验技术予以了拓展，并且也同样带给我们启发。[15] 一家拥有 400 名工人的工厂中的 29 名生产组长，被随机分为三个组别——授课组、讨论组和控制组。授课组和讨论组（不包括控制组）可以看到生产组长们的半年度生产效率统计，其中记录了组长对他手下工人的业绩的印象，包括合作愿意、成品率、工作时间的有效使用等等。这份统计显示，组长们倾向于给较高级别工种（higher-grade jobs）规定更高的生产率，而对较低级别的工种则不是这样。管理层认为，有充足的理由认为之所以出现这种情形，是因为高级别工种会形成某种晕轮效应（halo effect）。授课组中的生产组长们被告知了这一结果，并接受了有关如何制定真正合理的生产率标准的指导。讨论组则通过讨论的方式对同样的事实加以思考，并最终做出了一致"决策"，即要改变原有的生产效率标准（改变的方法与前面提到的授课组相同）。这两个组别所花费的时间完全一样，而且思考的主题也相同："如何根据人，而不是工种来确定生产效率。"此后的生产实际情况清楚地表明，讨论组的效果更佳：参与讨论和决策的生产组长显著地修正了生产效率的制定习惯，而授课组和控制组的组长们则没有。

对于充分理解人际关系在大众传播过程中的作用，这些研究无疑具有重要意义。显然，相对于授课和私人指导状态下个体之间的彼此疏离，为求得某种转变而进行的人际互动可以促成明显的行为变化。不过，到底是讨论中的哪一种（或哪一些）要素在起着决定性作用，在此仍不清楚。之所以这样讲，基于两个原因：其一，很不幸的是，上面所提及的每项研究都存在缺陷；其二，即使假定所有实验都得到了精心控制，但这些研究都没有清楚地说明，到底是什么使得群体"接受"了影响。下面让我们花点时间对这些问题进行一番探讨。

（1）这些研究的实验设计并不能令人满意。在一些研究中，讲授和讨论的内容存在差别；而在另一些研究中，我们并不清楚时间因素是否得到控制；在还有一些研究中，讨论组被事先告知会有后续跟踪，而授课组则没有得到相关的信息。此外，还有种种其他的不足，但这些不足都还是相对次要的——它们也逐渐被更多后来的研究纳入考虑之中（尽管也还存在着一些无法容忍的例外）。

然而更重要的是，一些关键性的因素（比如讨论、决策以及对他人意见的感知），没有被分离出来进行实验测试。[16]因此，我们可以得出不同的解释：也许仅仅是讨论的事实本身，以及讨论所带来的更深的"卷入"（involvement），就足以解释观察到的效果，或者可能完全是"决策"因素发挥了作用，又或者更有可能的关键因素是个体感知到了他人赞同预期变化的意愿。

在我们看来，上述最后一点才是最重要的，贝内特（Bennett，1952）最近发表的论文支持了这一观点，这篇基于实验研究的论文对这些问题进行了分析，并指出"决策"和"感知到的群体一致"是关键要素。这项研究确认了感知到他人支持的重要性，为我们在此所提出的解释提供了强有力的证据。贝内特认为，"决策因素和对这些决策的一致性的感知，被发现与个体采取特定行动紧密相关。群体讨论或是其他的类似因素，并不比授课更有效，同样，公开表达的个体决策也无法明显地弥合已存的差异"。

当感知到其他人的赞同时，个体似乎更愿意接受和做出特定的改变。因此，当确认其他群体成员和他们的做法一致时，新妈妈、俱乐部中的妇女、家庭主妇和生产组长们更有可能逐渐接受针对他们的影响努力。换言之，我们可以假设，授课和私人指导情境中的个体很可能像讨论中的个体一样，有发生转变的"意愿"，但是他们将动机转变为行动的可能性被极大地削弱，因为至少在他们的观念中，这些行动与社会所普遍接受的行为方式相去甚远。但在我们上述的那些实验中，并没有就此建构起分析框架。

（2）"群体决策"系列实验中存在的第二个问题，与本章所论述的主题亦有着重要关联。特别是在这些研究中，我们几乎没有得到任何说明（哪怕是猜测性质的），有助于我们理解为何讨论组中的成员会对企图让他们达成一致的外来影响予以热情"接受"。实际上，我们已经看到（比如在童子军研究中），试图改变某些共享行为方式的外来影响是如何遭到强烈抵抗的。那么，又该如何解释群体在抵抗与其规范相矛盾的外来影响时的失败呢？影响以何种方式进入群体之中，比如是不是某些人首先发生转变，并继而从"内部"影响到其他人？在哪个点上成员开始察觉到群体标准发生了转变？何种类型的群体将会接受何种类型的变化——或者说，是否可以理解为，无论任何影响都可以传达到个人，只要他和他的同伴们在一起？或许最为重要的是，如果群体是由个体所构成的稳定而亲密的互动集合体，又或者如果群体是由于个体受到特定影响而聚集在一起所构成的，此后还会彼此分散，那么对于不同类型的群体而言，会有哪些类型的影响存在，它们之间的区别又在哪里？[17]

这些问题都要求我们做出回答，因为科学的思考永远不能建立在似是而非的基础上，"总有些东西在起着作用"这样的说法远不是一种科学的态度。在此我们无法给出任何确定的答案，因为在以往的研究中，这些答案并不存在。不过，对这一领域中的研究进行一番回顾，并对可能涉及态度变化的原则做出假设性的概括[18]，可以使我们发现以下三条一般性法则：

（1）此类许多研究使我们有理由推测，试图改变群体态度或行为方式的影响，至少要部分地诉诸更为深层的价值观念，而这些价值观念同样也是群体规范的一部分。因此，那些看似只是以另一种思考或行为方式取代原有方式的简单要求，可能在本质上并不简单。因为要以这种方式成功地影响一个群体的意见，很可能需要为群体所共享的基本价值观念设定全新的规范，那么，群体的改变就不再是以一种规范取代另一种的简单替代，而是产生特定行为或思想的参考框架的变化。比如，之所以能成功地克服家庭主妇们的抵制，让她们转而购买食用肉类中"不受欢迎"的部分，可能是因为劝服者引导着这个群体意识到，这种特定的行为属于群体价值规范的另一种框架，即爱国者的规范。继而，群体确立了新的框架下的行为方式，以取代旧的价值观念。[19]

（2）这些研究的第二个特征是将问题"客观化"。特定的调查技术的运用，就"像我们这样的主妇"在类似情况下会怎么做等问题所展开的讨论，如此种种，可以为我们提供解开谜题的线索，寻找到不符合原有群体规范的影响进入群体的切入点。这与回答下面的问题稍有些距离：一个影响"如何"能够得到对其高度抗拒的群体的考虑？

（3）在这些研究中我们所发现的第三个要素是"宣泄"。群体讨论明显有利于个体"说出"他对某种特定态度或行为方式在情感上的拒斥，通过这样方式，去除了心理上的保护层，可能会使得原有的规范更易于受到对立影响的攻击。[20]

以上所述三个方面的可能性，或许可以说明这些态度改变研究的一些共同特征。[21]此外还存在其他特征。比如，我们对于意见领袖的兴趣会使我们提这样的问题：在每一个群体中，某些特定成员（意见领袖）是否比他们的追随者更倾向于对外部意见作出反应，并且反过来更易于影响其他人，从而引起群体标准的变化？

总之，这些研究对于我们所关心的问题的启发意义是十分明显的。我们已经从小群体研究中了解到人际关系以何种方式"介入"大众传播过程，尤其是经由大众媒介"宣传运动"而实现的影响传播过程之中。在本章中，我们聚焦于这样的事实，即共享的意见和态度与人际关系紧密相关。由此我们发现，人际关系的"介入"可以促使个体抵抗外来的、与他和群体中的他人所共同持有的思想相悖的影响；而与此同时，我们也发现当个体所共享的规范和外来的影响相一致时，或是个体愿意将外来的变化纳入到群体规范中时，那么人际关系也可以成为变化的推动力。

注释

67n. ［1］比如，威尔逊（Wilson et al.，1952）以及琼斯（Jones，1953）。有关这些思想的其他运用，可见罗斯伯勒（Roseborough，1953）。

68n. ［2］正如我们所说，这些研究是参照群体理论的核心研究。这里面所涉及的原则无疑也适用于小群体研究，同时，由于后者往往每次都限定于对一个群体进行研究，因此它对社会心理学思想有着十分积极的推动作用。对从一个群体向另一个群体的"移动"过程的研究，从逻辑上讲可以促成小群体研究和参照群体理论的结合。此处所引用的研究，见纽克姆（Newcomb，1952）、默顿和基特（Merton and Kitt，1950）。

［3］最近有研究者对过去 10 到 15 年间的此类研究进行了回顾，并总结认为，暗示的有效性依赖于：（1）意见在特定环境中的明晰度；（2）威信主体或群体与影响对象之间在一定程度上志趣相投。见贝兰达（Berenda，1950），第 1 章。此外，还可见米勒和多拉德（Miller and Dollard，1941），他们从学习理论的角度就威信暗示进行了实验。在他们的书中，还包括了一个大纲，列举了对作为一种社会过程的"模仿"行为的不同学术观点。

69n. ［4］Asch（1940），转引自贝兰达（Berenda，1950），第 1 章。

［5］对实验对象进行访谈，以期发现他们对何种压力做出回应，这使得研究者们对"权威"类型予以越来越强烈的特殊关注，很明显，它导致了这样一种假设的产生，即对某人而言，与他身份地位相同的群体（peer group）可能具有极大的威信。此外，研究者们还发现，那些态度上的明显变化，在很多时候实际上根本不是真正的改变。有关第二点的讨论，见刘易斯（Lewis，1952）。在认知组织（cognitive organization）框架下的理论分析，见克雷希和克拉奇菲尔德（Krech and Crutchfield，1948），第 3、4、9 章。

［6］转引自贝兰达（Berenda，1950），第 1 章。

70n. ［7］需要注意的是，阿施是在一个可经验确证的环境中来论证群体压力以及群体所生产出的"社会现实"的。换言之，被认为是社会压力的运行中所固有的非结构性（unstructuredness）和模糊性（正如上文所讨论的谢里夫实验）等特性，在这里完全不存在。

［8］阿施指出了这个实验中的三种屈从者的类型：第一类是他们的感知被多数人所完全改变，而他们对此却毫无怀疑；第二类是他们的判断被扭曲了（这也是最

主要的一类），也就是说，他们认为自己的感知在某种程度上出了问题，因而觉得最好跟随多数人的判断；第三类人知道其他的多数人是错误的，但"他们之所以仍然跟随错误选择，是因为存在着不要显得与众不同或不及他人的压倒性的心理需求，是因为群体无法容忍存在缺陷"。另外，仍有 1/4 的被试完全没有屈从于群体压力。

[9] 实际上，当不存在对立的宣传时，有理由相信媒介可以发挥更大的效果。这方面的研究，可见拉扎斯菲尔德（Lazarsfeld，1942）。顺便提一句，我们可以注意到，在所有威信暗示的实验中，最为著名的要属安徒生的《皇帝的新衣》。这项"研究"论述了某天，流言是如何散布的，说"只有聪明人"才可以看见皇帝为参加欢庆游行而穿的漂亮新衣。所以每个人，包括皇帝本人，都在夸赞这件新衣是如何美丽，尽管真实的情形是，皇帝"实际上"是一丝不挂的。只有一个小孩子没有接受"暗示"，因为他并不期望成为聪明人中的一员，他残酷地打破了这种人人认定的"社会现实"。

[10] 为更好地组织本章材料，我们借用了卡特莱特（Cartwright，1951）的区分方法，不过在用法上可能会稍有细微的差别。在分析群体中的意见和态度的变化原则时，卡特莱特将变化研究分为两种：一种认为群体是变化的"中介"，另一种认为群体是变化的"目标"。如果说这种分类法带有这样的思想，即认为这两种类型的研究所针对的对象都是个体（而不是群体）的话，那么我们可以这样来界定"中介"研究，即变化的压力来源于群体之内，并且指向特定的成员；而对"目标"研究而言，变化的压力产生于群体之外，但寻求首先通过影响群体，进而有效地到达个体。换言之，"目标"研究将群体预设为变化的"中介"，并认为其效果的达成基于群体作为变化"中介"的强度如何。

[11] 如果认为这些研究都是先提出一个明确的假设，继而对其进行严密的测试，那么这种看法其实并不十分准确。正如我们下面将要注意到的，对所有这些研究的一种批评是认为它们的阐述过于模糊，这些研究发现同样也可以支持对立的观点。

[12] Lewin (1952)，p. 467.

[13] Ibid.，p. 463.

[14] Ibid.，p. 466.

[15] Levine and Butler (1952). 采用这种方法，对工厂情境中态度转变行为的研究，还可见马罗和费伦奇（Marrow and French，1945）、科克和费伦奇（Coch and French，1952）。

71n.

73n.

74n.

75n.

76n.

［16］勒温（Lewin，1952，p.465）似乎认为真正重要的是将讨论和决策合并起来考察。如果真是这样的话，至少也就可以理解，为何在授课组中，没有和讨论组一样采用"同意的请举手"这样的方法来进行态度测试。

［17］比如产科医院中的群体就是这样。而在本章所引用的其他实验案例中，群体成员在聚集以前就相互认识，而且可以猜测，她们也有以后继续保持联系的念头。所有这些因素都必须加以细致分辨，以期真正理解其中所涉及的原理。

　　［18］在勒温本人以及他的两个主要合作者的研究中，并没有明确提出态度变化背后的基本原理［Lewin and Grabbe（1945），Cartwright（1951）and Festinger（1950）］。而在上面提及的贝内特（Bennett，1952）的著作中，则可能涉及一些问题的"答案"。

［19］这种改变态度的技术在纽克姆（Newcomb，1950）书中第7章那里得到了充分讨论。这也可以让我们回忆起贡纳尔·默达尔（Gunnar Myrdal，1944）的相关论述——他乐观地认为，通过对"美国信条"（The American Creed）中的基本价值的呼吁，可以改变对黑人群体的态度。当然，这些研究并没有对群体进行特别考察。那么，为何我们会发现当变化被纳入群体的规范框架时，改变意见和态度的努力更容易获得成功？我们猜测，这是因为个体可以感知到群体内重要他人所给予的社会支持，可以感知到互动中的个体彼此之间相互需要的强制力，特别是当外界的影响与重要的群体价值观念相关时。正如卡特莱特（Cartwright，1951）所说："当试图改变态度、价值观念或者行为时，要改变的对象越是能引起群体成员的彼此互动，群体对此所能施加的影响就会越大。"

　　［20］相关的讨论，见卡根（Kagan，1952）。

　　［21］应用社会研究所的本杰明·B·林格（Benjamin B. Ringer）还提出了另一种极有说服力的解释。林格注意到了这样一个事实，即这些研究根本没有涉及真实生活中的群体，实验中的个体是出于特定目的而刻意被聚集在一起的，对此林格认为，这些实验的成功，以及这些群体对影响企图的"接受"，其原因在于这其实是一个新的群体规范首次建立的过程，因而发生变化的只是分离的个体原有的私人标准。实际上，林格的观点可以帮助我们提出这样的假设：即使是那些针对真实生活中的群体所进行的实验（比如战时食品实验），也可能并没有涉及业已存在的群体 规范的改变（因为这些群体或许从来没有形成有关食品的整体性标准），而这些实验所做的只是将有关食品的规范首次介绍给这些群体。如此我们可以想象，如果外来影响真的试图以改变群体的相关规范为目的，而将一种新的规范导入群体，那么它可能会遭遇到极其强烈的抵抗。

第6章 人际网络：群体内的传播

在本部分的介绍中我们提到，有两个"活跃因素"可以帮助我们解释人际关系在大众传播过程中所起到的中介作用。在前面，我们已经探讨了其中的第一点：人际关系是意见和态度的群体"锚定点"。

需要我们予以关注的第二个"因素"是人与人之间的传播（person-to-person communication）。人际传播是互动的另一种说法，而从定义上讲，传播无疑又是所有人际关系的组成部分。现在，我们想再一次对小群体研究进行考察，以探究如何通过非正式的人际传播，来解释来自大众媒介的成功（或者失败）的影响。第一部分提及的来自大众媒介研究的观点，以及前面章节中所引述的其他一些研究告诉我们：

（1）某些个体似乎是其他人的信息发送者。没有这些起到中转作用的个体，来自大众媒介的讯息无法到达不接触媒介的人那里。当然，这是意见领袖思想的主要部分，我们将之称为人际关系的中转功能（relay function）。

（2）此外，个人的影响似乎有着异乎寻常的效果。当大众媒介的影 响试图与人际传播保持一致时，它极有可能获得成功。我们将之称为强化功能（reinforcement function）。

　　这里，我们应该对个体在初级关系（primary relations）中的传播过程予以关注。比如：我们想知道，在人际传播中可以观察到哪些统一性；我们想知道，谁，在何种情境中，对其他人产生影响；我们想知道，将传播讯息带入其所在群体中的那些个体，是否有其独特之处；我们想知道，应该到群体中的何处去寻找意见或态度变化的发端。一旦我们了解了人际传播和人与人之间的影响网络的某些特征，我们还想知道来源于大众媒介的影响如何与人际网络相联系。

　　具体而言，我们的计划是：本章的大部分将用来考察既有研究，这些研究探讨了在互动的个体所组成的群体之内，传播的不同方面。在此之后，我们将进入本部分第 7 章，探究对群体的传播过程中出现的有关问题，尝试说明从群体外部而来的影响，比如大众媒介的影响，如何通过人际传播网络成功地到达个体那里。得益于小群体研究，有关群体之内的传播的研究材料非常充分，而可供用来讨论由外部对群体进行传播的材料则极其匮乏——这一点并不难理解。

　　在我们的设想中，根据小群体研究的两种主要路径，群体内传播（或者说人际传播）可以被自然地划分为两个主要部分。一种路径主要分析人际扩散模式，以及使得传播中的个体聚集在一起的人际联系。而另一种更有特点的路径，则试图寻找对于群体内的信息和影响流动而言至关重要的关键角色——我们可称之为关键点（strategic points）。因而，第一种路径将群体视为一个整体，在此层面上强调传播的模式和网络；而第二种路径则聚焦于网络中的关键点，关注群体传播中的不同角色，尤其是群体领袖或者影响者的作用。我们认为，无论是模式还是关键点，其变量都涉及三个方面，我们将之归纳为：（1）群体结构；（2）群体"文化"或者说氛围（climates）；（3）群体情境。

　　概括而言，我们将首先分析那些探讨人际传播模式的研究，这主要分为三个部分：群体结构影响下的模式；群体氛围与模式之间的关系；群体所处的情境对模式的影响。接着，我们会以同样的方式，来考察那些以关键点为分析对象的研究。在探讨了群体内传播的这两个方面之后，在下一章中，我们将转向另一类研究案例，它们关注人际网络如何与来自"外部世界"的影响（比如大众媒介的影响）相联系。也就是说，我们要分析在对群体的传播中，人所起到的作用。

传播的模式

在此，我们将集中探讨在人际传播网络中，是什么把人们聚集在一起，同时，我们也将关注不同社会情境中传播模式的类型。如前所述，我们将从三个不同的方面来思考这些问题，其中第一个就是个体间社会联系的结构对人际传播的影响。

结构的联系：传播流动的网络

个体间在相互吸引程度、相互依赖程度、社会地位方面的差异，以及个体间接近程度或群体规模上的差异，均使得不同个体在传播频率和传播内容上存在着巨大差别。迄今有大量的研究，对群体结构因素和人际传播之间的关系进行了深入分析。

比如费斯汀格等人在对两个社区的流言传播进行的研究中，分析了友谊因素在传播网络中的作用。[1]在"莱金特山"（Regent Hill）社区，在那些拥有数位亲密朋友的居民中，有 62％的人接收到了流言，在社区中只有一位朋友的居民接收到流言的比例为 42％，而那些宣称在本社区中根本没朋友的居民，只有 33％的人听到了同样的传言。在他们所做的西门公寓社区研究中，社会关系测量表明，在本社区有朋友的人中，有接近一半的人（14 人中有 6 人）收到和传播过流言。莫雷诺（Moreno，1953）也对流言进行了研究，他发现，流言传播的路径和他之前依据"社会心理网络"（psycho-social networks）所提出的预设十分接近。[2]费斯汀格说道："两个人之间的友谊，意味着一个活跃的传播渠道的存在。"[3]

社会关系测量技术使得研究者可以对个体的社会关系模式做出客观描绘，并展开对传播流动的研究。也就是说，对于进入社会群体中的一条流言、一则新闻或一个行为刺激（action-stimulant），只要能对这个群体进行社会关系测量，研究者们就可以对它进行观察，这就像通过荧光透视检查（fluoroscopic examination），医生可以观察人体内造影剂的流动一样。

流言并非是唯一可以加以研究的人际传播类型。比如詹宁斯（Jennings，1952）在纽约州女子培训学校（New York State Training School for Girls），对学生竞选活动候选者的相关信息在 400 名学生中的传播进行了跟踪研究。詹宁斯分析道："一个候选者如果与他人没有紧密联系，没有能证明她的'领导才能'的熟人帮她进行一定的公开宣传，她将不可能获得领导位置。"詹宁斯观察到，这种类型的公开宣传的机制就是紧密的朋友群体，这是"一种人际结构，在其中个体的个性与独特性可以被他人所欣赏……"[4] 现在，如果这些群体的重叠部分得以扩展，也就是说，个体属于不止一个这样的群体，那么个体的相关信息就会被更多的人共享；但如果个体未能得到这样的发展，那么有关她的共享信息就将受到限制。费斯汀格发现，流言一般不会在个体所属的小集团结构之外传播——这以另外一种方式表达了与上述同样的观点。[5]

我们在费斯汀格与他的合作者所做的大量研究中，可以提炼出一个考察不同小群体结构及其对传播的影响的方法。此处的关键变量是群体凝聚力——它是社会关系结构的黏合剂。在前面提到过的库特·巴克（Kurt Back，1952）所做的实验中我们了解到，人们的相互联系越紧密，他们对彼此之间意见的影响就越大，影响的效果也越显著。因此可以这样说，相对于低凝聚力的群体，当某一群体具有高度凝聚力时，改变同伴意见的企图在数量上就会更大，同时也会更为成功。与之相类似，西门公寓社区研究证明，在那些最具凝聚力的居民院落中，居民们在意见上也最为一致。这意味着，在这些院落中，存在着更多、更有效的传播行为。[6]在该研究中，研究者可以统计调查对象所提名的朋友是否与自己居住在同一院落中，这一数字越大，就说明这一院落越具群体凝聚力。

除了友谊外，当然还存在着其他的人际传播渠道。比如，巴克等人（Back et al.，1950）对一家工厂中的流言传播过程进行了分析。这家工厂共有 55 人，分为 5 个层级。研究者们首先从工厂主管，以及工厂中其他一些正式或非正式的具有结构性特征的个体那里收集信息，根据这些信息，研究者们招募了几位"合作观察者"。这些合作观察者首先要对他们在研究中所承担的工作宣誓保密，之后他们要接受指导，学会详细记录经过他们的或者听到其他人在谈论的每一条流言的内容和传播渠道——这些流言都是研究者在 4 个月的时间内，每隔一段时间陆续植入工厂群体之中的。[7]利用这种方法，研究者们收集到由几则与整个工厂相关的流言所产生的 17 种传播行为。其中，有 11 种在地位层级中向上流动，4 种在同一层级的同伴中传播，只有 2 种是向下传播的。

对于这项研究，重要的是要记住，它所涉及的是高度正式化的组织中的非正式传播模式。基于此，我们可以进一步思考：这些向上流动的非正式传播行为，所反映的是否是更为正式、规定性更强的工作互动（work-interaction）模式？或者反映的是一种对信息流动的渴望？又或者反映的是一种跨越了地位界限的友谊关系模式？那些与组织并不直接相关的信息传播，比如总统选举或是世界大赛比分的传播，在多大程度上以相同的方法流动？在一个社区的不同阶层之间，或是在一个小群体内威望不同的成员之间——这些都与此处的工厂案例有相似之处，人际传播究竟可以到达何种程度？[8]

对于这些问题，我们并没有简单的答案。不过，既然我们特别关注到了非正式的小群体的传播问题，那么或许我们至少应该尝试一下将这些问题置于小群体语境中进行思考。如果我们问，在小群体中传播是否倾向于向上流动（由较低层级向较高层级的成员流动），答案似乎是"确实如此"——不过对这个答案需要做相当细致的推敲。比如霍曼斯对这一问题的分析告诉我们，首先，"任何个体最有可能和与他层级相同的人进行互动"[9]。不过同时，个体的层级越高，就会有越多的人愿意与他进行交流。换言之，层级更高的个体是那些层级低于他的人们的传播目标。霍曼斯进一步指出，相对于低层级成员，那些较高层级的成员倾向于对群体内的更大多数的成员传递讯息。[10]贝尔斯在哈佛的研究似乎也证实了这些观察，尽管他基于讨论小组（discussion groups）和问题解决框架（problem-solving references）的发现，在何种程度上可以推及非正式群体中的影响传递（朋友和邻里之间、夫妻之间、工作上的同事之间等）还不清晰。通过对互动行为的记录[11]，贝尔斯告诉我们，如果依据某人对他人说话的频度将群体中的成员进行排序，那么可以发现，这和依据他人对某人说话的频度所做的排序完全一样。但是，最频繁说话的发言者倾向于向整个群体表达自己的想法——事实上，这证明其他人倾向于作为个体与他交谈，但他自己的发言则更多地指向作为整体的群体。此外，重要的是要注意到，某人在群体中的声望也可以根据发言频率的次序排定，最常发言的人也是群体中最受欢迎的人。接下来贝尔斯还指出，个人与个人之间的讯息传递往往指向群体中最受欢迎的成员，因此也可以说是向更高层级流动，不过一个人向多个他人的传播则倾向于向下流动。

在对讯息流动方向进行分析的基础上，贝尔斯还加上了对内容的分析。十分明显，层级更高的人，也就是那些最受欢迎和最常发言的人，所讲述的内容也与层级较低的发言者有着明显区别：前者倾向于提供信息和意见，而典型的后者则是在要求得到信息和意见，并表达赞同或反对。换言之，那些不常发言者倾向于"反应"而不是"发起"，但频繁发言者则在更多地进行影响他人的尝试。

这些研究表明，如同它在更为正式和组织化的群体中所表现出的那样，社会分层（地位和层级）在小型的、非正式的群体内的传播流动中同样扮演着重要角色。到目前为止，我们已经探讨了人际传播网络中的两个主要变量：正式和非正式的层级关系，以及个体之间的相互吸引（友谊、凝聚力）。下面就让我们来分析群体结构的另一个重要维度：群体规模。此处，贝尔斯再次为我们提供了有益的启示。当群体的规模扩大时（在他的研究案例中，是从3人扩大至8人的规模），贝尔斯发现，越来越多的传播行为由群体中最频繁发言者实施，因而这减少了所有成员之间的交流量。同时，这位受到更多关注的成员也越来越多地面对整

个群体发言，而相应减少了针对某位特定个体的传播。贝尔斯指出：　90
"这种传播模式趋向于'集中化'，换言之，大多数的传播流动围绕着一
位领袖而展开。"[12]

　　不过，尽管在更大的群体中，讨论往往更容易以一位成员为中心展
开，但这并不必然意味着群体可以由此获得更大程度的共识。一项就此
展开的研究表明结果恰恰相反——这项研究对 5 人和 12 人的讨论小组
中的传播行为进行了比较。[13]参与讨论的是童子军成员，他们聚集在一
起就不同类型的露营装备的优缺点进行讨论，以期取得一致意见。研究
发现，相对于 12 人群体，5 人群体达成了更为显著的共识。此外，研
究者基于问卷调查发现，12 人群体中的成员对这次聚会表达了更多的
不满。而且很明显，之所以会有不满，主要是因为时间所限，更大规模
群体中的成员在讨论中的参与度更低。这一发现使得研究者提出了这样
的结论：参与度越低，共识程度就越低。[14]

　　至此，我们对群体不同的结构"安排"如何影响到人际传播模式做
了简短的说明。在后面对于传播的关键点的讨论中，我们还将回过头来
思考，传播结构中的特定"位置"是如何成为分析传播过程中的重要角　91
色（尤其是那些领袖和影响者）的关键要素之一的。

氛围的比较：群体文化和传播

　　迄今，不同研究者通过不同的方式，提出了这样一种思想：小群体
成员之间的联系如果发生变化，也会导致传播流动的模式、传播量甚至
是传播内容发生巨大变化。我们在前面所提及的那些研究主要涉及群体
结构要素，在此，我们将分析群体内的个体所沉浸于其中的、不同的群
体"氛围"或者说"文化"对人际传播的影响。让我们首先从库特·勒
温及其合作者所进行的一项著名的研究开始。

　　与罗纳德·李比特（Ronald Lippitt）、拉尔夫·K·怀特（Ralph
K. White）一起，勒温实施了或许是他最著名的一项实验——在实验中
"人为创建了不同的社会氛围"："民主的"（democratic）、"权威的"
（authoritarian）和"放任的"（laissez faire）。[15]对于勒温的实验设计，

我们并不打算进行细致探讨，但在此有必要交代的是，在这项实验中，由 11 岁儿童所组成的 4 个小组以不同的次序遭遇到这三种"氛围"，这些"氛围"由担任群体领袖的成人通过事先仔细排演好的不同行为方式决定。此外，每组指定不止一位的领袖，每位领袖负责创建不同类型的"氛围"，由此研究者可以控制成人领袖的个性变量。每个小组在相同的实验室环境中，从事同样的活动。研究者记录了所有类型的活动与变化，包括以分钟为单位分析子群体的结成过程，对成人领袖的行为和所有群体互动进行动态的量化说明，并对所有对话持续进行记录。

92　　尽管这项实验的研究者们并没有从传播的角度进行分析，但许多结论对于我们仍非常重要。比如我们了解到，相对于民主的或放任的情境，当处于权威氛围[16]中时，群体成员的对话量受到了更大的限制。

此外，还有更多与传播相关的数据，需要我们予以充分重视。我们注意到，在权威组中，成员们更加试图吸引和保持领袖的注意，尽管这种与领袖的互动相对缺乏可信度和"私人性"。相反，在民主和放任的氛围中，成员们更期望得到同伴的注意和赞许。在要求领袖提供信息方面，放任组要远超过其他组别，而在就群体政策向领袖提出建议方面，民主组显得最为自由。

这些证据表明，由于信息交换和决策过程正是群体"氛围"的一部分，因而民主组在建立群体行为规范和在成人领袖面前保持独立性方面，要远胜过其他组别。换言之，由民主的"氛围"所决定的传播模式，并不以领袖为中心。这一观点可以由实验中的一项"测验环节"（test episode）加以验证——在毫无预期的情况下，群体领袖被叫离群体，随后实验人员记录了他们所观察到的不同"氛围"中的小组成员对领袖突然离去的反应。研究者告诉我们，在权威组的领袖离开后，"'工作时间'迅速缩短至最小限度……大部分正在进行的工作在领袖离开房间后几分钟之内就停止了……（但是）在民主氛围的组别中，领袖的在场或不在场对于成员的活动并没有影响"[17]。当然，这主要是因为权威

93　组中的成员完全依赖领袖的指导，除非领袖在场，否则他们缺乏活动的主动性。很明显，这个组别在严格意义上并不能算是一个群体，因为群

体成员是被领袖捏合在一起的。与此同时，民主组在没有成人领袖在场的情况下，似乎仍然可以作为一个互动的、目标导向的单位而运转。显然，源自群体的决策是民主组"氛围"的基础，这使得群体向其成员传达了一套共享的"传统"——它成为群体的财产，即使在群体领袖不在场的情况下仍然得以维持。

费斯汀格和蒂鲍特（Festinger and Thibuat，1952）的一项实验也验证了不同群体氛围之间的差异，这项实验旨在探究"促使保持意见一致的压力"的改变会对群体成员造成怎样的影响。比如，我们知道，和其他文化相比，有些文化更要求其成员保持意见的统一；同时我们也知道，就保持意见一致而言，即使是处于单一文化之中的单一群体，也会遭遇到不同的情境，有些带有一定程度的宽容性，而有些则可能更具强制性。研究者在实验中"创造"了三种不同的"氛围"。有些实验组被告知，实验者的兴趣在于观察"一个群体如何达到决策上的一致"，因此，在这些组中就产生了"较大"的保持意见一致的压力。有些小组则预先领到了一些专家针对某个特定问题所提供的不同答案，并被告知将根据其成员寻找到"正确"答案的人数，对这些小组进行排序——通过这种方法，实验者将保持一致的"中等"压力带入这些小组中。第三类小组获得的信息则是实验者想要了解一个群体解决问题的过程，因此并没有要求意见一致的外部压力进入这些小组之中。实验结果清楚地验证了研究者的假设，即"当要求保持意见一致的压力增大时，要求进行沟通和要求成员准备改变的压力也会随之增大。由于这两个方面都有助于改变的实际发生，因此当保持一致的压力增大时，改变意见以求一致的行为也就会随之增加"。

通过这些研究，我们说明了个体所处的"氛围"或者"文化"可以影响到人际传播的模式。如果我们想要对个体间信息和影响流动的渠道特性予以准确分析，就必须像分析人际传播的结构要素一样，对"氛围"要素详加思考。

情境：传播内容和人际关系

现代社会中的个体往往同时隶属于多个群体，并且在不同情境中拥有不同的人际联系。此外，由个体所组成的群体具有整体层面的兴趣追求，但同时又可以根据某些其他兴趣上的差别，而划分为不同的子群体。因此，完全相同的群体，由于兴趣点和所处情境的不同，可能会产生差异极大的传播网络。沿着这种情境的路径思考人际关系，可以提出若干重要的问题：在不同的社会情境中，传播模式如何变化？哪些类型的传播内容，可以在哪些类型的人际网络中流动？比如，在政治意见的生产和传播方面，是家庭群体重要，还是工作群体重要，又是对哪些人而言如此？

　　由于大多数的小群体研究是在实验室中进行的，因此现有研究极少能对这些问题做出回答。不过，也有一些研究可以给我们提供启示，尤其是那些打破实验室限制，针对"自然"群体（"natural" groups）所进行的研究。

　　这些研究为我们揭示的首要原则是，对特定事物的共同兴趣是人际传播网络的基础。换言之，正如奥尔波特和波斯特曼（Allport and Postman，1947）在他们关于流言的研究中指出的那样："哪里存在着兴趣共同体，哪里就存在着流言的传受双方。"比如，有关金融方面的流言往往在那些容易受到金融波动影响的人群中流动。[18]费斯汀格及其合作者在他们的公寓社区研究中为这个原则提供了一些例证。[19]当一则有关幼儿园的前景的流言正在散布时，研究者们发现，在适龄儿童的家长中有62%的人收到了这则流言，而在那些没有适龄孩子的人群中，这一比例只有28%。当一则反对租户委员会（The Tenants' Council）的流言被植入西门公寓社区中时，它到达了与这一组织有着特定联系的人群那里，而在这些人中，只有这个组织的活跃参与者，或是这些活跃参与者的家庭成员在传递着这则流言，而其他人则完全没有参与传播。与之类似，在对被植入工厂中的流言的研究中，巴克等人（Back et al.，1950）发现，当一则特别针对某一小群体的流言出现时，它可以迅速地在这一群体的成员中得以传播，并且不会超出与之密切相关的少数几个人的范围。

　　这些研究表明，传播网络不仅存在于基于友谊而结成的人际网络之中，同时也存在于出于对某些事物的共同兴趣和关注而组成的网络中。不过，费斯汀格等人（Festinger，Schachter and Back，1950）对这一结论做出了一些重要的修正，尽管他们在这些方面的证据也并非确定无疑。他们在西门公寓社区研究中分析了居民对于租户委员会的意见和态度，并由此告诉我们：首先，对租户委员会有利的信息，往往在那些支持委员会的居民所住的院落中传播得更为活跃。其次，在委员会和对它持反对态度的居民之间，很少或根本没有涉及租户委员会的信息的传播。在更为抽象的层面上讲，这些发现似乎指明，当群体成员对特定事物的意见较为一致时，以及当传播内容可以支持他们所共享的观点时，在这些持有共同关注点的人群中会出现更多的传播行为。[20]

人际传播的内容往往与群体意见和态度保持一致，并且倾向于在拥有相近思想的人群中流动。意识到这一点非常重要，因为它与人们使用大众媒介的习惯极为接近。大众传播领域的研究表明，人们不愿意"接触"与他们的既有倾向相冲突的媒介内容，而是希望能从有利于自己意见和态度的传播内容那里获取支持。第 1 章中的研究案例从不同方面对这一点予以了论证，我们有充分的证据表明大众媒介的作用在于"强化"而不是"改变"既有意见和态度。现在我们发现，在人际传播中，情况也同样如此。

在上文中我们对共同兴趣的作用进行了讨论，即认定它是不同情境中建立传播网络的基础，现在，让我们将讨论的重点转向另一个与之紧密相关的话题，去探讨一下个体所处的不同网络以及这些网络不同的传播功能。社会关系测量方面的研究表明，当个体被问及不同类型的问题时，比如"你最希望和谁一起工作"以及"你最希望和谁一起共度闲暇时间"，他们往往会给出不同的回答。[21]参照群体研究也认为，当个体面对不同的情形时，会使用不同群体作为参照系。[22]这些研究传统表明，当一个人的关注点不同时，他所选择的传播网络也会不同——这种情形值得我们进行经验研究。

在本书后面的单元中，我们会尝试着手沿这一方向进行思考。[23]将有经验证据表明，个体在面对不同类型的事物时会受到不同类型的人群的极大影响。比如，购物方面的意见的流通网络不同于时尚方面的，而这两种传播网络又和政治影响的流动渠道互不重叠。当同一人群被卷入（或不被卷入）影响流动的不同空间时，每一种情形下传播流动的模式都会表现出不同的形态。因此，描述社会中传播流动模式的第一步，就是要定位个体所属的网络，然后再去确定哪一个网络与哪种类型的传播行为相互关联。

另外，同样重要的是调查情境的变化如何影响了个体对于网络的选择，以及如何影响了群体内的传播模式。比如当一个群体突然发现它处于一种敌对的情境中时，它会迅速强化传递命令的链条，并且常常会完全改变领导和传播的模式。[24]对同一群士兵在训练情境和其后的战斗情境中的行为的研究[25]，或是对灾难情境中社区结构和领导行为的研究[26]，都证明了这一点。

不过，在此我们要回到本章一开始所提出的话题，去探讨我们需要思考的人际传播的第二个主要路径：辨析群体内传播流动的关键角色。在介绍了诊断路径（diagnostic approach）之后，我们将分析群体领袖的传播角色以及情境要素在领导行为中所起到的作用。

传播的关键点

我们之所以将第二种路径称为"诊断路径"，是因为它的本质是要求确定传播过程中的关键点。我们也可以使用"角色"（role）一词，并将之称为"角色路径"，因为能够被我们所"诊断"出来的关键点，绝大多数符合这样的角色特征——他与他的同伴们保持着紧密互动的关系。对这些角色进行分析，我们能够确定群体内传播的起始点、中转点和终结点——换言之，就是我们所说的"关键点"。

人类群体并非个体的简单聚合，而是重要角色及其依赖者的结构性联结。在群体中（无论其稳定性如何），这些重要角色自身就成为群体规范的一部分，影响着群体规范的形成。即使是在相对缺乏组织色彩和明确目标的非正式群体中，也会存在着活跃成员、依赖性成员以及拥有权力的成员，只是程度大小不同而已。在一个群体中，会出现处理争论和纠纷的调解者，缓和紧张状态的逗趣者，总会有一两位成员承担着行动发起者的角色，也总会出现群体内部的飞短流长。[27] 在实践中，总是会有一位或更多的成员，被整个群体认定为群体领袖或影响者，尽管他们所起到的作用可能各异。

我们当然可以设法确定每个群体中的领袖。不过，"领袖"也许并不是一个最好的词汇，有时"影响者"、"发起者"或"最受欢迎的人"可能更符合当时的群体情境，但为求方便我们还是使用"领袖"一词，只是要清楚它包括了诸多含义。对不同类型群体所做的社会关系测量，可以告诉我们哪些个体处于互动的中心位置。根据对互动频次的统计，群体的研究者们可以对群体的边界予以确定，并寻找到群体中的领袖人物——他们是群体成员最期望与之进行互动的对象，是大多数行动的发起者，群体成员往往从他们那里寻求赞同，他们的行为也最为频繁地被其他人所模仿。

我们应当对群体领袖的角色进行深入探究，因为他们与群体内的影响传递密切相关。我们认为，小群体中的领袖是我们理解人际影响传播的关键所在。我们首先将论证，作为影响者，群体领袖的身份是经由其同伴的委任（nominated）而得以确立的，因为他最能符合群体的特定要求。近来对于领袖的研究特别强调，某些人之所以能够处于领导地位，并不是因为他们拥有其他人所不具备的某些特质，相反，这是由处于特定情境中的人们的集体互动而确定的。我们将表明，领导者即"被委任者"的观念，与我们此前对于不同社会情境中传播网络的讨论密切相关。

不过，也有其他一些途径，可以使某人成为群体领袖，或至少为他的"委任"提供可能。一种途径是他处于与群体目标相关的重要位置。我们将指出，这种类型的领袖，是由其所处的社会位置（social loca-tion）所决定的。因而，这种由所处位置决定的领袖，是群体传播网络的结构性产物，我们下面将看到，这又与前文中有关传播模式的结构要素的讨论联系在一起。

此外，还有第三种领袖类型，它在某种意义上衍生自我们对于传播氛围的讨论。这种领袖是由群体文化所决定的领袖，他们之所以能对他人产生影响，是因为特定的群体文化赋予他们所处的位置（如家庭中的父亲）以向他人施加影响的"权力"。

他人的委任、社会位置决定和文化赋予，是我们"诊断"人际影响的关键点的三把钥匙，在本章的余下部分中，我们将对此进行梳理和讨论。正如我们已经指出的那样，它们对应于我们分析人际传播模式的三*100* 种路径——结构、氛围和情境。不过在此我们会对讨论的顺序做些改动，首先从情境要素入手去分析那些由他人所委任的领袖，然后再分别讨论结构要素和文化要素。而从所处情境的视角来分析群体领袖，则是领袖"特质"研究传统的意外产物。

委任：影响传递的情境因素

过去几年中，对领袖"特质"的研究大大衰落，这主要是因为领袖研究受到了战争的极大影响。桑福德（Sanford，1952）对社会科学领域中领袖研究的相关文献进行了梳理，他指出，几乎没有哪两项研究能够得出一致的领袖特质——他的这一发现得到了其他一些研究者的确认。[28] 有 11 项研究认为情绪稳定是一项领袖特质，但又有 5 项研究发现，相对于其追随者，领导者的情绪更不稳定。在其他变量上（如年龄、支配力等），亦存在着类似的分歧。桑福德告诉我们："从所有这些领袖研究中我们可以确信：（1）根本没有普遍意义上的领袖特质存在，或者说即使存在，我们也无法以熟悉的心理学术语或者日常词汇对其进行描述；（2）在特定情境中，领袖们确实具有某些特质，将他们和追随者区别开来，但是，究竟哪些特质使得哪些领导者区别于哪些追随者，却因情境的不同而有所不同。"[29]

卡特和尼克松（Carter and Nixon，1949）所做的一项研究为此提供了很好的注解。100 名高中男生被分为不同的小组，轮流进行三种不*101* 同的工作：文书工作（a clerical task）、脑力工作（a intellectual task）

和机械工作（a mechanical task）。在每项工作中，研究者们根据每位男孩在群体中的领导地位的不同，对他们进行排序。研究发现，那些在脑力工作情境中发挥领袖作用的孩子，在文书工作情境中往往也同样如此，但无论是脑力工作中的领袖还是文书工作中的领袖，在机械工作情境中却都不再处于领导地位。

其他一些研究也同样表明，情境的改变会带来领导者的变化，或者说，对领导者的委任总是与群体的任务相关联。在本章中我们将对这些研究进行探讨，但在此，我们想再次重申上述研究所得出的结论：并不存在所谓"天生的"领袖，也没有什么确凿无疑的领袖特质，非正式群体所处的情境才是决定谁来承担领导职能的决定因素之一。

如果我们承认情境的变化决定了谁会被委任为领袖，或是不再被委任为领袖，那么我们想进一步了解：（1）在更为抽象的层面上，是否存在着具有普遍性的特征，它们决定了那些由情境所产生的领袖与其所处群体之间的关系；（2）是否存在着具有普遍性的方式，可以用来描述领导者和追随者之间的影响流动。

大量研究显示，领袖和其所领导的群体之间最重要的关系，是领袖能够遵从群体规范。前文中曾提到的梅雷（Merei，1952）的研究正说明了这一点，这项研究发现，当过去的群体领袖回归到群体中时，他并不一定能重新掌握权力，除非他能够采纳群体在他缺席时所发展起来的新的"传统"。[30]其他一些研究——事实上，是那些抛弃了狭隘的"特质"路径的所有领袖研究——都支持着这一具有普遍性的观点。[31]在前文中我们提到，人际传播网络受到个体所共享的兴趣和价值观念的决定，那么现在我们可以说，遵从这些共享的兴趣和价值观念一般而言是某人获得领导地位和影响力的前提。

乔杜里和纽克姆（Chowdhry and Newcomb，1952）进一步发展了这一思想。他们对四类"自然"群体中的领袖进行了分析——基于宗教兴趣而结成的群体、政治群体、医学兄弟会（medical fraternity）和医学姐妹会（medical sorority）。每个群体中的每位成员需要填答一份准社会关系调查问卷（quasi-sociometric questionnaire）。在问卷中，他们

被要求根据以下四条标准，指认出群体中居于领导地位的成员：哪三位
成员最适合担任本群体的主席？哪位成员最能体现群体规则？谁最能影
响群体意见？你最期望和谁保持友谊？研究者们发现，这四条标准具有
内在的高度相关性，以此为指标，研究者将群体成员划分为：（1）领袖
（被选比例超过20％）；（2）普通成员（被选比例低于20％）；（3）被孤
立者（被选比例为0）。

在选择出他们所认为的群体领袖后，群体成员拿到研究者所提供的
一系列表述，并被要求对每一条表述发表自己的意见：是否同意这样的
表述，以及他们认为群体对这一表述的整体立场是什么。这些表述分为
三种类型：第一种与群体的正式兴趣相关（比如宗教、政治以及医药问
题），第二种与群体兴趣完全无关，第三种则与群体兴趣部分相关。

分析表明，相对于其他两类成员，那些被认为是群体领袖的成员更
能精确地判断群体意见，但是这种精确性只体现在与群体兴趣相关的方
面——医学群体中的医药问题、政治群体中的政治问题等。研究者们指
出，由此似乎可以得出这样的结论："某些人之所以会被选为群体领袖，
至少部分是因为他们对群体成员所关心的各类事物具有'敏感性'……
他们所感知到的事物可能是潜在的群体兴趣，也可能不是……如果他们
有能力对此做出全面而准确的判断，那么他们就必然会做出取舍，舍弃
其余而重点关注与群体兴趣相关的事物。"[32]

103 　　群体领袖对群体意见更为了解，这与我们之前的一项发现相一致，
即为获得领导地位，一个人必须遵从群体的规范和"传统"。这意味着，
对相关群体意见的"敏感性"需要与群体规范保持高度一致——或促成
规范，或遵循规范，至少要与群体规范有关联（顺便说一句，这项研究
有可能开创了意见和态度研究的一种全新的方法，即不用再去对每一位
成员进行面对面的访谈）。

但是，非正式的、基于友谊而结成的群体中的领导者和影响者，是
否知道他们被其他人认定是群体领袖？换言之，他们是否意识到他们正
在"领导"着群体？有明显的证据表明他们的确知道。与这一主题相关
的重要研究，是李比特等人（Lippitt, Polansky, Redl and Rosen,

1952）所做的他们称之为"社会权力"（social power）的研究。这项研究的副标题为"对儿童群体中社会影响的田野调查"（A Field Study of Social Influence in Groups of Children），在研究中，来自几个夏令营的男孩被要求根据一系列标准，将他的室友和他自己进行排序，这些标准包括战斗能力（fighting ability）、运动能力、露营的本领，以及对一个问题的回答："谁最有能力让别人做他想让他们做的事？"那些在每个寝室中获得最一致认同的孩子，就是最有"权力"者，也就是说，他最有能力让他人按其意愿行事。研究者们进一步指出，个体对于自身层级的估计，往往与其他人所排定的层级相一致。无疑，这对于意见领袖的研究非常重要，因为它表明群体领袖知道他是一位领导者。该研究还表明，那些最受欢迎的男孩子往往会被委任为群体领袖，同时他们也是战斗能力和露营本领最强的人，这再次确证了这样的思想，即领导者是特定行为方面的最佳表现者，而这些行为又是群体在当下情境中最为推崇的——这与小群体研究中的发现相一致。

至此，我们已经描述了被委任的领袖和他们的追随者之间的关系。我们可以看到，群体领袖包括几个方面：（1）与群体规范之间保持着高度一致；（2）对群体在重要事物上的意见最为熟悉；（3）知道自己被委任为领导者；（4）在群体中是最受欢迎的人。现在，我们需要进一步了解这些被委任的群体领袖如何施行他们的领导行为，即他们如何影响他人。这正是李比特等人此项先驱性研究接下来要分析的问题。研究者们运用了两种观察测量的方法：行为感染（behavioral contagion，即影响者的行为被他人模仿，尽管他们并没有试图影响群体中其他成员）和直接影响（direct influence，即群体领袖采取明显的试图影响他人的行动，可以是命令，也可以是建议或者请求）。

研究者们指出，行为感染更有可能源自那些拥有影响"权力"的个体所采取的行为，而他们的权力是被群体其他成员所赋予的。换言之，男孩们倾向于模仿那些被他们认为具有影响力的群体成员的行为，即使后者并没有施加影响的企图。而且，当存在着明确的影响企图时，相对于不拥有"权力"者，那些被赋予较大"权力"的个体的劝服活动更容易获得成功。当研究者们将每个男孩受感染的过程与他所提名的最具影响力的个体联系起来考察时，这一模式表现得更为明显。同时研究者们还发现，个体会紧随他自己所认定的最具影响力的群体成员的行为。研究者还进一步告诉我们，普通成员倾向于对那些拥有"权力"的男孩们表示顺从，并主动为后者的行为寻找使之获得合法性的理由。

现在，又会出现其他一些问题：权力拥有者的行为如何？他是否会有意识地利用他人所赋予的影响权力？答案是：尽管并不总是如此，但这类行为仍大量存在，需要引起重视。研究者们指出，"权力拥有者会更频繁地尝试影响他人的行为……（他们的）影响行为也更为直接"，此外也正如我们已经说过的那样，"他们的影响企图也更容易成功"。

105　　由此，这项研究为我们对于意见领袖的思考提供了一系列坚实的证据。第一，我们发现，群体成员对于群体中谁拥有多大的影响权力，有着的高度一致的认识。第二，我们看到，那些处于最高层级的群体成员，对他们自身的位置有着准确的感知。[33]第三，我们了解到，拥有较大"权力"的成员对他的同伴实际施加着影响。第四，我们意识到，那些"权力"的拥有者在实现他们的直接影响企图上更为成功，而且即使他们并未试图施加直接影响，他们的行为也仍然会被其他成员所模仿。

这项研究几乎就是一个小型模型，可以应用于我们在本书第二部分中将着力论述的意见领袖研究。与我们的研究一样，这项研究首先询问调查对象他们认为谁是群体中的影响者，然后再获取群体成员对自身影响力的评估；与我们的研究一样，它试图通过对社会关系网络的分析，跟踪实际的影响流动；最后，与我们的研究一样，它试图从权力赋予的角度来确定意见领袖的特征。[34]

在此，让我们引述李比特等人在研究中得出的一个结论。研究者们相信，"当群体 24 小时生活在一起时，领袖被赋予的权力并不会因为行为和情境的不同而改变。也就是说，或许行动者的权力最初来源于某些特定行为或异禀（比如战斗能力、运动能力、露营本领、不遵从成人、身体更强壮等），但追随者倾向于将这些特定的异禀普遍化，并带入群体行动和情境的整体范围之中"。

这意味着，这种普遍化的"影响力"是这类群体的突出特征，而那些存在着更为正式的控制机制和更为多样化的任务目标的群体，则不会如此。比如，可以比较两项经典的小群体研究：诺顿街角帮（Nortons street corner gang）研究和在西部电器公司霍桑工厂（Hawthorne plant）所做的电话接线室（the bank wiring room）观察实验。[35]前一项研究所分析的群体，在其所处的情境中相对"自治"（autonomous），并且和男孩夏令营群体一样，控制着其成员的几乎所有生活；而后一项研究所针对的群体，则是一个在高度秩序化的工厂中受到密切监管的工作群体。诺顿帮的领袖是道克，而泰勒则是工厂电话接线室中正崭露头角的领袖（embryo leader）。这两人都是群体中的重要角色，值得我们去认识一下。

先来看看街角社会（street corner society）中的道克。他如何影响他的群体？首先，怀特告诉我们，当群体中的成员还未形成决断时，他就已经做出了判断并付诸行动。也就是说，一旦他做出了决定，整个群体也就做出了决定。群体中的某位成员或许可以首先采取某一行动，但任何行动想要成为群体的整体行动，一定是由道克将它传递给其他成员的。当道克不在时，群体成员们就感觉像缺少了点什么，他们在开始某一行动时，一定要等道克回来。[36]同时，道克还有助于政治和邻里事务方面的意见和态度的成型——事实上，他之所以在群体中有如此地位，部分是因为他能够获得其他帮派领袖和地方政客的尊重。

而电话接线员群体和街角帮有很大的不同。成员们的生活并不会受到群体或群体规范的全面控制。群体成员对其他人在工厂外的行为只有相对轻微的控制力，因为所有人都有许多其他的角色和任务。即使在工厂之内，尽管群体规范限定了非正式行为的模式，同时也在可清晰界定的范围内影响着生产效率，但很明显，决定个体行为的最主要因素，是工厂的正式规则，而不是非正式的群体规范。

当我们关注泰勒如何逐渐成为一名"领袖"时，实际上我们就是在关注一个人如何与群体规范保持高度一致，如何得到群体外部的上级的重视，以及如何成为广受欢迎的人，我们对于道克和被赋予权力的孩子们的关注同样如此。不过，在何种意义上他是"领袖"？在研究者对泰勒的分析中，我们从何处可以发现，他领导着什么，又将其领导导向何方？我们想知道，泰勒在这个关键位置上实际做了些什么，或者更直接点说，泰勒的"社会权力"或者影响与道克是否相同？

有迹象表明[37]，泰勒是一个消息灵通人士，他永远准备着与他人进行争论，而且往往能够在争论中获胜。我们还了解到，泰勒对其他人提出了大量的建议。霍曼斯总结了泰勒的领袖地位的两个要素：

> 他很少会错过争论的机会，无论它是关于棒球、赛马、电影明星的收入、邮政储蓄的利率，还是运送一打鸡蛋到一百英里外的某地所需的快递费用。他的优势很明显，这从以下两个方面可以得到证明：其一，他常常在争论中获胜；其二，他经常给其他人提出建议或警告。因而，当施泰因哈特（Steinhardt）说他正在考虑调职去西部电器公司的子公司时，泰勒劝说他应该考虑清楚，一旦他在新岗位上工作不顺利，是否还有机会回到现在的工作岗位。泰勒告诉凯佩克（Capek）应该将赌注下在哪匹马上。当克鲁帕（Krupa）和其他人过于喧哗时，是泰勒警告他们安静下来。如果他认为争论的话题不合时宜，比如涉及威尼考斯基（Winikowski）和施泰因哈特的宗教信仰时，他会设法将其终止。[38]

我们认为，和诺顿街角帮相比，电话接线室体现的是现代社会中更为典型的非正式人际关系。非正式的友谊群体、邻里群体、工作中的同事群体，都有共同特征，即这些群体中的成员并不只从属于这一个群体，也没有必须达成的整体目标。同时他们也没有真正组织或控制其主要活动。因而，在我们看来，尽管群体领袖在符号层面上发挥着维持群体态度的"功能"，而且可能还极为活跃，但这种"影响行为"并不是日常生活中的主要行为。在某种意义上，对于群体整体或群体中的个人而言，领袖影响只是一桩"小事"，尽管偶尔可能也会变成"大事"。相对于道克，泰勒更符合我们对于现代社会中作为信息和影响的传递者的意见领袖的想象。或许，道克的"权力"太大了一些。

社会位置：影响传递的结构因素

到目前为止，我们关于群体领袖的"诊断性"的讨论，仅局限于他在影响流动中的角色方面。这种群体领袖在特定情境下的人际互动中涌现，也可以说他是被委任的领袖。这类初级群体中的领袖们拥有影响他人的权力。

然而，被委任的领袖仅仅是人际影响的主要来源之一，而并非全部。我们认为，至少还存在着其他两个重要的影响来源，尽管它们可能表现得不十分明显。在此，我们首先要讨论的，是由群体结构的特定位置所产生的影响。

不过在开始讨论之前，还需要再次提醒，我们所使用的领袖、影响者这类词汇有可能会产生误导，从而使人们忘记了这样一个要点，即其实我们关注的并不只是领导者，而是那些在传播过程中起到关键作用的人。或者换一种说法，我们关注的不是领袖地位和影响力的本质，而是那些传播信息和影响的人。事实上，在此过程中，很可能涉及众多不同的人，他们承担着不同的角色与任务。比如在道克的案例中，通过发起行动、批准或反对某些建议、给予劝告和鼓励等多种方式，道克影响着整个群体。但研究者同时也告诉我们，并不是道克的所有指令都是直接下达至群体成员那里的，经常会出现的情况是，道克的两个副手会讨论和过滤这些指令，再传达至整个帮派。由此霍曼斯注意到，要界定一位领导者，并不是看他是否能够发起与多人的即时互动，更好的方法是要根据他在互动渠道中所处的关键位置来进行判断[39]，即所谓领袖是那些处在群体互动的触发位置上的人。从我们有关传播的视角来看，这个重要的差别提醒我们要注意，在领导者、影响者或意见领袖这个单一的标签下，其实涵盖了群体中各种不同的角色。因而，意见领袖可能是提出，也可能是批准或扩散计划、想法的人。如果某人承担了其中任何一个角色（当然也有可能是全部角色），他就可以被认定为关键的传播者。比如，我们从诺顿街角帮的研究中了解到，道克经常（但并不总是）提出意见，他也会影响（赞同或者拒绝）其他人提出的想法，当群体聚集在一起时他是意见的发送者，而他有时又会将想法沿着特定的传播链条传递到成员那里。

霍曼斯这样描述道克的角色："如果街角帮中的成员劳（Lou）对于帮派的行动计划有什么想法，他可以直接对道克说明，也可以通过安吉罗（Angelo）或者丹尼（Danny）转告给道克。当然，这一互动链的终点可能是：道克对这一想法并不感兴趣。但是，如果道克确实被它吸引，那么在与自己的副手商议之后，他可能会将其再按照相同的互动链传递给成员们，继而整个帮派采取行动。又或者如果道克有了什么自己的想法，也会通过同样的途径传播。"[40]不过我们同时也不难设想，在这类群体中可能还存在着其他一些关键的传播角色——尽管具体到诺顿街角帮而言，可能有，也可能没有。比如，也许有某位成员比其他人更多地提出计划与想法，并能更好地说服道克[41]；或者又有某位成员，更多地担当起将领袖认可的意见和信息传递、扩散出去的角色。

在我们所考察的大多数群体中，要细致地区分"发起"（originating）、"影响"（influencing）和"传递"（transmitting）这三种功能，并不容易。尽管我们也注意到有这样的情形，比如相对于道克，泰勒在他所处的更为非正式化和非结构化的群体中，似乎承担了更多的个人信息"传递"的功能，但是事实上，小群体中大多数被委任的领袖，却往往将这三种在理论上被区分开来的不同角色集于一身。不过，当我们将注意力从被委任的领袖转移开来，去考察由位置所决定的领袖时，注意到这些差异间可能存在的相关性是十分重要的。比如，某位在群体目标或兴趣的达成过程中处于关键位置的成员，常常扮演着传递者或发起者的角色，而不是影响者；此外，除非这名成员同时也被委任为群体领袖，否则对他所发起或传递的意见的批准与确认工作，将由其他成员来承担。

尽管我们所要考察的对于社会位置的研究，并没有考虑到上面的第二种可能性，但它仍然值得我们进行一番深入探讨。

这项研究由贝弗拉斯（Bavelas）和莱维特（Leavitt）所发起，他们做了一系列实验，试图对群体组织中不同传播行为模式的效果进行分析。[42]在实验中，研究者创建了几种不同的群体结构形式，他们的方法是给一个由五名成员所组成的群体安排不同的座位形式，这样在每一种形式下，可与一名成员进行交流的"邻座"的数量会发生变化。这些结构形式包括："链形"模式，即五名成员坐成一条直线，这样两端的成员只有一位邻座，而中间的三名成员则拥有两位邻座；"圆形"模式，即每个人都有两名邻座；"齿轮"模式，即四名成员分别坐在矩形的四个角上，剩下一位成员则坐在正中间的位置上。群体成员坐在五个不同颜色的隔间之中，配以铅笔以及与隔间颜色相同的纸张，隔间在特定的方向上开口，以确保成员间能够按照事先确定的路径进行相互沟通，由此研究者得以对群体结构进行控制。实验中，群体成员被要求对研究者所提出的标准化问题作答，通过收集、核对每个人的回答，并将最终答案再次分发给所有人，由此研究者们可以分析每种结构模式对信息流动的影响。

111

在最为严格的模式（即"齿轮"模式）下，居于中间位置的人成为成员间唯一的联系纽带，在经过最初的几轮试验后，一个标准化的传播顺序得以形成，而在接下来的 15 次实验中，成员们都一直遵循着这一传播顺序。而且，在这种模式下，还出现了最快回答的纪录。群体组织以位置居中者为核心，他收集并汇总所有的信息传达给其他人。在实验后的问卷填答中，群体成员被问及群体是否出现了领导者，如果有的话，他是谁。对于这一问题，所有成员均一致认为位置居中者就是他们这个群体的领袖。在问卷中，成员们还被要求对他们所处群体的组织结构进行描述，相对于其他几种模式，有更多的处于"齿轮"结构中的群体成员能够精确地体认其所处群体的结构。不过，当被问及是否喜欢他们的工作时，"齿轮"结构成员的不满意度最高。

接着再让我们来对比一下"齿轮"结构和"圆形"结构。在"圆形"结构中，客观上没有一个人的位置比其他人更为重要，因而群体传播的顺序并不一致，成员们对群体如何在空间上被组织起来也没有相同的认知。此外，"圆形"结构下成员们对问题的错误回答也最多。在处于"圆形"结构下的成员中，仅有一半人认为他们的群体有一位领导者，但对于谁是领导者，他们的回答却又并不一致。不过，"圆形"结构成员对工作的满意度却又是所有结构中最高的。

为了分析其实验发现，莱维特提出了"中心性"（centrality）的测量指标，用以描绘群体中其他成员对某位特定成员的接近程度。譬如在"齿轮"结构中，居于中间位置的成员明显具有最高的"中心性"。因而，在一个所有成员的"中心性"相对平均的群体结构中，成员们在群体事务方面的影响力趋向于相同；但如果一个群体由其结构所决定，某位特定成员拥有高度的"中心性"，那么他最有可能对群体事务拥有控制力。在后一种结构类型中，"中心性"成为领袖地位的主要决定因素，因为其他成员认识到了他们对于这个关键位置的依赖。在实验中，处于中间位置的个体对其承担的任务最满意，他们常常被其他成员认定为"领袖"，而且事实上，他们确实在群体回答实验问题中发挥着至关重要的作用。

这套实验给了我们一些有趣的启示。首先，它引导着我们去寻找那些不管出于何种原因，而与特定任务或问题所涉及的核心要素最为接近的个体。我们可以预期，这些个体被其他群体成员所推崇，而后者在群体所面对的特定任务和问题上处于次要的、依赖性的位置。这些受推崇者的影响是否超出了他们所负责的特定事务的范围，这同样重要，但它毕竟是另外一个问题了。在此我们注意到，在我们所考察的所有群体中，所谓领袖，就是那些能比他人更好地就相关事务传递出信息的人。顺便提醒一句，这点隐约透出了"专家"的影子，也就是说，群体领袖是那些更为接近"答案"的人。

其次，这些实验提醒我们，人际接触和流动性（mobility）是人际传播角色的重要决定因素。从奥尔波特和波斯特曼在战时新闻局（OWI）所做的流言研究中我们了解到，"相较于与社会孤立的个体，越是积极参与社会生活的人，越倾向于参与到流言的传播过程之中"[43]。比如，研究发现，参加工作的女性比家庭妇女更容易接收并传播流言。在那些具有"社会积极性"的人群中，有 60％的人被发现是流言传播过程中的行动者，而在那些与社会生活相对隔离的人群中，这一比例只

有 30％。这引导着我们去关注那些善于交际的个体的传播功能，事实 *113*
上，本书的第二部分就更为细致地探讨了合群性（gregariousness）和
意见领袖之间的关系。[44] 不过，就其对影响传递过程的重要性而言，考
察一位善于交往的个体的移动路线（itinerary）可能要比机械地判断某
人的合群程度更为重要。有些职业，能够带领其群体成员接触大量不同
的社会群体，或是处于其他地域空间中的群体，如果我们能对这些职业
进行一番考察，那将会非常有趣。比如过去的吟游诗人，现在的总是处
在旅行中的推销员，就是这样的职业人群。[45] 一般而言，那些在一个群
体和该群体所处情境中的相关部分（可能是另一个群体，或是与群体相
关的知识，或是其他任何东西）之间不断移动的人，或许在传播过程中
扮演着重要角色。

总之，这些实验表明，关键的社会位置是决定某人成为传播过程中
关键角色的重要因素。因此，从我们迄今所探讨的研究来看，"中心性"
可能是最重要的社会位置，尤其是当群体成员相互依赖以针对特定问题
寻求解决方案之时。不过有的时候，相对于更接近于中心的个体而言，
似乎更应从与外部情境相关的角度来对边缘人群进行定位，从这个意义
上来说，"边缘性"（peripherality）或许是一种更为重要的社会位 *114*
置。[46] 总而言之，发现人际传播中的关键点的重要线索，就在于要确定
某人在群体结构中的社会位置。

认证：影响传递的文化因素

我们探寻关键传播角色的最后一条线索（就像社会位置因素一样，
它也可以帮助个体被群体委任为领袖），源自文化差异的思想。我们知
道，文化赋予特定群体中特定角色以影响力。因此，我们必须对那些更
为正式的群体组织进行深入分析，在这些群体中，文化因素（而不是行
为或互动的情境因素）决定了成员的行为。同时，我们还将寻找出那些
被文化赋予了"影响权力"（the right to influence）的个体。由弗雷
德·施托特贝克（Fred Strodtbeck）所做的一项研究对这种"文化认
证"（cultural certification）的思想进行了出色的论证。

　　施托特贝克选择了一些代表着三种不同文化群体的已婚夫妇，要求每个人单独提出一个他（她）所知道的"最好的"家庭，并列举其选择标准。此后，研究者将夫妻二人带到一起，要求他们协调彼此间的差异，并最终提出他们所一致认定的家庭和标准。在分析了夫妻间的讨论后，施托特贝克发现，文化差异决定了配偶中的哪一位将获得"胜利"，即成功地影响另一半，以使其改变此前提交的意见。在纳瓦霍（Navaho）族家庭中，妇女享有极大的独立性，而丈夫则与妻子的家庭生活在一起，因而在这些家庭中，妻子赢得了更多的"胜利"；而在摩门（Mormon）教徒所组成的家庭中，由于丈夫拥有极大的统治力，因而更多的时候是丈夫获得"胜利"；而同属于得克萨斯长老派（Texas Presbyterian）的夫妇，其拥有保持平等的群体规范，因而丈夫和妻子都有可能"胜利"。因此，至少在这种实体性的群体空间中，谁拥有文化上的优势，谁就可能成为影响者。施托特贝克对此说道："在我们的研究中，通过对样本所处的社会和文化组织进行比较，我们能够预测出胜负的天平向哪一方倾斜。"[47]

　　我们认为，文化不仅赋予特定的角色以影响力，而且也规定了影响力运行的实际空间。因此，当施托特贝克发现在我们所处的文化中，夫妻双方在家庭事务上拥有相同的影响力时，我们也从政治研究中了解到，在政治领域和公共事务方面，丈夫们往往占据上风。[48]这或许正是因为文化因素使他们获得了主导地位。对于伴侣中哪一方更能够影响另一方的投票，人们并无疑问，同时，人们也有着广泛的共识，认为政治是男性们发挥影响力的重要空间。从市场研究中我们还了解到，在特定类型的购买行为中，儿童有着巨大的影响力，而丈夫则影响着另一些类型的购买行为，当然妻子也有发挥自己影响力的不同购买领域。[49]

　　所有这些研究，对于分析人际传播网络中的影响流动都极为重要。很明显，在开始研究影响流动之前，必须对影响行为进行细致分析。因而，必须描绘出影响传递的情境和网络。在这些网络中，关键的传播角色——发起者、传递者和影响者——可以得到确认，而这些又与他人的委任、社会位置和文化认证一一对应。

注释

[1] Festinger，Schachter and Back（1950），Chap. 7.　　　　　*85n.*

[2] 莫雷诺对这些网络，以及它们和影响流动、个体及群体行为之间的关系，做了颇有意味的讨论（Moreno，1953，pp. 440 – 450）。

[3] Festinger，Schachter and Back（1950），pp. 125 – 127.

[4] 詹宁斯将之称为"心理群体"（psyche group），它与更大规模的、更为目　　*86n.* 的导向的、更为正式的"社会群体"（socio group）形成对照。一般而言，"心理群体"似乎可以与我们所提的初级群体相对应。

[5] Festinger，Schachter and Back（1950），p. 127.

[6] Ibid.，p. 92.

[7] 在实验的最后阶段，研究者们对这家工厂中的每一个人都做了访谈。他们　　*87n.* 发现，这些合作观察者只遗漏了 22% 的讯息，也就是说，这种研究方法收集到了 78% 的有用信息。总体上，有关这些流言的传播行为并不多。对此，研究者们提出了几条理由，包括他们对那些合作观察者的推测——这些合作观察者是因为他们所处的关键位置而被选择出来的，但这并不意味着他们可以传播他们所听到的任何东西。然而，研究者们认为，在一般情境中，这些合作观察者可能是重要的传播者。对他们已经使用（或可以使用）的一些研究方法的长处与缺陷，巴克做了简短的讨论，这对于流言传播研究是极有价值的。

[8] 当然，在本书后面的部分，这些问题还会被提及。特别是我们会思考，在一个城市社区中，拥有相近地位（或者年龄、社交圈）或不同地位的个体之间，是否存在人际影响行为。同时我们也会问，有关某一主题（比如说时尚）的人际传播渠道，是否会与其他主题（比如说政治）的渠道相同，见第二部分的第三单元。在　　*88n.* 本章的后面，也会对传播渠道的多样性进行探讨（见传播的"情境"要素部分）。要从内容要素方面，更多地了解非正式组织中传播的向上或向下流动，可见霍曼斯（Homans，1950），尤其是第 461 页，凯利（Kelley，1950），蒂鲍特（Thibaut，1950）。后两项研究非常重要，它们分析了具有层级性的群体（这种层级由实验所促成）的成员资格，与传播行为的频率、内容之间的关系。

[9] Homans（1950），p. 184.

[10] Homans（1950），pp. 182 - 183. 用霍曼斯自己的话来说："一个人的社会层级越高，以他为互动目标的人数就越多，无论是直接互动还是经由中间人进行……（同时）他的互动目标就越多，无论是直接互动还是经由中间人进行。"这里的"互

动"一词，也可换为"传播"，对此的证明见霍曼斯（Homans，1950），p. 37。

[11] 贝尔斯（Bales，1952）在他的研究中归纳出三点主要发现：（1）"形态"（profile）——讨论过程中不同类型的实质性行为的相对频度；（2）"阶段运动"（phase movements）——讨论过程中群体注意力在时间上先后出现的三个性质不同的阶段，即"定向"（orientation，它是什么）、"评估"（evaluation，你觉得它如何）和"控制"（control，我们应该对它做什么）；（3）"传受矩阵"（who-to-whom matrix）——谁说些什么，对谁说，频率如何。

90n.　　[12] Bales（1952），p. 155.

[13] Hare（1952）.

[14] 这一研究告诉我们，大型群体中的意见领袖对于群体意见的影响力要弱于小群体中的领袖。再结合贝尔斯的观点——更大群体中的领袖往往在群体传播渠道中居于"中心"位置，似乎我们可以得出这样的观点：当领袖获得中心位置的时候，他却失去了影响力。正如我们后面将要看到的，当我们就社会"位置"和影响之间的关系进行分析时，可以发现情况并不必然如此。在直觉上，我们认为，群体中"保持一致的压力"，也就是成员间相互依靠以解决某些问题或达成某一目标的压力，是一个重要的变量。在我们所列举的这些研究中，研究者要求群体成员进行表决，但是并没有要求他们取得一致，同样也并没有要求成员为寻求获得某个"答案"而彼此依靠（在下文中我们将对此予以论述）。因此，我们推断，当存在着保持一致的强大压力和（或）更大程度的相互依赖关系时，大型群体中的领袖同样也具有较大的影响力，但是当保持一致的压力较小时，大型群体领袖的影响力也随之降低。

91n.　　[15] 对于这一研究的总结，见李比特和怀特（Lippitt and White，1952）。

92n.　　[16] 实际上，权威氛围中的不同群体，在行为上也并不全然相同。一些小组在实验中表现得极富攻击性，而另一些则更为冷淡。不过，我们并不准备对这些差别进行细节性的讨论。

[17] Lippitt and White（1952），p. 348.

94n.　　[18] Allport and Postman（1947），p. 180.

[19] Festinger，Schachter and Back（1950），Chap. 7.

95n.　　[20] Festinger，Schachter and Back（1950），p. 129. 不过，研究者们并没有说，对委员会不利的内容，在不支持委员会的院落中得到了更为积极的传播。同

96n.　　时，我们被告知，反对委员会的内容在大多数积极参与委员会的人群中，得到了最快的传播，但是我们知道，大多数并不等于所有。这是对费斯汀格等人结论的一

个异议。另一个异议源自这样的一个推断：由于流言没有从支持委员会的院落传递到反对者的院落，因此我们可以认为，拥有不同标准的群体之间的传播受到了限制。这一推断并无法获得确切证明，因为拥有不同标准的群体，往往同时也是基于友谊而形成的不同群体，因此，它充分地表明传播受到了友谊因素的限制——正如我们在前面所说的那样。

[21] 莫雷诺（Moreno，1953）指出，相对于智力正常的个体，智力发展相对迟缓的个体往往更倾向于选择同一个对象去与之进行不同类型的活动。见莫雷诺（Moreno，1953，pp. 262 - 264）"家庭和工作群体的比较"。

[22] 有关多元参照群体（multiple reference groups）的讨论，见默顿和基特（Merton and Kitt，1950，pp. 59 - 69）。有关多元群体成员身份（multiple group memberships）的思考，可见纽克姆（Newcomb，1950，Chap. 15）、哈特利（Hartley，1951），以及社会学中有关角色冲突的讨论，比如"边缘人"（marginal men）、"社会自我"（social self）等。

[23] 参见第二部分第三单元。 *97n.*

[24] 费斯汀格和蒂鲍特（Festinger and Thibaut，1952）有关群体中"保持一致的压力"的研究（在上文中曾提及），就明显与此相关。也就是说，要求群体意见保持一致的压力之所以会有不同，可能并不仅仅是因为群体的"氛围"不同，或许更常见的是因为某个特定的群体发现其所处的情境发生了改变。因此，不仅是不同群体内要求保持一致的压力会有不同，即使是同一群体，当处于不同情境中时，这种压力也会产生变化。

[25] 桑福德（Sanford，1952）引用了两三例这样的研究，它们揭示了在训练情境和战斗情境中士兵的表现等级（performance grades）差异。不过在此我们并不打算对之详细论述，因为根据我们的分类，这些研究更适合出现在本章的第二部分，即领袖的情境要素部分。

[26] 在芝加哥大学召开的 1953 年应用人类学大会（The Society for Applied Anthropology）上进行了有关灾难研究的专题讨论，其中灾难情境下的领导行为与传统领导行为之间的差别在讨论中不断被提及。

[27] 有关小型的、非正式群体中不同典型角色的讨论，可见贝内特和希茨 *98n.*（Benne and Sheats，1948）、纽克姆（Newcomb，1950）所提及的 H. W. 海恩斯（H. W. Heyns）的研究论文，其中部分涉及了这一主题。近期有关于此的出色讨论，见斯莱特（Slater，1955）。

[28] Sanford（1952）. 其他一些对于领袖研究的回顾与评价，见如下文献。 *100n.*

Stogdill（1948），Gibb（1947），Gibb（1950）and Jenkins（1947）。

　　［29］桑福德同时也列举了一些理由，以解释那些领袖研究为何会如此专注于对领导者特质的分析："首先，我们有处理个体特征的工具和技术……其次，我们倾向于将领导行为仅仅看作领导者的功能，而非领导者和追随者之间的社会互动。最后，对于我们而言，归纳出领袖特质似乎信手拈来。"

101n.　　［30］Merei（1952），p. 52。

　　［31］对于这些研究的回顾，见吉布（Gibb，1950）。

102n.　　［32］Gibb（1950）．这一发现必须被视为仅仅是一种假设，因为海茨和坎贝尔（Hites and Campell，1950）此前一项研究的结论与此并不完全相同。

105n.　　［33］在第二部分第 2 章中，我们分析了"自我指认"的意见领袖对自身地位的精确认识，可以将之与这里的研究发现相对照。

　　［34］当然，这项研究与我们所做的迪凯特研究之间也存在着重要的差别。或许我们应该这样讲，迪凯特研究为其他有关共同体内人际影响流动的研究提供了一个"理想化"的模板，它告诉我们这样的一项研究应该如何将不同的关注点、群体内联系的多样性以及城市人口规模等诸多要素有机地融合在一起，以使研究更易于展开和管理。在下文中，将谈到李比特等人这项研究的一个重要的局限。

106n.　　［35］怀特（Whyte，1943）对道克（Doc）和诺顿街角帮进行了研究，而勒特利斯伯格和迪克森（Roethlisberger and Dickson，1939）则对泰勒（Taylor）及其工友进行了分析。在此，我们将引用霍曼斯（Homans，1950）对这两项经典研究所做的杰出评论以及充满挑战性的分析。"泰勒"是霍曼斯为电话接线室观察实验中的群体领袖安上的名字，勒特利斯伯格和迪克森在研究报告中并没有提到这位群体领袖的名字。霍曼斯所使用的"自治"（autonomous）一词，源于 R. 斯彭斯和 M. 罗杰斯（R. Spence and M. Rogers）所编的《自治群体公报》（*The Autonomous Groups Bulletin*）。

　　［36］通过在实验中将领袖移出群体的方式，土岐（Toki）对儿童群体在发起和执行行动时对同辈领袖的依赖进行了研究（Hartley and Hartley，1952）。

107n.　　［37］我们之所以称之为"迹象"，是因为这项研究并没有对群体领袖予以特别关注，而且到研究结束时，泰勒也并未成为一位典型的领袖。

　　［38］Homans（1950），p. 70.

109n.　　［39］Ibid.，p. 183.

　　［40］Ibid.，p. 182.

　　［41］社会关系测量学者们有时会发现，某位并不特别受到整个群体欢迎的个体，却有可能得到群体领袖的特别重视。这种角色被称为"幕后的权力"（the power behind the throne）。对此处所列举的三种角色更为直接的研究，见拉尔森和德弗勒（Larsen and De Fleur，1954）对于社区中讯息扩散的分析和讨论。

［42］通过一整套出色的实验设计，莱维特（Leavitt，1952）拓展了贝弗拉斯的观点。要了解贝弗拉斯的早期分析，见贝弗拉斯（Bevelas，1951）。 *110n.*

［43］Bevelas（1951），p. 183. *112n.*

［44］在本书第二部分第三单元中，合群性是比较意见领袖和非意见领袖的维度之一。同样，在本章的最后部分，我们列举了当前国际传播研究中的一些发现，它们也与在此我们所讨论的内容相关。比如，这些研究表明，那些向前工业国家的乡村地区传递新闻和意见的人，往往是在物理空间上往返于城市和乡村的人。因而，巴士司机通常是新闻的运载者，而在大城市中度过暑假的教师则被视为外部世界的再现者。此外还有一项有趣的发现，即近东地区的小村庄中的年轻人，由于频繁地走出村落，并继而接触到城市中的大众媒介和城市中的人，因此他们在某种程度上逐渐取代了年龄较大的、传统的意见领袖。 *113n.*

［45］这点也回应了我们对于"意见领袖"或"领导者"这一术语的多维度使用。比如很明显，此处表明，传递（transmission）并不必然伴随着影响（influentiality）。

［46］比如在少数派群体（minority groups）之中。我们接下来就将对此予以讨论。我们后面所要引述的国际传播研究，也对边缘性予以了集中关注，并认为这是决定意见领袖的关键，至少在群体兴趣的变化过程中如此。

［47］在这点上，我们必须承认自己的不足。在本书中，我们对家庭这一最为典型的初级群体未能予以充分关注。 *115n.*

［48］这方面的证据，见拉扎斯菲尔德、贝雷尔森和高德特（Lazarfeld, Berelson and Gaudet，1948）。

［49］在美国舆论研究学会（American Association for Public Opinion Research）1953 年年会上，来自罗格斯大学（Rutgers University）的玛蒂尔达·怀特·赖利（Matilda White Riley）对此予以了讨论。

第7章　群体与外部世界：
对大众媒介研究的启示

到目前为止，我们已经基本了解人与人之间的传播行为和影响流动机制，现在应该转而思考它们可以带来怎样的启示。正如我们在本部分第4章中所做的那样，在此我们要再一次分析所有这些研究与大众媒介效果研究之间存在着怎样的关联。

在前面，我们提出了这样的假设，即人与人之间的传播起到了"中转"（relay）的作用，将那些接触大众媒介的人和不接触大众媒介的人联系在一起。这就是意见领袖的观念。这种观念还认为，人际影响可以强化大众媒介宣传运动。不过在这点上，我们还进一步假设，大众媒介的影响在一定程度上进入人际传播网络之中，因而我们分析了在这一过程中会发生什么。由此，我们探讨了群体内传播的模式和关键点，同时还对传播流中的人际渠道和在影响传递中扮演着重要角色的人群进行了分析。当然，所有这些都对大众媒介研究有着即刻和明显的启示作用，使我们更好地理解传播致效的过程。它们表明，大众传播实际上与这些人际网络紧密地联系在一起。

对群体的传播

有哪些证据可以支持两级传播模式的假设，即在传播过程中存在着中转环节？我们可以列举出一些重要的经验证据来说明在一些影响流动的领域中，情形确实如此，但是这些证据的数量仍然不足，且涉及的领域亦极为有限。不管怎样，这是本书第二部分所要完成的工作之一。[1] 不过，在此我们将尝试说明，来自群体外部的影响通过哪些途径成功地进入群体之内，影响了成员们的思想或行为。因此，在下面的篇幅中，我们会寻找证据，考察群体内的传播系统（在前文中我们已经对其进行了分析）和外部世界之间的联系。如果我们能够证明其中的一些联系，那么人际传播与大众媒介研究之间的关联就将更为明晰。

首先考虑一下情境因素。对于任何情境的界定，都需要对群体所处环境中的各类要素加以细致分析。我们社会中的少数派群体（minority groups）为此提供了极佳的例证。在某些情境中，这些群体所处的相关环境由主流群体（majority groups）构成和决定，因此少数派群体往往会委任他们的代表，即那些能够与主流群体联系的人。在另一些时候以及另一些情境中，少数派群体可能更看重自己的群体文化或是"故国传统"（old country），而主流群体并不重要，与这样的环境因素相联系，将出现完全不同的"中转"角色。默尔达（Myrdal）在对黑人的研究，以及勒温在对犹太人的研究中[2]，讨论了当少数派群体处于渴望得到主流群体接受的情境中时，这类群体中领导者的特征。默顿（Merton，1949A）的一项研究也对此有所涉及，在其中，他对小城镇中新闻事件的人际传播进行了分析。默顿发现存在着两类影响者，一类主要在传播着"本地"新闻，而另一类则在传播着"外界事务"方面的信息。这再一次表明，不同类型的"外部"新闻存在着不同类型的传递者。

如果进一步思考，哪类群体成员更有可能成为群体和相关环境之间的联系者，那么就可以发现我们先前有关结构和文化因素的讨论，对回

117

118　答这一问题同样具有建设意义。比如，某位在群体结构中位于关键点上的个体，其传播角色就可能与环境因素紧密相关。再具体点说，对于办公室中的职员们来说，老板的秘书可能就扮演着这样的角色；在少数派群体中，某位由其在社会中的"位置"所决定，能够与主流群体进行社会接触的成员，也起到联结群体和外部环境的作用；第一个拥有电视的家庭，可能在邻里之间处于结构上的引导地位，由此成为影响的传递者。

　　最后，一个人的文化角色，也可能使其在传播过程中承担特定的中转功能。比如，众所周知，青少年往往可以使其所处的家庭能够紧跟流行文化的脚步。最新流行的歌曲，或是最近热播的电影，正是通过青少年的特定行为模式，为某个家庭所熟知。与之类似，家庭成员们的许多兴趣点，会受到文化因素的决定，某个特定领域中的新闻之所以能够传递到其他家庭成员那里，这要归功于在此方面具有决定意义的某位成员。周日版报纸中的哪些部分在家庭中得到传播，反映了兴趣上的差别，比如在全美职业棒球大赛（The World Series）期间，当体育新闻突然变成全家关注的中心时，体育版的读者（通常是父亲）也许就成了家庭中的意见领袖。

　　这些思想，源自我们之前对于"群体内的传播模式和过程"所做的讨论，但同时，它们对于思考"对群体的传播"，也具有显而易见的启示意义。在"群体内的传播"和"对群体的传播"这两个方面，情境、结构和文化的因素具有同等的重要性，它们既决定了谁会被选择出来，将他的同伴和相关外部环境联系起来，同时也决定了群体内的传播模式和关键的传播者。库特·勒温（Lewin，1952）为这些将人际传播网络和"外部"环境联系起来的个体起了个名字"把关人"（gatekeepers）。[3]

119　　把关行为，指的是对渠道（无论在渠道中流动的是货物、新闻还是人员）的关键部分施加控制，从而决定渠道中的流通物是否进入群体。勒温这一思想的最初模型，源自其对食品习惯的研究。当时，勒温所面对的问题是，是否该建议将所有公众视为一个整体，并发起战时改变食品习惯的大众媒介宣传运动，也就是说，在人群中是不是并不存在着什么"关键人物"，即那些一旦发生改变就将引起其他人的习惯改变的人。

在对家庭食品购买行为的研究中，勒温指出，家庭中的母亲（或者有时是女佣）充当了把关人的角色，不过在决定食用哪种长在自家花园中的食物时，父亲往往可能成为把关人。换言之，勒温认为，在这一特定领域中，如果能针对那些把关人发起改变食品习惯的大众媒介宣传运动，则会收到最佳效果。同时，勒温在食品研究中所得出的观点，对于分析"新闻消息经由特定传播渠道在群体内的流动"也同样适用。[4]

在前面分析群体内的传播时，我们所做的分类对于讨论对群体的传播同样有效。某种想法的发起者，区别于它的传送者，同时这二者又不同于影响者。同样，把关人可能仅仅是发起者，在某种意义上他将某一思想引入群体，但是他可能同时是传递者或影响者，也可能不是。实际上，把关行为是否会导致影响的产生，这是一个重要问题，我们在后面的内容中将对此有所涉及。

在这些问题上，既有的研究并不算多，现在就让我们对其中的几个进行探讨。与我们上面提出的问题最为契合的研究，是那些从更大的情境入手来分析人际关系的研究，也就是说，我们将要通过这些研究来考察小群体如何建立起与情境之间的联系。我们的计划是，首先，我们将探讨几项针对不同情境的研究：一家工厂、二战期间的日本人安置集中营（Japanese relocation center），以及苏联。接着，我们将关注近来国际传播研究为我们提供的新启示。我们对几项近期的研究特别感兴趣，它们将意见领袖的概念，带入对中东地区乡村传统社区内的新闻信息流动的分析之中，这些社区正处于社会变化的初期阶段。

有组织的群体

在近来对分层化社区或机构的社会控制的研究中，有一个观点贯穿其中：当存在着非正式群体中的非正式领袖对信息的过滤（funnel）行为时，由组织顶端向下流动的传播将最为有效。而现在我们知道，在结构的每一个层级中，都会出现这样的意见领袖。

在《初级群体研究》（The Study of the Primary Group）一文中，希尔斯（Shils，1951）引述了四五个这样的研究案例，它们均得出结论：如果自上而下的传播行为要在根本上达成效果，就必须有群体所选出的领袖在其同伴和传播行为中起到中介作用。雷顿（Leighton，1945）对战争期间在美日本人的安置集中营所做的研究就是一个极佳的例证，希尔斯的书中也引述了这项研究。该研究表明，当营地条件变糟时，被收容的在美日本人中的紧张状态也变得愈发严重，由美国政府指派的管理者对缓解这种情形根本无能为力。研究指出，安置集中营在组织方面的缺陷之一，是其管理委员会在一开始就不是营地居民们的真正代表。当委员会越来越不被信任时，它作为信息和影响的中介的能力也就越来越弱。雷顿提出了警告，他反对认为信息无论如何都会得到"传播"的假设："由于某些类型的信息的确传播了开来，因此管理者们对于'小道消息'（grapevine）的口头传递有一种近乎迷信的信任倾向，他们认为只要对一个安置者说了些什么，就等于他们对所有安置者们都传递了信息……"[5]

直到一场真正的危机席卷了安置营地之后，基于共同兴趣而在营地居民中自发形成的非正式初级群体才将他们的领袖推向前台。此后很快经过民主选举，这些居民的代表们组成了一个新的委员会，并且凭借他们在群体中的领袖位置，迅速建立起了一个双向传播的通道。对于管理者而言，教训很明显：他必须意识到，他所面对的不仅仅是个体，而且还有组织起来的非正式群体，他必须考虑到在其中所形成的特定的领导模式。

顺便说一下，有趣的是，我们可以注意到：在这个安置营地中，实际上出现了两种而不是一种领导模式。年轻的、成长于美国的日本人"强调具有朝气的个体应在普选后，承担起制订计划和实施行动的责任"[6]。然而，大多数年长者认为，领导地位更应当由年长者和一家之主们来担当。在此，我们可以发现决定影响大小因素的文化差异：美国文化强调应在大量不同类型的候选人中进行提名与任命，而日本文化则倾向于将领袖地位赋予长者。

当任何人试图由外部将整体性的影响带入群体之中时，他都必须充分考虑人际的领导模式，无论这种领导具有何种形式。针对大量不同情境所进行的其他研究证明了这一点。比如，威廉·福特·怀特（William Foote Whyte，1945）曾撰写了一篇论文，对康纳维尔（Cornerville）的社会福利中心（Settlement House）的作用进行了分析，这项研究所针对的就是街角社会中道克和诺顿帮所处的社区情境。怀特指出，社会福利中心在将诺顿帮或其他街角帮带入社会方面做得并不成功，因为社会福利中心的工作人员在价值观念和行为上和康纳维尔的居民们存在着极大差异，同时还因为他们的工作针对的只是个体，而不是通过帮派领袖面向整体的、组织化的帮派。

而根据阿历克斯·英克尔斯（Alex Inkeles，1952）的观点，俄国共产主义者们则似乎意识到了这些个体在人际接触方面的重要性。英克尔斯研究了苏联在公共舆论和传播方面的理论和实践，并完成了一部资料翔实的专著。他的研究证明，为使正式的政党政策更为有效，苏联共产党细致分析了非正式影响者的力量。因而在 20 世纪 30 年代，英克尔斯告诉我们，苏联共产党面临着如何将宣传鼓动工作从一小群专家手中转移到最大范围的社会基础中去的问题，这样就需要对一个鼓动者（agitator）应该具备什么样的特点予以大量思考。英克尔斯对此作了如下概括：

> 因此，一个成功的鼓动者现在被描述为这样一种人：他不仅认识其工厂内的每一个人，而且还知道他们生活得如何，他们的家庭是什么样子的，居住条件怎样，以及在个人问题上是否需要得到建议。鼓动者们被告知，"只有和人民紧密联系"，他才能真正获得权威和尊重……
>
> 在所有案例中，最为重要的事实是，鼓动者与他所在的工作群体中的每个成员之间正在建立起紧密而共同的社会关系；或者如一位曾接受过鼓动者个人帮助的人所说，鼓动者让人觉得工作单位和工作群体就像一个大家庭，人与人紧密相连，每个人都对这个家庭负有责任。针对集体农庄或普通公众（尤其是家庭主妇）展开工作

的鼓动者们对其个人经验所做的报告也表明，一个鼓动者成功的根本很大程度上在于和他的受传者们建立起了个人关系。[7]

当然，我们在此并非要发展出一个有关成功的鼓动者的理论，而是要对处于特定情境中的传播现象进行考察。在苏联社会中，这种情境系统包括了对所有传播渠道的严格控制，对所有竞争性思想的消除，以及对意见的不断重复、对思想的监督和对非正式意见领袖的价值的了解。[8]

123

不过，管理者们必须考虑到"把关人"的存在仅是有关意见领袖的故事的一个方面。与之同等重要的另一个方面是，无论是否存在主动的管理行为，群体都会主动通过代表人物，将自身与其认为重要的外部情境联系起来。通过对一家制鞋工厂中的一个 28 人的生产车间的研究，霍斯福尔和阿伦斯伯格（Horsfall and Arensberg，1949）对此进行了证明。[9]这个车间分为四个小组，每组七人，其生产计划即依据于此而制订，这样的组织形式使得正式以及非正式的关系结构必然受到小组间的联系特征的决定。对于车间内的任何一个小组群体而言，其他三个群体构成了与之相关的重要情境。这样，非常有趣的是我们可以看到，那些被其他人认为是领导者的个体，在组际接触中处于较高层级，这成为领导者的显著特征之一。在《街角社会》中，这同样也是构成领袖地位的重要成分：帮派领袖的威望部分来自其与群体外部环境（政客、歹徒、其他帮派及其领袖）之间的接触。

在这些研究案例中我们看到，把关人经常和群体内的影响者角色结合在一起，尽管这两种功能并不必然要求同时具备。不过，下面让我们来尝试分析在何种条件下这二者会结合起来，同时通过进一步的研究案例分析可以发现，这二者确实常常结合在一起。这里，要提出一个"先有鸡还是先有蛋"的老问题：是群体内某位成员的领导者地位为他带来了把关人的角色，还是他将群体和某些重要的外部情境联系起来的能力使其处于影响者的位置？当然，毫无疑问，在一些情形下是影响先于把关，而在另一些情形下则正相反。在此我们并不打算对这个问题进行抽象的分析，而是希望通过一些有趣的研究案例，展示影响者角色是如何

124

从把关人角色中产生出来的，现在我们将转向国际传播研究领域，以获得对群体和外部世界之间联系的更多了解。

传统社区：来自国际传播研究的案例

在生机勃勃的国际传播研究中，对传统社区的研究是一个全新的领域，相对于其他研究，它将我们的注意力从现代社会转移到民间社区（folk community）上来，而在经典社会学和人类学的著作中，对这种社会形态的论述可谓是汗牛充栋。不过，在 20 世纪 50 年代，我们将从一个新的问题入手来进行探讨：这个世界上发生的新闻经由何种渠道进入乡村之中，乡村居民对外国事务和世界形势的态度是什么，这些态度又是如何形成的？

在一篇分析世界新闻如何流入一个名叫卡洛斯（Kalos）的希腊小村庄的论文中，我们发现了对存在于这个几乎都是文盲的村庄中几种传播角色的探讨。[10] 论文的作者介绍了村庄中的意见领袖——一位教师（他是这个村庄社区中仅有的两个识字的人中的一位），以及世界新闻在村庄中的传播过程——这位教师阅读报纸，并将其中他认为有价值的部分传递给那些他认为可能与这部分内容相关的村民们。这类新闻接受者被称为"意见携载者"（opinion carriers），他们寻找接触新闻，既是满足其自身的需要（希腊文化对于知识极为强调），同时又是在其他人那里获得威望的手段，这时，他们就充当了中转者的角色。

这位教师是该社区与外部世界的唯一联系——他既充当了社区外事务的信息源的角色，同时还会在每个学年的末期到大城市做一次年度旅行。因此，用我们的术语来说，这位教师就是社区的把关人。

这位教师既是把关人又是影响者，我们可以且应当将之与那位掌管着村中唯一收音机开关的小酒馆主人进行一番比较——他所起的只是单一的把关作用。后一种角色被称为"信息控制者"（information controller），他们往往不识字且社会地位较低，并不能比其他人多知道点什么，而且也不是他人的影响者。"他们只是由其职业身份所决定，而自然地出现在了广播传播流动的关键位置上而已。"

近期另一项针对特殊情境的研究（当然它同时涉及许多国际传播研究具有共性的问题），让我们直接关注到那些制度化的、半正式的但仍带有个人色彩的信息传递过程。这就是 S. N. 艾森施塔特（S. N. Eisenstadt，1952）所做的一项针对犹太人移民的研究，在这个史无前例的移民浪潮中，大量来自不同文化背景的犹太人迁居到了一个新近建立的国家——以色列。这项研究聚焦于这个新的国家中文化差异相互整合和吸收的效果问题。

在有关传播模式的讨论中，艾森施塔特对两类移民群体进行了比较。这两个群体是来自处于前工业社会的中东国家的高度遵循传统的群体和传统色彩较弱的欧洲移民。在中东群体中，很容易看出"由传统所决定的社会情境，这种情境建构起传播过程中的一些关键点"，并且像以前一样，在以色列持续发挥着自己的功能。因而，在犹太教堂的安息日聚会（Sabbath getherings）、仲裁法庭集会（arbitration court meetings）、传统学校的集会中，整个社区仍然聚集在一起聆听传统领袖的教诲。艾森施塔特发现，在这些群体中，传播过程中的主要联系就存在于这些传统机制中。作者告诉我们，在这类群体中，地位相同的人之间自发的、非正式的接触要多于领袖与其追随者之间的接触，同时，就影响流动而言，非正式传播的效果要远远弱于在正式场合的传播。从对现代社区中意见领袖研究的角度看，将之和西方群体做一番比较，是非常有趣的。艾森施塔特发现，在欧洲移民群体中，非正式传播明显更多，就不同类型的话题会出现不同类型的意见领袖[11]，而且在重要事务的讨论中，不同层级和阵营的人会更为广泛地参与进来。

对于我们而言，这项研究最为重要的是它讨论了在何种条件下群体由一种类型的意见领袖转而意识到另一种类型意见领袖的存在。通过对意见传统的细致分析，艾森施塔特认为，当意见领袖不再能够以群体成员可以理解并且认为满意的方式将群体和更大的社会系统有效联系起来的时候，可以执行这一功能的新的领袖就可能产生。在讨论中东移民群体时，艾森施塔特试图分析传统意见领袖必须满足传播方面的哪些要求才不会失去其影响者的地位。这些要求包括：在群体所处的新的情境中，帮助群体成员在更大的社会系统中获得地位；中转传递新国家的价值观念和要求；传播并帮助群体成员理解国家制度及其运作等。研究显示，当原来的意见领袖不能或不再执行这些功能时，就有可能会出现新的领袖（把关人和影响者）取代原有领袖的角色。[12]

这项研究的动因，以及艾森施塔特对于意见领袖变化的条件的分析，和"黎巴嫩广播受众"研究相一致[13]（与希腊研究一样，黎巴嫩广播受众研究也是应用社会研究所国际广播研究项目的一部分），同时这两项研究的发现亦极为吻合。黎巴嫩广播受众研究报告中尤其引起我们关注的部分，是其对黎巴嫩村庄（其中大多数人无法阅读，也无法收听到广播）传播过程的假设性理论重构。这一部分所分析的案例数量很少[14]，因而论文作者提醒读者们要注意他在文中所提出的发现带有较强的假说性质（尽管其从调查者那里获得的数据量很大，且集中而深入）。虽然只是假设，但我们在此将要提到的这些发现仍然非常有趣。

黎巴嫩村庄的传统生活正受到外部世界的侵袭，这一过程尽管缓慢但确定无疑。同时，传统意见领袖（尤其是那些年长者）的影响范围受到了很大局限，他们第一次需要通过年轻人的帮助来维持其领导者的地位。研究表明，年轻人开始成为新的意见领袖，正是他们将外部世界的新闻带入这些村民社区之中。

但是，年轻并不能保证某人就可以在新闻流动中承担起这样的角色。首先，那些成为意见领袖的年轻人都接受过一定程度的教育，同时他们还必须和家庭成员以及不识字的邻居们保持接触。这种新型影响者的第二个显著特征是他们的移动性："去过城里"使得他们与众不同。研究显示，到城市后，能够与大众媒介接触使得这些年轻人确立起相对于他人的优势——尽管有时在村庄中也可以接触到大众媒介，但这主要集中在上层人士之中。因此，在中东地区的农村，如果一个年轻人接受过教育，能够阅读以及了解广播中的内容，曾经去过城市并且和村庄中那些不识字的人保持接触，那么他就有可能成为新的意见领袖——"外

127

128

部事务"方面的领袖。研究者说："根据我们的材料可以提出这样的假设，即当'外部世界'进入村庄时，它倾向于绕开那些占据着村庄影响者位置的传统意见领袖们。"

正如意见领袖变化过程所反映出的那样，上述社会变化出现时，传统意见领袖并未像艾森施塔特分析的那些以色列的中东移民中的意见领袖一样，在群体中失去其有效性。或许，这个社会变化阶段应被视作一种特殊的、可能是暂时性的意见领袖的肇始阶段。因而，原来的意见领袖们依然可以控制"本地的"和传统范围内的意见与行动，而"外界事务"方面的意见领袖则将村庄与外部世界联系起来。

但同时也有证据表明，这些新型的意见领袖不仅活跃于新闻的散布过程中，同时也影响到村民们对新闻的理解——这对于传统意见领袖而言是一个危险的信号，甚至会影响到其固守的本地事务领域。我们下面所引用的该项研究中受访者的一段回答，就将证明这一点：

> 我非常喜欢那些读报纸的人，因为他们总是可以告诉我们一些十分重要的东西。他们比我们*更能理解*，也*更*适合去领会那些十分复杂的新闻和阅读材料。他们了解政府在做些什么，以及在大马士革和的黎波里发生了些什么。我们没法看报纸，所以我们必须等着其他人来告诉我们其他村庄和城市里发生的事情，这让我们感到愉悦、开心。我们的一个朋友总是告诉我们一些奇妙和奇怪的故事……他总是说他是在报纸里读到这些故事的。[15]

不过在另一方面，如果年长者收到那些被他们称为"来来往往的人"的"报告"，并且如果他们能够起到解释和影响的作用，那么他们的意见领袖地位就不会失去。我们有理由这样认为，如果原来的意见领袖能够适应新的社会情境的要求，满足其追随者们的需求并让他们觉得始终和外部环境中新出现的重要变化紧密联系在一起，那么他们哪怕是在全新的环境中也仍然可能发挥影响。但是如果他们不能适应新的变化，那么新的意见领袖就将产生。[16]

在最后的这两项研究中我们看到，当一个群体需要将其自身和它所察觉到的新的社会情境联系起来时，如果原来的领导者无法在"新的大门"前充分发挥其把关功能的话，那么新的把关人就会产生并很快获得影响力。这是对我们前面提出的"先有鸡还是先有蛋"这一问题的回答之一。在此我们看到，把关行为首先出现，继而带来影响力的获得。而当我们继续追问谁是新的把关人时，至少在黎巴嫩广播受众研究中可以发现，他们是那些由其社会位置所推动而把守在新的大门前的人。[17]

至此，我们将结束有关"对群体的传播"的讨论，实际上这也是本部分最后一章的结束——在这章中，我们对一系列有关影响流动的理论进行了回顾。在最后的篇幅中，我们详细论述了社会位置所起的作用，以及认证（certification）和委任（nomination）的作用，它们是理解在讯息由"外部世界"进入群体的过程中，人们的中转、强化（和阻碍）行为的关键要素。

启示摘要

在这一单元的四章中，我们概括出了人际关系中的两个因素，以帮助我们对个体与他人之间的相关性做出解释，这种相关性可能会对大众媒介的传播效果产生影响。

我们挑选出的第一个因素是群体规范。我们有充分的理由相信，通过与少数他人紧密联系在一起并且进行互动，个体的意见和态度得以维持。因此，要想成功地改变个体的意见或态度，在某种程度上就取决于个体所处的群体是抵制还是支持传播者所期望的改变。

第二个因素是人际传播。有证据表明，在群体与"外部世界"之间，以及在群体之内，存在着模式化的传播渠道。因而，那些在渠道中扮演着重要角色的个体，在很大程度上决定了某条讯息是否可以得到流通，以及是否能被群体成员很好地接受。有时人际关系中的这些因素可能会以某些方式，阻碍源于大众媒介的影响流动到个体那里——我们对此已经进行了分析。比如：（1）把关人不进行中转；（2）群体中的影响者对大众媒介的意见并不赞同；（3）群体成员认为它与群体所共同遵循的规范相抵牾。

而在另一方面，计划中的改变要想获得成功，就必须得到既有群体规范的认同，或者确保能够成为新的群体规范；它必须获得特定的影响者以及人际的传播者们的支持；它必须确保能够接触到特定的把关人，才能够到达所有群体成员那里。

这就是我们所说的"人际关系'介入'（intervene）大众传播"过程的含义。因此，针对大众媒介短期效果的传播研究，必须对个体之间的相互关系进行系统的分析。这方面的教训再明显不过：大众媒介的研究不能再满足于将孤立的个体作为调查对象，对他们进行随机抽样式的调查。调查对象必须被置于他们所属的群体，或他们"认为"自己所属的群体中（这种认定同样也会影响他们），并基于这种情境去分析他们意见、态度或决策的形成，以及他们对于大众媒介影响企图的拒绝或接受。

正是我们对于意见领袖的兴趣，使我们开始探索小群体和大众媒介之间的联系。同时，这种探索现在又反过来将我们的注意力引向对大量其他问题的思考，这些问题与我们之前所提出的种种假设、论断以及我们有意回避的一些论题有着直接或间接的关联。在此，让我们提出一些展开进一步研究时所应思考的关注点：

（1）如果大众媒介的影响取决于人际关系，那么，我们很自然就想对个体间社会联系的实际作用过程有进一步了解。社会不同部分中谁是被孤立者，"孤立"的程度如何？哪种人在邻居或同事圈层之外寻求友谊，又是哪种人更倾向于只在与自己有着紧密联系的人群中交朋友？是不是所有的美国人都会加入某个团体，这种现象会不会随着社会阶层的不同而有所不同？和谐的人际关系是否与年龄、社会地位等这些因素相关？作为初级群体关系基础的家庭关系，对于成人而言究竟有多重要，又对谁更重要？当然还有其他许多诸如此类的问题。对于大众媒介研究而言，必须对这些领域中的既有研究，以及它们对进一步研究可能产生的推动作用，进行细致分梳。[18]

（2）对何种类型的群体会"孕育"（breed）何种类型的规范予以确认，同样重要。有些调查指向个体所处的工作群体，有些调查则关注其家庭群体,还有些调查则强调个体闲暇时间加入的群体在这方面的作用。换言之,不同的关系类型会对不同的研究主题和人群类型产生不同的影响。

(3)此外,我们还希望能够开始收集不同影响领域中的意见领袖们的相关信息。一旦我们能够发现不同类型的规范在各类群体中的"锚定点"("孕育点"),我们就希望能够进一步确认在这些群体中,哪些人充当了影响者的角色。本书的第二部分已经开始在这方面做出探索。

(4)同样,我们还必须了解,个体的哪些意见是真正属于其个人的,而不是由其人际关系所决定(产生或维持)的。换言之,哪些事物为小群体所共享,而哪些事物又是因人而异的。可以思考一下这样一个极端的案例:对香烟品牌的选择,是纯粹个体化的现象,还是更有可能基于个体之间就品牌选择所做的互动?

(5)另一方面,我们不能犯这样的错误,即认为大多数规范、意见、态度的内容,会因小群体的不同而有所不同。事实上,我们必须学会从更大的社会范畴(比如社会阶层)入手,对小群体在特定规范的产生、传递和维持方面所起的作用进行分析。

(6)同样,我们也不能轻视在个体与他人共享意见和态度过程中文化变量的可能影响,这些影响会依据年龄或文化类型的不同而有所不同。举例来说,这一思想在里斯曼(Riesman,1950)的分析中被隐晦地予以了表达。他认为,现代美国社会中,个体的人格类型正由"自我支配"(inner-directed)型转变为"他人支配"(other-directed)型。[19]"自我支配"型个体更加自信,更为明显地受到个人目标的推动,较少依赖他人的认可,因此更倾向于按照自己的意见和喜好行事。而具有"他人支配"型人格的个体则可能会更为全面地受到他人想法的影响。

本书前面这些章节的一个核心思想是,个体所处的人际环境是我们理解其大众媒介接触行为及其反应的基础。因此,在规划针对大众媒介的短期影响效果[20]的未来研究时,首先必须对日常生活中的影响过程进行系统调查,其次必须对这些日常影响和大众媒介的联结点予以重点分析。这些章节的目的，就在于对日常影响的源头人际关系进行细致分析，充分揭示其实质与影响。

注释

117n. 　　［1］参见第二部分第 14 章。

　　［2］参见默尔达（Myrdal，1944）关于"适应型领袖"（accommodating leadership）的讨论，以及勒温（Lewin，1948）有关"自我憎恨"（self-hatred）的论文。

118n. 　　［3］Lewin（1948），pp. 459 - 462. 因而，勒温的"把关人"的思想，与我们的"意见领袖"的概念紧密相关。

119n. 　　［4］Ibid.，p. 461. 实际上，这里还可以提几个相关问题。即使假定在食用哪种自家种植或饲养的动植物方面，父亲充当了把关人的角色，这也不意味着父亲可以自由地决定在院子中种植或豢养哪些动植物。又或者，即使他单方面地做出了决定，这也并不意味着其他家庭成员就一定会吃他所种所养的东西。当然，这也取决于是否有其他食品可供食用，以及对"浪费"的普遍态度如何等等。与之类似的是，一位编辑可以决定是否刊载某些内容，但他并不能自动对其读者产生影响，让他们阅读且相信这些内容。又好比，史密斯夫人可能每年去趟巴黎，但她的邻居们并不一定会仿效她的做法。

121n. 　　［5］Leighton（1945），pp. 331 - 332.

　　［6］Ibid.，p. 293.

122n. 　　［7］Inkeles（1950），pp. 88 - 89.

123n. 　　［8］在拉扎斯菲尔德和默顿（Lazarsfeld and Merton，1949）看来，媒介的"垄断"和面对面影响的"补充"，是极权主义宣传能够取得效果的两个主要原因。

　　［9］尤其是在拉扎斯菲尔德和默顿的书中有所体现（Lazarsfeld and Merton，1949，pp. 24 - 25）。

124n. 　　［10］Stycos（1952）. 这项研究以及下面将要提到的黎巴嫩研究（Lebanese study），是对这些国家传播模式的大型研究中的一部分，同时也是哥伦比亚大学应用社会研究所近期完成的近东及中东地区国际传播系列研究中的一部分。该系列研究的概要性报告已经提上了近期的出版议程（Lerner，Berkman and Pevsner，forthcoming）。这项研究计划的理论方面的论述，见格洛克（Glock，1953）。要了解国际传播研究不同方面的讨论，见《舆论学季刊》（*Public Opinion Quarterly*，vol. 16，no. 4，Winter 1952 - 1953）。

126n. 　　［11］艾森施塔特认为在这些意见领袖中，有两类与默顿（Merton，1949A）

所提出的"外界事务"和"本地事务"方面的意见领袖高度对应。

[12] 在该专著的第52~53页，艾森施塔特对那些放弃了领袖地位并服从于新的把关人和影响者的前意见领袖们所提供的解释进行了分析。这些解释可以大致划分为以下几类：

（1）传统意见领袖本希望在新的社会系统中通过这一地位而获得愉悦感和权力的增加，但这种期望在逐渐幻灭；

（2）他们对传统意见领袖在新的社会系统中的权威地位感到怀疑。

（3）传统意见领袖介入新的社会系统的能力，以及他们对移民群体而言所具备的价值正在失去。 *127n.*

（4）旧有的那些意见领袖们觉得，附着在传统意见领袖地位之上的一些特质阻碍了他们在新社会中获取完全的社会地位。

（5）他们感到如果坚持处于传统意见领袖的位置上，将无法参与到新的社会系统之中并获得归属感。

[13] McPhee and Meyersohn（1951）.

[14] 尽管在中东地区，不识字的乡村农民构成人口中的大多数，但该项研究对这类人群的研究很少，因为它的样本大量集中于广播听众和报纸读者。

[15] McPhee and Meyersohn（1951）. 斜体为原作者所加。 *128n.*

[16] 我们认为，当把这些对于小群体的论述放在一起分析时，就会导致一种 *129n.* 有趣的两难困境（dilemma）出现。首先，正如我们已经分析的那样，当群体所处情境或群体行动发生改变时，群体领袖也会随之改变。其次，霍曼斯（Homans，1950，pp. 108 - 110）告诉我们，在群体生活的一般过程中，新的行动总是持续产生的。因而，这个两难困境就是：如果群体对其行动进行持续而细致的分析，就会发现其所处的情境总是在持续发生变化的，那么这就会使得群体领袖的地位极不稳定。然而直观经验告诉我们，在一个稳定的群体中，群体领袖的地位也是相当稳定的。这个形式逻辑上的两难促使我们提出这样一种有趣的假设：当群体细致分析或改变其行为模式时，群体领袖的地位之所以没有改变，是因为他们控制了对新行动的选择。因此，假如一个群体决定不再打保龄球，而改玩其他体育项目，相对于一般成员，这一群体中的领导者更可能对新项目的选择产生影响——当然，他会选择一个他所擅长的运动项目。只有当领导者不能主导变化时，他的领袖地位才会受到威胁。因此，如果一群喜欢打棒球的男孩子逐渐长大，发现他们的主要兴趣已经转移到"性"方面，如果这个群体中的领导者无法像安排棒球比赛那样，很好地安排社交派对，那么他的领袖地位就会被他人所取代。与

之类似，如果近东地区的乡村居民无论通过何种方式开始感知到外部世界，而传统领袖却不知道如何将他的村庄与这个新的兴趣点联系起来，那么他的领袖地位也将发生动摇。

[17] 或许此处可以引入一个创新性的角色——"孤立者"，他们是那些不为其所处社区成员所喜欢的人，或是那些被其群体所排斥的人。有证据显示，尽管处于群体的边缘化位置，但这类个体很容易成为外部世界的思想进入群体的传播者（至于他们的创新是否为群体所接受是另一回事）。许多技术援助机构（technical assistance agencies）发现，那些在社区中处于边缘的个体，常常十分活跃地在帮助他们宣传某个创新项目，以至于使得其他人不愿意接受这些创新项目（Public Administration Clearing House，1954）。对这一问题以及我们在此所关注的许多其他问题的中肯讨论，见贝内特（Barnett，1953，pp. 389 - 401）书中第 4 章关于"不满"（on "disaffection"）的探讨。

130n.

[18] 这一重要领域中的研究案例，见 Lynd and Lynd（1928）和 Lynd and Lynd（1937）的目录索引，其包括"熟人关系"（acquaintance）、"合作关系"（association）和"邻里关系"（neighborhood）等。另外可参见如下文献。Warner and Lunt（1941），Dotson（1951），Komarovsky（1946），Goldhamer（1942），Bushee（1945），Smith，Form and Stone（1954），etc. 近期对这些相关研究的文献综述，可见福斯克特（Foskett，1955）。

132n.

[19] 当然，即使是"自我支配"型，也并非意味着个体的目标完全由自己决定，其实它仍然是文化规范的产物，因而也就必然涉及人际的传递和强化。不过，之所以称其为"自我支配"型，是指其目标的达成取决于个体的努力，而与潮流和意见等方面的变化无关——那些是"他人支配"型人格的主要表现。

133n.

[20] 在此有必要重申我们在开头部分所表明的观点：大众媒介研究在其本质上只涉及对一种效果类型的分析——改变意见和态度的短期尝试（"媒介宣传运动"）的效果。这些章节的目标在于使得对这种影响的传递和接受过程的分析更加完备。不过，我们不能否认还存在着其他的大众媒介效果类型（这方面的研究仍不充分），这些效果类型使得大众媒介对于社会的影响可能极为深远。因而，大众媒介无疑与各种类型的心理满足和社会应用相关联，它们在人们"参与"各种文化和政治活动方面似乎有着显而易见的影响，它们在文化价值的传递方面常常起到主要的中介作用等等。本书中的这些章节在这些方面（主要是长期效果）的确未曾涉及。但是，我们的观点，即媒介研究必须充分考虑大众媒介所处的人际情境，对于研究大众传播那些不是很明显但可能更为有力的影响，同样大有裨益。

第二部分
中西部社区中日常影响的流动

第 1 章　影响的指标

现在，我们开始关注迪凯特研究的报告——我们将尝试描绘一个中等规模的美国城市中几个日常生活事务方面的影响流动。我们的核心问题是确定人际影响传递过程中的关键点，我们期望寻找到意见形成过程中的领导者们。不过，这种有关意见领袖的一般肖像包括了众多类型：官方的和非官方的，小群体领袖和大型的国家、组织中的领袖，鼓动者和说明者（clarifiers），专业化领袖和在众多生活领域中发挥影响的领袖。

官方领袖处于正式的、组织化的机构之中，他们通过其职务位置而获得权威性，他们是公司、协会和政府的领导者。非官方的领袖并不能从职务的权威性中获得益处，他们是工作伙伴中的关键人物，是推销员集会的导火索，是坐在公园长椅上对着报社记者侃侃而谈的政界元老。一些领袖，比如俱乐部主席，只为特定的小群体服务，群体中的成员经常保持面对面的接触；而另一些领袖，比如广播中的传教士，面对的是全国的听众——他们从来没有面对面的接触。鼓动者和组织者们驱使人们加入他们发起的大众运动之中；说明者和修辞专家激发目标对象的活动，修正他们的沉默的追随者们的思想。专业化的领袖，比如桥梁专家，他们的影响被限定在特定的领域；而一般的领袖，比如鼓动者，在他们所活动的领域内全方位地领导着追随者。

在本项研究中，我们所关注的领袖类型（我们将之称为意见领袖）活动于非正式群体而不是正式群体之中，他们更多地进行面对面的信息传递，而不是大范围的传播。同时，他们引导意见、改变意见，而不是直接引发行动。

我们所称的意见领袖（如果将之称作领袖是合适的话），其领导模式十分简单：它在最小型的群体之中，比如朋友、家庭成员和邻里之中，偶然地发挥作用，有时其影响并非出于领导者的本意，且不为他人所察觉。这种领袖，并不是在教堂山（Churchill）上处于高位的人，也不是当地的政客，甚至不是本地的社会精英。恰恰相反，这种领袖地位往往处于另一个极端：它几乎不被察觉，当然也就不引人注意，它形成于普通的、亲密的、非正式的、日常的人际接触之中。我们的研究就试图确定并了解这些日常生活中的影响者。

我们的研究始于对由 800 名女性所组成的随机样本（cross-sectional sample）的访谈，地点在美国西北部一个中等规模的城市——伊利诺伊州的迪凯特市。[1]我们的调查涉及日常生活中的四个决策领域：日常消费购物（marketing）、时尚（fashion）、公共事务（public affairs）和看电影（movie-going）。在每一个调查领域中，我们不仅要求调查对象回答有关自身及其行为的问题，而且还向她们询问其他人的信息——谁影响了她们，谁又受到她们的影响。

我们的调查程序、所遭遇的困难以及所犯的错误，将在后面的篇幅中被依次阐明，同时我们也将呈上最终的分析结果——不管这个结果是什么。但在此，我们想从这项研究是如何被规划的开始我们的讨论。我们并不想按部就班地从故事的开头一直讲到结束，而是首先进入四个调查领域之一——公共事物领域，对其中的影响流动做一番研究。

关于公共事务及政治生活方面的判断与意见的形成问题，我们要求调查对象列举三种他人：（1）在公共事务方面，谁的知识更丰富且值得信赖；（2）谁促使她们对当下某些事务的态度发生了某种转变；（3）谁经常讨论从广播和报纸那里获取的信息。此外，我们还充分调查了样本中每位女性的信息，包括她对自身影响力的自我评价，以及她认为自己在哪些近期的特定事务上影响了他人。

本章下面几个部分，我们将依次讨论这几项分析指标，并简要介绍被指认为影响者的人和样本中调查对象之间的关系。换言之，我们想了解这三类被指认为影响者的人实际的影响力如何，以及他们与样本中的女性之间的接触究竟密切到何种程度。我们将看到，这三个方面构成了分析非正式影响的主要指标，尽管它们在某些方面还比较粗糙，不够明晰。

接着，我们将由这些被他人指认的影响者，转向自称的影响者，也就是说，我们对这些自称意见领袖的人进行分析，看其是否名副其实。最后，我们还将考察这四种指标的意义和效用，它们是几种不同的意见领袖研究路径的基础。

在此我们需要重申，本章余下部分的讨论仅限于政治和公共事务方面，购物、时尚和看电影部分的影响行为则将在其后的几章中予以考察。

一般影响者

从被影响者的视角看，有一类意见领袖我们可称之为"一般影响者"（general influential），有时亦可称为"专家"，这类领袖往往受到其他人的信赖，他们的意见也往往会获得较高程度的认同。为了在调查对象中确认"一般影响者"，我们问道："你周围的人中有谁密切关注新闻，而且使你信任此人向你传递的有关社会运行与变化的信息？"调查对象被要求只能提供与自己有着面对面接触的人名，而不能列举那些因为在本市的公共生活中占有显著地位而为自己所知但却与之没有日常接触的人。

并不是所有的受访女性都能说出她心目中与我们问题所描述的相符的对象，实际上，约有一半人不能或不愿在她的熟人中提名任何人，认为其有资格告诉她们在公共事务方面"正在发生着什么",而且认为此人值得信赖。我们发现,这些女性对公共事务几乎不关心,且所知有限。因此,在对当前事务所知甚少的女性中只有 1/3 的人,能够提名出这方面的一般影响者,而在对公共事务有着较多了解的女性中有 2/3 的人能够做到这一点。由于教育程度、年龄两个因素与公共事务方面的兴趣和知识密切相关,因此那些更为年轻的、受过更好教育的女性都能够完成提名任务:在年龄较大且没有完成高中学业的女性中只有 40% 的人能够指认出一般影响者,而在年轻的、高中毕业的女性中这一比例为64%。因而,是否认识一般影响者在某种程度上可以被视为一种自我选择:许多女性将自己排除在公共事务之外,她们完全接触不到这一领域中人际影响的流动。

当某位调查对象回答她认识这方面的"专家"时,访问者会要求她提供专家姓名、与自己的关系等进一步的信息。这些关系的信息如下:约有一半的被提名者与调查对象处于同一家庭关系圈层之内,其他的则是邻里关系、朋友关系或工作伙伴关系。在已婚女性中,相对于其他关系,丈夫们扮演着主要角色。不过有意思的是,尽管丈夫更容易接触到,但我们发现在已婚女性所提供的名单中,邻居和丈夫获得的提名几乎一样多。在未婚女性中,被提名的一般影响者绝大部分是父母。当然,这些未婚女性更为年轻,她们对于父母的依赖反映出(至少是部分地反映出)父母是她们最容易接近的成人。在曾经有过婚姻的女性中(分居、离婚或丧偶),家庭关系所占的比例要低于非家庭关系。这些女性的家庭联系相对于已婚和单身女性更少,家庭关系被填答的低比率在很大程度上反映出她们家庭联系的缺乏。

但是,无论是已婚、单身或离异的女性,很明显她们普遍认为男性更有资格在公共事务方面提供意见。无论其家庭状况如何,有 2/3 的女性所提名的一般影响者是男性。当然他们中大部分是调查对象的家庭成员,事实上,只有 1/3 来自亲属关系之外。另一方面,当被提名者是女性时,她往往更有可能是调查对象的朋友或邻居,而不是亲属。这种差别非常明显,对其最为合理的解释是,人际关系因性别和家庭状况的不同而有所差别。换言之，女性在家庭圈层之外所认识的人中，女性多于男性。此外，还有可能是对于女性而言，往往不愿意承认某位男性朋友比她的男性亲属更值得信赖，更有资格提供意见。

特定影响者

我们上面所描述的影响者，是通过询问调查对象从某人那里接受影响的一般意愿而确定的。如果我们的研究想更贴近实际的影响过程（无论是理论上还是现实中），我们就必须关注实际的意见变化中人与人接触的特定情形。因此在 6 月的调查中（两次调查中的第一次），我们就当前公共事务话题中的九个问题询问了样本女性的意见；在 8 月的调查中，我们又对同样的对象提出了同样的问题。第二次调查时，调查者携带着调查对象们先前的回答，当发现调查对象表达出新的意见时，就会提出一系列经过特殊设计的问题，以发现调查对象偏离先前意见的原因。在这些有关意见改变的问题中，我们特别关注她是否与其他人讨论过这些问题所涉及的话题，以及其他人是否发挥了某些作用并导致了其意见的改变。

通过分离出特定的意见变化，追溯可能导致这些变化的影响过程，我们试图确定在这些个案中活跃着的特定个体，也许正是他们带来了意见的改变。在调查中，我们一共发现了公共事务方面的 619 处意见变化。由于我们在意见分析时针对的话题不止一个，因此一位调查对象做出的改变也就可能不止一处。事实上，女性经常在不止一个话题上改变意见，不过做出多于三处改变的个体也并不多。

并非所有的意见变化都涉及人际接触。据调查对象回忆，58％的变化（是变化，而非变化者）并未受到人际接触的影响，而是受到大众媒介的影响。不过，在 40％左右的意见变化（约 260 处变化）中，我们的调查对象愿意且能够回忆起与其他人的特定对话，并认为这些人起到了改变她们意见的作用。[2]

许多"特定影响者"存在于调查对象的家庭关系圈层之内，尤其是在已婚女性中，她们的"特定影响者"有64％来自家庭之内。对于已婚女性而言，意见改变过程中最重要的家庭成员是她们的丈夫；而对于单身女性，父母则是这方面最重要的人物。在非家庭关系中，朋友最为重要，尤其对单身女性而言。正如我们在分析一般影响者时所看到的那样，这样的总体特征反映出"接近性"（accessibility）的重要，同时，大多数男性影响者是调查对象的家庭成员，而大多数女性影响者则来自家庭关系之外。

143

日常接触

为了进一步分析非正式的日常影响接触，我们询问调查对象："当你从广播或报纸那里知道了某事时，你是否倾向于在形成意见之前，和某些人就此进行讨论？如果是的话，他们是你的什么人？"并不是样本中的所有人都回答说会与其他人讨论从大众媒介那里了解的信息。事实上，有大约一半的调查对象表示她们不会这样做。[3]不过，从那些表示自己经常进行讨论的女性那里，我们获得了她们的"日常接触"的相关信息。

双向的公共事务的讨论主要集中于家庭关系圈层内。显然，除了那些家庭关系破裂了的女性之外，很少有女性会与邻居和朋友们讨论这类话题。已婚女性主要受到丈夫的影响，而单身女性则主要受到父母的影响。

比较和推断

很难对被提名的特定影响者和一般影响者做出比较，因为并非每一位自称受到一般影响者影响的女性，同时也报告说她近期受到了某人的

144

影响而改变了特定意见。严格的比较只能在同时指认过所有三种类型的影响者的调查对象中展开，这就使我们的分析对象局限于 136 位女性，她们同时指认了日常接触对象、特定影响者和一般影响者。

基于所获数据，以下是我们根据家庭关系，对这三种接触类型所能够做出的最好的比较（见表 2—1—1）。

表 2—1—1　　　　　　　　　调查对象和三类影响者的关系

	日常接触对象	特定影响者	一般影响者
非家庭关系	15%	34%	51%
家庭关系	84%	64%	48%
父母	21%	17%	18%
丈夫	53%	32%	18%
其他关系	10%	15%	12%
未填答	1%	2%	1%
总计（＝100%）	(136)	(136)	(136)

结果十分明显：一半以上的调查对象在家庭关系圈层之外提名一般影响者（51%）；特定影响者这一比例居次（34%），而日常接触对象则很少来自家庭之外（15%）。

考虑到问题以及回答者这两方面的特性，我们认为，这体现出三类影响者在两个维度上的排序：一个维度是我们所确定的接触类型的频次（日常接触者最高，而一般影响者最低）；另一个维度则是调查对象对公共事务影响提供者的资格和信任度的评价（一般影响者最高，而日常接触者最低）。

来看下丈夫们的角色：在这些女性中，有 18% 的人确认她们的丈夫"告诉了她们正在发生着什么"（一般影响者）；有 32% 的人表示她们的丈夫在某些特定的意见变化过程中影响了她们（特定影响者）；有 53% 的女性倾向于和她们的丈夫讨论公共事务（日常接触者）。换言之，我们的调查对象更多地会和丈夫们谈论公共事务；但涉及特定意见的特定影响时，丈夫们的重要性要弱于非家庭接触。当调查对象们提名值得信赖的、有资格充当公共事务方面的一般意见提供者的人选时，丈夫们所获得的选择最少。这也就是说，接触并不是影响的同义词。

很明显，这三个有关"他人"的问题涉及人际环境的不同方面。一个极端的可能是，一般影响者就是那些女性们认识的，并且在她们的接触网络中占据特殊地位的人，来自这些人的影响很容易被接受。不过，我们有理由认为，这些公共事务方面的"专家们"很可能与我们的调查对象之间存在着一定距离，分散于她的朋友、邻居和工作伙伴之中——这种可能性非常之大，因为样本中的大多数女性很难讲对新闻中"正在发生着什么"存在持续的关注。

而在另一个极端，日常生活中的意见专家近在眼前，但与他们的接触通常不被认为是一种影响传递过程——这种假设并不离奇。因此，那些提名她们的丈夫为日常接触对象的女性，并不必然认为自己的丈夫告诉她的内容对她产生了影响；她们更有可能将讨论看作一种平等的对话——事实上可能确实如此。

处于这两端之间的，是那些调查对象认为在某些特定意见变化过程中对其产生了影响的人。这些人与调查对象同处一个家庭关系圈层内的比例，低于日常接触者，但要高于一般影响者。

我们认为，在此所讨论的三种影响方式均有其适用的一面。但是，对于追踪购物、时尚、看电影和公共事务领域中的实际影响流动，哪一种途径最为适用呢？或许最简单的方法是了解调查对象对影响者的信任程度和对其影响资格的评定，但是这种方法的缺点在于，它无法告诉我们这些人影响我们的调查对象的频度。另外，这种方法会鼓励调查对象提名那些具有威望但并不十分熟识的人。它也非常依赖于调查对象的回忆，很可能造成结果的偏差。而在另一方面，如果我们过于重视接触频度，那么我们所得到的提名对象就会是那些与调查对象有着习惯性日常接触的人，但无论调查对象对这些人的提及多么频繁和回忆多么准确，他们很有可能在意见和行为改变方面影响甚微。

我们的选择是走中间道路。在我们看来，关注近期的、可回忆的影响变化，以及其中涉及的特定影响者，为意见领袖的研究提供了美好前景。实际的影响很有可能就产生于高度评估和易于接近之间的中间地带——尽管这仅是一种猜测。对某人的影响资格和可信赖程度的高度评估，使得他更有可能产生影响，但因为这类人通常并不容易被其他人接触到，所以他们的潜在影响力无法充分发挥。那些在当下环境中易于接近的人常常能够对其他人施加影响，因为当变化产生的时机成熟时，他们恰恰就在变化者的身边。如果情况的确如此，那么关于特定影响类型的调查问题，就会成为确定意见领袖的理想指标。

自我指认的领袖

至此我们已经做出决定，对于意见领袖的分析就集中于调查中所发现的特定影响者。但对此的讨论仍未结束，我们需要知道如何才能在物理空间中确定这类影响者并对他们进行访问。

一般而言，有两种方法。一种方法已经隐含于前面的讨论中：通过被影响者的指认，找到特定影响者。我们既可以要求调查对象对那些影响了她们的人做出描述（这是我们迄今所依靠的主要方法），也可以要求她们提名影响者，提供其地址，这样我们就可以继续获取所需的进一步信息。

但还有另一种方法。样本中的女性不仅被问及最近她们是否在某些特定的方面受到了其他人的影响，同时她们还被要求回答近期她们是否影响了其他人。换言之，每位调查对象要对她们自己的影响力做出评估。同时，由于这正是我们所关注的特定影响，她还会被要求提供她所宣称的被影响者的姓名、影响发生的日期以及所涉及的主题。从操作管理的角度看这一方法十分理想，因为由此所确定的影响者来自原始样本之内，而不是调查对象提供的样本外的个体。事实上，这是我们在大多数分析中所采用的方法。

在此，特别需要交代一下我们让调查对象进行自我指认的方法。在第一次及第二次访谈调查中，我们询问每一位调查对象："最近是否有人要你就……向他提供建议？"如果调查对象的回答是肯定的，那么我们就会进一步收集与影响传受相关的一系列信息，比如寻求建议者的姓

147

名、建议者与寻求建议者之间的关系等。这一特定问题在调查所涉及的所有四个意见和行为领域（购物、时尚、看电影和公共事务）中被重复提出。此外，在第二次访谈中，我们针对每一个领域分别提问："与你所处的交际圈层中的其他女性相比，你是否会更多地（或更少）被要求就……提供建议？"

通过分析这些问题的回答，我们建构起一个指标，以分离出每个意见及行为领域中的影响者。我们认为，满足以下任一条件者可以被认定为意见领袖：（1）如果她在两次访谈中（即 6 月和 8 月的调查），都告诉我们她最近在特定领域被其他人要求提供建议；（2）如果她在某一次访谈中（即 6 月或者 8 月的访谈）告诉我们其他人曾找她咨询过相关建议，同时觉得相对于她的朋友们，她在这一领域中"更为经常地"被咨询。在我们的界定中，这两类人都是意见领袖；而不满足上述任何一个条件者，则不是。

这种方法建立在我们所提出的"自我指认"问题之上。这些问题涉及近期的、特定的、可记录的意见给予行为，以及调查对象对某种可能性的自我评估——相对于她所认识的其他女性，在调查的每个特定领域中，她是否会更多地被其他人要求提供建议。

这一方法无疑是最为便利的，但它可靠吗？我们如何知道，那些自认为是影响者的女性，是否在现实中成功地传递了影响？我们又如何知道，那些女性所宣称的受影响者的姓名以及影响所涉及的话题是否真实？

这些都是我们想调查清楚的。我们根据被指认为影响接受者的姓名，直接找到他们，看他们是否能够证实那些自认为是影响者的调查对象们所说的事。在下一章中，我们将讨论这种确认方法的适用性，不过为了完整地交代这一"后续"技术（"follow-up"technique），我们将对本项研究所采用的确认技术稍做回溯，以此开始我们的阐述。

注释

[1] 对于城市选择指标的讨论，见附录 A。

[2] 在此以及下一章中，我们对于人际影响接触的分析取决于调查对象"回忆"的能力。当然，这样在我们的讨论中就忽略了一种可能的情形：人际接触实际

上可能对调查对象的意见改变造成了影响，但她们并没有意识到。对此更为充分的
讨论，见第二部分第二单元。

　　[3] 我们原本期望通过这个问题，对接受调查的女性在公共事务方面的讨论对 *143n.*
象能够有一个清晰的认识。但是对于所得到的回答，我们却很难做出明确的分析。
问题中提到，在"形成自己的意见之前"，调查对象是否倾向于与其他人进行讨论。
在提供了否定回答的调查对象中，有不少更为自信的女性可能会觉得，她自己有着
充分的知识以形成自己的意见。严格来讲，这个问题由两个方面的提问所构成：

　　(1) 你是否倾向于就读到或听到的信息进行讨论？

　　(2) 你是否倾向于在形成自己的意见之前这样做？

　　如果回答"是"，那么调查对象的意思就很明确，但如果答案是"不"，那么这
个回答就可能包含了两种意思：一种是回答者没有兴趣讨论这些事情，还有一种则
可能是尽管对这些事情进行了讨论，但她相信自己有着足够的智慧，不需要经过与
他人的讨论也能够形成自己的看法。回答"是"的调查对象，其形象十分典型——
她们对于公共事务有着足够的兴趣，并愿意对她们在这方面的所见所闻进行讨论，
但是，她们在这些事务上又不太容易形成自己的意见和判断。

第 2 章　确认的技术

我们有关面对面影响的信息，大部分来自调查对象关于那些未曾接受访谈者们的叙述。可是，有一些调查对象有意无意夸大了自己的影响，比如她们所说的向其他人提供建议的次数常常比实际情况要多，或者在报告其意见改变的原因时，虚构出实际并未发生的她与某位权威人物的对话。因此很明显，要想确凿地使用这些信息，我们需要以某些方式对它们予以确认。

后续访谈

在一些问题中，我们询问样本中的女性，要求她们提供与另一个人在意见给予和意见接受过程中的明确关系。核实报告最直接的方法，是对这一意见交换过程中的另一方进行访谈，并对这两份报告进行比对。不过，这种方法看似简单，但真正操作起来却并非如此。为了明确我们的操作方法，我们将使用以下一些术语：

"指认"（designation），指的是我们样本中的女性〔"指认者"

(designator)〕对某位与她交换意见的人〔"指认对象"（designatee）〕的提名。"指认对象"可能是意见的提供者，此时她就成为"影响者"，她也可能是意见的接受者，那么此时她就被认为是"被影响者"。

我们是否接受特定的指认，依据的是指认者和指认对象报告的信息是否一致。由于我们最感兴趣的是调查对象的报告，因此我们想要通过指认对象对于报告的基本细节的确认，来确定报告的真实性。

当然，存在着两种类型的指认：接受调查对象建议者——被影响者；给予调查对象建议者——影响者（见图 2—2—1）。这两类指认所处的情境不同，确认的问题自然也会不同。

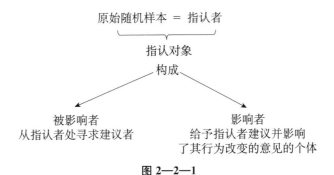

图 2—2—1

在询问调查对象为何会改变其意见或行为的过程中，我们找到了影响者——那些影响了调查对象的人。我们询问每一位调查对象是否听见某人在"谈论"问题中所涉及的话题。比如，如果某位调查对象报告说她最近改变了唇膏的颜色，那么我们就会问她，在她做出这一改变之前，她是否听到过某人对于唇膏颜色的讨论。接着我们需要从被指认的影响者那里确认这样的对话是否发生过，以及她是否就这一特定话题提出过建议。

而对于被影响者——那些调查对象宣称向她们寻求建议的人，我们从指认者那里所获得的信息要相对复杂一些。我们询问调查对象，近期她们是否被其他人要求提供建议；一部分调查对象对此给出了肯定的答复，并告诉了我们咨询者的姓名。如果调查对象告诉我们被影响者向她

151　　询问哪种洗衣皂最好，那么我们就需要知道这样的咨询行为是否真的发生了。因此，从调查对象所宣称的被影响者那里，我们不仅要确认是否真的发生了这样的传播过程，还需要了解传播的内容以及建议的方向。

以下是由指认者那里所获得的信息，如图 2—2—2 所示。

关于影响者	关于被影响者
与调查对象就某一话题进行讨论，并促使调查对象做出改变的个体的姓名	向调查对象寻求建议的个体的姓名

图 2—2—2

以下是从指认对象处获得、用以对指认予以确认的信息，如图 2—2—3 所示。

来自影响者	来自被影响者
她们是否就调查对象所宣称的话题与后者进行过讨论	她们是否像调查对象所宣称的那样，向后者寻求过建议

图 2—2—3

对于调查对象所宣称的给予过她们建议以及向她们寻求过建议的个体，我们需要了解其姓名及地址，这些问题被写入调查问卷的相关部分。在问卷中我们没有对此予以特别强调，除非调查对象提出特定要求，否则她不会被告之我们设计这些问题的理由。大多数调查对象向我们提供了这些姓名和住址，只有极少数人拒绝提供这些信息。

我们总共收集到 1 549 个指认，但我们并没有对所有指认都进行后续访谈。一些指认对象居住在访谈计划范围之外的城镇，有些人临时外出了，还有些人拒绝接受访谈。所有这些问题都困扰着研究者，使我们无法按照预先设计好的抽样计划进行调查，而且有些困难对于这一访谈计划而言又太过特殊，因而我们只好放弃了对所有指认对象进行访谈的努力。最终，只有 634 位调查对象所提名的指认对象接受了访谈。[1]

152　　我们将针对指认对象所做的访谈称作"后续访谈"，通过这些访谈，我们能够追踪到样本中影响网络关系的起点。

关于后续访谈中的影响者，即我们的调查对象所指认的曾向自己提供过建议的人，我们通过原始样本中的调查对象获得了以下信息：调查对象做出了哪些特定的改变；指认对象和调查对象之间的关系——朋友或亲属等。此外我们还知道了调查对象声称她们和被指认的影响者之间曾就某个话题进行过讨论，同时调查对象还认为这种交流对她们的意见或行为产生了影响。所有这些信息都交给了我们的访谈调查人员。

对于后续访谈中的被影响者，我们所知不多；不过根据调查对象所提供的信息，我们知道这些被影响者曾经找过调查对象寻求建议，同时我们也知道这些对话所涉及的一般主题。

后续访谈是一项精细的工作，只有那些最优秀的调查员才被允许执行后续访谈工作，而且他们在实施访谈之前还要接受大量的培训和细致的指导。在后续访谈中，我们绝不会直接提出问题，而是希望以一种尽可能自然的方式提及指认者的姓名，并唤起受访者对相关对话的回忆。后续访谈的问题设计和操作程序非常灵活，并赋予受访者极大的空间。受访者首先会浏览一遍经过修正的基本样本的问卷，以建立起一种明确的访谈环境。此后进入特定的后续调查阶段，调查员会以尽可能随意的方式提及指认者的姓名。如果发现这二人的确相互认识，调查员就会对指认者宣称的对话主题进行介绍，并询问指认对象是否与指认者进行过这样的对话，是谁启动了对话，最终确定指认对象是否被那些指认者们要求过提供建议，或是与之相反。[2]

对接触的确认

在受访的所有 634 位指认对象中，除 3 人外，其他人都承认与她们的指认者相识。例外的那三位，可能是我们弄错了地址。不过，我们不仅要确认她们之间的相识关系，而且要对调查对象所描述的特定对话予以确认。指认对象们被问及："你能否回忆起和（指认她们的调查对象）

谈到过（被指认的话题，比如美甲、物价控制等)？"有些建议提供者和
建议接受者无法回忆起特定对话；有些人所回忆的话题与调查对象所指
认的话题并不一致；还有些人则无法确定这样的对话是否真的发生过。
此外，在极少数个案中，指认对象完全否认曾和调查对象谈论过这些特
定的话题。不过，有 2/3 的受访者能够对与调查对象所宣称的特定接触
和对话行为予以确认。此外，在剩下 1/3 的受访者中，只有极小一部分
人（9%）完全否认曾发生过调查对象所提及的对话。如果一位女性说
"我记得曾和（指认她的调查对象）交谈过，不过是关于装修的话题，
而不是美甲"，或是"我从没和她谈论过这些事"，我们就将其归入完全
否认之列。

　　在剩下 1/3 的受访者中，有 24% 左右的人无法回忆起这些对话是
否真的发生过，对于指认者告诉我们的信息，她们既无法确认，也没有
否认。"F 夫人（指认者）经常和我谈论服装的话题，但是我不记得和
她讨论过短裙的事。或许讨论过，但我就是记不起来了。"这类回答的
一个突出特征是指认对象一般会坚持认为这样的对话很有可能发生过。
无法回忆起这些对话可能意味着相对于指认对象，这些对话对于做出指
认的调查对象而言更为重要。因而这些对话可能被淹没在指认对象的日
常对话行为之中，但对于指认者而言却记忆深刻。

154　　就确认的比例而言，尽管影响者的确认比例要稍高一些，但影响者
和被影响者之间并没有显著差别。具体数据如表 2—2—1 所示。

表 2—2—1　　　　　　　对影响者和被影响者的后续访谈

	被指认的影响者	被指认的被影响者
确认	69%	64%
否认	9%	10%
无法记起	22%	26%
总计（＝100%）	(337)	(297)

　　2/3 的确认比例是否足以保证这种指认方法的可靠性？对此并没有
现成的标准，同时也没有可用来和本项研究进行对比的其他研究。然而
我们应当注意到，在每三例的后续访谈中就有两例获得了直接确认，而
每十位指认对象中，只有不到一人完全否认了做出指认的调查对象所宣

称的内容。无法予以确认的案例处于模糊地带，不少后续受访者对于调查对象的指认既无法确认但又无法否认，正表明了这一点。

在这个"无法记起"的模糊地带中，涉及公共事务的问题最多（35％），居中的是时尚方面的意见（22％），购物方面的问题最少（18％）。完全否认的比例也依此顺序，在不同领域中依次降低。

对角色的确认

到目前为止，我们仅对调查对象所宣称的接触，以及围绕意见或行为所涉及的特定话题而展开的对话予以了确认。现在，我们必须进一步确认每位对话参与者所扮演的角色。我们想弄清楚的是，被指认的被影响者是否承认曾向指认了自己的调查对象寻求过建议，以及被指认的影响者是否清楚并且承认其所扮演的角色。同时，我们还想更为深入地考察在这些日常对话中个人影响的作用方式。

在我们的后续访谈中，我们设计了不止一个问题，以评估指认对象对自己角色的认知。我们认为，重要的是要设法了解调查对象或指认对象是否是对话的发起者；进而，针对被影响者，我们想知道是其向调查对象寻求建议，还是调查对象主动提供忠告。我们的问题涉及所调查的所有领域，并且根据每天访谈的情况进行调整。我们给予调查员极大自由，允许他们不按照问卷的设计进行提问，以尽可能创造自然的访谈氛围。

这些访谈材料的多样与复杂表明，我们无法通过特定问题回答的简单划分了解和评估指认对象对自身角色的看法。相反，在对每份访谈材料的内容进行整体分析的基础上，我们将之归入以下四种类型中的某一类。

Ⅰ：可确认角色（Role Acknowledged）：指认对象对自身角色的认定，与指认者的宣称相一致。这一类型包括了那些告诉调查员他们对指认者提出建议并促成其转变的影响者，以及那些承认曾向指认者寻求过

155

建议的被影响者。

Ⅱ：相反角色（Role Reversed）：它指的是，指认对象宣称的自己所扮演的角色，与指认他们的调查对象所认为的正好相反。它包括那些被调查对象认为是影响者，但他们自己却宣称曾向调查对象寻求过建议的人，以及那些被调查对象认为是被影响者，但他们却坚持认为自己曾经给予过调查对象建议而对方却没有收到的人。

Ⅲ：双向角色（Mutual Role）：指认对象认为，他们和做出指认的调查对象都没有主动给予对方意见，就影响流动而言，他们之间是相互平等的关系。

Ⅳ：未予确认（Not Ascertainable）：这是一个剩余类型，即访谈对象所回答的内容过于简单或混乱不清，以至于无法将其归入以上三种类型。

只有当调查对象和指认对象都确认曾就相关话题进行过交谈时，我们才会将从指认对象处得来的访谈材料按上述标准进行分类。

统计结果如表2—2—2所示。

表2—2—2　　指认对象的角色确认（仅包括符合条件的访谈个案）

可确认角色	77％
相反角色	8％
双向角色	14％
未予确认	1％
总计（＝100％）	（442）

在77％的访谈个案中，指认对象对自己所扮演的角色的认定，与调查对象对他们的指认相一致；只有8％的个案在双方的认定上存在着直接冲突。另有14％的个案被归入"双向角色"类型：在指认对象看来，调查对象所宣称的单向影响关系并不准确，他们之间应该是相互影响的关系，谁也不比谁的影响更大。我们认为，可确认角色的比例非常之高，在每10份访谈中，有近8份可以发现指认对象与指认者之间存在着明显的一致性，而明显不一致的则十不足一。

如果以影响者或被影响者为标准来对指认对象作出区分的话，可以发现这两类指认对象间存在一些差异。下面是这两类后续访谈对象的角

色评估统计，如表 2—2—3 所示。

表 2—2—3　　　　　被指认的影响者和被影响者的角色确认

（仅包括符合条件的访谈个案）

	影响者	被影响者
可确认角色	86％	82％
相反角色	3％	11％
双向角色	10％	6％
未予确认	1％	1％
总计（＝100％）	（232）	（144）

在可确认角色中，两类指认对象之间的差异并不显著：86％的影响者和82％的被影响者认同调查对象对他们的角色的指认。但在"相反角色"和"双向角色"类型中，两类群体之间的差异则相对要大一些。只有3％的影响者，但有11％的被影响者认为，指认者所宣称的情形与实际情况正好相反；而相对于被影响者（6％），有更多的影响者（10％）认为他们和指认者之间存在平等关系。这些差异具有统计学上的显著性。除了其他方面的原因外，它们可能印证了我们在别处所做出的猜测，即提供了建议的指认者们可能永远不会知道指认对象是否真的是在寻求建议，也就是说，不会知道她是在"没话找话"（make conversation），打探口风，还是在认真地寻求指导。从一些被影响者的声明中，我们可以寻得这方面的线索——她们看似在寻求建议，但实际上却另有目的。"我很好奇她在用什么牌子的口红，"一位被影响者说，"于是我问她是否愿意告诉我。但我一点也没有要用这种口红的意思，因为它用在我身上并不好看。"另一位表面上的"被影响者"宣称，她将意见寻求行为视为发表自身见解的方法，并将之称为"装傻技巧"（boob technique），她告诉访谈人员："我总是以询问她们的观点开头，在引起她们的兴趣之后，我再传递我自己的讯息。"

这些事实以及对角色予以相反评价的比例都在提醒我们，我们用以确认影响的技术还比较初级。不过，我们必须设法从某处着手，而且如此之高的确认比例也使我们相信，我们至少走对路了。

确认的程度

　　询问人们对自身影响力的评价——这一方法是否可靠，高度依赖于那些被调查对象宣称接受了建议的人们对事实的确认程度。指认对象必须承认曾与指认他们的调查对象讨论过调查所涉及的问题，此外，他们也必须承认曾从指认者那里获取过建议。对于我们访谈的所有被指认的受影响者，表 2—2—4 显示了受到影响或没有受到影响的比例。

表 2—2—4　　　　　　　　后续访谈中被指认的受影响者的总量

可确认角色	54％	
相反角色	7％	
双向角色	4％	
未予确认	＊	
确认接触者总计		65％
对接触予以否认	14％	
无法回忆起接触	21％	
未确认接触者总计		35％
总计（＝100％）		（221）

　＊ 低于 1％。

　　之所以用这种方式列举出后续访谈的数据，是因为我们想展示对受影响者的所有指认的整体效度。这种指认之所以无效，主要是因为我们无法确认指认者所宣称的特定接触（比如调查对象所指认的特定接触没有发生），以及/或是因为无法确认调查对象所宣称的在交谈中所扮演的角色。在所有访谈中，可以得到确认的个案占 54％。当然，在这 54％的访谈个案中，做出指认的调查对象所宣称的内容，都可以得到明确确认。

　　研究影响问题的另一条路径，是分析那些与调查对象所指认的内容完全对立的访谈个案。当指认对象否认发生过谈话，或是坚持认为交谈的主题并非如指认者所宣称的那样时，对立就产生了。这些访谈所占14％（见表2—2—4）。又或者，指认对象可能坚称其在影响流动中扮演的角色与指认者的认定正好相反，这种类型的对立被归入另外的7％之中。最后，指认对象可能会认为实际的影响关系是双向而平等的，这种类型的访谈个案所占的比例为4％。这三种类型加起来为25％。换言之，在1/4的访谈个案中，指认对象明确反对调查对象告诉我们的内容。相对于分析直接确认的比例，这种对后续访谈数据进行分析的方法有效性会更高。当然，这一切都取决于我们标准的严格程度。

确认谈话的比例，从消费购物领域到时尚领域，再到政治领域，依次逐渐降低，对角色的确认比例亦是如此。购物与时尚之间的差异并不明显，但这两个领域与公共事物领域之间的差异则非常之大（见表2—2—5）。

表2—2—5 后续访谈中三个领域内对被影响者的指认

	消费领域的被影响者	时尚领域的被影响者	公共事务领域的被影响者
可确认角色	57％	56％	38％
相反角色	10％	6％	6％
双向角色	3％	4％	6％
未予确认	—	1％	—
确认接触者总计	70％	67％	50％
对接触予以否认	13％	12％	25％
无法回忆起接触	7％	22％	25％
未确认接触者总计	30％	34％	50％
总计（＝100％）	(69)	(120)	(32)

显然，在这三个领域中，公共事务方面的指认效度最低，无论是对被影响者的指认还是对影响者的指认都是如此。表2—2—5是对被影响者的指认，而同样的趋势在表2—2—6关于影响者的指认中也体现出来。

表 2—2—6　　　　　　后续访谈中三个领域内对影响者的指认

	消费领域的 影响者	时尚领域的 影响者	公共事务领域的 影响者
可确认角色	71%	61%	37%
相反角色	2%	2%	3%
双向角色	3%	5%	19%
未予确认	—	1%	—
确认接触者总计	76%	69%	59%
对接触予以否认	7%	9%	7%
无法回忆起接触	17%	22%	34%
未确认接触者总计	24%	31%	41%
总计（＝100%）	(107)	(162)	(68)

160　　　　公共事务领域接触确认和角色确认的比例明显较低，肯定有其特殊的原因。一种可能的解释是，指认者与指认对象之间的关系越是平凡，这种关系与日常生活的拟合程度越高，他们所提供的回答的效度就越高。另一种可能的解释是，公共事务方面的指认比例相对较低，至少部分是因为在这一领域中，男性扮演着影响来源的重要角色，而男性可能不愿意承认受到某位女性的影响，又或者男性并不认为与某位女性在此方面的对话是严格意义上的双向"讨论"，因而他们并不承认与她就公共事务话题进行过对话。[3]或许更为重要的原因还在于这样一个简单的事实，即政治是一个相对敏感的话题，尤其是当你被别人问及在某些有争议的话题上谁说了些什么时。确认购买某个新品牌的桃子时的个人影响，当然要比确认谁和你谈论过共产党容易得多。当然另外还有个原因，即相对于影响某人并使其改变政治态度，在消费购物变化方面的影响行为更为常见。一个话题与日常生活的关联度越低，就越容易回忆，同时也越容易被认定是其他话题的次要的附带物，是伴随那些话题而出现的，而非重要的、独立的讨论对象。显然，对这些变量需要做进一步研究。不过我们相信，我们以上通过确认得到的结果说明，我们在这项探索性的研究中运用"自我指认"的提问方法（self-detecting question），能够找出"意见领袖"并对其加以描述和分析。

结论

在本单元的两章中，我们概括并论证了我们想要探讨的主题。我们已经指明，我们的研究焦点是对特定的影响事件和这些影响流动中的"主角"——特定的影响者进行分析。一般而言，我们将这些特定的影响事件称为"决策"（改变食品品牌、时尚观念、政治意见、去看一部电影而不看另一部的决策）；我们将那些特定的影响者称为"意见领袖"，将他们的"工作"称作个人接触或个人影响。在下一单元中，我们将对"决策"，尤其是个人影响在决策过程中的作用展开分析。最后，在第三单元中，我们将基于此前的分析，尝试研究"意见领袖"的特点，以及他们与被领导者有何不同。

161

注释

［1］对于这些访谈尝试的概要解释，见附录 C。此附录还包括对于后续访谈的详细说明。

151n.

［2］除了仅在基本事实的层面上确认调查对象所宣称的对话行为是否发生之外，调查员还会提出其他一些问题。比如是否以一种直接建议的方式提供相关意见，或者意见提供者是否并未采取任何主动姿态，而是以相对被动的方式传递了影响等等。这方面的细节材料见附录 C。

152n.

［3］对总统选举投票行为的研究发现，尽管妻子们认为她们经常与自己的丈夫进行讨论，但后者却并没有对此予以确认。丈夫们显然并不认为他们是在与妻子"讨论"政治，相反，他们认为自己是在告诉妻子政治是什么。Lazarsfeld, Berelson, and Gaudet（1948），p. 141.

160n.

162 # 第3章　影响研究中效果分析的地位

　　我们想弄清楚人们如何决策，同时正如前文所言，我们的主要兴趣在于揭示个人影响在一系列具体的决策过程中的作用。在这一部分，我们想提出一种图式（scheme），以帮助我们在频度和效果两个层面上，对这种影响（即源于"意见领袖"的影响）与源于大众媒介的影响进行比对。

　　因为我们已经将分析对象限定在特定的日常生活决策范围之内，所以我们将要考察的个人影响也受到严格的限制。比如，幼年时父母的告诫对我们成年后的生活无疑有着持久的影响，影响着我们在所有情境中
163 的信仰、偏见、习惯和忧虑。因而一个研究思路就是从成年时的态度入手，回溯其在童年时所受到的个人影响。不过在我们的研究中，我们将这些普遍化的影响视为一种必然，只有当它们在一个较短的时间段内确实发挥了效用时，它们才会成为我们有关意见和态度形成的基础图式中的次要变量。因此我们不会关注为何某人持有亲共和党的意见，如果这

---

　　* 彼得·罗西对本部分内容及数据的分析贡献良多。

是他长期持有的意见的话；但是如果他近期改变了这些观点，那就是我们要关注的了。同样，我们只会关注一位妻子在时尚方面或是食物品牌选择方面的意见的近期变化。在看电影方面，如果我们了解到某人经常看电影，或是他一直以来就更喜欢西部片而不是侦探片，那么我们不会将这些信息视为有用的数据。但如果近期发生了变化，比如兴趣由西部片转移到侦探片之上，或是他必须在两部西部片中做出选择，那么我们就想知道该特定选择是如何做出的——这正是我们研究的切入点。

将研究对象限定在近期的特定选择或变化内，这在前文中已有暗示，当时我们将"意见领袖"界定为"特定影响者"。假设在一座城市，有一家势力强大的酒商雇人鼓吹反对禁酒公投。如果一位访谈对象告诉我们，他的某位朋友使他相信禁酒令永远不会奏效，那么我们就会将他的这位朋友视为意见领袖，尽管我们很清楚，影响我们调查对象的这位朋友自己也受到那家强势酒商的极大影响。这是因为我们的研究关注的是面对面的影响。我们希望以后会有越来越多人对我们社会影响链之中的各个环节进行研究。事实上，前面交代过，对这一问题的整体研究已经开始。但愿没有读者会把我们目前的谨慎与节制视为对大问题和问题复杂性的漠视。如果我们没有耐心对本书当前所探讨的问题进行细致的调查，我们就永远不可能真正理解一般影响。

因而，将研究局限于态度的短期变化和面对面影响，这是基础。但即使是在这样的框架中，至少也包含着三条主要路径，需要加以区分。我们将这些路径分别称为群体、个人和事件。

我们将对玛格丽特·米德（Margaret Mead，1937）的一篇论文进行一番探讨，以说明何为群体路径（the group approach）。她认为，原始部落中的居民主要通过三种方式做决策。阿拉佩什（Arapesh）部落采用的是无政府的方式（anarchic way）。当部落面对问题时，每个人都觉得自己有权利表达意见，在议事时他的建议往往脱口而出。雅特穆尔（Yatmul）部落则倾向于根据角色做出反应。有时雅特穆尔人会等待一家之长首先做出决策，然后其他所有人附和这一决策。但另外一些时候，当年轻的雅特穆尔人认为议题应该通过传统的代际对抗才能做出决定时，如果部落中的年长者做出了某一决定，那么年轻人就一定会站到与之相对立的立场上。最后是巴厘人（Balinese）的方式。根据玛格丽特·米德所述，巴厘人并不觉得讨论一定要得出特定的意见。他们会寻找先例，并由他们中的智者来告诉他们在这样的情形下惯例和传统是怎样的。在特定的情境中，人们对最终决策的期待可能会出现不一致，但一致的是他们都认为应该遵守"秩序"，同时并不需要形成新的意见——既不会像阿拉佩什人那样形成个体决策，也不会像雅特穆尔人那样作为某个群体的成员而采取一致行动。

在我们关注的特定领域中，可以进行与之类似的研究。城市社会主要由交际圈与小群体构成，意见就在此间形成。比如通过前人的研究以及前文列举的证据，我们知道了至少在公共事务领域中，丈夫通常扮演着"告知妻子"的角色。在后面的章节中我们还将对此有更多的论述。再比如，一位当地的男性权威周围，人们可能发现类似的结构。或者，如果一个沙龙是由民主的小群体构成的，沙龙的参与者就会通过双向互动形成意见。从大处看，我们所称的群体路径可以包括对不同国家政府的比较研究。从小处看，它包括对不同类型的群体（意见形成于这些群体之中）的细致描绘——有多少这样的群体，它们由哪类人组成，它们如何影响其成员，它们如何凝聚在一起，以及它们如何与更大的社会过程相协调。不过，尽管在本书的第一部分中，我们曾进行过一番探讨，但这种群体路径不是我们研究的中心。

下一单元将举例说明个人路径，届时我们将追问：谁在面对面的接触中影响着他人？对于这个问题，可以从众多不同的角度理解，同时亦可以借助不同的方法对此进行解答。我们已经充分讨论过使用的方法，因而任何更多的说明都只能是一种重复。我们的调查结果与按照群体路径进行研究的结果有显著差别。我们不会描述群体的类型，不会计算群体影响其成员决策的频度，亦不会对其影响方式进行评估。相反，我们要展示的是哪种类型的人在不同事务上更有可能影响他人。

在本单元，我们将对第三种路径展开探讨，即事件路径。我们关注的焦点，既不是群体，也不是个体，而在于人际接触本身。我们想知道相对于其他影响类型而言，人际接触的重要性何在，尤其是与广播和报纸这样的大众媒介相比。这个问题无疑可以回溯至历史之中。比如，我们可以考察印刷时代的早期，即宗教改革时期，那时，传教士们第一次发现他们必须和印刷小册子竞争。印刷时代的来临，给宗教宣传家们带来了哪些问题，他们是如何解决的？人群中的不同部分对此的反应是什么？19 世纪的法国提供了一个极好的机会，让我们可以对沙龙和新兴的报纸的影响进行一番比较。[1]同样，在现代社会中，与一些旧有形式，比如讨论组（discussion groups）和学习小组（study circles）相比，广播媒介在成人教育方面的角色与作用如何，这为分析个人影响和媒介影响之间的竞争与互动提供了另一个研究对象。[2]

在我们的此项研究中，运用了大量的微观分析技术，我们并没有选择对历史片断进行分析，而是聚焦于特定的生活事件——这正是我们将本单元运用的分析方法称作"事件路径"的原因。我们所要做的，是收集人们在具体情境中进行微观决策的大量报告，然后通过标准化的访谈，尝试评估人际接触的影响，并与大众媒介的影响做对比。现在，我们已经阐明了本单元所运用的影响分析的方法，下面简单交代研究计划：

在下一章中，我们将继续讨论后续访谈的设计思路以及最后选择的问卷类型，之后将转向评估：每一个访谈个案里，在调查对象所汇报的决策过程之中，我们如何确定人际接触或是特定的大众媒介所扮演的角色。沿着这样的思路，很自然地，下一步我们将利用提炼出的一切信息，评估影响的效果。因此，在本部分下一章（第 4 章）的最后，我们将会使用必要的工具对主要统计结果进行检验和解释。具体的数据分析工作将在此后的一章，即第 5 章中进行。在该章中，我们将向读者呈现影响等级的分布状况，同时对这些数据进行解释。但在第 5 章的末尾，读者们对我们的数据结果可能会产生许多困惑，或者至少是许多疑问。因此在第 6 章中，我们将转而对效果研究的一些普遍性的问题做进一步思考，我们将努力阐明第 5 章未能提及或未能确定的关键点。

然后，在本单元的最后一章，我们将再次转向数据本身。我们将通过不同的方法探讨在何种条件之下，相对于大众媒介，作为影响来源的"个人"的相互影响，其效果是更大还是更小。

注释

165n.　[1] 有关这一主题的富有建议性的材料，见塔尔德（Tarde，1901）和施派尔（Speier，1950）。

166n.　[2] 拉扎斯菲尔德（Lazarsfeld，1941）对教育广播的受众构成，以及将媒介引入讨论组框架内之后效果的混合问题进行了探讨。

第4章　影响效果的寻找与评估

本章中我们所关注的问题十分简单。我们打算对那些在三个日常生活决策领域中发挥着不同影响作用的个体进行一番考察。为此，我们着手收集了代表这方面决策的访谈样本。我们询问接受调查的女性，她近期是否在家庭用品或是食物品牌的选择方面做出了改变，是什么促使她们产生了这些变化；我们要求她们解释最近一次看电影时，是哪些因素促使她们决定观看某部电影而不是其他影片；最后，我们还会问及谁最近在发型、服饰或化妆品使用方面做出了改变，她们的时尚习惯又为何会发生变化。我们期望通过这种方式，能够在访谈当中尽可能多地发现影响的存在，并对它们进行比较。现在我们先对所运用的访谈方法做一番说明。

询问"为什么"的艺术

在这样一项调查中，有四种基本的提问方法。一种普遍的问法是："你为何做出这一改变？"这种问法允许访谈对象在诸多因素中，选择出她关注的因素作回答。一般而言，如果时间充分，这未尝不是切入访谈的好方法，尽管此时所得到的回答对于最终的分析通常没有什么价值。[1] 以这种方式提问，主要的困难在于调查对象可能完全无法理解我们关注的主要焦点在于影响方面。比如，当回答"你为何做出这一改变"时，她可能会长篇大论地介绍她选择的咖啡品牌的种种好处，但她可能永远不会告诉我们她是从一本期刊的家庭专栏中了解到这些内容的。她可能会告诉我们某部电影中的哪些部分吸引了她，但她可能不会提及她此前曾在某份报纸上读到过这部电影的影评。当然，她有可能会告诉我们是哪些她所经历的事情促使她做出了改变，但是这往往取决于我们听取她最初的回答后能否提出跟进问题，比如：在未购买这个牌子的咖啡之前，你是怎么知道它的这些好处的？这样，她的注意力就有可能转向信息渠道或是影响源。

因为我们的研究要覆盖众多不同的主题，所以我们以一种稍显直接的提问方式开始我们的访谈。我们问道：

> 你是如何挑选出你想要去看的某部电影的？
>
> 你是如何开始食用某个新品牌的食品的？
>
> 你是如何发现这个新品牌的？
>
> 你是如何开始做出时尚方面的新改变的？
>
> 谁或是什么因素导致你做出时尚方面的改变？

由此可见，所有这些问题都在试图促使访谈对象提及"来源"问题，即哪些因素吸引她注意到最终为她所采纳的某部电影、某个新的品牌或新的时尚。我们强调的是决策过程：你是如何选择的？什么促成了你的改变？我们需要进行大量的实验，找到适应不同调查领域的最佳提问方式。此外，提问的措辞不应暗示访谈对象某个影响渠道比另一个更有效。比如："你是如何学会（learn）的"可能暗示正式媒介比人际影响更重要；"你是如何听到（hear）的"则明显偏向于广播媒介而不是印刷媒介。确实，尽管很难，但提问应当措辞谨慎，尽可能获取有关影响渠道的信息。很多时候，可取的做法是多问几个问题。我们需要做到的是使回答者在时间较短的访谈中，尽可能仔细地在其脑海中回想相关场景。同样，访谈对象也常常从字面上理解问题。例如，她们可能提到某则广告"帮助她们"找到了某样东西，但如果被问及她们是否从它那里获取了"建议"时，她们可能并不那样认为；再如，当被问道"你是否听见某人在谈论它"时，她们可能回答"是"，但如果提问方式是"谁建议你做出这样的改变"，她们则可能不会提及同样的场景。

如前所述，我们将这些问题称为"特定影响问题"（specific influence questions）。这些问题用于访谈对象回忆一次人际接触、一条广告或是一则消息在考虑而做出特定决策的整个过程中，所起到的哪怕是极其微弱的作用。此外，还有另外两类问题必须加以细致区分，以和这些"影响问题"区别开来：一个是"接触问题"（exposure question），另一个是"评估问题"（assessment question）。不过，在讨论这两类问题之前，我们必须对效果分析做进一步介绍。

效果的评估

这一部分的主要研究目的是对个体行动中个人影响的效果进行评估。从一开始，我们期望研究结果达到两个要求。其一，它们满足统计学上的要求（statistical nature），我们所得到的结果将适用于分析群体决策，尽管为了达到研究目的，我们将要评估的对象是每一个个体的行动。其二，我们希望得到具有相对性的（relative）分析结果，而不是绝对数据。我们将要评估的是人际接触以及大众媒介（如报纸、广播等）的相对效果，换言之，我们将要采用对比的方法。[2]

现在，让我们通过个体如何决定观看某部电影的具体案例，体会一下问题的复杂性。A 夫人与 B 夫人在一次茶会上相遇，B 夫人谈论了她昨天看过的一部精彩影片。她对于影片的描绘如此生动，因而 A 夫人决定早点离开茶会，去观看这部她之前从未听说过的电影。假定 A 夫人的讲述是真实的，并且调查员的访谈技巧是成熟的，那么我们将会得出这样的结论，即 A 夫人之所以做出观看这部特定影片的决策，B 夫人的个人影响起到了决定性作用。读者们可以据此提出许多其他案例并做出类似的判断，这并不困难而且似乎也确证无疑，尽管我们认为对此还需要做出进一步的说明，以真正理解这样的判断到底意味着什么。

现在让我们来看另一个案例。C 夫人结束了她的购物，这比她预计的要早。她现在身处市中心，且距她受邀将要参加的茶会开始还有几个小时，这差不多正是一部电影的时间。她手边正好有一份报纸，上面列出了四部可供观看的电影，地点就在她附近。其中一部影片由一位著名影星主演，C 夫人很长时间以来就一直想看他的影片，这决定了她的选择。在访谈中，由她所提供的这一材料看，似乎很明显，其中并不涉及个人影响，因为她根本没有提到其他人。[3] 但由我们的研究日的出发，这里就需要提出有关决策的另一个问题：C 夫人是否受到了报纸的影响？在上一个案例中，A 夫人当然没有受到大众媒介的影响，因为她对这部电影的兴趣是由 B 夫人"创造"的。阅读报纸当然可以产生影响，比如唤起之前并不存在的欲望或是引起注意。但就 C 夫人的案例而言，她喜爱某位特定演员，在她此次购物之前就已经存在很长时间了，报纸只起到了提醒她附近有这位影星主演的电影上映的作用。因而 C 夫人和访谈人员可能会达成一致意见，即报纸并没有产生效果，特别是如果进一步追问可以得知，当时 C 夫人还可以通过其他方法了解在那个商业区有哪些电影正在上映。这就是说，报纸只起到了信息传递的作用，而不是影响者，只是在当时的情境中，与其他同样可以接触的信息源相比，报纸发挥了作用而已。

对 D 夫人案例的分类就更为困难。她在一个偏僻的农场度假，以"摆脱一切纷扰"。几周来，她没有读过任何一份报纸，因为那里根本就没有报纸。然而有一天，一位过客带来了一份当地的周报，从中她了解到，自己的一位同学正在当地的夏季剧院（summer theatre）进行表演。最终 D 夫人驱车 30 英里，就是为了与她的儿时伙伴见上一面。这个案例可以被理解为，在特殊的环境中引起她注意的这份周报，在 D 夫人的决策中至少起到了"共同"影响（"contributory" influence）的作用。

我们并未根据这些细节，花费精力去区分主要影响或部分影响。由当前的研究目的出发，我们选择了一种最简单的方法：直接要求调查对象提供她们所认为的影响其决策的主要因素，这些因素决定了调查对象购买特定的早餐食品、观看某部电影或是改变她们的妆容。有趣的是，接受调查的女性们在回答下列问题时显得并不困难：

概括而言，你认为什么是你选择观看某部电影的最重要因素？

概括而言，你认为什么是促使你做出改变，从而选择_____（新的品牌）的最重要因素？

概括而言，你认为什么是你做出_____（时尚方面）的改变的最重要因素？

这些问题是在对整个决策过程进行了细致讨论之后才提出的。由于之前已经要求回忆决策情形的细节，因而调查对象在提供何为影响决策的主要因素时就不大可能敷衍了事。

之所以选择相对简单的调查方式，我们有充分的理由：首先，根据我们以往研究的经验，大众媒介因素和个人建议因素很容易评估。[4]这些因素往往和特定事件联系在一起，并不涉及复杂的心理过程（我们当然不敢使用类似的方法去试图评估一个学生在论文选题的过程中，同行间戒备和竞争的影响）。其次，在此我们关注的只是相对效果（relative impact）。我们希望调查对象能够轻松地对大众媒介和个人建议在微观决策上的相对作用（relative roles）进行评估（即比较哪种因素相对而言作用更大一些）（不过，这种假设是否正确，是十分重要的问题，应予以特别研究，或许可以采用实验法加以验证）。最后但同样非常重要的原因是，采用这种调查方法是出于便于操作的考虑，我们执行田野访谈工作的人员都是在当地招募并接受训练的，我们无法在这个访谈项目上对他们要求过高，也不能花费太多。

172

不过，从理论上讲，这种对主要因素的评估无疑可以操作得更为仔细。而且，没有必要让调查对象自己去做出这类评估。在众多不同类型的研究中，这种评估是由调查人员做出的。当我们想评估不良群体对青少年罪犯的影响权重，或是想评估失业对工人婚姻关系的影响时，我们无疑会采用一种更为细致的分析方法。[5]

效果等级

　　至此，我们已经提到了两种类型的问题——首先介绍的是"特定影响问题"，而在上一部分中刚刚讨论与解释的是"评估问题"。我们可以根据调查对象的回答，即她们的决策在多大程度上受到大众媒介和（或）其他个体的影响，将她们分为两大类：一类调查对象认为她们受到了大众媒介或个人的影响，但她们并不认为自己的决策由某个特定影响所决定；另一类调查对象则将这些影响视为促使其做出决策的决定性因素。在这些评估的基础之上，我们可以将每个个案中的影响分为两类：共同影响（contributory influence）和有效影响（effective influence）。这些影响的权重，我们称为效果等级（impact ratings）。

173　　不过，除了"特定影响问题"和"评估问题"以外，还存在着第三种问题，我们称之为"接触问题"。这部分访谈在诱导调查对象报告并评估不同影响在其特定决策过程中的作用时，并没有向调查对象提及任何具体的中介因素。取而代之的是，在调查对象回答完"特定影响问题"，并因而对相关情节做出一般描述之后，调查人员会递给她们一份核对清单（check list）。这份清单上的问题有如下一些，并会根据调查主题做相应调整：

　　　　你是否听见有人在谈论它？

　　　　你是否看见有人在穿戴或使用它？

　　　　是否有销售人员或美容顾问向你推荐过它？

　　　　你是否经过电影院并看见它正在上映？

　　　　你是否看过预告片？

　　　　你是否在广播里听见过它？

　　　　你是否在期刊中阅读过它？

　　　　你是否在报纸中阅读过它？

你是否在电影中见过它？

这些问题可以使我们关注到第三类调查对象，我们称之为"接触（exposed）对象"，这些调查对象对核对清单中的一些问题给出了肯定的回答，但她们此前并未提及有相应的中介因素影响了她们的决策。

至此，我们最好对整个调查进行回顾，定义一下我们所提出的术语及其使用方式。对于每位调查对象，我们进行了一系列评估，也就是说，我们评估了人际接触或大众媒介在特定决策中扮演的角色。评估的结果就是对效果（即效果等级）的测量，并根据被提及的影响因素将其归于某种特定的影响类型。

由此，我们可以发现特定的影响因素，如人际接触或是报纸，并得到整个群体的效果等级的统计分布（statistical distribution）。对这种分布可以从许多角度进行解读，比如我们可以考察哪些调查对象认为某种媒介"最重要"，或者可以考察有多少调查对象只是接触了某种媒介但并未在其报告中突出强调这一媒介。汇总整个群体中所有人的报告，并在此基础上对某一种影响的效果等级进行分析，我们将之称为对这一特定影响的测量（evaluation）。因而，评估（assessment）主要适用于对个体案例的分析，而测量则应用于对整个群体的分析。不过，每次使用这两个术语，都只指向一种特定的影响类型，即广播、期刊或是人际接触等。

正如前文所述，效果等级的统计分布可以从不同角度进行描述，其中一个特别重要的标准是有效性指数（effectiveness index）：我们首先挑选出曾经接触某个影响源的个体，然后计算出他们中间认为该影响源对其决策最为重要的个体的比例。这样，我们可以在这些个案中区分出两类人群：仅仅接触某种媒介的人，以及因接触而受其效果影响的人。

以上都是我们需要记住的。现在，我们将转向实际数据的分析。这将有助于我们反躬自问：效果等级的确切意义在哪里？然而，对于我们的"词汇表"还需要再多说两句。除了已经提及的那些术语外，我们不会再执着于使用枯燥无味的专业词汇。一次人际接触或是广播广告，将被无差别地称作一个因素、一次影响、一次接触（exposure）或是一个影响源。我们不会机械地试图厘清效力、效果和影响之间的区别。有些时候，当需要进行清晰界定时，我们所使用的指标会清晰地表明我们的意思。而另一些时候，如果引起读者的想象将更为有益，那么我们的用词就会相对多样化一些。

注释

167n. 　　〔1〕这方面更为完备的讨论，见拉扎斯菲尔德和罗森伯格（Lazarsfeld & Rosenberg，1955）书中第五部分。

169n. 　　〔2〕正如我们将在本部分第 5 章中所要看到的，这种比较的方法并不是必需的，但是这一限定将使得当前的讨论更易于进行，而且更适合用来分析我们所获得的材料。

170n. 　　〔3〕在下一章中，我们还将回到这一"案例"。

171n. 　　〔4〕这方面的案例，见拉扎斯菲尔德和罗森伯格（Lazarsfeld & Rosenberg，1955）书中第 5 章。

172n. 　　〔5〕比如可见伯特（Burt，1938）和科马罗夫斯基（Komarovsky，1940）有关"辨别"（discerning）的附录部分，以及前文中提到的拉扎斯菲尔德和罗森伯格（Lazarsfeld and Rosenberg，1955）。在这一点上，有必要做一番术语上的探讨。在以往对这一方法的讨论中，"辨别"一词被用于指称对我们在此所讨论的因果权重（causal weights）类型的归因分析。但在这里我们更倾向于使用"评估"（assessment）一词，因为它更有利于清晰地表述麦基弗（MacIver，1942）在其《社会因果关系》（Social Causation）中所阐述的思想。

第 5 章　影响效果的测量

我们的主要兴趣在于人际接触的影响。不过为了更简便地测量影响，有必要采用比较的方法，而比较的对象就是正式的大众传播媒介。在日常消费品的购买方面，广播和报纸广告是最合适的比较对象；同样，期刊和销售人员也经常被提及，因而我们认为它们也是可以用于比较的因素。在看电影方面，期刊和报纸可以用来与人际影响进行比较。

当我们分析时尚方面的影响时，情况就变得更复杂。除了人际接触以外，只有期刊在发挥着影响作用。但同时，人际接触则变得更为多样化，因此更值得推荐的是将这些接触分为三种类型：销售人员的影响，朋友或熟人的口头建议，以及看见他人的发型或服饰所产生的影响。

购物：食品和家庭用品

我们的调查所得出的信息类型在图 2—5—1 中得到了充分体现，它体现了在食品品牌、洗涤剂以及其他类似方面的决策转变中，报纸、广播、期刊、销售人员和非正式人际接触的效果评估。

176

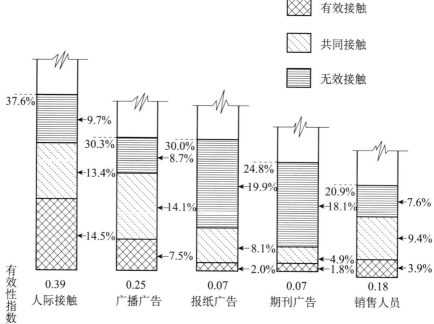

图2—5—1　购物变化的评估结果[1]

（品牌变化者总数 386＝100％）

　　注：第一栏表明，近期在品牌或产品选择方面做出了改变的调查对象中，有37.6%的人报告称曾有人际接触。这一百分比（最左边一栏的上部）可以被分解为以下三个部分（从上至下）：有14.5%的改变者"有效接触"他人；13.4%的人"共同接触"他人；另有9.7%的改变者则是"无效接触"他人。37.6%和100%之间的差（62.4%）表示的是完全未接触他人的改变者。

　　第二栏表明，在品牌或商品的改变者中，有30.3%的人认为自己受到了广播广告的影响，其中7.5%是"有效接触"。以下以此类推。需要注意的是，每一栏的总体样本是相同的，即386位报告称近期改变了品牌和产品的调查对象。

　　所有五栏的"接触"总和大于100%，这是因为调查对象所汇报的与其品牌或产品的改变相关的影响源不止一个。

177　　每一栏代表一种特定的影响类型，而每栏中的四个类别则清晰地反映了我们之前的讨论。"有效接触"（effective exposure）指的是改变者提及某种特定影响，宣称其发挥了某些特殊的作用（比如教给她们某些东西或为她们提供指引），并且进一步认定这一影响源是促使其做出改变的最重要因素。"共同接触"（contributory exposure）指的是调查对象所提及的共同发挥作用的两个影响要素之一，改变者提及她们接触了

这一影响源，且它亦起到了某些特别的作用，但她们并不认为它是最为重要的因素。"无效接触"则发生在这些调查对象身上——她们提到了她们曾与某人就其所购买的产品进行过讨论，或者听到了这一产品的广播广告，但她们认为这些影响源并未对她们的决策起到任何作用。不过，这些个案明显区别于那些调查对象否认与特定影响源产生过接触的个案。后者（指否认的个案）并未被包括于图2—5—1之中，但可以很容易地通过每栏左侧的百分比总值（即三种接触类型的总和）计算出来，即这一"总接触"比例和100%之间的差，就是在回答中未报告与任何影响源有过接触的人数的百分比。图2—5—1中的五栏有个共同的特点：所有报告近期在购物方面做出过改变的人数总值被设定为100%。

现在，我们可以对图2—5—1做出分析并得出结论。图2—5—1最为显著的特点在于，在那些有过人际接触的改变者中，"有效接触"比例最大。再考虑到这样一个事实，即在品牌和产品的改变者的报告中，她们的人际接触总量要大于任何一种大众媒介，这就使得人际接触的作用更为明显。

接触广播广告的重要性仅次于人际接触。尽管对广播的接触总量与对报纸的接触总量大体相当，但比较这两种媒介在日用消费品改变方面的有效性可以看出，广播媒介更为频繁地被认为是"有效"影响因素或"共同"影响因素。

在接触总量上，期刊位于报纸之后，期刊的"有效接触"比例低于报纸。

销售人员亦被提及，而且，尽管这一特殊类型的人际接触总量低于几种大众媒介，但这种接触类型的相对有效性却几乎与广播媒介一样高。无疑，在当今的"超级市场"时代，食品店店员的推销者（salesman）角色正在快速改变，但当他被购物者咨询时（也就是说存在着人际"接触"时），他依然可以产生一些影响。

由于这些影响源的接触总量各不相同，因而我们必须关注它们的相对有效性（relative effectiveness）——因为某种特定媒介拥有较高的有效性，可能除了表明它覆盖范围较广以外，其他什么也不能说明。我们需要在保持覆盖范围恒定的基础上进行相对度量（relative measure），如果做到了这一点，我们就可以抛开每种媒介的接触总量这一变量，比较不同媒介的相对有效性。我们可以简单地将一种特定媒介的有效接触数除以这种媒介的接触总量，所得出的比例即为有效性指数。这一指数在图 2—5—1 中的每一栏的底部得以呈现。

　　至此可见，在日用品购买方面，非正式的人际影响的效果要高于大众媒介广告的效果，这体现在我们已经分析过的两个方面。首先，我们的调查对象所汇报的个人建议的接触量要大于广告；其次，在对所有影响源的接触中，认为人际接触是"最为重要的影响"的数量要大于正式广告。出现这样的结论完全在意料之中。在以往对于投票的研究中我们就发现，人们的投票决策更多地受到其他个体而不是正式的党派宣传（比如广播演讲和小册子）的影响。[2]但在过去的这项研究中，研究者们 179 没有用定量测量支持这一论断。在此处的购物领域，我们向着这方面的测量迈出了有限的一步，并且正如我们所预期的那样，通过量化的方法，"个人影响"得到了强有力的显现。

180
选片

　　现在让我们转向看电影。当我们的调查对象决定去观看上一部电影时，哪些因素影响了她们？她们赋予不同因素怎样的权重？这些结论在图 2—5—2 中得到体现，如果能与图 2—5—1 进行比较，则可以帮助我们更好地理解。

　　在图 2—5—2 中，报纸所起的作用尤其明显，就日常生活经验而言，这并不奇怪。几乎所有人在观看电影之前，都会从报纸中获取一些细节，但是这些信息对最终决策的效果却并不特别重要。在前面的章节中，我们已经对这个论题的一些变量进行过讨论。

　　可以再一次看到，人际接触的有效性大大超过其他任何一种媒介。图 2—5—2 中接触他人意见的总量与图 2—5—1 相当。但是对于电影而

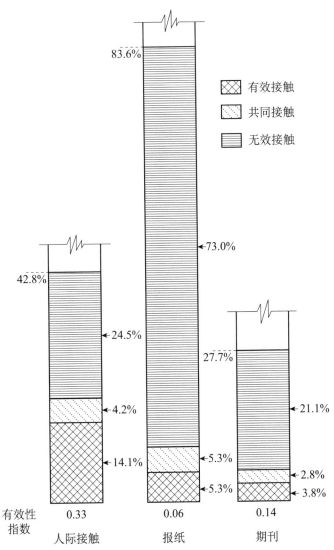

图 2—5—2 观影决策的评估结果

（电影观看者总数 548＝100％）

言，我们的图无疑低估了正式观看之前的决策频度。同时，期刊的重要性还需要做一些重要的认定。在随后的章节中，我们将对这几点进行详尽的分析。[3]

时尚方面的改变

　　在购物决策方面，我们将广播、报纸和期刊与人际接触进行了比较，而在观影决策方面，我们讨论的大众媒介则是期刊和报纸。在时尚改变方面，三种正式媒介中，只有期刊被频繁提及，从而具备对其进行统计分析的资格。另一方面，个人影响则必须被划分为三种形式。首先是商业性的销售人员。相对于其他两个之前已经讨论过的领域，在这个领域中销售人员之所以被经常提及，主要原因有二：其一，这一领域中存在着美容师这样的专业传播者，她们提供个人妆容方面的意见，而在食品或电影观看领域则没有类似的职业人员；其二，相对于食品店店员，香水柜台或女装店中的销售人员在劝诱购买方面发挥的影响更大（而在典型的电影观看领域，则完全没有类似于销售人员的职业角色）。

　　非商业的个人影响分为两类，它们所起的作用惊人地相似。正如前面曾经提到的那样，一个人可以受到他人语言上或行动上的影响。图2—5—3显示了这三类人际影响以及期刊的效果。

　　在两大影响类型中，正如我们的指数所表明的那样，个人的、非商业的影响源相对于商业性的影响源，效果更强。将第一栏和第二栏与第三栏和第四栏进行一下比较，我们可以发现前两栏的"有效接触"和有效性指数都要高于后两栏。正如有效性指数所表明的那样，销售人员的影响居于私人化的人际影响和期刊之间。这里的数据倾向于确证这样一种猜测，即人们在时尚方面的决策转变过程中，可能受到了销售人员的影响。

　　图2—5—3意味着我们的观察可以暂时告一段落。在每个领域中，媒介的有效性都很低（由有效性指数所显示），而在时尚领域，这一数值更是低得离奇。这很可能是因为我们在此讨论的时尚决策是一种试错

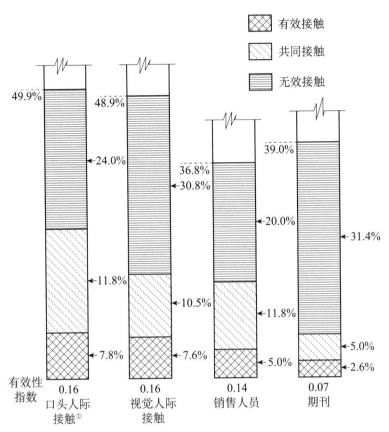

图 2—5—3　时尚变化的评估结果[4]

（时尚方面变化者总数 502＝100%）

行为。相对于食品购买或是看电影，对于女性而言，做出时尚方面的改变可能更多地带有"自我卷入"（ego-involvement）的特点。因而，做出决定可能更为困难，更多的时候她们搜集了大量无用的信息，而不是依据这些信息采取行动。据此可以提出这样的假设，即在时尚领域，做出决策所需要的时间相对更长。不幸的是，我们没有这方面的数据，不过我们也确实为今后的研究开启了一个新的分析维度。

———————

　①　第一栏有效接触（7.8%）、共同接触（11.8%）和无效接触（24.0%）相加不为49.9%，原书如此。——译者注

总结与阐释

183　　在本章中所讨论的三个图所依据的数据，仅仅表明了一般趋势。更重要的是，对这些发现进行更质化、尽量不依赖统计数字的概括。最好的方式应该是区分两种接近特定影响的类型：我们将接触人数超过特定领域中所有改变者人数的 1/3 的情形设定为"高接触"（H），而总接触量少于 1/3 的则称为"低接触"（L）。以同样的方式，如果有效性指数是 0.20 或更高，我们称之为"高有效性"（H），如果有效性指数低于0.20 则是"低有效性"（L）。由此我们可以将所有影响分成四组。HH表示接触频繁发生，并且在调查对象所报告的决策行为中发挥着巨大作用。LL 则表示无论是在接触的频度上还是在实际效果方面，某一特定因素都没有扮演重要角色。剩下的两组则要么总接触量高而同时有效性指数低，要么与之相反。这样，我们就可以将前面三个图的所有内容按照以下方式进行概括，如图 2—5—4 所示。

接触

	高（H）	低（L）
有效性指数　高（H）	购物：人际接触 看电影：人际接触	购物：广播
低（L）	时尚方面：所有四个因素 看电影：报纸	购物：报纸、期刊、 　　　销售人员 看电影：期刊*

图 2—5—4

* 此项将在本单元随后的章节中予以论述。

　　现在，人际接触的支配作用得到了非常清晰的显现。在两个领域（购物和看电影）中，它在接触频度和有效性方面都处于平均水平以上。在时尚领域，人际接触在接触频度上处于 H 区域，而且我们可能还会记得前文所述，相对于其他因素，它的接触频度更高；不过，它的有效

性并不显著。对于我们的一般性结论而言（即人际接触的效果大于本项
研究中所调查的其他任何因素），这是唯一的例外。现在，进一步的问
题显现了出来：应该如何理解这样的结论？ 184

　　为了解决眼前的问题，任何分析都必须从已经为人所接受的特定思
想出发。在这里，我们可以从区别诱使、激发或驱动某人以达到某一特
定目标的四种主要方式或类型入手。第一种类型是外力驱使，比如一个
足球被踢向球门，或者一个孩子被他的妈妈勒令上床睡觉就是如此。一
位物理学家或心理学家可以分析这一过程中的大量细节。这是一种目标
指向的基本类型，但是很明显，在我们所研究的领域中它并不存在。

　　第二种类型可以被称为"即刻吸引"（immediate attraction）。飞蛾
扑火，或者一个男子无可抗拒地被一位女性所吸引，即是这种类型中极
富诗意的例子。不过，一只老鼠渴望吃到它眼前的奶酪，或是孩子面对
糖果时的反应，也属于这种类型。事实上，对于这些案例，我们可以理
解为某人对于目标的渴望并非是即刻显现的，而是受到了他对于先前经
验的记忆的诱导——一个饥饿的人走向冰箱寻找食物就是这样一个例
子。"即刻吸引"在某一点上适用于我们的材料：某位女士对另一位女
士的发型印象深刻，并且决定模仿。但同样，这种类型在我们的分析中
并不重要。不过对于心理学家而言，这种"即刻吸引"决非理所当然
的，而是值得细致分析的重要对象。

　　第三种类型我们将之称作"间接或再现式吸引"（indirect or repre-
sented attraction）。一个人手中可能没有苹果，但如果他以极为生动的
辞藻对其进行一番描绘，我们就有可能去寻找苹果。一次传播行为，如
果它可以唤起我们对于某种事物的渴望，或是可以将某种美好事物生动
地印刻在我们脑海中，那么它在引导我们的行动方面就可能会起到决定
性的作用。传播可以通过口语、印刷品或是图画进行。这种影响类型显
然覆盖了我们研究中的众多案例。当然还存在着一些模糊不清的案例，
你很难说它们是属于第二种类型还是第三种类型。一只经过训练的狗，
在听到铃声之后便去寻找食物，这是直接吸引还是间接吸引？不过，在 185
本项研究所处理的材料中，这种模棱两可的案例不太可能出现。

　　最后一类激发类型可以被称为"控制"（control）。这种类型的案例有一个共同的特征，即命令的执行在很大程度上与内容无关，而最为本质的要素是命令的发出者是谁。此处存在多种复杂情况：在催眠（hypnosis）状态下执行收到的命令，顺从于恐怖力量，盲从于所热爱的对象的愿望，由于建议者所提出的证据具有说服力而听从其建议，孩子对其父母的带有传统性的顺从等。一般而言，区分第三种和第四种类型并不困难。在本项研究中，对于第三种类型我们关注的是影响源传播了什么，而对于第四种类型则关注的是影响源自身。对于这种区分，人们可能会提出许多逻辑上和心理学上的问题，不过要接受这种粗略划分应该并不困难，因为人们很容易就可以依据自己的经验轻易分辨出这四种类型。

　　沿用这种分类，现在我们可以表明，我们是在"间接吸引"和"控制"的层面上使用"影响"这一术语的。当一份期刊对某一新款女装的介绍是如此具有吸引力，以至于某位女性觉得她必须拥有时，或者如果老板建议我们去看某部电影，我们听从了这一建议，因为我们不想第二天早上被他问及时感到尴尬——此时，使用"影响"这一术语恰如其分。现在我们知道，我们真正处理的是两类影响，由此，根据日常经验我们可以做如下阐释：正式媒介主要以再现或者间接——通过它们的内容——吸引产生影响；而个人既可以通过这种方式，也可以通过"控制"影响他人。人们可以利用人际关系互相诱导，从而产生大量行动，由此，他们的影响远远超出了传播的内容。

　　这或许是我们发现人际接触的效果远远大于正式媒介的最重要原因。当然也有例外。有些人会对他们所钟爱的期刊抱有极大的信心，并愿意购买期刊广告中所宣传的商品，不需要与他人进行讨论；或者，我们可能会发现一位偶尔收听广播的听众对某位播音员如此着迷，从而准备遵照其意见行事；又或者，正如我们后面将要讨论的，相对于群体内的一般成员，意见领袖可能会更为经常地接受来自媒介的影响。[5]因而，正式媒介的影响偶尔可能会被归入第四个类型之中。但是就总体而言，个人拥有两种主要的影响路径，而正式媒介（如广播和印刷媒介）只有

186

一种。现在，从对我们的发现所做的初步阐释出发，让我们对获得这些发现的具体过程做进一步探讨。

注释

[1]

176n.

购物变化的类型	
小食品	49％
肥皂和洗涤用品	37％
家庭用品（水壶、熨斗等）	11％
杂项	3％
总计（＝100％）	（386）

调查中，有两个问题用于引出这些变化。首先调查对象会被问及："在最近一个月左右的时间里，你是否购买了以前不曾购买过的新的商品或品牌？（我不是指你必须购买的商品，因为此时你没有其他选择。）"如果回答是否定的，那么调查对象会被问道："在下列商品中，你最近一次尝试购买过新品牌的是：早餐麦片、咖啡、肥皂或薯片？"对第一个问题做出肯定回答的调查对象不会被问及第二个问题。

[2] Lazarsfeld, Berelson and Gaudet (1948), Chap. 16.

178n.

[3] 参见本单元第 8 章，以及第三单元第 13 章和第 14 章。汉德尔（Handel, 1950）对电影发行人如何想象人际影响的巨大作用进行了有趣的分析：如果电影不好，他们往往采用快速饱和的发行模式，即多家影院同时上映影片；如果电影不错，则采用缓慢渐进的发行模式。饱和模式可以使口口相传的影响减至最小，而使广告的效果最大化；而缓慢渐进模式则正相反，可以充分发挥口碑的效果。

180n.

181n.

[4] 502 位时尚方面的变化者分布如下：

时尚方面的变化类型

发型	32％
化妆技术或化妆品	38％
服饰样式	29％
总计（＝100％）	（502）

[5] 参见第二部分第三单元第 14 章。

186n.

第 6 章　诸影响的作用及其序列

效果分析要服务于评估测量的目的。当我们想要了解某一特定的宣传运动是否成功，某一种特定的制度是否需要改变，或诸如此类的问题时，我们就需要用到效果分析。当然，效果分析并非达到这些目的的唯一方法，实验或重复的抽样调查常常更为切中要害。事实上，会有学者认为我们当前所用的方法非常离经叛道，因为"人们并不知道他们为何会采取当前的行动"。不过，这是一种误解，同时在某种程度上也是一种自我欺骗。

首先，正如我们已经看到的，在许多领域中，人们确实知道他们为何行动。研究者的任务在于从效果分析的令人感到绝望的运用中找出其正当性。我们并不是说效果分析路径总是有效的，但有时，它确实适用于对某些特定因素的测量。

当社会科学家们让自己相信在所有方法中，"获得普遍赞同的"方法就是最好的方法时，自我欺骗就会出现。比如在医药领域，精细的实验设计会轻而易举地被用于测试一种药物对于缓解头疼是否真正有效。而在社会关系和行政活动领域，类似的工作在逻辑上是可行的，但是其花费会非常大，而且在实践中常常没有办法实施。实事求是地说，既然并不存在"获得普遍赞同"的捷径，那为什么就不能使用能利用现成信息的方法呢？一个人无法告诉我们是什么使他的头疼消失，一只动物无法告诉我们为何它会转向左侧的道路，但是人确实可以体验到并且描述出众多影响是通过何种途径影响自身的，他的一些计划是如何付诸行动的，有时甚至是他的计划是如何产生或者做出改变的。这种知识在何种程度上具备科学运用的价值，并不应该提前制定，只有对本单元中所讨论的各类行动的回忆材料进行系统的收集和分析后，一切才会真相大白。

同时，只有当人们对效果分析的逻辑和操作方面的本质特性有了普遍的清晰认识时，这一过程才会成为可能。通常，研究者们要么会专断地拒绝对"原因"的分析，要么会以一种天真和缺少反思的方式展开这方面的分析。在本章及随后的章节中，我们将简短地讨论效果分析中所涉及的一些假设和论断，即使是简单的效果分析（比如此处所分析的案例）中也存在这些假设。我们之所以做出这样的尝试，部分因为我们觉得有必要对效果分析进行一番澄清，还有部分原因是希望能够借此进一步推动这方面的研究工作。以下几页的内容也会解释为何我们将这部分的分析结果看作类似研究的引论，而不是一个可以得出明确结论的量化研究报告。由我们在此对效果分析的关键环节归纳可以看出，很明显，我们在这方面的开创性努力仍然存在着许多缺陷。如果不对我们所发现的迪凯特女性中个人影响的效果进行细致讨论，我们将无法对现在所用的方法做出哪怕是最低限度的说明。当然，我们现在的发现表明，在此项研究的田野阶段，是多么缺乏这方面的明确意识。

效果分析的五要素

在此，我们将粗略概括执行这样一项研究时所必须考虑到的主要因素，并指出在哪些方面可能会存在困难。

为此，我们可以清晰地区分出五个主要步骤：

（1）确立计算模型。

189　　（2）对不同类型的个案进行区分，并挑选出适合作为研究对象的个案。

（3）制定合适的访谈程序，获取所需信息。

（4）根据计算模型，评估效果的不同因素。

（5）进行统计分析并予以解释。

在本单元的第二章中，已经部分涉及了第三步和第四步的内容，但后面我们还将对此做出详细说明。当前这章主要讨论第一个步骤，后面的章节则会涉及对第二至第五个步骤的讨论。

计算模型

我们所做的这项研究，与犯罪和冲突的"动机"研究、自杀和投票的"原因"研究等，属于同一类型。在所有这类研究中，最后的结论是要对研究对象的行为进行回溯，找出"动机"、"原因"或是"决定因素"。这类研究从一开始就需要具有武断性（arbitrariness）。一位女性实施了某一犯罪行为，或者她选择购买某一特定品牌的咖啡，在这两个案例中，她的前期生活的所有方面都会以某种方式影响到这一最终的结果。如果她不是在她出生的那一年出生，如果上周她没有拐上某条特定的街道，或者那天早上的天气并不是那样，那么她最后的行为可能会完全不同。在某种意义上，泛泛地去问"为什么"毫无意义。这个问题应该被转换为一系列更具体的问题，以发现某些特定的因素是否发挥了重要作用。我们将要分析的这些因素，部分由研究目的决定，部分由调查领域的一般特征决定。

假设我们去调查为什么人们要从国内某地迁移到另外一个地方，最低限度我们要了解老地方有哪些缺点，新地方又有哪些吸引他们之处。如果我们对于商会（Chamber of Commerce）在这方面的宣传特别感兴趣，并想要对其进行评估，那么我们就必须关注人们是通过何种途径了

解到迁居地信息的，此时，仅仅了解这个新地方的吸引力就远远不够 190
了。再比如，假设我们的研究更强调心理因素的分析，那么我们至少可
以将"推离"（push）因素分为两个部分：老地方的负面特征——它造
成迁居的压力；"触发事件"（trigger event）——它最终使情形变得无
法忍受。

我们最终决定纳入调查的一系列因素，被称为计算模型。也就是
说，这些要素构成了最基本的模式，通过它，我们可以对被调查的所有
案例进行比较。比如我们可以这样说：一个人要迁居至另外一个地方，
必然有其特定的原因将他"推离"原来的地区，同时新地方也会有其特
定的"拉力"（pull）；因而在每一个个案中，我们至少要得到一个"推
离"因素和一个"拉力"因素，以构成所需的最基本的信息。那么，这
一计算模型将由两个要素构成。或者，我们可以认为，对于每位迁居者
而言，只有满足以下四个方面的条件，迁居行为才会产生：（1）推离因
素；（2）"启动"推离因素的触发事件；（3）"拉力"因素；（4）迁居者
获知新地方的吸引力的渠道。那么，计算模型将包括四个要素，而访谈
也会变得更为复杂。

现在，购买日常用品通常是一种非常简单的行为，并不需要一个计
算模型来进行评估。不过，我们仍然可以轻而易举地设计出许多合适的
模型，即使我们的目的仅仅是评估一些影响（比如人际接触或广告）的
作用。比如我们可能会对以下问题感兴趣：哪类影响最有可能唤起兴
趣？人们最有可能从哪些地方获得信息？什么最有可能诱使最终行动的
产生？在这个案例中，计算模型至少需要包括以下三方面的要素：（1）
使行动得以启动的影响；（2）行动者在决策过程中接触的信息源；（3）
决定因素（clinching factors）。无论研究者们期望达到何种精度，我们
想要表达的是，任何效果分析都内在地包含了一种计算模型，研究者必
须对其做出清晰地界定。这就需要研究者预先确定：哪些是因果要素，
以及需要对因果过程中的哪些阶段进行调查。

尽管我们当前的研究并不需要特别精细的模型，但我们仍然对计算
模型做了细致的讨论，因为这是任何效果分析的基本特征。实质上，我 191

们的计算模型由以下要素构成。我们假设，观看电影或者购买某一特定食品品牌的决策至少包括两个步骤：第一步，产生行动的兴趣或欲望；第二步，达成行动，即行动实际发生。我们的计算模型的"两级"特征体现在以下两个方面：（1）有时我们的问题会对"了解某事"和"做出决定"进行区分；（2）在所有访谈中，我们要求调查对象对接触顺序进行排序。[1]因此，在我们分析的每一个领域（购物、时尚、看电影和公共事务）中，"改变者"们将被问及以下问题："你提到有许多不同因素使你注意到它（如新的食品品牌、新的时尚、新上映的电影），是否可以告诉我们它们具体是哪些因素呢，第一_____，第二_____，第三_____，第四_____？"

现在，我们将离开对于计算模型的一般讨论，转而对问卷中运用我们自己的基本模型得出的发现进行分析。

影响的数量和排序

首先让我们来考察看电影的行为。在我们的调查对象中，有1/3的人只接触一种影响，而2/3的人则从几个不同的源头那里听到过或者读到过有关她们所观看的电影的信息。表2—6—1是完整的统计表。

表2—6—1　　　　　　　电影观看领域不同影响源的多重接触

仅接触一种影响源		36%
接触多种影响源 包括：		64%
接触两种影响源	32%	
接触三种影响源	20%	
接触四种影响源或更多	12%	
总计（＝100%）		(584)

对于那些报告说接触过不止一种影响源的调查对象，我们会向其询问她们接触的顺序。假如一位女性告诉我们她从期刊上读到过她所观看的电影，此外也听到过她的朋友谈论它，我们就会问最先是从哪里知道

这部电影的。对于调查对象而言，回忆这种顺序通常比较困难：事实上，有14％的调查对象完全无法回忆出来，而那些最终提供了排序的访谈对象，其回忆过程也非常困难。[2]

我们的第一个问题是描述性的：不同影响的发生次序是怎样的？同时，每种媒介在这一顺序中的位置如何？此时，我们没有进行效果分析，但是下面我们将尝试着分析，在这一顺序中居前的媒介与居后的媒介在影响效果上孰高孰低。

此处我们仅涉及接触，所以我们的基础数据比较大。因此，在我们的计算中能够包含出现频率极低的媒介，而这在本部分第5章对于效果等级的分析中无法做到。让我们以电影观看领域为主要例证，在此，除了前面所讨论过的媒介外，我们还可以加上书籍、预告片和影院大门海报等其他媒介。田野调查中我们所使用的有关"接触"的问题的类型，已经在本部分第4章中做了举例说明。

对不同媒介作用的分析揭示出这些媒介在影响过程中存在着独特的时间顺序。比如我们可以预期报纸媒介发挥着"提供事实"的作用，它可以为观影者提供一系列其他影片，或者告知观影者她想看的电影在哪里上映。因而，报纸很可能在影响次序上居于其他影响源之后。我们可以做出这样的猜测：人际接触的独特作用在于唤起观看某部特定电影的欲望。如果确实如此的话，那么人际接触在影响次序上应该居于报纸之前。期刊可能常常被认为处于影响序列的最前端，因为一般而言一部电影在某座城市上映之前，期刊上就会出现有关这部电影的信息。最后是与电影相关的书籍，它也应该出现在影响的时间序列的前列。

这些预期在很大程度上被计算证实。以下是不同影响源在三种不同时间序列中的出现频次，如表2—6—2所示。

表2—6—2 电影观看领域影响源的位置序列[3]

	人际接触	影院海报	预告片	报纸	期刊	书籍
第一位	44％	12％	48％	22％	52％	64％
第二位	37％	29％	29％	51％	26％	3％
第三位或之后	19％	59％	23％	27％	22％	33％
总计（＝100％）	（190）	（61）	（114）	（295）	（139）	（36）

　　让我们先比较人际接触和书籍，这两者都经常出现在时间序列的第
一位，尤其是书籍。但即使在这一阶段，这两种影响源也可能发挥着不
同的作用。在一部电影上映之后，一些人有可能告诉我们有关这部电影
的一些信息；而一本书籍可能在这部影片出现很久之前就被读过，而此
时被回忆起来。人际影响可以出现在影响流动的三个不同位置中：它们
可以起到"发起"（initiate）、"告知"（inform）和"促成"（clinch）的
作用。书籍也经常地出现在影响序列的最后阶段，但它几乎不会在时间
序列的第二位中出现。一个有趣的猜想是：一些人去读或重读某本书
籍，是因为他们知道这个故事出现在了银幕上，只有他们喜欢这本书，
他们才会去看根据这本书改编的电影。众所周知，当某本书被改编成电
影并上映后，会刺激它的销量。这通常被认为是观看电影的效果
（effect），但表2—6—2显示，阅读量的提高也会先于电影观看行为而出
现。

　　期刊的分布区间介于书籍和人际接触之间，但它的影响角色似乎更
接近于人际接触而不是书籍。一个故事可能在期刊上连载，因此会和书
籍一样发挥着"预备"的作用。但更为常见的是期刊会以评论和广告的
形式，告知受众有关一部电影及其演员的信息。不幸的是，根据我们的
材料无法区分这些功能。

　　预告片的作用与人际影响差别不是很大，从某个角度看这令人感
到惊奇。人们有理由预期作为即将上映的电影的前期信号，预告片最
有可能出现在影响序列的前端。但是在已经提到的四个影响源中，预
告片出现在第一位的比例偏低，很明显它起到的是强化观影者先前通
过其他渠道了解到的信息的作用，或许对于一位经常观看电影的人来
尤其如此。

　　报纸更有可能起到的是信息源的作用，其作用在于对观影者已经做
出的决策提供细节性信息。人们可能会认为对于报纸的接触通常会排在
最后，但事实并非如此，由表2—6—2可见，对这一影响源的接触主要
出现在第二位。这似乎表明，对于观看哪部电影的决定一直要到最后才
做出，在这一过程中人们利用报纸了解可能的信息，而其他影响源则被

用于做出最终的决策。同样，许多案例也表明，仔细阅读报纸可能无法帮助人们找到喜欢的电影，因此人们还需要寻求其他信息源或者广告的帮助。这正是接触影院海报的频率在时间序列上由第一位到第三位依次递增的原因。许多观看哪部电影的决策可能正是由影院门口张贴的海报最终决定的。它们的功能可能就是对来自其他影响源的累积效果起到了促发作用，或者有很多人可能是所谓"海报式消费者"，即他们会延缓决策，直至看见影院门口的海报。

在时尚领域，我们也进行了类似的分析。由于对这一领域的分析并未得出任何全新的发现，我们不再赘述。不过，在日用品购买领域，这种分析就显得没有什么价值了——购物决策往往是在一个极短的时间内做出的，因而区分影响的先后顺序对于理解这一领域中的影响流动并无太大帮助。

位置与效果

影响发生的顺序如何与其效果相关联？有可能是调查对象所经历的最终的、促成性的影响最为有效，但也有可能是其所经历的最初的接触最为重要。当然我们还有可能会发现，不同影响源在时间序列中的位置和它的重要性之间毫无关联。图 2—6—1 清晰地显示了我们的发现。调查对象首先接触的影响源有可能被她们认为是最具影响力的。尽管对于许多个体而言并非如此，但这一统计趋势依然十分明显。无论是在电影观看领域还是时尚领域，我们的分析都得出了相同的结论：最先接触到的影响源通常被认为是最为重要的。[4]

有必要对这一发现做一番思考，因为对其可能做出不同的解释，以下就是可能性最大的一种解释。受到某种影响，一个人决定去观看某部电影或是改变发型。在做出这样的决策之后，她会对其他接触类型更为注意：她去看更多的广告，或是与更多的人进行讨论。但是，她主要将这些进一步的接触用于对已有决策进行确证，或是进行细节

195

196

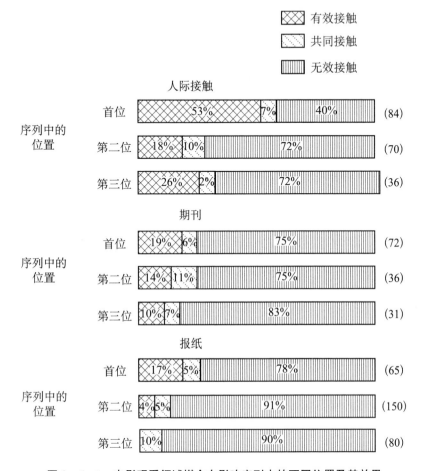

图 2—6—1   电影观看领域媒介在影响序列中的不同位置及其效果

注：表中每栏总和为 100％，括号中的数值指的是在某一特定位置上接触某一特定影响源的总人数。比如第一栏解读如下：在所有报告称首先产生人际接触的电影观看者中，有 53％ 的人认为这是一种"有效接触"，有 7％ 的人认为是"共同接触"，有 40％ 的人认为是"无效接触"。

197　　方面的评估。因而，在这些个案中，我们可以预期这些接触会被认为是无效接触，在影响序列中，它们的位置往往处于最为有效的影响源之后。

　　但这并非是唯一的情形。有些女性会四处寻求建议，观看大量的广告，并且在长时间的犹豫之后才会做出决定。在图 2—6—1 中，这些女性的特征在每组的第三横栏中得以体现。她们报告称对某一种影响源的接触发生在第三位，或者更后，但是她们将其视为最为有效的接触。

然而在这方面，不同影响源之间有显著差别。人际接触呈现出双峰分布的特征：在接触序列的第一位和最后一位，其效果更大，而在第二位时其重要性稍弱（见第一组第二栏）。而报纸媒介在第一位时最为有效，之后其重要性较低（见第三组中交叉线部分的快速下降）。

很明显，除了使问题更为突出外，我们并没有做太多工作，我们也没有以任何方式解决这些问题。对于我们而言，效果与时间顺序之间的关系非常重要，只有对个案进行更为细致的分析，或者更好的做法是当同样的人群正在进行决策时对他们进行重复访谈，才有可能在这些问题上获得进一步的洞见。图2—6—1中只包含了两类信息：影响源在时间序列中的位置，以及它在整个决策过程中的平均效果等级。我们对不同影响源可能扮演何种角色尝试着进行了推断（当然这带有猜测的性质）。但必须强调的是，只有按照上一章所讨论过的更系统的访谈才能直接获得这方面的信息。在影响流动过程中存在着大量复杂的行为，因而更为细致的分析不可或缺。就当前目的而言，我们所做的极其初步的研究或许可以为人们进一步理解人际接触重要而多样的功能提供一些帮助。

注释

[1] 实际上，在上一单元所给出的表格中，并未真正对这两个步骤做出区分，所有的影响被集中在一起分析。不过在后文中，我们将对影响的时间顺序进行区分。　*191n.*

[2] 报告接触顺序的能力，并非像有人可能假设的那样，仅仅就是简单地回忆起接触的数量。　*192n.*

	回忆起的接触数量		
	2次接触	3次接触	4次接触或以上
无法报告接触顺序的百分比	18%	8%	16%
总计（＝100%）	(318)	(146)	(57)

在那些仅接触两种影响源的调查对象中，回忆失败的比例最高，而接触3种影

响源的调查对象的回忆失败的比例最低。不过，在接触 4 种或以上影响源的调查对象中，回忆失败的比例几乎与 2 次接触的一样高。对此，一个可能的但相当具体的解释是认为有两种相互对立的心理倾向在发挥作用。对接触数量的回忆可能是（至少部分是）一般回忆能力的一种体现。回忆起的接触数量越多，可能就意味着其回忆能力越强，因此这些影响的顺序就可能会被记住。这种心理倾向可以解释为何回忆起 3 次接触的调查对象的回忆失败比例，要低于回忆起 2 次接触的调查对象。与这一倾向相对立的另一倾向是，无论一个人的一般回忆能力有多强，随着回忆起的接触数量的增多，其回忆起接触顺序的难度也在加大。后一种心理倾向可以解释回忆起 3 次接触和 4 次接触的两个群体之间的差异。必须承认，这种解释多少有些含糊，但是它的长处在于其易于测试，因而具有一定的说服力。

193n.　　〔3〕表格中的百分比指的是不同影响（如纵栏标题所示）在时间序列中出现的次序（如横栏所示）。每一纵栏总计所显示的数字，指的是调查对象所提及的特定影响源的总次数（仅统计那些回答了两种以上影响源的调查对象的回答）。

需要注意的是，表 2—6—2 并未考虑某一种影响源与其他影响源相结合的不同趋势。举例来说，报纸可能更为经常地与其他两种影响源结合在一起，而人际接触往往只会与另外的一个影响源相结合。如果是这样的话，那么报纸（相对于人际接触）更多地出现在时间序列的第三位的趋势可能具有欺骗性。

195n.　　〔4〕图 2—6—1 中仅对那些报告接触了某种影响的调查对象的数据进行了统计，每栏相加的总和等于 100%。在之前的统计图表中包括有"未接触"一项，当然在图 2—6—1 中对这部分人群未予呈现。人们也许会提出这样的问题：将所有的调查对象合并在一起，而不考虑她们到底报告接触了几种影响，这样操作是否合理？在一个更大的样本中，采取与图 2—6—1 类似的方法，将那些报告了一种、两种、三种和更多相关接触的调查对象区分开来进行统计也许是有价值的。这可能会使统计分析更为精细，但它并不会改变影响顺序与其效果之间的主要的内在相关性（这正是我们在下面几页中所要讨论的）。

第 7 章　进一步的技术问题

在上一章的开头部分，我们列出了效果分析的五个主要步骤。我们已经对其中的第一个步骤——计算模型——进行了讨论，第二个步骤与其紧密相关。

个案的预分类

在电影观看领域的个案中，有一位女性数年来在每个星期二都会去同一家影院观看电影，不管当时上映的是哪部影片。很明显，向她询问观看上一部影片时的决策过程几乎没有意义。对于这类成瘾者，可以询问其习惯是如何形成的——尽管要找到答案并不容易。假如在我们的访谈中有众多此类案例，它们或许可以作为一个特殊的群体加以分析。另一方面，对于那些在众多可能的选项中做出了实际选择的人，当然能够对其最近的决策过程进行分析。因此，对上述两种不同个案进行预分类（pre-classification），可以帮助我们针对这两类群体确立不同的计算模型、不同的访谈技术和不同的分析程序。或者说，作为预分类的结果，我们可能会决定对样本中的某些部分不予研究。

　　下面让我们来探讨一下预分类对于本项研究（在看电影、时尚及购物领域）的意义。如果我们研究的决策行为涉及意见的自主改变，我们首先会转向思考"供应"（supply）的问题。也就是说，我们需要知道改变的目标在多大程度上是可以实现的，这一改变在多大程度上是出于情境的需要，以及实际上有多少可以利用的改变选项。比如，电影发行的特征是：每过一周或两周，电影的"供应"就会发生改变。因此，除了刚才提到的特殊案例外，我们可以确信每一次电影观看行为都涉及新的决策。不过，如果我们调查的是对香烟品牌的选择，那么情形就完全不一样了。一位刚刚改变了香烟品牌的吸烟者，一位多年来只购买同一品牌香烟的吸烟者，一位随机购买手边可得的任意品牌香烟的吸烟者，他们代表了三种不同的类型。对这三类吸烟者不能采用相同的访谈方式，也不能将他们归入相同的统计分类之中。换言之，如果"供应"的结构自身无法使多数人在近期做出改变，那么在研究设计过程中就必须预计到可能出现的不同类型的个案，并对它们加以区分。一种方式是询问调查对象是否在近期正好做出了改变，在时尚领域的调查中，我们正是这样操作的。我们问道："近期你是否在发型、服装风格、美容、化妆，或是其他方面做出过改变，以使自己变得更为时尚？"[1] 502 位女性（超过 6 月样本的一半）承认曾做出过改变。

　　在电影观看领域，我们分析了调查对象选择每一部电影的原因，当然这并不包括样本中少数几位有电影癖的调查对象。在时尚领域，我们只针对变化进行分析，调查对象在访谈中对提问的回忆为我们提供了材料。

　　在食品和家庭用品购买领域，我们同样关注变化，但在我们看来，这些变化可以分成几种类型。对于调查对象而言有些变化是被迫做出的，因为在购物时她们所喜爱的品牌很难买到。在有些个案中，发生了改变的购买行为是由家庭中的其他成员实施的。还有一种情况是调查对象在家庭中不是食品的常规购买者。只有对那些在不同品牌间自由选择的行为才能运用评估性的分析。在我们看来当调查对象没有选择空间时，或是当她并非自主地做出决策时，此时并不存在影响。[2]

最后这个例子清楚地表明，在效果分析中，对调查的某些方面进行细致的界定是十分必要的。因此，最初我们随意地选定以购物行为的变化为研究的开端，但最终我们的分析只针对调查对象自主做出的个人决策中的变化，其他的变化类型均被排除。不过在另一些情形中，我们或许会采取不同的行动，比如对于居所流动（residential mobility）的分析。在这一研究中，很可能在预分类中我们会区分两种类型的调查对象：那些按照自由意愿移动的人群，以及那些出于不同原因不得不移动的人群——因为他们的旧公寓被拆掉了，因为他们的房东自己需要住进来等等。但是当我们想对这两类群体分别进行分析时，我们可能不会像在购物领域所做的那样，排除第二类群体。对于第一类群体，我们可能会对以下话题感兴趣：是什么因素促使他们离开，他们对旧居所有哪些不满，他们如何选择新居所？而对于第二类群体，即那些被迫迁居的人，我们对将他们从旧居所"推离"出来的力量并没有心理学上的兴趣，但是新居所对于那些被迫迁移的人们的"拉力"仍然值得调查，就像对自愿迁居者一样。此处的重点在于，要意识到个案的预分类常常是系统的效果分析的最基本组成部分，因为不同的计算模型必须与不同的个案组别类型相适应。

访谈中的陷阱

在本部分第 4 章中，我们已经对访谈技术进行了论述，这就是该章"询问'为什么'的艺术"这一部分的主要内容。在此我们不会重复前文的内容，只需要声明一下，我们的问卷和田野工作的设计是为了使收集的信息最好地为研究目的服务，这就足够了。如果一位调查对象没有提及任何影响，但报告了影响可能发生的情境，那么我们会利用后续问题使事实得以澄清。我们并不会让调查对象以她们自己的方式来理解我们的问题，相反，我们会根据调查目的，努力找出访谈对象未曾言明的假设，并且尽可能地实现访员和调查对象互相理解。我们会做足前期准备，以帮助愿意提供相关材料的访谈对象更好地回忆她所报告的影响事件中的众多细节；对于那些犹豫不决的以及感到尴尬的调查对象，我们会努力使她们确信被他人影响并不是什么丢脸的事情，而且她们所提供的信息将用于科学目的。我们的访员会尽一切可能顾及调查对象的实际经验结构：她可以从调查对象认为的最重要的部分开始讲述，即使这些信息与我们的问题并不契合。在访谈中，我们的调查人员努力以一种显得十分"自然"的方式对调查对象加以引导。

但毫无疑问，在我们的访谈中也存在着各种各样的失误和意外，这使得我们错失了许多有价值的信息。在我们的研究中，所面对的困难可以分为以下四类：

（1）问卷的"适用性"。这是指问卷整体结构方面的错误，因为它与我们所调查的行动的社会和心理结构并不相适应。我们进行预调查（pretests）的目的就在于避免这类错误的出现，但许多问题常常要到最终分析阶段才会被发现。

举例来说，现在我们知道调查对象有时会出现以下一些反应。当她们被问及是否与其他人讨论过某部电影时，她们常常会说没有。不过，对她们的访谈却清楚地表明，她们是和同伴一起去看电影的，而且实际上她和她的同伴曾就选择哪部电影进行过讨论。而许多人似乎并不将陪同自己观看电影的同伴看作"其他人"。如果你购买某样东西，任何与你就这一购买行为进行过讨论的人都是"其他人"；但如果你是去看电影，那么你的同伴就是你的行动的一个组成部分，而不再是"其他人"。因此，这些调查对象相当坚定地声称她们没有和其他任何人讨论过这部影片，即使她们后来表明曾与一起去观看电影的同伴进行过长时间的讨论。

本部分第 5 章的图 2—5—2 隐约地描绘了这一现象。无疑，实际受到人际接触影响的调查对象比在图中显示出来的要更多，如果我们是在广义上使用"人际接触"这一术语的话。如果我们当初能够建构起更好的计算模型的话，这类困难是可以避免的。在前文所举的一个案例中我们提到，更为严密的计算模型可以区分出"发起性的影响"和"促成性的影响"。问卷的适用性问题表明，至少在研究电影观看行为时，我们的分析模型本应对两类人际影响进行区分："内部"影响——指来自共同观看电影的初级群体成员的影响；"外部"影响——指来自所有"其他人"的影响。

（2）特定问题的措辞。有时，特定问题所使用的措辞方式也可能带来麻烦。在前文中我们曾提到，在一系列问题的最后，我们会问道：

······什么是使你做出_____（决策）的最重要因素？

在这个问题出现之前调查人员会提出许多问题，所有这些问题都在不断强调人际接触、广告、印刷媒介等因素的影响。以这种方式提出最后的问题是基于这样一种假定，即经过对前面一系列问题的回答，所有的调查对象都应该可以理解这个问题的确切含义："在我们所讨论的这些影响中，哪一个最重要？"但是许多人并没有按照我们的预期做出回应。当这个问题被提出时，调查对象可能会"脱离"我们的假设：在许多访谈个案中，调查对象在一定程度上放弃了对于影响的关注，而认为某位电影明星或是某个咖啡品牌的独特香味是最重要的因素。换言之，她们回答的是其所选择的对象的特定属性，而不是像我们所期望的那样，回答出这些属性是通过哪些渠道才为她们所知并有效地影响了她们决策的。人们可能会认为必须进行大量的预调查，以寻找出合适的提问方式与措辞。但是在当下，并没有什么一般性的术语能够轻易地涵盖渠道、源、影响等意义。我们必须寻找到这样一种术语，它比笼统的"东西"（thing）要更为精确，但又不会像"渠道"等术语一样那么专业。

（3）调查对象的误解。第三类失误与失败的访谈有关。即使问题的措辞明确而清晰，访谈对象常常还是会错误地理解这些问题。比如在电影观看领域，问卷已经非常清晰地表明了调查的主题是了解她们为何会选择观看某部特定的影片，但仍然有许多调查对象以为我们想要了解的是她们为什么会在某天去看电影。真正训练有素的访员会注意到这种误解，他们会记住调查对象的回答，并在后续访谈中追问："是的，我明白，你想要通过看电影缓解一下疲劳，那么，'那天晚上你选择看某影

片而不是其他影片的主要原因是什么?'"后半部分的问题是印在我们的
调查问卷上的。有时,由于这类疏忽所遗漏的信息会在后面的访谈过程
中自动得到弥补。比如在这个案例中,调查对象后来被问及她们是如何
了解到某部影片的信息的,或是类似的问题,这样仍然可以获得有关特
定影响的信息——这才是我们真正感兴趣的。不过,最终的统计结果仍
然明显地受到调查人员训练不足的困扰。

(4)效果分析的局限。第四类失误源自我们目前所使用的效果分析
方法的局限,这种局限具有一定的普遍性。要从调查对象那里得到合适
的回答,本身就非常困难。大约每 15 名调查对象中,就会有一个人对
我们说她尽管还记得那些信息对其决策起到了重要作用,但就是完全不
记得在哪里听到过或是从哪个渠道获得了这些信息。我们在前文中提
到,在这方面,有三个领域更易于调查。假设我们提出以下问题:"在
上次调查之后,你对本地警察局长的工作表现的意见发生了改变,你态
度转变的依据是什么,你从哪里获得了这些信息?"如果此时地方官员
的工作绩效正是一个热议的话题,那么调查人员需要相当的技巧才能找
出决定这一意见改变的主要因素。我们很容易想见,还存在着其他一些
缓慢的、难以察觉的态度改变,人们甚至不会觉得需要对它们进行类似
的效果分析。对于我们的研究而言,那些难以统计的次要影响源,可能
在不同的研究设计中会成为重要的话题。

我们最后要讨论的是提问的次序。从逻辑的角度看,合理的顺序应
该是:"你是否进行过讨论?""它是否对你的决策有所影响?""人际接
触是否是主要因素?"但是从心理学的角度看,这样的提问顺序可能就
是错误的。如果我们一开始就详细地询问调查对象是否与其他人进行过
讨论,或者是否读到过与其决策相关的材料,这样很可能会影响到她们
对不同效果因素的判断顺序。因而,调查对象很可能就不会提及那些起
到某些作用但没有被调查人员专门列出的媒介或影响源。所以从调查对
象的心理角度出发,合适的提问顺序应该是相反的:"什么是最重要的
因素?""还有哪些事物在起作用?""你是否与其他人进行过讨论?"

不过基于逻辑的提问顺序和基于心理的提问顺序之间的对立,很容

易导致统计上的困难。在基于心理的提问中，一个人在回答第一个问题时可能已经提到"与某夫人的交谈极大地影响了自己"，而一分钟之后我们又去问她是否和其他人进行过讨论，许多调查对象有可能会认为再次重复她曾和某夫人交谈过会显得很愚蠢，于是她们会这样来理解后一个问题："你是否和除某夫人以外的其他人进行过讨论？"结果我们经常会发现这样的情况：一个人认为广播广告是主要影响，但对这个问题——"你是否通过广播听到过这个产品"，她的答案是"没有"。这种状况可能会导致统计上的自相矛盾，因而必须对反馈数据进行适当的校正。比如针对所收集的数据，我们的程序遵循这样的原则：如果一位调查对象认为某个因素是"影响者"，那么我们就会自动假定她同时也接触到这一因素，而不管她对这一接触过程是否明确提及。

我们不会狂妄地自称以上这些说明已经穷尽了我们在效果分析的访谈过程中遇到的所有问题，但是我们希望读者能够借此对本项研究所有阶段中我们的思考方式有一个全面的了解。

评估的问题

效果等级（impact ratings）是指根据不同因素在决策过程中的作用，赋予它们不同的权重。尽管只涉及这些因素间重要性的比较，但这一研究程序背后的逻辑仍然远比我们在本部分第4章中所讨论过的复杂。在此，我们只能再次对其中主要的困难做一番探讨。

在所有评估背后，潜藏着一个主要问题：如果这种影响没有施加在某位调查对象身上，那么她还会观看这部电影，或是改变发型，或是选择新的食物品牌吗？要回答这个问题，有赖于对众多新问题的思考：作用方向相同的其他影响有多大的可能性可以取代我们所分析的影响因素？调查对象是如何决定采取这一行动的？调查对象所面对的整体情境在多大程度上左右了她的决定？显然，我们并没有收集到足够的信息做出判断。我们在每一个独立的个案中都犯下了一些错误，有时我们高估

206 　了特定因素的效果，但有时我们又会对它估计不足。但是我们希望在对大量案例进行集中分析时，这些错误能够相互抵消。当我们做出判断——"相对于其他影响源，人们更多地受到他人的影响"时，我们所依据的前提假设是我们的统计结果是正确的，即使我们对于许多单个个案的评估可能会出现偏差。因此，重要的是要将个案评估和统计计算区分开来，后者建立在众多个案评估的累积的基础之上。本部分第 5 章中的图 2—5—1、图 2—5—2 和图 2—5—3 正是这种效果统计的典型案例。利用整体性的统计抵消个案中的失误，这在多大程度上具有科学性？这个讨论将极为复杂，无法在这里展开。但显然，从我们所处理的实际材料来看，我们对此有比较充足的信心。

　　如何能够证明效果统计得出的结论是正确的？要回答这个问题，最重要的仍然是将个体性的发现和统计性的发现区分开来。对于一个个案，我们可能永远无法证明对它的效果评估是否准确，我们所能做到的仅仅是使它在我们的讨论中具有一定的合理性，并且能够在一定程度上与背景性信息相契合。但是统计结果则是可以验证的。要操作以下实验并不困难：我们可以让一组被试接触某则消费类商品的广告，而另一组被试则不接触这个广告。假设接触了广告的组别中有更多的成员购买了这个产品，两组成员间购买比例之差为 10％。现在让我们对购买了这个产品的接触组成员进行访谈，如果有 10％的人报告说他们是因为受到了广告的影响而实施了购买行为，那么就可以认为我们的评估程序是正确的。

　　在一些已经出版的专著中，研究者对调查数据也采取了类似的确认方法。比如一项已经发表的研究表明，居住在更拥挤地区的人实际上更倾向于将过度拥挤视为迁居的理由。[3] 或者，住所离某家百货公司越远的人，越倾向于认为距离因素是决定他们不在这家商场购物的原因。英国的一位犯罪学者西里尔·伯特（Cyril Burt）仔细比较过下列两类数据：一方面，他对青少年犯罪的个案进行了分析，以评估贫困因素在犯

207 　罪行为中的作用；另一方面，他对贫困人群和富裕人群的犯罪率进行了比较统计分析。这两种分析方法所获得的结论具有较高的一致性，这使

得他对这种评估程序充满信心。不过，这类比较研究仍不多见，我们非常期望今后有更多的研究能够采用这种方法。不过，本项研究不可能采用这类花费巨大的方法检验我们的效果统计。

我们提出的最后一个问题是，对某个影响源的效果进行讨论的意义何在？难道它不就是由建议提供者或者广告传送的、影响了调查对象的观点吗？这种看法无疑是正确的。此处我们所使用的语言并不精确，会省略掉许多东西。一般而言，当我们认为个人提出的建议比广告以及其他正式媒介所传递的信息更有效时，我们所指的是影响源本身和它所传递的内容的结合。假设我们通过统计、计算发现一种媒介比另一种更具效果，那么，它可能是由于这两种影响源之间的许多差异所造成的。比如，如果它们都能到达目标人群的话，它们可能会同样有效，但是某个媒介比另一个覆盖范围更广，因而它的效果更好。还有可能是这两种媒介覆盖范围相同，但是其中某个媒介更有效，因为它使用了更具说服力的论据，或是通过其他一些方式成功地影响了它所到达的受众。或许所有这些都可以放到一个公式里：效果＝覆盖范围×有效性。

因此，我们所研究的是处于特定情境中的渠道及其内容。这是任何评估研究（evaluation study）所具备的共同特征。我们并没有提出这样的问题：如果充分发挥其长处，不同媒介能够做些什么？这样的调查以前曾经进行过。在此前出版的两本书中，我们曾经调查过阅读行为和收听行为相比有哪些特性[4]，以及个人影响的本质是什么[5]。不过这些调查服务于不同的目的，所需要的技术也不同于本项研究。

注释

［1］如果调查对象提及了多处改变，我们只针对最先被提及的改变进行进一步的评估性访谈。因此，502 种变化对应着 502 位调查对象，每一种变化代表一位调查对象。 *199n.*

［2］进一步说，在购物领域，我们不仅收集了调查对象自己对近期改变所做的回顾性说明，而且还收集了"实际"改变的案例。在我们 6 月的访谈中，所有女性都被问及在她的食品储藏间的置物架上有哪些品牌的咖啡和谷物食品；之后在 8 月的访谈中（这是对 6 月访谈中所有调查对象的跟进访谈），我们针对同样的问题再 *200n.*

次进行调查。通过这种方式，访谈数据客观地表明，总共有 439 例品牌变化，其中咖啡 142 种，早餐麦片 297 种。在这些变化中，有 29％此后被归入"非自愿"变化一类——之所以做出这些变化是因为没有其他品牌可供选择等因素。这些变化"组别"的评估性数据在此没有呈现。一般而言，这些数据可以和此处所列出的"回忆性"数据（在这方面我们获得了大量的个案）进行比较，在后面的第 10 章末尾，我们对这两类数据之间的一些差别有所涉及。

206n.　　　〔3〕Rossi（1955）．拉扎斯菲尔德和罗森伯格（Lazarsfeld and Rosenberg，1955，Section V）也对这项研究以及其后的一些案例进行了讨论。

207n.　　　〔4〕Lazarsfeld（1940），Chap. 5.

　　　〔5〕Lazarsfeld，Berelson and Gaudet（1948），Chap. 14.

第8章　效果的变异

　　我们已经对迪凯特调查的整体样本的效果等级做了汇报。但是有人可能会预期在样本中不同情形之间的差别会很大。也就是说，人们是否容易受到影响，取决于其对环境的感知与判断，同时能够对他们产生影响的媒介也会因其个性而异。这将促使我们开始考虑在本部分第6章开头部分所列出的五个步骤中的最后一步：统计分析。

　　我们的统计图表只描述了实际情形。比如，如果在调查期间，播送了更多的广播广告，那么无疑广播媒介的效果数值就会更高。这也就是说，从此类信息中我们并不能得出任何概括性的观点。为了得出更有效的结论，我们必须引入其他信息。这可以从两个方面着手：可以将调查对象的态度和个性纳入考虑范围；还可以将不同媒介联系起来而不是分别做效果分析。在此，我们的分析将主要限定在第一个方面。

不满的作用

　　在调查中，有一些问题旨在探明调查对象在决策时的心理情境。我

们推断存在着两种类型的改变：一种是出于对先前事物的不满而做出的

209　改变，另一种则更多地出于试验性的试错的心理动机也就是为改变而改变。为了确定这两类改变，我们对那些在日用品购买领域中在品牌或产品方面做出改变的女性提出了以下问题：

> 你是出于对先前使用的产品的不满而做出改变，还是仅仅就想改变一下？

对在时尚领域中做出改变的调查对象，我们也询问了同样的问题。根据她们的回答，调查对象被分成"满意的"（satisfied）改变者和"不满的"（dissatisfied）改变者两种类型。必须强调并且记住的是，所谓"不满"，指的是做出改变之前的心理状态，而不是改变之后的心理反应。

在效果分析过程中，透彻地理解此类态度或倾向问题是十分重要的。它暗示女性并不是单纯出于不满而做出改变。许多女性可能会对原有事物心存不满但并不去改变，同样也会有不少女性并没有什么不满但依然会做出改变。

此外还应明确的是，就像我们在讨论外部影响时区分了有效接触和无效接触一样，在此我们也可以区分针对某种情绪或态度的有效及无效"接触"。因而，我们可能会"接触"大量不同的情绪，但仅会针对其中某一种情绪采取行动。对此的例证可以在一项关于迁居的研究中找到，在该项研究中，研究者们对"不满"进行了系统分析（如同我们对外部影响所进行的系统分析一样）。比如，他们对两类人进行了细致的区分：对合租房屋内的噪音感到不满的人和对此并没有什么不满的人——噪音正是迫使房客另寻新居的因素之一。对于有效接触和单纯接触（指仅接触噪音但并未因此而采取迁居行动）的这种区分，当然可以用我们在本部分第5章中所采用的图表方式予以呈现。不过我们在此并不想对"不满"的不同接触形式进行分类，也就是说，我们在此仅对接触本身进行

210　讨论，而不涉及"不满"所带来的效果问题。我们想知道，对于下面两类同样采取了决策行动但心理状态不同的调查对象而言，人际接触和正式媒介的效果有何差别——一类是对决策前状况表示满意的女性，另一

类则是对决策前状况不满的女性。这正是我们区分满意的调查对象和不满的调查对象的主要目的所在。

为了对我们的结论进行初步概括，首先让我们引入有效性指数。比如针对时尚领域中的变化，我们可以比较对于满意的调查对象和不满的调查对象而言，不同的影响源之间的有效性有何不同。

表 2—8—1 显示，在不满的调查对象中，任何一种影响源的有效性都更高。在其他领域中，也呈现出与此相同的特点。一个对现状心存不满的人，当其接触到相关建议或是其他信息时，更有可能做出改变。不过需要强调的是，这种趋势并不像想象中那么明显。一位心存不满的人往往更为谨慎：他更有可能寻求帮助和指导，但他却更不容易受到影响。他可能倾向于更多地听取不同的意见，并更为仔细地思考这些意见可能带来的后果。也就是说，他会设法避免做出选择后再次出现不满的情况。

表 2—8—1　　　　　　时尚变化方面不同影响对于满意的和不满
的调查对象的效果[1]

影响源	有效性指数[2]	
	满意的 调查对象	不满的 调查对象
口头人际接触	0.09	0.20
视觉人际接触	0.13	0.18
销售人员	0.08	0.13
期刊	0.04	0.08

这种情形可能会使得表 2—8—1 中所列出的有效性指数产生逆转。当然，事实上我们的发现是基于对大量样本进行统计而得出的，对于这些样本还需要进行更加详细的调查。当前的发现只是众多可能变量的净值（net results）。

表 2—8—1 表明了在调查对象的报告中，接触不同影响源对决策产生有效影响的比例分别有多大。不过我们也能够提出这样的问题：这两类对过去状态的满意度存在差异的调查对象，对媒介的接触总量是否也有不同？在两个不同的领域中，对此的调查结果也不同。在市场购物领

域，不满的调查对象更多地接触他人建议和广播广告。此时，不满似乎产生了两个结果：这类女性对可能的影响源的存在更为了解，同时对这些影响源的建议和影响也更为敏感。而在时尚领域，我们没有发现这两类调查对象在接触总量上的差别，只不过对于不满的女性而言，其接触的有效性（而不是接触行为本身）更高。要对这些差别做出假设性的理解并不困难。或许女性对于时尚方面的信息一直都保持高度关注，而在消费品方面，只有不满才会使她们更为敏感。但在进行进一步的解释之前，最好的做法就是等待，看看将来的研究能否证实这种差异，毕竟我们现有的数据还非常有限。表 2—8—1 当然也是如此，但是这里不满的调查对象和满意的调查对象的差异的所有统计数据，至少是同向的，而不是自相矛盾的。

另一个情境上的差异

另一个倾向性因素与我们刚刚所讨论的"不满"极为类似。在针对电影观看行为而进行的调查中，我们问道：

> 你去电影院，是为了观看某部特定的电影，还是仅仅为看电影而看电影？

提出这个问题的理由十分明显。一个仅仅为了放松或是消磨时间而去看电影的人和一个为了观看某部特定电影而去电影院的人，他们受影响的模式很可能是不同的。相应地，通过这个问题，我们可以对有选择的电影观看者和不做选择的电影观看者予以区分。这种区分只适用于我们所调查的特定电影观看行为，但是从我们研究的其他部分可以知道，

212
一个人在某些时候可能是有选择性地观看某部影片，而在另一些时候则很可能对所看电影不加选择。

有选择性的电影观看者报告说不同影响媒介的接触总量更大，这并不奇怪。毕竟，如果你对去看哪部影片更为在意，那么你就更有可能去探索各种可能的选择。表 2—8—2 对这种情形予以了显现。

表 2—8—2　　　　　　　　不同影响源对"有选择的"和"非选择的"

观影者的影响[3]

影响源及其测量	调查对象	
	有选择的观影者	非选择的观影者
人际接触		
总接触	50％	37％
有效性指数	0.36	0.27
报纸媒介		
总接触	86％	75％
有效性指数	0.06	0.07
期刊媒介		
总接触	31％	17％
有效性指数	0.14	0.10

对于有选择的观影者而言，人际接触和期刊媒介的有效性相对更大，而报纸媒介的情况则有些不同。我们之前已经知道，从样本总体来看，对报纸媒介的接触总量最大，但接触的有效性指数则最低。[4]而在此处我们可以发现，相对于无选择的观影者，有选择的观影者从报纸媒介中寻求信息的比例更高，但是这两类群体都极少受到报纸上的事实性信息的影响。

表 2—8—1 和表 2—8—2 中的发现可以合并为一个更具概括性的表述。对改变前的状况感到不满的人，以及对某部特定的影片感兴趣的人，可能共同而普遍地持有特定态度：她们希望找到问题的解决方案——要么是想找到比现状更好的事物，要么是想找到她们感兴趣的特定对象。这类人群持有一种特定的心理定式（mental set）。她们带着特定目的在其环境中搜索，处于这种心理状态中的人更容易接受外部影响（人际接触或正式媒介）的劝服。此外，尽管我们的数据并不充分，但它们至少还指出了另一个趋势："处于寻求状态"的人不仅更容易接受劝服，而且在这种状态下，人际接触似乎是劝服最有效的影响源。表 2—8—1 和表 2—8—2 同时显示，相对于其他正式媒介，在不满的调查对象与满意的调查对象之间、有选择的观影者和非选择的观影者之间，人际接触的有效性指数的差值最大。

个人影响的效果差别

在此，还可以再补充一类发现，尽管我们无法像介绍调查对象的态度和一般特征那样，对这些发现进行一般化的概括。但是有线索表明，只要严格按照当前的方法进行分析，我们就能够得出这个结论。在本单元中，我们一直都在探讨"人际接触"的影响。但是毫无疑问，人际接触包括许多类型——家庭成员的建议可能比陌生人的建议发挥的作用更大。但在此前的单元中，我们讨论了一个多少带有特殊性的案例：在公共事务领域，一位已婚女性往往与她的丈夫而不是陌生人进行更多的讨论，但是她对丈夫的观点的认同程度却往往更低，因此，丈夫的实际影响是这两种趋势的折中。通过对效果等级的分析，我们可以再加上三个进一步的发现，它们扩展了人际接触的作用。对于我们样本中的女性而言：

（1）家庭成员，特别是孩子们，相对于家庭外的其他人而言，在小食品的购买方面效果更大。[5]

（2）在任何一个领域中，那些被认为是专家的人对调查对象的影响要大于一般的建议提供者。

（3）在人际接触中，某人所提出的建议越具专业性，就越容易得到追随。

专业性的作用

不仅是个人影响，其他媒介在特定方面的影响也可以根据其信息或意见的专业性程度来加以细分。

比如，不同期刊对于电影的关注程度有很大区别。有些期刊以其全部篇幅报道好莱坞；但对有些期刊而言，电影只是其次要内容；还有些期刊则完全不关注电影。我们想就不同类型的期刊及其对电影相关内容的不同处理方式进行比较，以考察它们在影响调查对象的电影观看选择方面，有效性有何不同。

当一位调查对象告诉我们她在某本期刊上读到过她所观看的电影的相关内容时，我们会要求她告知这本期刊的名称。我们将所有这些期刊划分为三个大的范畴："电影期刊"，其全部内容都与电影相关；"女性期刊"，主要刊载与女性相关的话题，目标受众为女性；"普通期刊"，除前两种类型以外的全部期刊。

现在，在所有期刊中，"电影期刊"占 41%，"普通期刊"占 32%，"女性期刊"占 14%，另有 13% 是我们无法归类或调查对象无法提供其名称的期刊。表 2—8—3 是对这些期刊类型的有效性的评估。

215

表 2—8—3　　　　电影观看选择方面的期刊类型及其有效性[6]

	期刊类型		
	电影期刊	普通期刊	女性期刊
有效接触	16%	12%	9%
共同接触	7%	17%	13%
无效接触	77%	71%	78%
有效性指数	0.20	0.17	0.11
总计（＝100%）	(68)	(52)	(23)

电影期刊最为有效（16%），普通期刊以 12% 的有效接触次之，女性期刊居末，为 9%。因此，它们的有效性似乎与对电影相关内容的强调程度相一致，因为电影期刊的全部内容都与电影相关，普通期刊的电影报道篇幅居次，而女性期刊里的电影内容最少。

在所有提到期刊的调查对象中，半数多一点的人（55%）报告称她们阅读了影评或与电影相关的报道，有 25% 的人提到的是电影广告，另有 20% 的调查对象无法回忆起她们所阅读的内容。影评和报道比广告更加有效：它们中有 15% 属于有效接触，另有 16% 是共同接触。而调查对象对于期刊中电影广告的接触，只有 12% 是有效接触，2% 属于共同接触。

一些结论性的问题

是我们的调查数据支撑着我们的分析一直走到现在这一步，这显示了效果分析在未来的研究中的潜力。现在让我们来思考一下我们可以提出哪些进一步的问题。与其所处环境保持一致的人和现实中的少数派，在很多方面存在着根本性的差别，这两类人谁更容易接受建议或宣传的劝服？有些人在某个特定领域内有着各种各样的丰富经验，而有些人则始终从一而终，如果我们比较这两类人的易劝服性，将会发现些什么？人格上的差异、特定的个体特征，是否会使某些人比其他人更容易受到影响？这类问题使我们有机会关注到对本项研究结果的反对性意见。我们可以问：不管他们要做出何种决策，受教育程度较低的人是否都更容易受到影响？是否人际接触对年龄较大的人更有效果，而大众媒介则对年轻人更容易产生影响？显然，要回答这些问题，还需要进行大量的研究，以消弭我们所研究的几个特定领域具有的特殊性，从而获得具有普遍性的结论。但从我们的现有材料来看，并无法得出什么一致性的发现，只有一个例外。这个例外是我们对于意见领袖的分析中的一部分，在这项分析中，我们在有限的程度上比较了接触不同影响源的意见领袖和非意见领袖。[7]

因而，我们对于效果等级可以有三种统计计量方法。在我们所调查的行动中，调查对象的倾向和态度不同，一个影响源所能发挥的作用会有所不同——对此可回顾一下我们对"不满"和"有选择"的案例分析。影响源自身也可以进一步细分，因此，我们论证了不同的人际接触和不同期刊在效果等级上有何区别。最后，不同影响源对于不同类型的人而言，其效果会有差别，对此我们的研究并没有提供证明性的数据。为了穷尽可能存在的限定，我们必须提出第四种类型的分析，尽管本项研究对此并没有提供具体而坚实的案例。

让我们先用一般性的术语对这个问题进行一番思考。假设我们要研究毒瘾（drug addiction）问题，并集中关注计算模型中的两个方面的要素。对于这个案例，我们想要知道：（1）一个年轻人是如何开始吸毒的；（2）他从毒品中获得了怎样的满足感从而继续吸食下去。由此我们可以区分启动因素和持续因素。毫无疑问，一些年轻人之所以开始吸食 *217* 毒品，是因为他们想成为帮派中的一员。当然这也可能是他们持续服用毒品的原因。然而从一开始这种解释就未能清晰地表明，这个男孩在启动阶段所面对的社会因素及其回应在持续阶段是否仍然具有决定性。对于有些年轻人来说，他们对环境更敏感，因此社会因素在两个阶段中都发挥着决定性作用。但是一般来说，可能会有其他因素的存在。那些在启动阶段很容易受到其他人蛊惑的年轻人可能自身的"抵抗力"非常弱，因而他们此后很难纠正业已形成的习惯，即使（诱使他们吸毒的）社会影响已经消失。换言之，我们无法事先确定在启动因素和持续因素之间（当然这是一种粗略的分法），到底是正相关关系还是负相关关系，又或者二者间并没有内在联系。在其他情境中也可以提出类似的问题。比如，出于一系列原因而离开旧居所的人们，可能会基于完全不同的因素去选择新居所，而无论他们最初的考虑因素是什么。"推离"因素和"拉力"因素之间的统计关系只有经过经验性的调查才能确定，既不能预先猜测也不可能仅通过对一些个案的细致分析而得出。

　　一旦我们了解在决策过程中可能存在着不同的方面或阶段（"推离"与"拉力"、"启动"与"持续"），我们就会提出这样的问题：在决策的不同阶段，不同媒介的作用形式及其影响会有所不同？该问题的分析模式我们在本部分第 6 章中已经进行了讨论，当时我们分析了不同媒介在影响顺序中的位置。举例来说，我们有理由认为，广告在决策的维持和强化过程中发挥着更为有效的作用，而不是在起始阶段。[8] 在本书中， *218* 我们尚无法提供这方面的细节材料，因为我们的计算模型过于简单。不过，我们认为如果可以发现更精细的计算模型，就可以进行此类分析，但反过来说，如果我们完全没有建立计算模型，那么也就不可能提出我们在此所讨论的这些问题。

注释

210n.　　[1] 在时尚方面的改变者中，只有一半的女性对她们之前的时尚习惯表示了不满，而另一半人则对她们改变之前的状况表示了满意。购物方面，在做出了改变的调查对象中，不足 1/3 的女性对改变前的状况表示满意，另有超过 2/3 的人报告称她们对之前所使用的品牌感到不满。

　　[2] 对这一指数我们已经在本部分第 5 章中做了解释。

212n.　　[3]"有选择的观影者"指的是报告称她们去电影院通常是为了观看"某部特定影片"的调查对象。"非选择的观影者"则称她们去看电影主要就是为了"去看电影"。

　　[4] 见图 2—5—2。

214n.　　[5] 在本章所有对于购物方面的影响的讨论中，我们将"丈夫"和"孩子"排除在人际接触类型之外，尽管事实上我们的数据显示他们发挥了重要的作用。之所以决定将家庭成员间的接触排除在外，是因为我们想将"要求"（requests）和"影响"（influences）清晰地区别开来。当一位丈夫对他的妻子说"请买 A 品牌的咖啡"时，这实际上是一个"要求"，也就是说妻子此时仅仅扮演着一个采购代理人的角色。显然，"要求"和"影响"是有差别的，后者往往以意见、建议、推荐等形式表现出来，这些在家庭之内也同样存在。我们对于数据的分析揭示，根据调查对象的报告，在家庭内"要求"要多于"影响"，因此我们决定在本单元中将家庭内部数据完全排除出分析范围。这样做以后，我们能够更加清晰地了解购物领域内"个人影响"（即人际接触的频度和有效性）所起到的作用（在后面的第 10 章中，我们将注意到丈夫和孩子在两个特定的购物领域中，即咖啡和谷物类食品的购买方面，是最为活跃的因素）。

215n.　　[6] 需要注意的是，本表数据只基于对期刊的接触。每一纵栏的总计是接触不同类型期刊的调查对象的总数。

216n.　　[7] 参见本部分第 14 章，"两级传播"部分。

217n.　　[8] 在哥伦比亚大学应用社会研究所的近期研究中，延续了本单元所勾勒出的"原因分析"（reason analysis）的传统，并对此进行了令人信服的证明。如见恩尼斯（Ennis，1954），卡茨和门泽尔（Katz and Menzel，1954），这些研究尚未正式发表，它们分别研究了饮料选择习惯的形成，以及医生对于新药品的采纳问题。

第 9 章　对影响流动的描述

　　在本部分第一单元中，我们介绍了影响的种类以及影响者的类型。我们想要表明，本项研究所关注的中心是在购物、时尚、看电影和公共事务等领域的日常生活情境中非正式的人际影响的表现。在本部分第二单元中，我们将这四个领域中的人际影响的频度及有效性与源自大众媒介的影响进行了比较。在此，即本部分第三单元中，我们将集中关注那些传递这类影响的个体——他们就是"意见领袖"——所具备的特征。

　　在前文中，我们已经就"自我指认"的意见领袖进行了较多的讨论，这类调查对象称其他人近期曾在购物、时尚、电影观看或公共事务等领域向她们咨询。这种确定意见领袖的方法的长处、短处及其可靠性，我们之前也已经做过讨论。因此，在下面的篇幅中我们就将探讨："谁是意见领袖，他们又影响了谁？"

　　如果我们关注更正式的社会结构，比如工厂或医院，那么我们的任

---

　　* 雷奥·斯罗尔和戴维·格雷切尔对本单元的公式设计与数据分析做出了极大贡献。

务会轻松一些，也就是说，我们可以根据人们在群体中的地位以及群体的特定结构来描述意见领袖和意见流动，那些因素相对而言更容易确定。因此我们可能会发现，工会中的领导人物是典型的意见领袖，其他工人会向他们寻求建议，又或者熟练工人可能是技术并不熟练的工人们的意见领袖；而在医院的框架中，药物采用方面的创新由专科医生向全科医生扩散。[1]

不过，我们的研究对象却并不那么容易被界定。第一个困难在于，我们所处理的社会结构并不明晰，它一般被称为社区（community），而我们所处理的典型对象是那些构成社区的小型的、相对非正式的人际网络：家庭、朋友圈、邻居。第二个困难在于，在工厂或医院中，每个个体可以被贴上合适的标签（比如实习医生、护士、专科医生、全科医生等），而我们所研究的对象中的个体角色则不容易被区分（家庭成员除外）。因此，要描述这样的群体中的影响流动更困难：在邻里中身为影响者的女性，与受她们影响的其他女性是否存在差异？是否存在一个标准可以使我们很容易地将一个朋友圈中的影响者和非影响者区分开来？

三个相关维度

以上就是我们在本章中要回答的问题。概言之，我们决定从三个方面入手对样本中的调查对象进行区分，同时这也构成了我们描述人际影响流动的基本框架。这三个方面的因素是："生命周期"（life-cycle）中的位置；在社区的社会经济地位；合群性（gregariousness），或者说社会接触的程度。

（1）生命周期：这位女性多大年龄，是否已婚，（如果是已婚的话）有几个孩子，孩子的年龄又是多大——这些是我们区分样本成员的基础。我们将家庭生活以及抚养子女的不同阶段称为"生命周期"，并且期望对这些阶段的确定不仅可以帮助我们对样本成员做出合理的划分，同时也可以区分出不同领域中意见领袖的等级。换言之，我们预期是生命周期的特定阶段，而不是其他因素，使得一位女性会对某些事物更有兴趣，也会使她在我们所调查的几个影响领域中成为意见领袖，或是受他人影响。

我们的计划是分析样本成员在生命周期几个不同阶段中的分布，以探究意见领袖是更有可能集中出现于某个特定的阶段，还是平均分布于不同阶段。接着我们会对影响流动在生命周期方面可能呈现出的模式进行思考：年长的女性是否会并在哪些方面影响年轻女性？大家庭中的女性是否会并在哪些方面成为小家庭中的女性的意见领袖？

（2）社会经济地位：调查对象在社会经济层级中的位置，可能是帮助我们描述意见领袖和影响流动的另一个因素。传统的观点认为，拥有较高地位的人会在社区中起到决定性影响。换言之，这种观点假设影响会在地位层级中自上而下地流动，这主要是因为居于上位者拥有更大的"权力"，或是因为较低层级的人对其的模仿。换言之，这表明关于影响流动的大多数假设聚焦于垂直流动。然而，即使影响流动一般而言表现出发端于上并向下渗透的特征，但这并不必然意味着位于每一层级中的每一个个体都会受到上层个体的人际影响。就算影响确实是自上而下流动的，至少我们可以提出这样的假设，即影响只是在地位层级中的一些关键位置中传递（比如在不同阶层的代言人之间），而我们所关注的大多数影响则是在地位相近的人群中流动的。[2]

在任何情况下，我们都建议在分析垂直影响流动假设的同时，要给水平影响（horizontal influence）流动假设留下足够的分析空间。正如在生命周期的分析中，我们就将对与这两种假设相关的证据进行考察：针对我们调查的每一个领域，我们都将检验影响者是更多地集中分布于较高社会层级，还是相当平均地分布于所有层级。假设我们发现影响者呈现出相对平均的分布状态，那么我们就有理由假设影响主要是在水平层面上流动，也就是说每一个地位层级中的人们都拥有并依赖自己群体中的意见领袖。而另一方面，如果我们发现意见领袖并非平均分布，而是集中于某一个地位层级，那么我们就会认为影响可能是由这个层级向

222

其他层级流动。

　　但是我们发现更多的是水平影响流动类型的证据（然而不幸的是，正如下文将要表明的，依据这些数据并不能对水平流动做出最终确证，更多只是一种"暗示"）。前文已述，我们针对一部分样本同时收集了有关影响者和被影响者的相关信息。通过对这些信息的分析，我们得以区分出影响流动中的"传者"和"受者"。如果我们发现相对于被影响者，影响者更为明显地处于较高社会层级，那么我们就可以做出概括：即使在我们所分析的日常生活情境中，影响也明显具有垂直流动的特征。不过，我们所真正发现的却是，影响更多的是在相同社会层级而非不同层级的个体间流动，因此我们认为水平流动假设更接近于事实。

　　（3）合群性：我们用来描述意见领袖第三个方面的因素是合群性，或者说是与他人接触的程度。在我们看来，无论意见领袖可能具备哪些方面的其他特征，他们一定是那些与其他人更为接近的个体。我们将要分析合群性特征在多大程度上可以使某位女性更有可能成为意见领袖。当然在某种程度上，一位女性的合群程度取决于她拥有的自由时间（free time），而自由时间则又会受到她在生命周期中所处的位置（比如可以比较一位未婚女性和有三个未成年子女的女性）以及社会地位（如一位雇有佣人的富裕女性和一位贫困家庭的女性）的影响。因此，为了评估合群性在决定某位女性能否成为意见领袖方面所发挥的作用，我们只会对处于相同生命周期或社会地位的女性进行比较。

三个维度中的样本分布

　　首先我们必须寻找这三种因素的测量指标。最终我们想了解在购物、时尚、公共事务和电影观看领域中，每个因素在定位意见领袖的分布以及跟踪影响流动方面的有效性如何。以下是我们对于指标建构的思考：

（1）生命周期类型：为了描述我们的调查对象在生命周期中所处的位置，我们必须确定一位女性在生命进程中的主要转折点：从女孩开始，经历婚姻，成为母亲和年长的主妇。

单身女性（或者说"女孩"）代表着女性生命进程的起始阶段。一般来说，她的主要关注对象是其生活的下一个重要阶段——婚姻，同时她的许多行动和兴趣点亦被导向婚姻阶段。她在家庭结构中的典型位置是"接近成人的依赖者"，尽管她可能已经有了工作并且向家庭上缴一部分工资或薪金。她很少对家庭事务和决策负责，不过她的行动和关注点的范围会体现出这种自由状态。我们的样本中有 101 位单身女性，其中 80％ 不到 35 岁。那些年龄超过 35 岁的单身女性一般来说已经不再追求婚姻，她们的行动和兴趣点也会与年轻的单身女性有所不同。既然我们想要分析的是相对均质的类型，因此我们将那些超过 35 岁的单身女性从"女孩"类型中剔除了出去。

不像女孩类型那样相对清晰，妻子类型的群体包括了 15 岁和 80 岁的女性，没有孩子的妻子和有六个孩子的母亲，子女年幼的母亲和子女已经成年的母亲。这些变量反映了年龄上的差异，以及身为母亲的责任差别。我们必须将妻子类型做进一步的细分，使这些变量相对同质化。

首先，我们将样本中的妻子分为两个基本的年龄群体——年轻的妻子和年长的妻子，以 45 岁为年龄分界线。这使我们得以根据生理上的转折点以及由此产生的女性兴趣和行动上的差别，对妻子类型进行粗略划分，同时也使我们可以依据她们孩子的年龄对她们进行区分。在年轻妻子（不足 45 岁）的子女中，有 80％ 不到 15 岁；而年长妻子（超过 45 岁）的孩子中有 91％ 超过 15 岁。

我们将年长的妻子即那些超过 45 岁的已婚女性，定义为"主妇"（matrons）。但是我们必须对不足 45 岁的女性再次进行细分，以获得相对清晰的类型构成。

我们将根据家庭规模进行细分，将拥有两个及以上子女的家庭称为"大家庭"（large family），只有一个孩子或没有孩子的家庭则被定义为

224

"小家庭"（small family）。之所以选择这样的标准，是因为年轻妻子的平均子女数量介于 1 个和 2 个之间。从理想的状态上讲，我们应该将没有孩子的妻子从母亲类型中区分出来，但他们的数量太少——在 350 位不到 45 岁的年轻妻子中，只有 55 人没有孩子。

将不到 45 岁的妻子们划分为"大家庭中的妻子"和"小家庭中的妻子"两种类型，是我们所做的最后一步细分，由此可以确定女性生命周期的四个基本位置。我们样本中的调查对象在每个位置中的比例分布如表 2—9—1 所示。

表 2—9—1 　　　　　　　　　　样本中生命周期类型的分布

女孩： 　　（不到 35 岁的单身女性）	12％
小家庭妻子： 　　（已婚女性，不到 45 岁，有一个孩子或没有孩子）	26％
大家庭妻子： 　　（已婚女性，不到 45 岁，有两个或更多的孩子）	25％
主妇： 　　（已婚女性，超过 45 岁，她们的孩子大多超过 15 岁）	37％
总计（＝100％）	（693）

这种分类方法根据家庭这一社会结构，对我们的调查对象的位置加以区分，其分类标准是年龄、婚姻和母亲身份这类生命周期方面的因素。我们认为这些不同的位置将影响到女性在购物、时尚、公共事务和电影观看等领域中的兴趣和行为，以及她们在这些领域中扮演意见领袖的可能性。

不过，无论一位女性在其家庭中的位置如何，她所在的家庭在社会结构中所处的位置都可能会与这位女性影响他人的能力以及她成为意见领袖的可能密切相关。对家庭位置的分析，就涉及社会经济地位的因素。

（2）社会经济地位：人们社会经济地位的差别极大地影响到他们的思想和行为，这已经得到了充分论证，但是，到底应该将这种地位结构划分为三种、四种还是六种层级来进行比较分析，却没有什么统一观点。[3] 对分析对象进行分类的目的应该是选择分类方式及确定细分程度的主要决定因素，而我们此处的目的仅是对地位差异进行粗略的测量，因此我们将调查对象的社会经济地位分为高、中、低三个大致的层级。当然，要对这种分类方法进行评价，必须看它到底向我们揭示了些什么。

为了将调查对象大致划分为这三类地位群体，我们选择了两个方面的因素——房屋租金和教育程度，并将它们合并为一个社会经济地位指标。我们的做法是针对每一个因素确定其区分点，从而使得一半左右的样本位于区分点的一侧，而另一半样本则位于另外一侧。对教育程度而言，高中毕业被认为是这样的一个区分点，也就是说，在样本中大约有一半的调查对象完成了高中学业或是拥有更高的学历，而另一半调查对象则未能完成高中学业。就房屋租金而言，每月 40 美元是一个区分点。[4]我们假设这两个因素对于地位指数具有同等的重要性，将同时具备较高的教育程度和有能力支付高额租金的调查对象确定为拥有较高社会经济地位的群体，将两者都不具备的调查对象确定为处于较低地位层级的群体，而其中某一项较高但另一项较低的调查对象则被认为是处于中间层级的群体。通过这种方法，我们的样本分布是：35％的人被归入地位层级较低之列（低教育程度，低租金），37％的人处于中间层级（低教育程度，高租金或高教育程度，低租金），剩下的 28％的调查对象是处于较高层级的人（高教育程度，高租金）。每个分类层级中，大约包括了 1/3 的样本。

（3）合群性：在我们所关注的四个领域中，调查对象在生命周期中和社会地位阶梯中所处的位置或许可以但也或许无法帮助我们在群体中定位意见领袖。也就是说，在某个特定的领域中，女性群体内的意见领袖可能集中分布于某个特定的生命周期阶段，而在地位层级上则完全没有差异；但在另一个领域中，情形可能正好相反。不过，意见引导中的另一个要素——社会接触，则可能是任何与此相关的讨论的基础。从定义上看（因为领袖概念本身暗示了追随者的存在），有理由提出假设：那些对他人的意见和习惯产生了影响的个体，相对于非意见领袖，其社会接触的范围很有可能更广。

为了验证这一论断，我们将会建构起一个简单的"合群性"指标，用以对一位女性的社会接触程度进行测量。在问卷中，我们问及：（1）"你有多少位经常一起聊天的朋友（他们不是也不会成为你的邻居）?"（2）"你参加了哪些组织、俱乐部或是讨论小组?"第一个问题旨在了解调查对象在交友方面的活跃程度，它可以用以测量她们在直接的家庭关系之外所拥有的、由亲密的和非正式的社会联系所构成的个人空间的大小。第二个问题则涉及调查对象对公共团体（public association）的社会参与度。这两个问题都反映出调查对象对影响的人际传递的参与程度。由于这是我们最为关注的一个方面，因此我们将在测量中同时运用这两种社会联系类型。

为了将二者并入一个尺度之中，我们采用"高—低"的二元分法对它们进行简化。在我们的样本中，调查对象所提名的朋友数量的中值为7，因此我们以此为界将调查对象分为两大类：43％的调查对象所拥有的朋友数量不到7人，她们被归入"低友谊度"组别；另有57％的人则拥有7名或更多的朋友，她们被归入"高友谊度"群体。接着，我们再次采用这种"高—低"分类的方法将调查对象分为另外的两类群体，即以参加了一个或以上的俱乐部组织为其具备较高组织化活动程度的指标：有41％的调查对象被归入组织化程度较高的组别，其余59％的女性则属于组织化程度较低的群体。同时运用这两个指标，我们的样本可以得到区分，如表2—9—2所示。

228 **表2—9—2**　　　　　　　　　　　**社会活动方面的样本分布**

所参加的组织数量	所拥有的朋友数量	
	高	低
高	27％	14％
低	31％	28％

由此我们发现，在样本中有27％的女性无论在朋友交际还是组织化的社会活动中都具有较高活跃度，而有28％的人则在社会生活的这两个方面活跃度较低。处于中间地带的调查对象占45％（14％和31％），她们的社会活动主要集中于这两个维度中的某一个方面。由于

我们对合群性的一般属性更感兴趣，而不是社会接触的具体特征，因此我们将这两类中间群体合二为一，并且对她们的合群性赋值为"中"。由此我们的样本可以分为三类：27％的对象为高合群性，45％的人为中合群性，28％的女性为低合群性。

作为合群性决定因素的生命周期和社会地位

我们的计划是依据生命周期、社会地位和合群性对意见领袖做出描述，因此我们首先必须检视这三个主要变量彼此间的可能关系。我们想知道，它们是彼此"独立"的，还是在某种程度上相互关联。

显然，我们可以预期在社会地位和生命周期之间并不存在任何关系，因为不管是经济收入还是教育程度都无法对女孩—婚姻—母亲的生命周期造成改变，因此我们可以发现在所有三类社会地位的层级中，生命周期的每个阶段内调查对象的分布比例是大体相同的。在这方面我们只发现了一处小小的例外：在社会层级较低的女性中，单身女性略少（8％，其他两个层级中分别是 13％ 和 14％），而"主妇"略多（为41％，其他两个层级分别是 34％ 和 37％）。这或许反映出这样一个事实，即一般来说，更为年轻的女性所接受的教育要比年长的女性更多，而教育程度是我们界定社会地位的两个因素之一，所以年轻女性被归入"低社会地位"范畴的人数相对较少。不过从总体来看，这种区别极其微小，经济收入和教育程度并没有显著地改变女性在生命周期不同阶段中的比例分布。

229

但是当我们将生命周期或是社会地位，与合群性联系在一起时，就得出了一些有趣而重要的发现。社会地位与合群性之间的关系十分清晰：一位女性的社会地位越高，其社会活动的范围也就越大，如表 2—9—3 所示。

表 2—9—3　　　　　　　不同地位层级中合群性得分的分布

合群性得分	地位层级		
	高	中	低
高	39%	28%	15%
中	44%	47%	46%
低	17%	25%	39%
总计（＝100%）	(196)	(253)	(243)

相对于那些社会地位较低的女性，处于"高社会地位"范畴中的女性显然在社会活动方面更为活跃，而处于中间层级的女性在合群性方面则介于前二者之间。此外，上面所显示的关系模型还表明，在所有三类不同社会地位的群体中，合群性得分居中的女性在比例上基本相同，但在高分和低分两端则区别很大。

在下文中我们还将对这一关系做更为充分的讨论，在此我们仅是想说明表 2—9—3 证明了我们之前所提出的观点——不同程度的社会机遇，以及不同的生活方式，均与社会地位密切相关。之后我们将看到，意见领袖的身份往往与高社会地位和高合群性相关联，我们可以预设社会层级和领袖地位之间的联系，正是由社会地位与合群性之间的这种关联所决定的。

正如社会地位是合群机遇（opportunity for gregariousness）的一个决定因素一样，我们期望能够发现女性在生命周期中的位置也影响着她们社会活动的范围。首先我们假定将女性与她们的家庭绑定在一起的家庭责任是一个主要因素。如果的确如此的话，接下来我们将会发现"女孩"将是所有女性中最合群的。沿着这一思路，主妇的社会活跃度将居于其次，之后是小家庭中的妻子，最后是大家庭中的妻子。不过，表 2—9—4 表明我们的预期并不完全正确。

表 2—9—4　　　　　生命周期类型中合群性得分的分布

合群性得分	生命周期类型			
	女孩	小家庭中的妻子	大家庭中的妻子	主妇
高	21%	19%	23%	34%
中	56%	48%	48%	40%
低	23%	33%	29%	26%
总计（＝100%）	(80)	(176)	(170)	(257)

　　只有主妇（她们不需要再将全部精力投入家庭之中）具有明显超过其他三类群体的高合群性。在主妇群体中，有 34％的人具有高合群性，而其他三类群体中积极参与社会活动的人数比例只有 20％左右。对于主妇群体而言，其统计数据多少验证了我们的假设，但又该如何解释"女孩"群体的表现呢？

　　综观我们的数据，很明显，对于"女孩"群体而言，合群性指标的两个部分必须被分开来分析。它表明，尽管单身女性所拥有的朋友数量很多，但她们通常并不是俱乐部或是社会组织的积极参与者。这可能反映出这样一种事实，即为了寻找到未来的丈夫，女孩们更倾向于将自己在社会活动方面的时间和精力，投入到非正式的人际接触，而不是正式的、（一般来说）以女性为主的组织之中。考虑到我们是将女性所拥有的朋友数量以及所参加的组织数量结合在一起来确定合群性指标的，因而为何单身女性更集中于合群性得分的中间区段而不是高分段，其原因也就显而易见。

　　总体来看，生命周期类型中社会活跃度的区别并不是特别显著。我们后面将会发现，与领袖地位相关的社会活跃程度几乎是平均分布于四种生命周期类型之中的。

　　不过，当我们"控制"住社会地位变量之后，生命周期与合群性之间的重要关系就突出地显现出来。为了证明这一点，让我们考察下不同地位层级中处于不同生命周期类型的女性的合群性。为了便于分析，我们将样本划分为高社会地位群体和低社会地位群体两类：

231

　　我们的关注点在"女孩"群体中明显地表现出来：对比处于高社会层级和低社会层级中的单身女性群体可以发现，她们在合群性方面的得分相差悬殊。合群性指标显示，在高社会层级中，几乎没有女孩（仅为 6％）不积极地投入社会活动之中，而在低社会层级的"女孩"群体中，有超过 40％的人社会参与程度较低（见图 2—9—1）。这意味着，在每 10 名低社会层级的单身女性中，就有 4 人以上在拥有的朋友数量和参与的社会组织数量方面低于平均数。对此可能的解释是，处于低社会层级中的单身女性们受到其所肩负的责任的限制，或许她需要在家中负责家务，或者必须去工作。但无论如何，她都和那些居于高社会层级中的同辈有着明显的区别——后者几乎没有人处于低合群性范畴之中。

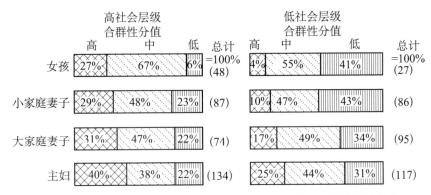

图 2—9—1   根据地位层级和生命周期类型而确定的合群性分数的分布

在一定程度上，同样的现象也出现在小家庭妻子群体之中。在合群性指标中，出现在合群性低分段的低社会层级中的小家庭妻子的数量，几乎是高社会层级的相同群体的两倍。而在大家庭妻子和主妇群体中，这方面的差距相对较小。

如果从每个社会层级的生命周期进程的角度看，可以获得不同的观察视角：在高社会阶层群体中，小家庭妻子在合群性低分段的分布人数，接近"女孩"群体的 4 倍，这表明当一位女性找到自己的丈夫、成为贤妻良母之后，其参与社会生活的程度会发生突变。不过，对于低社会层级中的年轻女性而言，情形并非如此。这一群体中的单身女性往往表现出低合群性，并且当她成为小家庭妻子之后，也依然如此。然而在生命周期的后两个阶段，这一群体中的女性的合群性会迅速提高，其增长速率超过位于高社会层级中的同类群体。

现在，我们可以对生命周期类型和合群性之间的关系做一个明晰的概括：

（1）在两类社会层级中，随着生命周期的推移，在合群性上获得高分的人数越来越多。

（2）在两个社会层级中，"女孩"群体在合群性方面获得高分的人数最少，而获得中等分数的人数最多。正如前面所指出的，这反映出年轻的单身女性将她们在社会活动方面的精力集中投入到非正式的朋友交往之中，而参与社会组织的积极性相对较低。

（3）在每个生命周期类型中，处于低社会层级的女性在合群性方面的得分要低于高社会层级的女性，这在"女孩"群体和小家庭妻子群体中体现得尤为明显。

（4）位于高社会层级的女性，"女孩"群体表现出低合群性的比例非常之低，而从小家庭妻子群体开始，处于低分段的人数比例基本保持恒定。但在处于低社会层级的女性群体中，低合群性的人数比例并未随着生命周期的推移而扩大。

因此，对地位层级变量加以控制，可以帮助我们更好地理解生命周期类型和合群性之间的关系。

我们所探讨的这三方面因素，可能会独立地或是共同影响意见领袖的权力，决定着一位女性在特定生活领域中的兴趣，提升或降低其将这种兴趣传递给他人并对他人产生影响的机会。在下面几章中，我们的任务在于借用这三个维度，描绘购物、时尚、公共事务和电影观看领域中意见领袖的特征，以及个人影响由这些领袖传递给追随者的流动过程。

233

注释

［1］有关医学领域中科学信息流动的开创性研究，见卡茨和门泽尔（Katz and Menzel，1954），现在这已经成为一个热门领域。

［2］也有可能许多影响根本不会在地位层级中向下流动，而是限定在特定的某一层级中，并不会侵入其他层级空间。同样，也可能存在着向上流动的影响——比如爵士乐的影响流动。

［3］或许从理想形态上看，应该将社会地位与经济地位区别开来进行研究。也就是说，有研究表明，对经济收入和社会威望予以区分，对于社会研究更为有益。史密斯（Smith，1952）从市场研究的角度出发，对这个问题进行了讨论——他的研究则受到沃纳（Warner，1949）的启发。遗憾的是，我们的这项研究未能将这两方面因素区分开来进行分析。

［4］如果调查对象是房主而不是租户，她们会被问道："如果你是租住（你所拥有的这套房屋）的话，租金大概是多少?"我们对她们的回答与那些实际支付租金的调查对象所提供的回答采取同样的处理方式。需要注意的是，这是在 1945 年收集的数据。

第10章　日用品购买领袖

从定义上讲，意见领袖存在于日常生活之中，且带有一定的随意性。如果对于意见领袖的这种一般性界定符合实际的话，那么在日用品购买领域中这一特点会体现得尤为明显，因为对于多数女性而言，购买家庭用品是她们的生活惯例。尽管这一女性职责具有日常性的特征（或许也正是因为如此），但个人的购买习惯以及整个购物领域总是在持续地发生改变。约有一半的调查对象报告称，她们近期在商品或品牌方面改变了以往的购买习惯，选择了新的购买对象。有1/3的此类变化涉及人际影响，这一事实表明在购物领域存在着大量的人际交流——提供建议或接受建议。女性们彼此交换意见，就新产品、不同品牌商品的质量以及如何节约等话题进行讨论，这种意见的给予与接受的过程，正是我们想要研究的对象。

首先，我们想知道，之前我们所列出的三个要素——生命周期、社会地位和合群性，是否有助于我们描述购物领域中的意见领袖（特定影响者）的特征。[1]我们计划从不同生命周期、社会地位以及合群性这三个方面，对购物领域中的领导行为进行对比，从而确定人群中意见领袖的特点。我们的第一步是对比三类地位层级中意见领袖的比例，以考察她们是否倾向于集中在某一特定层级，而不是其他两个层级之中。

购物领袖与社会地位：
水平影响流动模式

如果日常影响如人们通常所认为的那样，呈现出垂直流动的特征，那么在高社会地位的女性中意见领袖所占的比例应该更人。尽管并没有理由证明较高社会地位的女性在购物方面比其他女性更富有经验，但垂直影响流动认为较高社会地位所带来的威望使得这类女性的意见更具吸引力，从而成为建议的提供者。而相应地，社会地位较低的女性则成为建议的接受者。现在，让我们来看看地位层级与购物领域的意见领袖之间的实际关系，如图 2—10—1 所示。

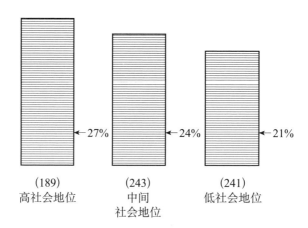

图 2—10—1　在所有三类地位层级中意见领袖的比例基本相同

注：每竖栏下方括号内的数字代表意见领袖的百分比所依据的个案总数。比如，在 189 位拥有高社会地位的女性中，购物方面的意见领袖占 27%。以下所有图表沿用了这一表示方法。

　　图 2—10—1 显示，拥有较高社会地位，在提升某位女性成为意见领袖的可能性方面所起到的作用微乎其微，高社会地位中的意见领袖数量仅比低社会层级中的意见领袖多出点零头而已。考虑到购物行为的一般特点，我们有理由相信，在每个社会地位层级中，都有自己的意见领

袖群体。这既有可能意味着购物方面的建议流动并不会受到地位差异的限制（因此低社会层级中的领袖可能会影响高社会层级的女性，反之亦然），但也可能表明每个社会层级中的女性会向与自己处于同一阶层的意见领袖寻求购物方面的建议。

对于这两种可能性，我们更有理由预期购物方面的影响流动往往限定在不同的社会层级之中，而不是跨越层级发生随机交换。向同一阶层的某位女性寻求建议，意味着二者面临着类似的预算问题和经济限制。这是我们之所以认为购物建议的流动局限在同一阶层内部的一个主要原因。另外，商场和购物中心往往会迎合某一特定阶层的消费者（通过它的设计，或是地理位置，或是其他类似方式），因而女性在购物活动中更有可能遇到社会地位相近的人群，而不是处于不同社会层级的女性。因此，当某位女性需要寻求建议时，站在她身边的往往就是与她地位相近的人。简言之，我们认为，购物方面的意见领袖与她们的"追随者"有着相同的社会地位。

对于"谁影响了谁"的问题，我们的证据无法支持我们做出直接的解答。在本部分第2章中曾提到，我们针对那些在第一次调查中被指认为影响者（即影响了调查对象的近期决策）的人进行了后续访谈。在购物领域，我们仅对一半左右的指认对象完成了后续访谈。[2] 地址错误、疾病、访谈对象的拒绝等等因素，再加上我们的时间和财力方面的限制（比如我们没有去别的城市或郊区进行调查），都使我们的后续访谈受到了限制。[3] 因此，我们在此的论述，以及基于这类"后续访谈"材料所进行的进一步的分析，更多的时候只是提供一种参考，而非定论。

在提出警告之后，还是让我们接着来分析这些数据。我们想知道：（1）女性更多的是向与自己同一层级的影响者，还是其他层级的影响者咨询购物方面的建议；（2）如果在咨询过程中，层级界限确实被打破了，那么这种影响流动是否具有明显的方向性。在此，我们的分析对象局限于不处于同一家庭单位之中的、成对的"意见提供者—意见接受者"。

表 2—10—1　　　　　　　　　　地位层级中购物方面的意见流动[4]

其购物方面的意见 领袖的地位层级	被影响者的地位层级			
	低	中	高	总计
低	4	7	2	13
中	6	21	3	30
高	—	4	19	23
总计	10	32	24	66

　　如果我们对每位调查对象以及她所提名的意见领袖的社会地位层级
进行比较就可以发现，被影响者更多地向与自己处于同一层级，而非不
同层级的影响者咨询意见。表 2—10—1 显示，在 66 对"影响者—被影
响者"中，有 2/3 处于同一社会地位层级。[5]换言之，购物方面的影响
传受更多地出现在具有相同社会地位的女性之间。

　　当分析影响流动的方向时，也就是说，当我们考察那些确实跨越
了层级界限的影响流动，并且追问其方向在层级结构中到底是向上流
动还是向下流动时，我们发现这种流动并没有明确的方向性。也就是
说，当女性就购物问题与不同社会层级的他人发生意见交换时，影响
的流动方向既可能向上，也可能向下。[6]此外，当不同社会阶层的两
位女性之间交换购物方面的意见时，她们往往只相差一个阶层等级，
只有极少数建议提供行为从最高层级流动至最低层级（在表 2—10—1
中只有两例）。

　　前面我们已经发现，购物方面的意见领袖分布广泛，具有层级
性，甚至遍布于整个社区之中。现在，结合我们此处的发现，即人际
影响更倾向于发生在社会地位相同的人群之中，我们可以对社会地位
在购物领域中对意见领袖和影响流动所起到的作用做出清晰的描绘。
这就是说，购物方面的意见领袖在每个社会地位层级中所占比例大致
相当，女性倾向于在相同层级的人群中寻求建议。或许只有处于最低
社会层级中的女性（在我们的数据中仅有 10 例）才会从不同阶层的
他人那里接受影响。

238

239

生命周期位置与购物领袖：
"大家庭中的妻子"

我们已经看到，在购物领域，意见领袖并非集中于某个特定的社会地位层级之中。现在让我们转向对样本中的女性所做的第二类层级分类——生命周期方面的层级位置，去看看购物领袖们是否倾向于集中在生命周期中的某一个特定阶段。我们的预设是相对于社会地位因素，生命周期在决定一位女性是否有机会成为购物领袖方面所起的作用更大。比如，我们马上就将看到，未婚女性在购物方面的兴趣和经验要少于已婚女性，因此年长的女性极少向单身女性咨询购物方面的建议，或者，年轻的单身女性也很少就此相互交换建议。因此我们预期，在我们称之为"女孩"的生命周期中较少会产生购物领袖。然而，在已婚女性的三种生命周期类型（小家庭妻子、大家庭妻子和主妇）中，哪一类型会产生最为大量的意见领袖则不是十分清晰。一方面，如果为家庭和孩子购买生活用品这一现实责任是决定意见领袖的最重要因素，那么我们就会发现主妇群体中意见领袖不会很多，而妻子们，尤其是大家庭中的妻子（因为她们在这方面肩负着更大的职责），则更有可能成为意见领袖。但另一方面，如果拥有购物经验和相关知识的时间长短是更为重要的决定因素的话，那么主妇们则最有机会向其他人提供购物方面的意见。图2—10—2 对这两种假设予以了清晰的回答。

答案是，家务管理的职责越重——这往往与大家庭妻子这一生命周期类型联系在一起——就越有可能成为购物方面的意见领袖：从大体上看，这类女性中的意见领袖比例几乎是其他生命周期类型的两倍。其他生命周期类型中的女性成为意见领袖的可能性几乎没有大的差别。一位主妇，尽管她在家务管理方面的经验最多，但相对于未婚女性和小家庭中的妻子，成为意见领袖的可能性最低。

意见领袖集中于大家庭妻子这一阶段是一个强有力的证据，它表明，至少就购物领域而言，大家庭中的女性所具有的一个突出特征是她们在日常生活中最经常"正在经历着"（experiencing）购物方面的问题。我们可以说，对成为购物方面的意见领袖而言，"正在经历"（experiencing）比"既有经验"（experience）更为重要——后者是主妇群体和她们的年龄的标志。因此，意见领袖主要出自这一生命周期类型，因为在这个阶段，对购买家庭用品的兴趣以及这方面的实践均到达了人生中的顶点。

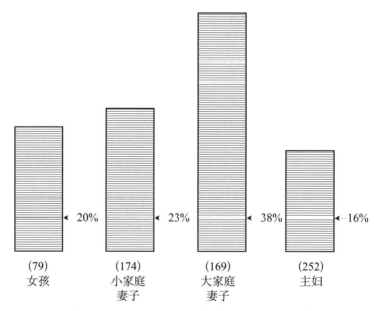

图 2—10—2　大家庭妻子是购物方面的意见领袖

241　　　现在，我们发现购物方面的意见领袖集中于大家庭妻子这一生命周期阶段，但对此我们要进行追问：她们是否影响了其他类型中的大多数女性，或者她们的影响只是在处于相同阶段的女性中流动？对这个问题可以从两个方面进行讨论。一方面，一般来说，大家庭妻子对购物问题最为关注，因而产生了大量意见领袖向处于同一生活阶段的其他女性提供建议。但在另一方面，也有理由认为，购物活动涉及面极广，因此这方面的建议寻求行为散布于全部人口之中。如果后面的推断符合实际的话，那么购物方面的意见领袖集中于大家庭妻子这

一生命周期阶段就会意味着，所有生命周期类型中的女性都会向大家庭妻子这一群体寻求建议。

上述两个观点哪个才是正确的，对此我们无法直接回答。不幸的是，就这个问题，无论是从建议提供者对寻求者的描述中，还是在后续访谈中，我们都没能收集到充足的相关数据。从这两个渠道得到的数据只涉及了"影响对"（影响者—被影响者）的年龄，但没有可以帮助我们建构生命周期指标的其他要素。从这些有关年龄的数据上推断，第二种观点似乎更有可能，也就是说，大家庭妻子也向处于其他生命周期类型的女性提供建议。表 2—10—2 中的数据反映的是女性向其家庭之外的他人寻求建议的情况。

表 2—10—2　　　　　　**家庭外不同年龄群体中的购物影响流动**

其购物方面的意见领袖的年龄	建议寻求者的年龄			
	15～24	25～44	45+	总计
15～24	3	3	4	10
25～44	10	17	9	36
45+	2	9	18	29
总计	15	29	31	75

大约 50% 的建议寻求者向自己的同辈咨询购物方面的信息，而另外一半的女性则向比自己更年长或更年轻的他人征求意见。25～44 岁年龄段的女性最有可能成为其他年龄段女性的意见提供者：12 位向年长女性咨询建议的女孩中有 10 人，13 位向较年轻女性咨询建议的主妇中有 9 人，将其咨询对象确定在 25～44 岁年龄段中。而当那些"妻子们"自己要向其他年龄段中的他人寻求建议时，她们更多的是向年长者而非比自己年轻的女性咨询。此外，在那些最年轻的女性中，更多的人是向年长者而非自己的同辈寻求意见。因此，从总体上看，影响流动的方向是从较年长者流向年轻群体，而不是相反，在此中最主要的影响者群体是"妻子们"。很明显，我们所掌握的信息并不充分，除了缺少生命周期方面的数据以及代表性样本之外，在我们准备对影响流动做出结

论之时，我们还需要更多其他方面的信息。不过，我们认为必须承认的是，当将这些发现综合在一起时，这一后续访谈依然可以得出丰富而令人信服的结果。

合群性与购物领袖

　　我们对决定了购物领域中意见领袖特征的生命周期类型，以及不同年龄段和不同社会层级的女性中的影响流动模式已经有所了解，现在让我们来分析第三个方面的因素——合群性因素，我们相信它同样可以帮助我们对意见领袖的特征做出描述。那些在近期就购物方面的问题向他人提出过建议的女性，是否比其他女性具有更高的社会活跃度？

　　回答是"确实如此"。具有高合群性的女性，也就是那些拥有许多朋友和加入了社会组织的女性，成为购物方面意见领袖的比例是低合群性女性的 2.5 倍。一位女性的社会接触程度越高，她成为购物领袖的可能性就越大。当然，这与我们的假设完全相符。在意见流动中的任何一个环节上，一位女性至少要和她的潜在追随者有一些接触，而这类接触越多，她成功影响他人的机会就越大。购物意见领袖中所反映出来的较高合群性验证了我们的预期。

　　因而，合群性是购物方面意见领袖的特征之一。对于处于任何一个生命周期类型中的女性而言，合群性和领袖地位之间都存在着关联（见图 2—10—3）。无论她是女孩、主妇，还是小家庭或大家庭中的妻子，高合群性的女性都比与她处于同一生命周期阶段的其他女性更有可能成为意见领袖。[7]但是，不应认为合群性是获得领袖地位的唯一决定因素。事实上，在这一领域中获得意见领袖地位的唯一且最重要的前提是成为大家庭中的妻子，因此在这一生命周期类型中，即使是合群性最低的女性，其成为意见领袖的概率也超过了"平均"机会（"average" chance）。[8]但是，在大家庭妻子群体中，以及在成为意见领袖的可能性较低的其他群体中（即这些群体受到不同生命周期因素的限制），具有较高合群性的女性获得领袖地位的可能性，仍然要高于本群体中那些合群性较低的女性。

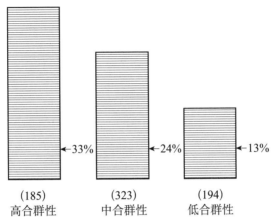

图 2—10—3　合群性高的女性更有可能

成为购物方面的意见领袖

综合来看，生命周期和合群性决定了购物方面的意见领袖地位。我们前面分析了不同社会地位的人群中意见领袖所占的比例。[9]尽管各群体之间的差异极小，但事实上，它也可以直接归因于高社会层级女性所具有的较高合群性，也就是说，如果我们对具有相同合群性，但处于不同社会地位的女性进行比较就会发现，低社会层级女性和高社会层级女性成为意见领袖的概率完全相同。换言之，一旦控制住合群性变量，社会地位变量对成为意见领袖的独立作用几乎完全消失。所以我们可以说，从社会地位变量看，不同人群在成为意见领袖的比例无论存在着怎样的差异，它其实都是不同地位层级的不同合群性所带来的副产品。事实上，如果一位低社会层级的女性具有高合群性，那么她成为购物方面意见领袖的概率，是处于高社会地位但无合群性的女性的 4 倍。

家庭内购物影响的程度

无论是否明晰（比如我们的后续访谈数据），我们已经就购物方面的影响在家庭之外的流动讨论了很多。但很显然，在将要结束本章的时候，我们必须对家庭内及亲属圈中的个人影响的程度进行一番检视。

在分析家庭内的影响流动时，重要的是要将"要求"和"影响"区分开来。当一位丈夫对他的妻子说"明天的早餐试试某牌子的咖啡"时，这是要求。很显然它与这样的一些表述并不相同，比如，"我真的很喜欢琼斯夫人昨晚给我喝的咖啡"或是"今天我看到报纸上说他们正在低价促销某品牌的咖啡"。当然，有时即使是后面这类的表述也可能是 种有意识的要求，或可以被认为是要求，但一般而言，要证明它们到底是不是影响还是比较容易的：在"影响"案例中，制定决策的权力只掌握在妻子手中，尽管她可能会考虑其他家庭成员的建议或推荐之类的因素，就像她会留心她的朋友、邻居或是其他人的意见一样；然而在"要求"的案例中，决策制定者实际上是提出要求的人（丈夫、孩子或是其他家庭成员），除非妻子明确反对，否则此时她所扮演的其实只是将要求付诸实现的购物代理人的角色。当然，我们感兴趣的是影响而不是要求，由于家庭成员之间在购物方面所进行的交流有很大比例属于要求的类型，因此我们将家庭内的交流从之前的分析中完全排除出去。

此外，对数据的分析表明，购物方面的影响流动在极大程度上是家庭外部事务（extra-family affair）。并不居住在同一所房屋中的亲属们在这方面发挥着重要的作用（仅次于朋友和邻居），这意味着成年女性的亲属圈是购物领域中影响流动的一个相关网络。当亲戚聚会的时候，女性们往往会聚在一起聊天，讨论各自家庭中的日常琐事。但在亲属圈内，实际影响流动并不多，甚至要求也会非常有限，除非有某种特别的产品涉入其中。因此，我们有时会将咖啡和谷物食品从其他商品中单列出来进行分析，同时我们发现丈夫和孩子在此类商品的决策制定中非常活跃。这一发现表明：在美国的家庭经济（domestic economy）中，丈夫和孩子们在咖啡和早餐谷物方面更有决定权——这在市场研究中已经得到广泛注意。[10]

购物方面的影响流动：总结

概括而言，我们已经了解，由女性在生命周期中所处的位置所决定，对日常购物的高度参与使得女性更有可能在这一领域中获得领袖地位，因此，大家庭妻子成为购物意见领袖的比例最高。我们同时还发现，一位女性社会接触范围越广，就能够越好地平衡来自家庭内外的不同要求，因此她将自己在购物方面的倾向转化为实际的意见领导行为的可能性就越大。

我们看到，社会地位在决定购物意见领袖方面并没有什么作用。相反，购物意见领袖在不同地位层级中的比例基本相当。不过，社会地位清晰地划定了影响流动的边界。意见领袖和建议的接受者往往处于同一社会层级之中。

我们还注意到，处于特定社会层级中的女性倾向于接近与自己较为相像的人以寻求建议。就年龄因素来说，我们发现影响由年长者向年轻者流动。就所有类型的商品而言，朋友和邻居最为经常地被提名为影响者，而成年女性的亲属则位居其次。

注释

［1］在本部分第 1 章中我们对"特定影响者"（即我们在此所称的意见领袖）进行了讨论。在购物领域，他们是这样的一些女性：（1）在两次访谈调查中，她们均报告称近期曾有他人就食品或家庭用品购买等话题，向她们寻求过建议；（2）在某一次访谈中，她们曾宣称有人向她们寻求过建议，但她们自认为相对于其他人，自己"更有可能"成为建议的提供者。

［2］在调查对象所提及的 386 例变化案例中，共有 168 人被指认为影响者。在这 168 人中，我们试图对 130 位与指认者不属于同一家庭的指认对象进行访谈，成功 76 例。附录 C 对后续访谈的"失败率"进行了分析。

第二类影响者源自"小样本反复访谈"调查（"panel"investigation），即调查人员在两次调查过程中，对调查对象的食品储物架进行检查，以发现在两次调查之间调查对象是否改变了咖啡和早餐麦片的品牌。通过这一程序，在 297 例早餐麦片的变化中，调查对象指认出 102 位影响者（见本部分第 7 章尾注 [2]），我们对其中 31 位进行了访谈。这两组后续访谈对象总共为 107 人（76 加 31），这就是我们在本部分第 2 章讨论"确认"问题时在购物领域所依据的影响者人数。在此，我们的分析仅针对第一类的 76 位建议提供者进行，因为正如我们后面所要阐明的，对这两类建议提供者应该区别开来进行分析。

[3] 我们无法确定后续访谈能够在多大程度上"代表"调查中无法接触到的影响者的真实状况。除此以外，还需要注意的是，我们上面的分析是基于后续访谈所收集到的、体现了"影响者—被影响者"成对关系的数据而做出的，而不管在他们之间是否"确实"发生了意见交换。我们所能获得的个案数量太少，这迫使我们采用这种方式进行分析，不过即使我们只选择那些可以确认发生了意见交换的个案来进行研究，最终的结论也不会有本质上的不同。在附录 C 关于"指认"的部分中，我们指出了有可能造成后续访谈数据可靠性偏低的另一类因素。总之，在此我们的分析必须十分小心。

237n.
[4] 此处的社会地位的划分标准与我们之前介绍的有所不同。这里所采用的标准是基于调查中的等级量表，将社会地位划分为 A、B、C、D 四个经济—社会等级。本表将 A 和 B 划为"高"地位层级，C 为"中"，D 为"低"。对于这一标准的讨论，见附录 D。之所以采用这样的划分标准，是因为后续访谈中并没有获取受访者与先前的指标体系有关的信息。不过，许多研究表明，在不同的经济—社会地位划分标准之间，有很高的可比性。

[5] 表 2—10—1 的对角线（从左上到右下）表示处于同一层级的影响对，这条线上的数字之和为 44（4 加 21 加 19），正好是影响对总数（66）的 2/3。对角线之外的影响对表示的是影响从位于一个社会层级中的影响者向处于另一个社会层级的被影响者流动。在此我们的讨论仅限于对流动过程进行直接描述，但在附录 C 中，我们则对这些图表进行了更为精细的统计分析。在附录中，我们也讨论了这些反映影响流动的数据的不足之处。

[6] 10 位建议接受者向更高社会层级的人寻求建议，同时有 12 位则受到处于较低社会层级的他人的影响。附录 C 对这类表格做了更为丰富的分析讨论。

243n.
[7] 我们的图表只反映了最主要的方面。不过，这一论断无疑是基于这个图表所做出的。

[8] 我们偶尔会使用获得领袖地位的"平均"机会这一概念，它指的是领袖数相对于样本总数的简单比值（simple ratio）。因此，"超过平均机会"指的是一个群

体中意见领袖所占的比例大于总样本中的平均比例。

[9] 见图 2—10—1。 *244n.*

[10] 前文提到，我们的调查对象就两个不同的问题，向我们提供了购物方面 *245n.*
的意见领袖的名字。首先，我们问道："在最近的一个月中，你是否购买了以前不
曾购买过的新的商品或品牌？"通过这个与商品或品牌变化相关的问题，调查对象
向我们提供了她们的意见领袖的名字。第二份影响者的名单源自我们的第二次访谈
（8 月）——当时访员们查看了食品架上的咖啡和早餐麦片，当发现与 6 月的调查 *246n.*
有所不同时，就会询问访谈对象为何会做出改变。我们将调查对象自己提及的改变
称为"回忆出的变化"（recall change），而将第二次访谈时实际发现的客观变化称
为"实际变化"（panel changes）。"实际变化"只涉及了早餐麦片和咖啡两类食品，
而"回忆出的变化"则涵盖了更大范围内的家庭食品（见本部分第 5 章尾注 [1]），
因此将丈夫和孩子在"实际变化"数据中所表现出来的较大影响，与他们在"回忆
出的变化"数据中极其微小的作用进行对比，就得出了文中的发现。

不过，这二者之间的差异也有可能是由两次调查所采用的方法不同而造成的。
在 6 月的调查中，当调查对象被要求回忆其近期所做出的改变，并报告她们是如何
发现改变所指向的新商品时，她们有可能从记忆中选择出对她们来说重要的，或是
涉及她们所认为的重要影响者的改变报告给调查者。然而在"小样本反复访谈"调
查时，她们近期所做的改变是客观决定的，这迫使调查对象针对这些特定的改变
进行回忆，也许正是由此孩子和丈夫的作用显得更为突出。

对评估不同家庭成员在购物决策方面的相对影响的方法的讨论，见费伯（Fer-
ber，1955）。

第11章　时尚领袖

相对于日用品购买，时尚领域更是一个不断变化的领域。实际上，"跟上时尚潮流"的本质就是在正确的时间做出正确的改变。在我们的样本中，大约有2/3的女性告诉我们近期曾在时尚方面做出了改变——服饰、化妆或是其他方面，其中大多数女性认为个人影响以某种方式进入她们在时尚方面的决策过程之中。就像在前面的分析中所做的那样，在此我们的问题是确定这一领域中的意见领袖（变化的领袖）。[1]

时尚方面的意见领袖会集中在哪里？她们是散布于整个生命周期之中，还是集中在特定的位置？她们是处于地位层级的上端，还是平均分布在各个层级之中？她们是否比非意见领袖具有更高的合群性，还是合群性在此不再是一个主要因素？通过对这些问题的回答，我们将不仅可以了解时尚意见领袖的一些主要特征，还可以了解女性对于时尚市场的参与方式。

女孩：生命周期位置与时尚意见领袖

让我们从对生命周期位置的分析开始，它被证明是购物领域中区分意见领袖的最主要因素。美国人对青年人（youth）以及青春活力（youthfulness）的重视，使我们有理由预期时尚方面的意见领袖主要集中在女孩群体而非主妇群体之中。这些年轻女性都是单身，她们中的许多人正处于约会和准备结婚的阶段，而"时尚"是处于这一阶段中的人群的特点之一。即使时尚是所有女性都关注的话题，但女孩们在这方面的"统治力"要大于母亲群体，因为前者不需要将许多时间、精力和财力投入家庭之中。从这个角度看，婚姻，尽管它是女性之所以追逐时尚的目的之一，但一旦这个目标实现，就会降低女性在时尚方面的活跃程度以及成为意见领袖的可能性；而成为母亲，会使许多女性从以年轻为导向的时尚领域中全面撤退，因而母亲群体可能是这一领域中意见提供行为最少的群体。事实上，这些典型的生命周期类型与时尚领域的领袖地位密切相关，如图2—11—1所示。

248

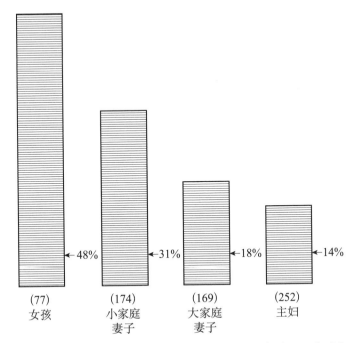

图2—11—1　时尚领域的意见领袖随着生命周期推移而逐步减少

随着生命周期的不断推移，每个典型阶段中时尚意见领袖的比例依 249

次降低：在女孩阶段，几乎每 10 人中就有 5 人是这方面的意见领袖，而在主妇阶段，每 10 人中才有 1 人。时尚领袖地位与生命周期之间的直接联系突出表明，女性的年龄、婚姻和母亲身份对时尚领域中的领袖地位具有累积性的影响。

在购物方面，我们并未对女性的兴趣和卷入程度进行测量。或许有理由做出这样的假设：女性会普遍卷入为家庭餐桌选择食品之类的日常生活问题，至少对已婚女性来说是如此。无论如何，我们并没有强调说那些较少产生意见领袖的生命周期类型中的女性，与购物无关或是对其不感兴趣。然而在时尚领域，我们不能假设所有女性都普遍卷入这一话题，或是对它有兴趣。直观来看，人们会发现，无论是对于时尚领域中的领袖地位，还是建议寻求行为而言，处于不同生命周期女性的时尚兴趣和卷入程度，都是非常显著的变量。

兴趣决定领袖地位？

在访谈中，我们所提出的三个问题可以成为时尚兴趣的度量指标。我们问道：（1）"你觉得紧跟时尚是非常重要、比较重要还是不重要？"（2）"近期你是否在发型、服装风格、美容、化妆，或是其他方面做出了改变，以使自己变得更为时尚？"（3）"从上个夏天至今（即在 12 个月左右的时间内），你购买或做了多少套新衣服？"我们认为，对这三个问题的回答表明了调查对象对保持时尚的重要性的态度。此外，这些问题以这种方式措辞，旨在表明收入因素并不重要。做出改变，去花 50 美分购买一瓶香水或是一件短裙，与花 50 美元或更多的钱去购买一瓶来自巴黎的新款香水，都是在时尚方面所做出的改变。以下是这些问题的回答的数据分布，如表 2—11—1 所示。

250　　根据回答中所表明的时尚兴趣的"高"或"低"，并计算表示出"高兴趣"的人数，我们将这些回答合并到一个尺度之内。[2] 在对三个问题的回答中，如果一位女性有两项或以上的回答被评级为"高"，那么她就将被归入时尚的"高兴趣"组别。通过这种方法对兴趣进行测量，我们可以追问一位女性在生命周期中所处的位置是否与她在时尚方面的兴趣相关。

表2—11—1　　　　　　　　对有关时尚兴趣的三个问题的回答

（1）保持时尚重要吗？	37%
非常重要	55%
比较重要	8%
不重要	
（2）近期是否做出时尚方面的变化？	56%
是	44%
否	
（3）购买或做了多少件新衣服？	
7件或更多	29%
5～6	27%
3～4	25%
1～2	13%
没有	6%
总计（＝100%）	（711）

很明显，时尚兴趣与生命周期高度相关：它在年轻的单身女性（女孩）中最高；在小于45岁的妻子群体中，无论其家庭规模的大小，"高兴趣"群体所占比例较女孩群体约下降了1/3；而在超过45岁的主妇群体中，下降最为明显。我们可以说，对时尚保持"高兴趣"是小于45岁的大多数女性的主要特征，而在45岁及以上的女性群体中这样的人群只占少数（见表2—11—2）。

251

表2—11—2　　　　　　　不同生命周期阶段中女性对时尚的兴趣

生命周期类型	"高兴趣"女性的比例	总计（＝100%）
女孩	80%	（77）
小家庭妻子	59%	（173）
大家庭妻子	56%	（169）
主妇	34%	（252）

时尚兴趣在不同生命周期类型中的分布，一般与时尚意见领袖的分布相平行。这使我们要提出这样的问题：意见领袖地位是否是兴趣的副产品，

也就是说，或许对时尚越感兴趣的女性，成为意见领袖的可能性就越大。在表2—11—3中可以清楚地看到，时尚兴趣与领袖地位具有高度相关性。

表 2—11—3　　感兴趣的女性更有可能成为时尚意见领袖

兴趣度得分	时尚意见领袖的比例	总计（＝100%）
3（高）	49%	(129)
2	28%	(235)
1	13%	(212)
0（低）	4%	(135)

在对时尚具有高兴趣度的女性中，其意见领袖所占比例是完全没有时尚兴趣的女性的12倍。在兴趣度最高的一极中，接近一半的调查对象是意见领袖，而在最低一极中，这一比例只有4%。

这种兴趣和领袖地位之间的高度相关性促使我们重新思考时尚领袖地位与生命周期之间的关系。换言之，我们必须追问：我们前面所观察到的时尚意见领袖不同的分布比例（见图2—11—1），是否仅仅反映了不同类型的女性对时尚话题的兴趣度的分布，一位女性成为时尚意见领袖的机会可能只受到她的时尚兴趣的决定，而生命周期类型这一因素之所以与时尚意见领袖发生联系，也仅是因为处于不同生命阶段的女性对时尚的兴趣有所不同？如果确实如此的话，比较处于不同生命周期但对时尚话题的兴趣度相同的女性，应该可以发现她们成为时尚意见领袖的概率是相同的。比如，表现出同样时尚兴趣度的主妇和女孩，她们成为意见领袖的比例应该是一样的。

表2—11—4完全没有验证我们的猜想。也就是说，当对生命周期

表 2—11—4　　即使控制住时尚兴趣度变量，不同生命周期类型中
时尚意见领袖的比例依然不同

兴趣度[3]	时尚意见领袖的百分比			
	女孩	小家庭妻子	大家庭妻子	主妇
高	55%（62）	46%（102）	20%（95）	27%（84）
低	20%（15）	10%（71）	16%（75）	7%（168）

阶段不同，但同样都具有高兴趣度的女性进行比较时，意见领袖中的生命周期变量的作用并没有消失。[4]

那么，我们就必须设法解释，为何一位在时尚方面具有高兴趣度的女孩会如此频繁地成为他人寻求相关建议的目标，但具有同样高兴趣度的主妇则不会。换句话说，我们必须追问，是什么原因使得一位对时尚具有强烈兴趣的年轻单身女性，比具有同样兴趣度但超过 45 岁的女性更容易成为意见领袖？或者还可以再问，尽管二者对时尚话题都非常感兴趣，但为什么小家庭妻子比大家庭妻子更有可能成为意见领袖？

影响流动：两种路径

我们认为，回答这些问题的线索在于需要记住：任何意见交换、任何建议提供行为都是在两个人之间进行的。因此，一位对时尚非常感兴趣的主妇渴望并且已经"准备好"向他人提供建议，但她必须首先能找到愿意接受她的建议的对象。那谁会愿意接受她的建议呢？其他的主妇吗？我们已经看到，在主妇群体中极少有人对时尚感兴趣。那会是较为年轻的女性吗？她们所关心的时尚问题可能和这位主妇有极大的不同。因而，在此我们可以看到，个体的倾向无法得到"激活"，因为她找不到自己的追随者。

当然，女孩群体的情形完全不同。在女孩群体中，时尚意见的交流一定非常活跃。在这一领域中，几乎所有的女孩都声称对时尚有着强烈的兴趣。由此我们有理由相信，女孩群体中对于意见领袖的"呼唤"也会十分强烈。因此，一位对时尚有着高兴趣度的女孩被其他女孩咨询相关建议的可能性也非常之大。当然，这意味着女孩们可能是互为领袖和追随者的。然而，即使我们假设时尚方面的建议提供行为常常跨越不同生命周期阶段的边界，但仍有大量的理由可以让我们相信，往往是年长的女性向更为年轻者寻求建议，而不是相反。事实应该就是如此，因为首先，美国的时尚市场高度迎合年轻群体，因此女孩们无疑是时尚变化的先锋。当然还有值得思考的第二个理由：设想一位女性想要寻求时尚方面的建议但不知道该去问谁，在这种情形下，尽管她自己并不认识时

253

尚顾问，但她很有可能知道（就像表2—11—2中我们所做的那样），在每10位女孩中就有8位对于时尚有着强烈兴趣，而这一比例在妻子群体中只有1/2，在主妇群体中只有1/3。那么她会去问谁？很明显，问那些女孩子们。假设整个社区成员都对时尚兴趣度的分布状况有所了解，那么就有理由认为，人们更容易在女孩群体中而不是年长女性那里寻找对于时尚有着高兴趣度的女性（她至少在理论上有着提供建议的能力）。当然，这里的原理就是：你知道在哪里你想要的东西最多，就去哪里找你想要的东西。

在大家庭和小家庭妻子群体中，情形并不一致。这两种类型的妻子对于时尚有着几乎相同的兴趣，但小家庭妻子中，意见领袖的比例几乎与有着高兴趣度的女孩群体一样多，而大家庭妻子中这一比例则和兴趣度最低的主妇群体相近。对此的解释似乎也需要从建议寻求者的易接近性（accessibility）入手。我们对此并没有直接证据，但可以推测小家庭妻子中可能有更多的人想要跟上快速变化的时尚风潮，而同时，需要占用她们精力的日常生活问题相对较少。就后一个推测而言，大家庭妻子中购物方面的意见领袖如此之集中，似乎也可以从另外一个方面证明这一点。当然，我们的这些看法必须在今后的研究中加以检验。

总之，到目前为止，我们在整个解释过程中所做的就是提出这样的假设（后续访谈数据将允许我们对此进行验证）：时尚方面的绝大多数影响倾向于在处于相近生命周期阶段的女性中流动。因此，当我们在论述对时尚具有高兴趣度的人群主要集中在女孩群体，并由此产生了大量建议寻求者和建议提供者之时，我们无疑是在假定女孩们倾向于相互影响。换言之，我们认为，时尚意见的提供与接受行为更多地发生在处于相同生命周期阶段的女性之中。

当然，所有这些都假设我们所创建的生命周期类型（女孩、主妇等），在某种程度上体现了真实生活中的"群体"特征，在这些群体中，女孩子与女孩子相联系，而主妇们则与主妇们联系在一起。如果这一假设确实符合实际的话，我们则可以提出一条迄今并未涉及的跟踪影响流动的全新方法。在再次转向后续访谈数据之前（在前面的章节中我们已经对后续访谈数据有所了解，也提到了它的一些局限），让我们先对这一全新的方法进行一番考察。

（1）"输出"指数。

这种新方法并不难解释，它认为在任何群体中，意见领袖的比例由两种社会力量决定。第一种力量是特定话题唤起的群体成员的兴趣——"显著性"（saliency）。无疑，高"显著性"将使群体内出现较多的建议寻求行为，并导致与此话题相关的意见领袖的出现。第二种力量是这个群体作为建议来源，对其他群体中的成员的"吸引力"。因而，一个群体中意见领袖的比例可以说反映了两个方面的内容：一方面群体成员在自己的群体内就特定话题进行意见交换的程度，另一方面他们就此与其他群体的成员互动的程度。

现在我们想知道的是，在某一特定群体中向其他成员提供建议的意见领袖有多少人，他们中又有多少人将意见"输出"到其他群体。在后续访谈数据中可以找到对这个问题的直接回答，而当前数据对它的回答则要相对间接一些。因为如果一个群体中意见领袖的比例是"显著性"和"吸引力"的集合（resultant），那么在测量了领袖比例和"显著性"之后，我们就应该可以对"吸引力"进行推断——它反映了吸引其他群体前来寻求建议的程度。

让我们回到时尚领域。在前文中，我们对时尚兴趣的测量，正可以看作对不同群体在时尚方面的"显著性"的测量。那么，现在我们所能做的，就是去分析每个群体中意见领袖的比例与"显著性"排序是保持一致还是有所偏离，其程度如何。我们可以将对这一变量的分析视作对群体的"吸引力"的测量。比如，在一个特定群体中，用意见领袖的数量除以对时尚具有高兴趣度的女性的数量，如果所得出的数值超过总体样本的平均值，那么我们就可以认为这一群体的意见领袖不仅在本群体内发挥着意见引导作用，而且作为影响源吸引着其他群体的成员。换言之，我们可以这样概括：意见领袖的"超出"部分（超过"显著性"所"需要"的部分）就是"输出"的部分。

为了将这一设想付诸实施，我们首先必须计算出整个样本内时尚意

255

见领袖除以时尚兴趣的比值。在所有 673 位调查对象中，有 155 人可以
被确定为时尚意见领袖，有 345 人具有高兴趣度。那么 155∶345 的比
值是 0.45，这表明从样本总体来看，在每两名具有高兴趣度的女性中，
就有将近一名意见领袖。现在，如果将样本重新划分为不同群体，我们
预期将发现有些群体会保持这一"平均数"——约两名高兴趣度的女性
中有一名时尚方面的意见领袖，但其他一些群体则会超过或落后于平均
比值。对于保持"平均"比值的群体，我们认为它的意见领袖的"供
给"，正与这一群体基于话题的"显著性"而对意见领袖的"需求"保
持一致。而对于超出"平均"比值的群体（即意见领袖比率相对大于兴
趣比率），我们认为该群体内的意见领袖不仅满足自身群体所需，还向
其他群体提供建议。当一个群体的意见领袖比率低于兴趣比率时，我们
认为这一群体自身缺乏意见领袖，并因此假设该群体中的成员会转向其
他群体寻求建议。

为了简化分析，我们将"平均"比值（0.45）设定为"1"，以此为
标准指数。这样，我们就可以计算出每一个群体中意见领袖数相对于高
兴趣度人数的比值，将这一比值与标准指数进行比较，我们就可以发现
哪些群体超过"1"，哪些群体不到"1"。让我们以此对时尚领域中的四
个生命周期类型的群体进行一番测量，如表 2—11—5 所示。

表 2—11—5　　　　　女孩群体"输出"时尚方面的意见领袖

	时尚意见领袖相对于时尚"显著性"的比值 （全体样本的"平均"比值 ＝1）
女孩	1.33
小家庭妻子	1.18
大家庭妻子	0.71
主妇	0.93

女孩群体超出"平均"比值最多，大家庭妻子群体则落后最多，而
小家庭妻子和主妇群体基本接近"平均"值。依照我们之前所做的解
释，这些结果表明小家庭妻子和主妇群体中意见领袖的数量能够满足这
两个群体对于时尚的兴趣需求。大家庭妻子群体则出于某些原因，自身
群体内的意见领袖数量少于由成员的兴趣度所决定的需求数。[5]而在另

一方面，女孩群体中的意见领袖数量过剩，以我们的视角来看，它表明这一群体不仅可以满足自身对于时尚建议的需求，而且还可以为其他群体提供意见引导。换言之，女孩群体在满足群体内部对于时尚建议的需求的同时，还向外"输出"建议。

（2）对后续访谈的分析。

在考察了新的分析方法之后，现在转向我们更为熟悉的后续访谈数据，以强化我们上面的分析。如果估计正确的话，我们将会发现：其一，时尚影响更有可能发生在处于同一生命周期类型的大多数女性之中；其二，如果时尚意见的交换发生于不同年龄层的女性之间，那么年轻的女性往往充当影响者而不是被影响者的角色。因此，下面就让我们来考察后续访谈数据。需要记住的是，它们并没有根据生命周期，而是根据年龄将访谈对象分成了三类，而且出于前面所提到过的原因，它们更多地应被视为"暗示"而不是实质性的定论。

在后续访谈中，有33人被其家庭成员提名为时尚方面的意见领袖，有125人则被非家庭成员指认为影响者。让我们先来考察一下家庭内的影响流动，如表2—11—6所示。

表2—11—6　　　　家庭内不同年龄群体间的时尚影响流动

时尚意见领袖的年龄	被影响者的年龄			
	15～24	25～44	45＋	总计
15～24	4	4	6	14
25～44	5	9	—	14
45＋	2	1	2	5
总计	11	14	8	33

如果我们能从表2—11—6极少量的样本中得出什么论断的话，那么在家庭内，不到一半的影响对（影响者—被影响者）处于同一年龄层次（下面我们将看到，在家庭外的影响流动中，这一数字相对更大）。并且，当不同年龄层次的家庭成员发生影响传受时，影响在某种程度上更多地由年轻成员向年长成员流动，而不是相反。这正符合我们的预

期。这一特征在 45 岁以上的女性中（我们假定她们的子女已经长大）更为明显——她们中有 3/4 的人（8 例中有 6 例）受到了 15～24 岁年龄段女性的影响。

但是表 2—11—7（它报告了家庭外的影响流动）并没有证实我们的假设。我们确实可以发现多数影响者和被影响者处于同一年龄层次之中——在每 10 个影响对中有 6 个是同龄人，但是在跨越年龄边界寻求时尚建议的女性中，影响由年轻人向年长者流动的数量，并不多于由年长者向年轻人的流动。因此，虽然我们可以说同辈是最为主要的影响源，但是我们的预期——"较为年轻的女性更有可能是年长女性的影响者，而不是相反"，在此无法得到确证。

表 2—11—7　　　　　家庭外不同年龄群体间的时尚影响流动

时尚意见领袖的年龄	被影响者的年龄			
	15～24	25～44	45＋	总计
15～24	27	12	2	41
25～44	13	32	9	54
45＋	2	14	14	30
总计	42	58	25	125

为何这些后续访谈的数据没有支持表 2—11—5 中所体现的"输出"数据，这无法立刻得到明晰的解释。因而，我们由"输出"数据中得出的观点——时尚影响由年轻人向年长者流动，在对"影响对"（影响者—被影响者）的调查中并无法得到直接确认，只有表 2—11—6 中所报告的家庭内影响流动体现出这方面的一点微弱趋势。

最后，有意思的是，我们观察到有一小部分男性在日常生活中扮演着时尚建议提供者的角色。在报告称至少部分地接受了其他人的建议并据此做出时尚方面决策的女性中，只有 13 人的提名对象是男性，其中 11 人提名的是自己的丈夫。男性更多的时候是持续变化着的时尚世界的旁观者，而非直接参与者，他们所起到的影响常常是以间接与被动的方式来实现的。男性通常确实不会大胆地直接提出建议。

259

合群性与时尚领袖

除了生命周期以外，在购物意见领袖的分析中被证明十分重要的第二个要素是合群性指标。在时尚领域，合群性与意见领袖地位之间也同样有着密切的关联（见图2—11—2）。

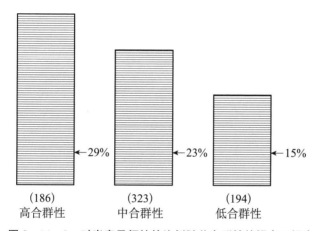

图2—11—2 时尚意见领袖的比例随着合群性的提高而提高

在高合群性群体中，时尚意见领袖的比例约是低合群性群体的两倍。有着大量社会接触的女性最有可能成为时尚意见领袖，因为她有更多的机会去引导他人。但在时尚领域，还有其他的原因使得高合群性的女性能够更容易成为意见领袖。这一原因在于，合群性自身不仅是女性社会接触量的一个指标，同时还是她的兴趣特点的体现。我们认为，具有高合群性的女性可能对她在他人心目中的印象更为敏感。她十分关注与不同群体和个体之间的互动与融合，而她表达这点的方式之一就是注重自己的形象。这就意味着，相对于与社会隔离的女性，具有合群性的女性有更多的机会被他人要求提供时尚方式的建议，这不仅是因为她们更容易接近，而且还因为她们在参与社会方面有着更大的压力，并且在时尚市场中更为活跃。如果情形确实如此，那么我们必然期望它会反映

260

在我们的时尚兴趣指标中。

　　表2—11—8只在一定程度上证明了我们的观点，令人惊奇的是，二者之间的关联并没有我们所预期的那样强。我们可以概括说时尚兴趣受到合群性的推动，但这种作用并不明显。很显然，除了女性自身对时尚的卷入外，社会对高合群性的女性所提出的"跟上潮流"（au courant）的要求，也提高了她们成为时尚方面影响者的可能性。换言之，即使她本人对时尚话题并没有什么特别的兴趣，但由于其所具备的高合群性，这类女性仍然有较大可能成为其他人寻求时尚建议的对象。[6]

表2—11—8　　　　　　高合群性的女性对时尚更感兴趣

合群性得分	高"兴趣度"的比例	总计（＝100％）
高	56％	(178)
中	54％	(323)
低	43％	(174)

　　此时，我们再一次看到，心理因素（即具有浓厚的个人兴趣）并无法独立造就意见领袖。领袖地位的获取需要涉及社会情境因素，具有高兴趣度的女性正是在特定的社会情境之中进行活动的。就生命周期因素而言，前文中已经提到，我们发现对时尚保持较高兴趣度的女孩很可能会成为意见领袖，而兴趣度相同的主妇则不然；而在当前的视角下，三类合群性中兴趣度的分布几乎均等，但我们发现高合群性的女性更有可能成为意见领袖，而低合群性的女性则不然。因此，正如我们在前面的分析中所认为的那样，此处似乎有情境因素卷入其中：对于一位女性而言，仅有高兴趣度是不够的，要成为意见领袖，她必须与其他人进行接触，这些他人不仅正在寻找意见领袖，并且认识到这位女性具备意见领袖所需要的素质。也就是说，要成为意见领袖，重要的是在正确的时间出现于正确的情境之中。

　　合群性更高的女性常常是影响他人，而不是接受他人的影响，通过借用前面所介绍的"输出"测量的方法，可以对此予以检验。在此，我们可以再次将整个样本中的领袖数量相对于高兴趣度女性数量的"平均"比值设定为1，然后将三个不同合群性的"群体"分别与"平均"值进行比较（见表2—11—9）。[7]

表 2—11—9　　　　　　　　高合群性群体"输出"时尚意见领袖

	时尚意见领袖相对于时尚"显著性"的比值（全体样本的"平均"比值 ＝1.00）
高合群性	1.24
中合群性	1.02
低合群性	0.81

在低合群性的女性中，意见领袖的数量并不能满足这一群体内部对于时尚的兴趣需求，而中合群性的女性群体"领袖—兴趣"比值几乎与"平均"值完全相同。只有在高合群性的女性中，领袖数量是"过剩"的。按照我们的理解，这意味着该群体在时尚方面对其他群体具有"吸引力"，除了可以满足群体自身对于时尚建议的内在需求外，还向外"输出"建议。

至此，我们已经分析了生命周期因素和合群性因素与时尚意见领袖之间的关系，如果能将这两个因素结合起来，去探讨它们对一位女性成为意见领袖的共同影响，无疑将会使我们的研究更为有趣。比如说，一位低合群性的女孩和一位高合群性的主妇相比，谁更有可能成为时尚意见领袖？我们的预设是，如果其所处的生命周期类型基本无法提供参与时尚并成为意见领袖的机遇与可能性的话，那么对于这些女性而言（大家庭妻子和主妇群体），合群性就成为她们获得意见领袖地位的最重要因素。这些女性所处的生命周期位置的特点是以家庭为重心的，这在客观上限制了她们参与时尚市场的程度和强度，这些限制包括时间、精力和经济方面的限制，还包括她相对于同样对时尚感兴趣的他人的"社会位置"方面的限制。然而，当这样的一位女性具有高合群性时，也就是说，如果她对于家庭外事务的兴趣足够强烈，如果其他人追随她的机会足够充分，那么我们就会预期她与那些处于同一生命周期位置但合群性较低的女性有所不同——她在时尚市场中仍然会十分活跃，也会有更多的机会获得意见领袖地位。

出于同样原因，我们认为，合群性因素不大可能影响到一位女孩成为意见领袖的机会。尽管合群性是那些以家庭为中心的年长女性参与时尚活动的主要驱动因素，但对于女孩群体而言，她们对于时尚的普遍参

262

与可能会受到合群性因素的强化，不过绝不会完全依赖于它。同样，与大家庭妻子相比，小家庭妻子们在时尚领域可能更为活跃，也更有可能成为意见领袖，即使她们并不具有高合群性。换言之，我们认为女孩群体对于时尚话题的天然倾向最强，她们要成为意见领袖，对于合群性因素的依赖程度最低，不过在其后的几个生命周期类型中，合群性因素对于成为意见领袖的重要性依次增强。

为了验证这一假设，我们必须根据合群性，将四种生命周期类型中的女性进行细分，将她们划分为 12 个组别，进而检视各组别中时尚意见领袖的变化。

263
在表 2—11—10 中，"x"表示该组别女性成为时尚意见领袖的可能性超过了平均值。[8]这些"x"的分布模式清楚地表明，随着生命周期的推移，高合群性越来越成为决定一位女性是否能够成为时尚意见领袖的重要条件。

表 2—11—10　　　　依据生命周期类型和合群性因素，成为时尚意见领袖的可能性超过平均值的群体分布

合群性	生命周期类型			
	女孩	小家庭妻子	大家庭妻子	主妇
高	x	x	x	x
中	x	x		
低	x			

所有的女孩们，无论她们的合群性如何，其成为时尚意见领袖的可能性都超过了平均值，而小家庭妻子至少需要具有中合群性，大家庭妻子和主妇们则必须具备高合群性。也就是说，对于年长的和（或）以家庭为中心的女性而言，要获得更好的机会以成为意见领袖，高合群性是一个必要条件。大量的、高质量的社会接触（这些是高合群性的内在特征），似乎和女孩群体拥有的"年轻"优势发挥着同样的作用，它使得女性获得远离家庭重担的自由，刺激她们参与时尚生活之中，帮助她们获得意见领袖的地位。

社会地位与时尚领袖

至此我们已经看到，在分析购物领域意见领袖的集中度时显得十分重要的两个因素——生命周期和合群性，同样也是理解时尚意见领袖的关键要素，尽管这两个领域差别很大。现在，我们将转向第三个因素——社会地位因素，去看看它在决定谁将成为意见领袖方面起到了什么作用。

许多人在谈到时尚领袖时，他们所指的往往是那些穿着昂贵时装的迷人女性。他们的看法可能是正确的，不过我们在此所感兴趣的是另一类时尚领袖：那些在面对面交流中充当了影响者的女性。我们可以确信，在这类人际联系中，时尚领袖并不一定是最具魅力的女性，而是那些认识建议寻求者，同时让人觉得向她寻求建议十分方便的女性。因此，在建议提供者和接受者之间，不太可能存在着较大的社会地位差距，二者更有可能是在相近的社会圈层中活动。而且，我们在前文中提到，在寻求建议的过程中，女性往往会转向那些与她们面临着相似问题的他人，这就进一步增大了时尚意见领袖与建议寻求者处于同一社会层级的可能性。沿着这一视角，我们将会发现在所有的社会层级中都存在着时尚方面的意见领袖，而影响则很少跨越地位界限。

即使如此，人们也有可能提出异议，认为仍有理由相信社会地位因素确实可以影响时尚意见领袖的产生。处于较低或中间社会阶层的女性也许不会直接模仿名流阶层（cafe society），但她们可能会去了解比自己地位稍高一点，但仍处于同一阶层范围之内或上一阶层中临近边界的女性的品位与风格，以此表达自己对于向上流动的渴望。如果情形确实如此，如果我们在这方面的数据足够精确细致，那么我们就会发现时尚意见领袖并非平均分布于各阶层之中，而是会更多地聚集于较高社会阶层之中。进而言之，即使意见流动不会跨越阶层边界，但是高度关注时尚、更多地参与时尚活动，正是较高社会地位的特征之一。同

264

样，在一些社会层级中，紧跟时尚有着特定的意义。如果上述观点（至少是部分）符合实际的话，那么我们将会发现在较高社会层级中，时尚意见领袖的比例也会相对较高。不过，如果时尚兴趣是相对平均地分布于各社会层级之中，如果女性主要倾向于向与自己类似的他人寻求建议的话，那么我们则会发现每个地位层级中意见领袖的比例大致相当。图 2—11—3 为我们揭示了答案。

265

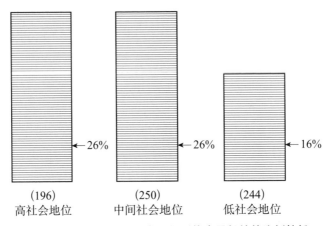

图 2—11—3　只有低社会层级群体意见领袖的比例较低

　　根据我们的数据，在中间社会地位层级和高社会地位层级群体中，意见领袖的比例完全相同，但低社会地位群体中这一比例相对较小；最低层级和两个较高层级之间的差为 10％。换言之，不同社会层级在时尚意见领袖方面的差距并不十分显著。这种奇怪的分布态势使我们怀疑前面的理解是否正确。如果从低层级和中间层级之间的差距来看，我们会认为随着社会层级的提高，意见领袖的比例也会相应提高，但这就迫使我们必须面对这样的问题：为何中间层级和高层级之间没有差别？对于这个问题也需要做出进一步的解释——我们既可以问为何在高社会阶层中意见领袖如此之少（我们本期望它有最多的意见领袖），还可以反过来问为何中间阶层的意见领袖如此之多。让我们更为细致地对此进行一番分析吧，或许可以再一次通过考察三个社会层级中时尚兴趣的分布来找到相关线索（见表 2—11—11）。

表 2—11—11　　　　随着地位层级的提高，对时尚的兴趣度也在增加

社会地位层级	高兴趣度人群的比例	总计（＝100%）
高	61%	（191）
中	53%	（253）
低	42%	（237）

社会地位每提高一级，对时尚感兴趣的女性比例就会相应提高一 *266*
些。这一发现表明，我们的注意力应当被导向高地位层级群体，而不是
中间层级群体。换言之，真正有意思的问题不是为何中间层级会有这么
多的时尚意见领袖，而是既然高社会地位群体中的女性对于时尚更有兴
趣，但为什么这一群体中的时尚领袖并不是最多的。

这个问题似乎只有一个答案：拥有高社会地位的女性极少讨论她们
的时尚兴趣。我们可以想出两个理由对此进行解释。首先，在这些女性
的非正式交谈和日常活动中，相对于其他阶层女性而言时尚话题只是她
们更为丰富细致的议程中的一项而已。公共事务、慈善工作、女性俱乐
部等，高社会地位女性所从事的诸如此类的众多活动，将时尚话题挤出
了她们交谈和建议的范围。其次，处于这一社会层级的女性甚至可能会
故意显示出对于时尚话题的漠不关心。尽管这些女性对时尚很有兴趣，
但就此寻求建议会被认为并不光彩，而提供这方面的建议也会被认为缺
乏品位。

虽然我们没有数据对这种理解予以充分检验，但或许有意思的是，
需要指出，在前面的一些分析中，我们也采用了同样的理解方式。就在
本章的上一部分中我们提出，对于时尚意见领袖较少出现在主妇、大家
庭妻子和低合群性女性之中（即使她们对于时尚具有高兴趣度）这一现
象，可以解释为她们较少接触到对时尚感兴趣因而正在寻求建议的人。
以同样的方式，现在我们认为，这种类似的情境因素可以用来解释为何
高社会地位群体中时尚意见领袖的比例却并不大的现象。不过我们认
为，这里的情境因素并不是她们对于时尚话题的兴趣度较低，而是这类
女性一般会避免将时尚作为讨论话题。

实际上，我们对于"输出"所做的测量在一定程度上概括了我们的
观点，如表 2—11—12 所示。

表 2—11—12　　　只有中间社会层级的女性在"输出"意见领袖
（但"输出"并不多）

	时尚意见领袖相对于时尚"显著性"的比值（全体样本的"平均"比值 =1.00）
高社会地位	1.00
中间社会地位	1.14
低社会地位	0.88

　　表 2—11—12 表明，一方面，在高社会地位的女性中，意见领袖的数量刚刚能够满足自身对于时尚的兴趣需求。另一方面，低社会地位女性群体中时尚兴趣程度稍稍超过意见领袖的数量，这表明在某种程度上，她们必须在群体外寻找意见领袖以满足这一群体对于时尚的关注程度。只有中间社会地位群体的意见领袖数量超过了兴趣度的需要。对此我们可以认为，在一定程度上，处于中间社会地位的女性对于其他女性（可能正是低社会层级的女性）有着一定的吸引力，并输出一定量的意见领袖——尽管此表的主要结论应是相对而言每个社会层级中的意见领袖是自给自足的。

　　当然，我们已经提出假设，女性讨论时尚话题的对象往往是和自己相似的人。后续访谈数据将对此予以证明（见表 2—11—13）。

表 2—11—13　　　不同地位层级中时尚影响在家庭外的流动[9]

时尚领袖的社会地位	被影响者的社会地位			
	低	中	高	总计
低	5	7	3	15
中	17	47	11	75
高	2	13	17	32
总计	24	67	31	122

　　在所有家庭外的影响传受中，有 57% 在相同社会地位的女性中流动。只有低社会层级的女性明显地表现出在自身所处层级之外寻求建议的特征。而且，当影响确实跨越了地位界限时，它流动得并不太远：几乎所有这类影响传受都发生在社会地位相邻的两位女性之间。当然，这意味着中间社会层级的女性在一定程度上更容易成为意见领袖，因而该

表显示（比较一下纵列的"总计"部分），中间社会地位群体是仅有的影响者（75）多于被影响者（67）的群体。尽管这一差距并不十分显著，但该表与表 2—11—12 一起，验证了我们的相关假设。

社会地位和合群性的共同作用

至此我们看到，在决定意见领袖的产生方面，社会地位因素起到了一定的作用（尽管它并不是最重要的因素）；我们还看到，相对于低社会地位群体，高社会层级和中间社会层级群体中时尚领袖的数量相对更多。现在，在结束对于社会地位因素的讨论之前，我们必须追问：合群性变量是否能解释这些差异？前文已述，在购物领域，较高社会层级中购物意见领袖的比例相对较大，这完全反映的是这些层级中的女性有着更高的合群性，因而获得了更多的成为意见领袖的机会。那么时尚领域也是如此吗？

我们从表 2—11—14 中所能读到的，并不止于当合群性保持恒定时，社会地位和时尚意见领袖之间的关系如何，在该表所表现出的诸多含义中，最重要的一点却正是它又一次超出了我们的预料。读者们可能还记得图 2—11—3 表明，最高社会层级群体（也是时尚兴趣度最高的群体）中的时尚意见领袖并不比中间层级更多，同时，我们刚刚在表 2—11—12 和表 2—11—13 中看到，高地位层级群体完全没有"输出"意见领袖。表 2—11—14 为我们理解这些关系提供了另外一条线索，它显示，在高社会层级内的高合群性的女性中，时尚意见领袖的比例

269

表 2—11—14　　　作为时尚领袖的决定因素，地位层级和合群性同等重要

合群性	时尚领袖的比例		
	高社会地位	中间社会地位	低社会地位
高	22％	36％	24％
中	31％	24％	17％
低	21％	17％	11％

却并不高。这与其他两个层级中的高合群性女性群体有着明显的矛盾，在那两个层级中，这类女性获得领袖位置的可能性最大。一位具有高社会地位和高合群性的迷人女性，却没有成为时尚领袖，这似乎使我们在前文中大胆提出的假设更为可信：这些女性并不会过多地讨论时尚话题。或许，正如我们前面所认为的那样，这是因为她们的兴趣范围更广，时尚只是众多关注点中的一个而已；这或许也是因为讨论时尚，给予和接受时尚方面的建议，对于这类女性而言显得多少有些不太"明智"。总而言之，被认为最有可能成为时尚领袖的这类女性，在这方面却落后于其他群体。

除了这类同时具备高社会地位和高合群性的群体以外，表2—11—14中还有两个值得注意的趋势：（1）当地位层级提高时，意见领袖的比例亦随之提高；（2）当合群性提高时，意见领袖的比例也会提高。总之，该表的含义十分明显：首先，它凸显了我们在前文中所指出的特例情形；其次，我们从中了解到，对于其他所有群体而言，合群性和社会地位因素各自独立地影响着时尚意见领袖的产生，它们的影响是适度的，不大也不小。

时尚领域的影响流动：总结

总体而言，我们可以这样表述：就像购物领域一样，时尚领袖地位的获得主要取决于女性所处的生命周期类型。在不同生命周期阶段中，时尚领袖在比例上的差异十分明显。在购物领域中，意见领袖集中于大家庭妻子群体；而在时尚领域中，女孩们则成了最主要的影响者。

270　　在购物领域中，只有合群性因素与生命周期因素联系在一起，共同决定了意见领袖的产生与分布。然而在时尚领域，社会地位因素必须被纳入考虑，尽管它的作用并不均衡。在高合群性和高社会地位因素的共同作用下，实际产生的意见领袖数量要少于预期。对此我们认为，尚且无法充分解释我们观察到的现象（高地位层级群体中的意见领袖并不比中间层级的群体更多）。而在另一方面，在处于最低社会层级的女性中，意见领袖的数量要少于其他群体，结合上面所提到的重要的例外情形，它似乎表明即使当合群性因素被控制时，社会地位因素依然会对时尚领袖的分布产生一些影响。

如同在购物领域中一样，我们发现影响者和被影响者在年龄和社会地位方面有着高度的相似性。但是，当时尚影响确实跨越了年龄界限时，这种流动是否像我们预期的那样由年轻人流向年长者，并不十分清晰。不过我们的"输出"指数似乎可以支持这一预期，同时，对家庭内部影响者的后续访谈也对此予以了支持，但后续访谈中家庭外的"影响对"却没有支持这一观点。当影响跨越社会地位的边界时，处于中间社会地位层级的女性在某种程度上充当了影响的输出者的角色；而当影响在不同合群性的群体间发生传受时，高合群性的女性则在一定程度上成了影响的发送者。

注释

[1]　如前，意见领袖被界定为：（1）那些在两次访谈中均称近期曾有其他人向她们寻求过建议的女性——这些建议与服饰、化妆等时尚要素相关；（2）在某次访谈中称曾有人向她们征求过意见，但认为自己比其他人"更有可能"成为时尚方面的建议提供者的女性。　*247n.*

[2]　对第一个问题（保持时尚的重要性）的回答是"非常重要"的女性，对第二个问题（近期变化）做出了肯定回答的女性，以及报告称购买了 5 件或更多服装的女性，其评级为"高"。在三个回答中有两个或更多回答被评级为"高"的女性，则被归入"高兴趣"范畴。如下所示：　*250n.*

	个案的百分比
3：（"高兴趣"）	18%
2：（"高兴趣"）	33%
1	30%
0	19%
总计（＝100%）	（711）

[3]　回答评级为 2 或 3 的为高兴趣度，1 或 0 的为低兴趣度。见本章尾注[2]。　*252n.*

[4]　在低兴趣度群体中，不规则的结果和相对较小的差异暗示我们可以提出这

样的假设：如果一位女性自身对时尚话题不感兴趣的话，那么生命周期变量并不会影响她成为意见领袖的概率。换言之，它表明，作为意见领袖的既有因素（predisposing factor）的生命周期变量，其影响在高兴趣度群体中最大，但在低兴趣度群体中则不明显，几可忽略。

257n. ［5］这意味着在时尚领域内，相对于其他群体，大家庭妻子群体无法做到自给自足。

260n. ［6］即使在低时尚兴趣度的女性中，仍有 17％ 的高合群性女性是时尚方面的意见领袖，但在低合群性女性中这一比例只有 5％。

261n. ［7］这个总体样本的比值为 0.42。之所以会与前文在分析生命周期因素时所得出的 0.45 的比值有细微差别，是因为二者的样本总数稍有不同。

262n. ［8］正如前面所解释的那样，我们所说的"超过平均值"，指的是一个特定群体中的领袖与非领袖的比值，超过了整个样本的同一比值。

267n. ［9］在此，我们再次使用了调查人员区分影响者和被影响者社会地位的四分量表（A，B，C，D）。

第 12 章　公共事务领袖

不同于日用品购买和时尚领域，在公共事务领域中，女性在决定是否要参与方面更自由，甚至可以决定自己是否对公共事务感兴趣。女性在生活中可以不参与公共事务，或者对公共事务全无观点，这并不会危及她们的自尊和其他人对她们的尊重——在这点上，女性比男性享有更大自由。相对于男性，女性经常忽视当前国家和地区性的事务与话题。她们很少谈论这些内容，当被直接问及她们对于政治的兴趣或是近期有哪些政治事件时，她们宣称对此不像男性那样感兴趣。[1]

我们选择了这方面的信息和意见流动，而不是直接的政治或公民活动本身作为女性公共事务领袖研究的背景。我们称为公共事务意见领袖的那些女性，指的是告诉我们近期曾有人就新闻中报道的当前社会或政治话题向她们咨询过意见的调查对象。[2]换言之，在我们的定义中，所谓女性公共事务领袖，是那些知道现在正在发生着什么，并且向其他女性传递公共事务信息和意见的女性。正如我们将要看到的，这类意见领袖相对较少。

社会地位和公共事务领袖

如果我们问自己：哪些因素与女性对公共事务的参与最为相关？或者换种说法，哪些社会圈层中最有可能出现公共事务领袖？对此我们认为有三个方面的因素需要立即考察，它们中的每一个都与我们对于社会地位的界定相关（至少是部分相关）。

第一个是教育因素。从以往对于大众传播习惯的研究中我们知道，接受过更好教育的人往往会更愿意阅读书籍和杂志，更为频繁地收听涉及当前公共事务的广播谈话节目或是其他类似节目。而且，接受更好的教育可以提高女性对于公共事务的兴趣，帮助她们形成观点，这些都无疑会鼓励她们更多地参与政治事务之中。现在，我们对于社会地位的界定包括了教育水平这一因素[3]，因此我们希望能够发现，一位女性的社会地位越高，她对于公共事务的兴趣以及她成为公共事务领袖的可能性就会越大。

但是仅仅是接受过较好的教育，可能并不足以维系女性对于公共事务的参与。教育因素必须与其他社会强化因素结合在一起，其中一个最为基本的强化因素，是这位女性能够与活跃于政治思想和信息市场中的其他人进行互动。因此，我们认为社会氛围（social climate）是第二个重要因素。如果一位女性的社会地位使她能够与那些有着政治兴趣或者参与政治活动的人（比如政客、律师、教师等）有所接触，那么我们就会倾向于认为她对政治方面的话题、事件和活动有所了解。处于这样的社会位置上的女性，相对于其他女性，更有可能感受到要求她们对于政治信息和意见有一定了解的社会压力。

273　　　我们认为，与女性成为公共事务领袖的可能性相关的第三个因素，是她发展与家庭无关的兴趣的空间有多大。很明显，拥有较高社会地位的女性在这方面有着一定优势。指标显示，这类女性有着更为大量的社会接触，也就是说，她们的合群性要大大高于处于低社会层级中的女性。[4]这也意味着，这些社会接触使得高社会地位女性能够更大程度地暴露于共同体内的思想流动之中，因而她有更多的机会参与公共事务方面的思想和意见的传递。

根据这三个社会经济方面的因素，我们认为，公共事务领袖应该会更多地来自高社会层级群体，而不是别处。实际上，我们也确实发现了这个社会层级中意见领袖的比例最高。图2—12—1正表明了这点。

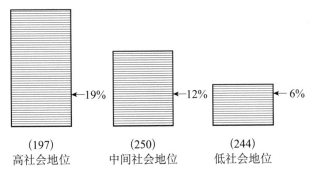

     ←19%　　　　　←12%　　　←6%

　　（197）　　　　　（250）　　　　（244）
　高社会地位　　　中间社会地位　　低社会地位

图2—12—1　公共事务领袖的比例随着社会地位层级的提高而提高

首先，需要注意的是，在总体样本中公共事务领袖的比例非常小。在我们所调查的四个领域中，公共事务方面的意见领袖数量最少。也就是说，购物、时尚、电影观看领域中的建议提供者的数量，要远远超过公共事务领域中的影响者。

其次，也是十分重要的一点，如图2—12—1所示，高社会地位的女性成为公共事务意见领袖的可能性最大。这类女性中意见领袖的比例是低社会层级女性的三倍。在购物和时尚领域，地位层级因素并不是十分重要的，但正如我们所预期的那样，它在公共事务领域中却是获得领袖地位的十分重要的因素。

当然，这些具有高社会地位的女性应该也是对公共事务最感兴趣的人群。在调查中，我们就当时的一些国内及国际事务对样本女性进行了询问，通过她们的回答，建构起了一个公共事务信息指标（index of public affairs information）。[5]我们假设，在这一指标中被评为"高"的女性，也就是那些正确提及当前事务的女性，对公共事务最感兴趣。表

274

2—12—1 表明了社会地位要素与调查对象对公共事务的信息掌握度及兴趣之间的关系。

表 2—12—1　　　　信息掌握度层级随着社会地位层级的提高而提高

社会地位层级	高信息掌握度的比例	总计＝（100％）
高	72％	（197）
中	52％	（253）
低	28％	（246）

几乎有 3/4 的高社会地位女性正确地提到了这些公共事务，而在中间层级群体中这一比例是 1/2，在低社会地位女性中则不到 1/3。由于信息掌握度的分布与三个社会层级中意见领袖的比例分布相一致，因此我们必须再一次追问（正如在时尚领域的分析中所做的那样）：这是否表明只有掌握更多信息的人才会成为意见领袖，而社会地位因素之所以能够与公共事务领袖联系在一起，只是因为它导致了掌握信息的人群的分布比例的变化？如果确实如此的话，那么我们将会发现同等兴趣度的人群，尽管她们的社会地位不同，但成为意见领袖的机会应该大致相当。表 2—12—2 再次显示，情形并非如此。

表 2—12—2　　　　即使控制信息度掌握层级，公共事务领袖的比例依然随着社会地位的不同而变化

信息掌握层级	公共事务领袖的比例		
	高社会地位	中间社会地位	低社会地位
高	21％ （141）	15％ （127）	10％ （69）
中	16％ （45）	11％ （79）	8％ （77）
低	—　 （11）	2％ （40）	1％ （97）

在同样具备高信息掌握度的人群中，高社会地位女性成为公共事务领袖的比例是低社会层级女性的两倍。其他信息层级中的比例数据也都基本证明了这一发现。也就是说，无论信息掌握度层级和兴趣度如何，意见领袖还是更多地集中于高社会地位群体内。因此很明显，在公共事务领域（就像在其他领域中一样），主观兴趣或是掌握信息的多寡并不能独立地决定意见领袖的产生。在信息掌握度因素和兴趣因素之外，一

定还存在着某个客观的"促成"因素（"enabling" factor），正是它将主观倾向转化为实际的建议提供与接受行为，并决定了意见领袖的出现。在公共事务方面，这个促成因素就是社会地位，它为成为意见领袖和参与影响传受提供了社会氛围、闲暇时间和情境"要求"（contextual "demand"）。

性别、社会地位和影响的流动

在公共事务领域的研究中，我们对样本女性的指认对象所做的后续访谈并不像其他领域中那么多（而且，正如本部分第 2 章所论述的那样，这一领域中指认对象的确认程度也是最低的）。[6] 因而我们所要分析的内容并不是极其有限的后续访谈数据，而是被影响者自己对意见领袖特征所做的自我描述。前文已述，当调查对象报告称受到了某人的影响时，我们向其询问影响者的姓名，并让她对影响者进行描述。这种方法的好处在于基本覆盖了所有的影响者，但同时它的缺点是迫使我们不得不依赖于被影响者的自白。而且，有些调查对象无法向我们提供影响者的相关信息，特别是影响者家庭的"经济支柱"（breadwinner）的职业信息——而这是我们确定社会地位的替代性指标（substitute index）。[7]

与购物和时尚领域不同，在公共事务领域，男性在意见和态度的流动方面扮演着重要角色。在调查对象报告的对她们的意见改变产生影响的对象中，几乎有 2/3 是男性。[8] 同样有趣的是，在这些男性中有 2/3 是调查对象的直系亲属（immediate families）[9]，而在被提名为影响者的女性中，有 80％不是调查对象的家庭成员。

对于已婚女性而言，最重要的男性影响者是她们的丈夫，而对于单身女性来说，父亲在意见交换中扮演了重要角色。另一方面，女性意见领袖主要是调查对象的朋友和邻居，她们中很少有人是调查对象的家庭成员。

276

277　　**表2—12—3**　　**性别以及被影响者和她们的公共事务领袖之间的关系**

	被影响者			
	已婚		单身	
	她们的意见领袖		她们的意见领袖	
	男性	女性	男性	女性
朋友、邻居、同事等	16%	75%	25%	87%
父母	5%	8%	59%	12%
丈夫	66%	—	—	—
其他亲属	15%	27%	16%	—
总计＝（100%）	（116）	（62）	（24）	（16）

　　在表2—12—3中可以清楚地看到，如果我们将家庭成员内的影响传受和家庭外的影响传受区别开来，那么实际上我们也就是在区分男性意见领袖和女性意见领袖。借用这一区分，让我们来考察一下影响者和被影响者之间的社会地位关系。首先要分析的是家庭外的"影响对"的关系，也就是我们的调查对象和她们的家庭外意见领袖（绝大多数是女性）的社会地位，不过需要记住的是，对于女性调查对象而言，公共事务方面真正的影响流动是发生在家庭之内的。由于被影响者常常无法向我们提供影响她们的"经济支柱"的职业信息，因此我们在这方面掌握的样本数量非常少（见表2—12—4）。

表2—12—4　　**家庭外不同社会层级间公共事务的影响流动**

意见领袖的"经济支柱"的职业	被影响者的"经济支柱"的职业			
	工薪阶层	白领	商业及专业人士	总计
工薪阶层	9	2	4	15
白领	3	1	1	5
商业及专业人士	5	5	7	17
总计	17	8	12	37

　　将公共事务领域中家庭外影响的流动与购物和时尚领域进行对比，
278　我们可以说在公共事务方面，存在着更为大量的跨阶层的影响传受。表2—12—4显示，影响者和被影响者处于同一社会阶层的比例是46%，而这一比例在购物和时尚领域中分别是 66％和 57％。如果从这些有限的数据中能够得出什么论断的话，那就是在公共事务领域，家庭外的建议寻求行为所指向的目标往往是那些处于较高社会地位的个体。在 7 位白领中有 5 位向商业及专业人士寻求公共事务方面的建议，而工薪阶层也会接受处于职业层级较高位置的他人的影响——尽管他们显然比白领人群更为团结。同时，专业人士也会向其他层级的人寻求建议。

尽管家庭外影响流动的比例很小，但十分有意思的是它往往是在不同层级的人群中流动，这与购物领域和时尚领域明显不同——在后两个领域中，这类影响流动并不显著。如果这一带有高度不确定性的发现能够得到大量案例的支撑的话，那么我们就可以认为在这个领域中，处于较高社会层级的人容易为那些较低层级的人群所接近。我们马上就可以想到竞选活动、健康与社区福利、市民及政治讨论等诸如此类的活动，这些都是跨阶层接触的典型案例。而且，低社会层级人群中对公共事务感兴趣的人并不多，这使得高阶层人群自然地成了咨询对象。至少在这一领域中我们有理由认为，无论是低层级还是高层级人群，都从中获得了满足——前者从他们的建议提供者那里获得了"借来的威望"（borrowed prestige），而后者则完成了一项有益于公共利益的行动。

当然，家庭内的影响流动绝大多数是在同一地位层级的个体间进行的。具体来说，在每 10 例家庭内的影响交换中，就有几乎 8 例所涉及的家庭成员处于相同的社会地位层级。这无疑也符合我们的常识。但是，既然大多数的调查对象受到她们的丈夫和父亲的影响，既然她们的"经济支柱"的职业是她们自己的社会地位的衡量指标，但我们还是发现不少影响者和被影响者在社会层级上存在差异，这就令人感到惊奇了。对这一看似矛盾的现象的解释是，事实上我们"家庭内"（within the family）的分类包括了调查对象的亲属圈，他们中的许多人并不和调查对象居住在一起，因此在调查对象和她们的亲属之间当然也就会出现社会地位上的差异。当影响在处于不同社会地位的亲属之间流动时，它再一次显示出由较高社会层级的影响者向较低层级的被影响者流动的倾向。

正如在其他领域中一样，刚才所列举的影响流动数据源自我们对特定影响传受的分析，也就是说，是某条特定建议由一个人向他人的流动。在本部分第一单元中我们提到，我们还收集了有关一般影响者的数据，之所以采取这一术语，是因为他们的名字并不是与某次特定的影响传受联系在一起，而是在调查对象回答下面这个问题时被提及的："你周围的人中谁在密切关注新闻，而且你信任他向你传递的有关社会运行与变化的信息?"一般而言，我们的分析所针对的只是特定影响者的数据，但在公共事务领域（它多少有些特殊），我们还想对一般影响者进行一番考察——我们常常把这类影响者称作"专家"。为了更好地进行分析，首先需要对我们的分析程序进行一番解释。

公共事务专家

在对原始样本的访谈中，我们要求接受调查的女性对她的"一般影响者"进行提名，也就是说，提名那些"密切关注新闻，而且信任他所传递的有关社会运行与变化的信息"的人——这些人就是"专家"（expert）。接着，按照我们的后续访谈程序，我们找到那些被提名为影响者的人，并且对他们进行了访谈。但此时，我们并没有仅止于此，相反，我们要求这些被提名的影响者再接着指认，谁是他们的一般影响者，之后我们再去对那些人进行访谈。再一次，我们要求这些对象指出影响了他们的"专家"是谁，然后再去找到那些被提名者。就这样，我们完成了"三级跳"式的调查：从我们的原始样本到她们指认的专家（"第一跳"）；接着从这些第一组影响者到他们的提名对象（"第二跳"）；然后从第二组影响者到那些影响了他们的人（"第三跳"）。

从原始样本那里，我们获得了368个提名，也就是说，大约有一半的样本女性提名了某人，认为那个人是自己的一般影响者或专家，而另一半样本对象则没有（或是无法）提名任何人。正如在介绍后续访谈程序时说过的那样，我们无法接触到所有的被提名者并对他们进行访谈，

尽管在公共事务领域的调查中我们已经尽了最大努力。在最初被提名的
368 位影响者中，我们找到了 322 位并对他们进行了访谈。这 322 位影
响者又向我们提名了 216 位他们认为对自己造成了影响的人，即在第一
组专家群体中，约有 2/3 的人提名了"专家的专家"，另有 1/3 则没有
做出提名。我们成功访问了 216 位"专家的专家"中的 214 人，其中约
4/5 的人向我们提名了 164 位"专家的专家的专家"。在最后一个专家
群体中，我们访问了 107 人。经过努力，在每 5 名被认为是一般影响者
的人中，我们成功找到并访问了 4 位。而且，那些被我们找到并且接受
了访谈的专家，与那些我们没有找到的专家（但我们从他们的指认者那
里获取了相关信息），在特征上并没有显著差异。[10]

　　从表面上看，似乎那些调查对象——她们认识某位掌握了充分信息
的个体并且信任他所传递的"正在发生着些什么"的信息——在意见形
成上相对被动，满足于其他人在公共事务上替自己做出判断。其实并非
如此。如果我们采用领袖地位的自我评估的测量手段（"与你的其他女
性朋友相比，在社会或政治事务方面，你接受其他人咨询的可能性是更
大还是更小"），或者运用确定"特定影响"意见领袖的指标（"近期是
否有人询问你对国际、国内或公共事务的看法，或是你对新闻事件的意
见"）进行分析，就会发现那些能够提名一般影响者的女性，比那些无
法做出提名的女性，更有可能成为其他人的影响者（见表 2—12—5）。

281

表 2—12—5　　　　那些提名了公共事务专家的女性自身也更有
可能成为影响者

	提名了专家的女性	没有做出提名的女性
认为自己比同伴更有可能成为其他人寻求公共事务建议时的咨询对象	27%	17%
近期是否在公共事务方面被要求提供建议	22%	10%
总计（＝100%）	(368)	(347)

　　以上只是我们的原始样本数据。而且，在我们后面所进行的"三级
跳"式调查的每一步中，我们都更加清晰地发现，认识一位掌握信息且
值得信任的他人和自身成为意见领袖之间存在着密切的关联。其实这一

发现在前文中已经隐约涉及——当时我们发现在原始样本中只有约一半的调查对象指认出了一般影响者，而在第一组和第二组被指认出的影响者中，却分别有 2/3 和 4/5 的人能够对自己的影响者做出提名（见表2—12—6）。原始样本和专家群体之间的差异，以及每一级专家群体和之后更高一级的专家群体之间的差异，也体现在他们在回答特定影响问题时对自身影响力的自我评估之中。当然，这也是对我们的后续访谈技术的一个重要确认。

282　**表 2—12—6**　　　　　　　**后续访谈中专家对自身影响力的评估**

	原始样本	第一组专家	第二组专家	第三组专家
认为自己比同伴更有可能成为其他人寻求公共事务建议时的咨询对象	22％	62％	67％	69％
近期在公共事务方面被要求提供建议	16％	46％	57％	57％
总计（＝100％）	(718)	(322)	(214)	(107)

总之，我们的后续调查越往前推进，就有越大比例的调查对象能够提名出他的一般影响者，同时也有越多的调查对象能够确认自己的影响力。

我们也可以比较后续访谈对象和原始样本，以及每一步调查中的专家群体对公共事务的了解程度。通过利用本章前面所介绍过的信息掌握度层级指标，并将男性和女性分开进行对比，我们发现专家群体的信息掌握程度要远远超过原始样本，而且每一个专家群体都比提名他们的人所掌握的信息更为全面。这种差异在女性中尤其明显，而在男性中则相对较小。[11]

如果继续对原始样本和后续访谈群体，以及不同级别的专家群体进行比较，我们还将发现其他一些有趣的现象。比如在前面我们已经看到，在这一领域中，意见领袖（即特定影响者）更有可能是男性而不是女性，约有 2/3 的样本女性在特定影响方面所提名的公共事务领袖是男性。而在对一般影响者的分析中，我们发现大多数原始样本中的女性所283　提名的专家是男性，但后续访谈中女性提名的专家中则是女性多于男性（见表2—12—7）。

表 2—12—7　　　后续访谈中的女性所提名的专家更多是女性

她提名的专家	调查对象（仅限女性）		
	原始样本	专家群体 I	专家群体 II
男性	67%	52%	48%
女性	33%	48%	52%
总计（=100%）	(368)	(75)	(38)

对比三个群体中的女性的选择，我们发现，超过 2/3 的原始样本提名了男性专家（第一级），但每一级别的专家群体中的女性所提名的女性专家比例却在不断增加（不过专家群体中的男性却只提名男性）。[12]因此，尽管公共事务方面的影响很明显是由男性流向女性的，但在影响层级的上部，女性更倾向于提名其他女性，认为她们掌握了充足的信息且值得信任。[13]

专家与影响流动

在阐释了一般影响者（或者说专家）的特定意义后，现在让我们从社会分层的角度对他们做进一步的分析。我们用来衡量社会经济地位的三个主要指标全都表明，被指认为一般影响者的人在地位层级上要高于那些提名他们的人，每一个后续被提名的专家群体也要高于他们之前的专业群体：从他们的收入状况、社会经济地位的直观感受以及职业状况来看，都是如此。比如职业分布，如表 2—12—8 所示。

表 2—12—8　　　后续访谈对象的职业层级越来越高[14]

	原始样本	专家群体 I	专家群体 II	专家群体 III
商业及专业人士	9%	24%	33%	33%
高级白领	21%	27%	39%	47%
普通白领	19%	14%	10%	10%
工薪阶层	51%	35%	18%	10%
总计（=100%）	(793)	(219)	(189)	(99)

前文已述，原始样本代表了迪凯特市的总体人口分布状况，因此表

2—12—8中所体现的那些被其他人认定为专家的个体，正是从这一整体分布状况中被抽取出来的。很明显，相比其在总人口中的分布（51％），工薪阶层在专家群体中的分布比例偏低，并且随着专家群体级别的提高，这一比例还在持续降低。商业及专业人士和高级白领在影响者群体中的比例最大。这正是表2—12—8告诉我们的基本事实，当然它也极为有力地支持了我们早先对于特定影响者的分析——公共事务的意见领袖更多地集中于较高社会层级之中。

　　不过，让我们对"谁指认了谁"的指认模式做一番更为细致的分析，这些分析体现在表2—12—9之中。在该表中，根据职业、是否是原始样本中的调查对象、原始样本提名的专家（专家群体Ⅰ）、专家的专家（专家群体Ⅱ）等类别，所有的调查对象被进一步细分。表2—12—9中的纵栏表示了被前一群体提名的专家的职业分布。

285 表2—12—9　　　　职业层级中公共事务方面专家影响的流动

专家的职业	调查对象的职业								
	商业及专业人士			白领			工薪阶层		
	原始样本	专家群体Ⅰ	专家群体Ⅱ	原始样本	专家群体Ⅰ	专家群体Ⅱ	原始样本	专家群体Ⅰ	专家群体Ⅱ
商业及专业人士	71％	49％	60％	23％	33％	32％	10％	19％	22％
白领	23％	44％	28％	57％	59％	64％	31％	46％	44％
工薪阶层	6％	7％	12％	20％	9％	4％	59％	35％	33％
总计（＝100％）	(31)	(53)	(25)	(103)	(82)	(56)	(105)	(59)	(18)

　　调查对象与其所指认的专家同处一个职业群体的比例几乎总是最高的。表2—12—9的9个纵栏中，有7栏如此，唯一的例外是工薪阶层所指认的专家群体Ⅰ和专家群体Ⅱ。但即使工薪阶层在自己的职业阶层外指认专家，他们也更多地倾向于在中间层级而非高层级群体中进行指认。对此我们可以换一种表述：在表2—12—9中，从左向右看，当做出指认的调查对象的职业层级依次降低时，被指认出的专家的平均职业层级也急剧下降。

　　上文在整体上分析了调查对象和一般影响者在职业层级上的联系。

不过，如果关注不同层级的专家群体间的区别，我们还可以得出一些其他的发现。在商业及专业人士所做出的指认中，最高层级专家（即被第二级专家所指认的专家）的包容性更强，也就是说，相对于之前各个职业群体所做出的指认，第二级专家所选择的一般影响者在职业分布上更为广泛。这可能是因为这一层级的意见领袖对信息的变动更为警觉，并且将理发师和加油站工人这类人群也看作有价值的信息来源。同样的情形也出现在工薪阶层所做的最后一级指认中，这可能是硬币的另一面：理发师和加油站工人可以接触到许多中间阶层和最高职业层级的人群。事实上，在整个表 2—12—9 中（比较一下各职业群体的最后一纵栏），他们的指认对象的职业分布是最为广泛的。

中间层级显示出与其他两个层级不同的倾向。当我们沿着这一职业群体的威望层级看过来，也就是从最初的调查对象到每一级专家群体，可以发现这样的趋势：他们越来越认为与自己处于同一个职业层级的他人才是最好的意见咨询对象。[15] 在对美国社会的研究中，研究者们经常会提到中产阶级的狭隘性，我们的数据在多大程度上可以支持这一理解，有待于相关专家判断。

286

至少，我们可以对公共事务领域内的一般影响流动做出如此描述。人们最有可能在自己所属的社会群体中选择专家。但在依次考察了每一级专家群体的威望层级后，我们发现了垂直影响的存在——更高层级的个体更容易被指认为一般影响者。不过，这一发现有两个限定条件。首先，必须记住的是，我们在此所讨论的是广义上的公共话题，而不是选举问题。因此我们的发现与那些选举研究的结论并不矛盾——许多选举研究发现，处于较高层级的一般专家似乎并不能影响到处于较低职业层级的群体的实际投票行为。其次，这里我们所讨论的是那些对于调查对象而言在特定的专门领域内具有一般声望（reputation）的人群，而不是那些在日常面对面的接触中对调查对象产生了最大影响的人。我们对于迪凯特调查的报告是从那些特定影响者开始的，他们的影响体现在更为具体而特定的事务方面，而且影响也更为直接，对这两类影响者的比较，很明显将是下一步要做的工作。

首先要指出的是这两类影响的一个重要的相似之处，即在特定影响数据中，我们注意到在公共事务领域，家庭外影响在一定程度上是向下流动的。而从上面对一般影响的分析来看，也同样如此。[16]

287　　　不过，两类影响者之间也存在着值得注意的差异。在特定影响案例中，我们发现被影响者所提名的影响者（意见领袖）主要是其家庭成员，而我们知道，一般影响则更多的是在家庭外流动。[17]而且，就特定影响而言，如果确实其流动发生于家庭之外，那么影响者和被影响者往往都是女性（与家庭内由男性向女性的影响流动相对）；然而在一般影响领域，男性往往比女性更多地被提名为影响者，而无论他们是否是指认者的家庭成员。当然，这些差异反映了我们所提出的两类问题的不同特征：针对特定影响，我们要求调查对象回忆近期发生的建议给予与接受的事件；针对一般影响，我们的问题只是要了解调查对象在其生活范围内，是否认识某位可以接触到的、掌握了较充分信息且值得信任的人。

　　　现在，让我们离开这些有关一般影响的数据，再次回到并继续分析特定影响、特定影响者和意见领袖。

合群性与公共事务领袖

　　　在本章的开始部分，我们讨论了社会地位和公共事务领袖之间的联系。我们之所以会认为高社会地位的人群更容易获得意见领袖的地位，其中一个原因就是在地位层级和合群性之间存在着内在联系，因为这类人群有着更多的闲暇时间投入社会活动之中。合群性与公共事务领域之
288　间的重要联系在图2—12—2中得以体现。

　　　高合群性女性成为公共事务领袖的比例，是低合群性女性的5倍。事实上，在公共事务领域中，合群性和意见领袖之间的关联比我们所研究的其他任何领域都要显著。完全不参与社会活动的女性，几乎不会成为公共事务方面的意见领袖。

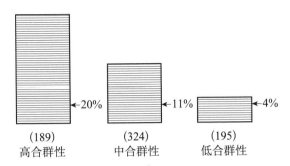

图 2—12—2 公共事务领袖的比例随着合群性的提高而提高

　　如果我们考察合群性和公共事务信息掌握度以及兴趣度之间的关系就会发现（正如我们对社会地位和信息掌握度的分析，见表 2—12—1），合群性更高的女性往往对信息的掌握更为充分，因此我们可以猜测她们对于公共事务也更感兴趣。但是，如果信息掌握程度被加以控制保持常量，即对比合群性不同但信息掌握程度相同的女性的话，那么我们就会再一次发现，仅凭信息掌握程度变量无法充分解释意见领袖的产生与分布。也就是说，较高合群性的女性仍然比那些低合群性女性更有可能成为意见领袖，即使后者的信息掌握程度与前者相同（甚至更高）。[18]

　　在对购物领域进行讨论时我们提出，合群性和获得意见领袖地位之间的关系，正解释了我们分析过的社会地位和意见领袖之间的联系。换言之，它证明，处于较高社会层级的人群之所以更容易获得领袖地位，主要是因为高合群性为他们提供了更多的机会。如果其合群性相同，则不同社会层级中的女性成为购物意见领袖的比例大致相当。[19]因此我们必须问：对于公共事务领袖而言，是否也是如此呢？

　　控制住合群性变量并不能充分解释不同地位层级中公共事务领袖的比例变化（见表 2—12—10）。实际上，地位层级和合群性要素并非独立地与公共事务领袖相关联，控制一个要素保持常量，就会发现意见领袖的比例随着另一个要素的变化而变化。但是，在这两个要素中，合群性更为重要。因此，即使一位女性处于低社会层级之中，但如果她具有高度的合群性，那么她成为公共事务领袖的机会仍然要超过平均值。[20]

289

不过，对于一位低合群性的女性而言，地位层级要素并不会起到什么作用——无论她的社会地位如何，她几乎都不可能成为意见领袖。[21]

表 2—12—10　　地位层级和合群性均与公共事务领袖相关

合群性	公共事务领袖的百分比		
	高地位层级	中地位层级	低地位层级
高	25％	17％	13％
中	17％	12％	5％
低	3％	6％	3％

生命周期类型和公共事务领袖

为了全面地描绘公共事务领域中意见领袖的图景，我们必须分析第三个关键变量——生命周期类型，以考察不同年龄、承担着不同家庭责任的女性们在获得意见领袖地位的机会方面，有没有什么差别。

一个通常的假设是，女性所承担的家庭职责——料理家务和抚养孩子，削弱了她们对于公共事务的兴趣，挤占了她们从事公共事务活动的时间，从而使她们在公共事务方面处于次要的地位。根据这一观点，"重要的事情要先做"（first things come first），女性所承担的家庭责任越重，她主动参与公共事务的可能性就越小。就女性的主要关注对象而言，公共事务领域似乎并不会引起她们的特别兴趣，即使她们真的感兴趣，但繁重的家庭责任也可能会极大限制她的参与。而另一种观点则认为，社会中的女性角色正在快速转变，对于年轻女性而言尤其如此。比如，持此观点的人提到了高速发展的男女同校教育系统，它使女性能够接受与男性一样的培养和教育，认为女性与男性一样承担着全面而同等的责任，这刺激了女性对公共事务的兴趣。当然，接受这种教育的主要是年轻女性。后一种观点使我们预测更为年轻的女性对公共事务领域的兴趣和参与程度更高。

抛开这一看似有理的预测，我们还必须注意到，也有许多研究揭示相对于年长者，年轻群体（包括女性和男性）对政治的兴趣更低，在这方面了解的信息更少，也更少参与这方面的活动。如果公共事务意见的 提供和接受行为符合政治研究中的这一普遍发现，我们就应该预设女孩 群体中出现意见领袖的可能性要低于年长女性群体。

　　图 2—12—3 显示，生命周期差异确实与公共事务领袖相关，尽管二 者间只有微弱联系。在我们所调查的四个领域中，公共事务领袖与生命 周期变量的关联程度最低。不过，这种细微差异确实存在，而且值得关 注。它显示，随着年龄的增长，公共事务领袖的比例在逐渐降低（尽管 降幅并不大）。女孩群体中意见领袖的比例最高，而主妇群体中则最低。

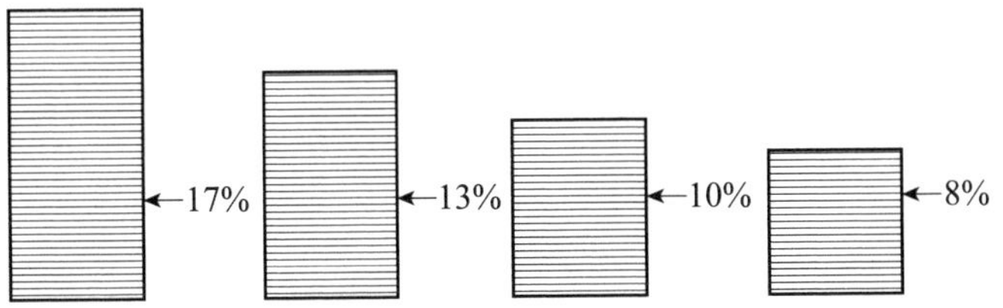

←17%　　　　←13%　　　　←10%　　　←8%

（78）　　　　（174）　　　　（169）　　　（252）
女孩　　　小家庭妻子　　大家庭妻子　　主妇

图 2—12—3　公共事务领袖的比例在一定程度上随着生命周期的推移而降低

　　无论降幅多么微小，这一降低的趋势都与政治参与方面的研究结论 相矛盾。那些研究表明，在美国，政治兴趣和参与程度随着年龄的增加 而增加。这一矛盾似乎意味着，公共事务意见领袖在本质上不同于政治 参与。因此，它可能表明那些女性意见领袖对公共事务的讨论在本质上 是非政治化的，她们倾向于将当前事务看作"新闻"，根据"好"或 "坏"的标准来对社区议题做出判断，而不将这些看作党派政治的一部 分。或者还有可能是在生命周期的这一阶段，女孩们之所以更多地讨论 公共事务，是因为她们以更为平等的身份闯入了男性的世界，因此在没 有将兴趣转化为政治参与的情况下，她们必须将讨论本身作为保持在这 些事务上的竞争力的手段。又或者，年轻女性可能对政治事务完全没有 兴趣，就像她们并不关注政治参与一样，但是由于她们接受了更为现代 的、更为完备的教育，其他人会认为她们应该对这些事务抱有兴趣而且 掌握了更多的信息，所以其他人会向她们寻求信息或建议。

年龄和影响流动

无论如何，尽管女孩群体中公共事务领袖的比例稍高于其他群体，但我们有关影响流动的数据表明，当影响在不同年龄层次的人群中流动时（无论是在家庭内还是家庭之外），表现出明显的向下流动的趋势：公共事务影响由较年长的影响者流向较为年轻的被影响者。换言之，尽管女孩群体比其他女性更多地谈论公共事务，但较为年轻的意见领袖不大可能成为比她更年长的女性的影响者。通过对家庭外的"影响对"（影响者—被影响者）的分析，这一特点鲜明地表现了出来，如表2—12—11所示。

表 2—12—11　家庭外不同年龄群体中的公共事务影响流动

意见领袖的年龄	被影响者的年龄			
	15～24	25～44	45＋	总计
15～24	14	2	1	17
25～44	6	19	6	31
45＋	1	12	20	33
总计	21	33	27	81

在家庭外寻求公共事务建议的人群中，有 2/3 的个体是向同一年龄层中的人咨询意见的；但当影响确实跨越了年龄层级时，更主要的趋势是由年长者向年轻人流动，而不是相反。

在家庭内，情形亦是如此，而且影响向下流动的趋势表现得更为明显，如表 2—12—12 所示。

表 2—12—12　家庭内不同年龄群体中的公共事务影响流动

意见领袖的年龄	被影响者的年龄			
	15～24	25～44	45＋	总计
15～24	3	6	2	11
25～44	15	43	9	67
45＋	15	14	30	59
总计	33	63	41	137

实际上，在家庭之内，年轻女性最有可能向她们的更为年长的家庭成员咨询意见，因此，在 33 位 15 至 24 岁、受到其家庭成员的影响而做出了改变的女性中，只有 3 人受到了同龄人的影响。在年长的女性中，相对于女孩群体，影响更多的是在同一年龄层级的个体中流动。但就表 2—12—12 的整体来看，很明显，家庭内影响流动的方向是由年长的影响者流向年轻的被影响者。当然，这并不奇怪，因为我们知道家庭内的意见领袖往往是丈夫和父亲们。

显然，在公共事务领域中，影响传递呈现出向下流动的特征。相对于家庭内的影响流动，家庭外的影响流动更多的是在同一年龄层级的人群中进行。但无论是在家庭内还是家庭外，当公共事务影响跨越年龄界限时，它倾向于由年长者流向年轻女性。

社会层级和生命周期的共同作用

前面我们分析了生命周期和公共事务领袖的分布之间的关系。我们发现，生命周期对于意见领袖的比例分布产生了一些影响，但并不显著。在对本章进行总结之前，我们想对另外一个相关观点进行一番调查，即对于较低社会层级的女性而言，生命周期类型和公共事务领袖之间的关联度更高。

先介绍一下为什么我们会产生这样的想法。首先，很明显，低社会层级女性所受到的家庭责任的限制要比高层级女性更大，因为后者在家庭生活方面得到更多的便利，得到更多的家务帮助。而且，正如我们已经提到的，受其所处环境的影响，无论其处于怎样的生命周期之中，高社会层级的女性都会受到更多的推动和"额外刺激"（supplementary stimuli），使其参与到公共事务之中：她们可以接触到更多的"消息灵通"人士（people "in the know"），对公共事务的了解可以增加她们的威望等等。处于低社会层级中的女性在总体上较少受到参与公共事务的刺激，即使参与，这类活动在她们的生活中最多也只是处于边缘的位置。或许她们也曾对这一领域中的信息和意见抱有兴趣并予以关注，但很可能又会很快失去这些兴趣。如果额外刺激对于决定一位女性能否成为公共事务意见领袖十分重要的话，那么随着时间的推移，低社会层级的女性成为意见领袖的可能性会越来越小，而在高社会层级中，可以预见这种"衰退"并不明显。换言之，我们认为随着年龄的增大和家庭责任的增加，女性公共事务领袖的比例会不断下降，不过这一趋势会更多地出现于低社会层级女性之中。

　　表2—12—13中的数据符合我们的假设。在高社会层级群体中，生命周期类型对女性成为公共事务领袖的影响相对较小。因此，女孩成为意见领袖的概率比大家庭妻子稍高但极其有限。然而在其他层级中，女性获得领袖地位的机会相对更多地依赖于其所处的生命周期。在处于中间社会地位层级的女性中，只有女孩和小家庭妻子群体获得领袖地位的概率与平均值大致相当。而在低社会层级女性中，女孩是唯一接近平均概率的群体。[22]

表2—12—13　　高社会地位会提高成为领袖的概率，而低社会层级中只有女孩群体才有较大可能出现意见领袖

地位层级	公共事务领袖的百分比			
	女孩	小家庭妻子	大家庭妻子	主妇
高	24％	15％	21％	17％
中	12％	19％	5％	8％
低	15％	5％	6％	3％

公共事务领域中的影响流动：总结

　　典型的公共事务意见领袖，完全不同于购物和时尚领域中的意见领袖。在后两个领域中十分重要的生命周期变量，在此对获得意见领袖地位所起的作用十分有限（除了对低社会层级女性以外）。另一方面，社会地位要素（其与获得购物领袖地位几乎没有什么关联，对成为时尚领袖的作用亦不确定）在使女性获得公共事务意见领袖地位方面起着十分重要的作用。受过更好教育的、更为富有的女性，即那些处于更高层级的女性，无论其生命周期类型如何，似乎都会受到其所处的社会氛围的推动而更多地参与到公共事务之中。因此，这一领域中的影响也更为频繁地由较高层级向低层级人群流动，而不是相反。对于公共事务领袖更多地出现于较高层级女性中的解释是，相对而言她们所承担的家庭责任更小。尽管当合群性因素被加以控制保持恒定时，社会地位的影响仍然可见，但必须注意的是，在这两个因素中，合群性更为重要，它是决定女性成为公共事务意见领袖的关键要素。

注释

[1] 1949 年的选举研究为此提供了证明，参见拉扎斯菲尔德、贝雷尔森和高德特（Lazarsfeld, Berelson and Gaudet, 1948, pp. 48 - 49）。1948 年的选举研究对此做了进一步分析，参见贝雷尔森、拉扎斯菲尔德和麦克菲（Berelson, Lazarsfeld and McPhee, 1954, pp. 25, 28）。 *271n.*

[2] 尤其是调查对象会被问到她对近期新闻中所报道的大量国内及国际问题的意见，比如杜鲁门（Truman）的外交政策、军队士兵的退伍遣散政策等。她们还会被问及近期是否改变了对这类事务或类似话题的意见，或是近来她们对这些事务的感知是否比以往更加强烈。最后，调查人员会问她们："近期是否有其他人就这些话题向你咨询过？"下列两类女性被我们界定为意见领袖：（1）那些在两次访谈中均表示曾有人向她们寻求过建议的女性；（2）仅在某一次访谈中表示曾有人向她们寻求过建议，但认为自己比其他人"更有可能"成为意见提供者的女性。

[3] 即教育水平是我们用来建构社会地位指标的组成要素之一。 *272n.*

[4] 社会地位和合群性之间的关系，见表 2—9—3。 *273n.*

[5] 建构这一指标所利用的公共事务是近期的英国选举和刚刚提出的"国家高速公路计划"（Central Highway plan），这在当时都是重要的公共事务。对这两个问题做出正确回答的调查对象被归入"'高'信息掌握度"范畴，全部答错的为"低"，答对了其中一题的为"中"。 *274n.*

[6] 也就是说，我们无法像在其他领域中那样，对公共事务方面被指认出的特定影响者进行大量的后续访谈。这部分是因为我们决定对调查对象在回答一般影响问题时所提名的个体进行全面的跟踪调查，这个一般影响问题是："你周围的人中谁在密切关注新闻，而且你信任他向你传递的有关社会运行与变化的信息？"特定 *275n.* *276n.*

影响者和一般影响者之间的区别在本部分第 1 章中已经做了论述。对一般影响者所做的后续调查的数据将在下文中予以呈现。

[7]　由于无法让一位女性告诉我们另一个人的房屋租金和收入状况，因此我们代之以向她询问其影响者的职业是什么。我们知道，作为社会经济地位的指标，职业状况可以与其他指标相互替换。这里的主要问题并不是缺少指标，而是无法确定调查对象所回答的内容的可靠性。

[8]　总共有 40％的意见改变涉及了个人影响。

[9]　如表 2—12—3 所示，这里的直系亲属仅包括调查对象的丈夫和父母；"其他亲属"是指除调查对象的直系亲属（核心家庭成员）以外的亲属。

280n.　[10]

	被提名的专家	接受了访谈的专家
男性	74％	72％
小于 45 岁	35％	29％
商业及专业人士	47％	44％
白领	26％	28％
工薪阶层	27％	28％
总计＝（100％）	（748）	（643）

282n.　[11]　当使用"意见明晰度指标"（index of formulated opinions）对这些群体进行比较时，这一论断同样成立。在调查中，我们就当时新闻中所报道的事件提出了 10 个问题，我们的兴趣不在于了解意见的实际内容，而是要看调查对象对于这些事件是否持有某种意见。这时我们再一次发现在原始样本女性和那些后续访谈所调查的女性间存在着极大的差异。当教育程度变量保持恒定时，在原始样本和专家群体、一个专家群体和下一个专家群体之间，这种差异仍然存在。不过，在男性中（当然我们的原始样本中没有男性），一旦教育变量被控制住，第一级专家群体和第二级、第三级专家群体之间的差异几乎可以忽略不计。相对于女性，男性更有可能就公共事务形成明晰的意见，无论他们处于哪一个影响层级之中。

283n.　[12]　在第一级和第二级专家群体中（当然原始样本中没有男性），95％的男性提名的专家是男性。

[13]　在对"女选民同盟"（League of Women Voter）的研究中，马什（March，1954）证明，政治上更为活跃的女性比那些不太活跃的女性更少依赖她们的丈夫。我们的数据似乎支持了这一发现。

[14] 当被影响者或专家并不是其所处家庭的"经济支柱"时，调查人员会记 *284n.*
录下"经济支柱"的职业并以此为统计标准。

[15] 尽管样本数量很少，但如果根据收入水平将中间层级（即白领阶层）划分 *286n.*
为高级白领和普通白领两个群体——受雇用的管理者、受薪专业人员（salaried pro- *287n.*
fessionals）为高级白领，公务员为普通白领，由此我们可以得出一些有趣但重要的发
现。普通白领群体似乎不如高级白领那么"团结一致"，在他们所指认的一般影响者
中，工薪阶层所占比例还要稍高于他们自己所处的职业群体。在第一级指认中，普
通白领所做的群体外选择在职业分布上相对平均，但在之后一级的指认中，则又十
分明显地集中于高级白领群体。此外，在商业及专业人士，以及工薪阶层所做的群
体外指认中，是高级白领群体而不是普通白领更容易成为他们的一般影响者，换言
之，工薪阶层越过了普通白领群体，而更为频繁地将高级白领指认为专家。还需要
注意的是，高级白领群体的受教育程度最高，甚至要高于商业及专业人士群体。

[16] 主要的不一致之处出现于白领群体。因为我们所掌握的家庭外影响事件
数量极少，因此表 2—12—4 只包括了 8 名白领人士。但在特定影响案例中，白
领群体在建议寻求方面表现出的"团结性"最低。此外，工薪群体更多的是向商业
及专业人士寻求建议，而不是白领人群；反之亦然，商业及专业人士更多地向工薪
阶层而非白领人群寻求建议。这就和一般影响的情形出现了极大的矛盾，尽管上一
注释已经表明，不一致之处仅体现在高级白领专家群体之中。事实上，普通白领中
的专家与特定影响者极为相似，尽管这方面的样本数量极少，难以做出有价值的拓
展分析。

[17] 前文对此的论述，参见本部分第 1 章。

[18] 控制住信息掌握度层级变量后，不同合群性群体中公共事务领袖的比例 *288n.*
分布如下。

	公共事务领袖			*289n.*
信息掌握层级	高合群性	中合群性	低合群性	
高	25％（118）	14％（155）	7％（73）	
中	18％（52）	12％（97）	3％（59）	
低	—　（19）	1％（72）	2％（63）	

[19] 参见本部分，第 10 章。

[20] 就总体样本而言，在这一领域中成为意见领袖的平均概率是 12％。

[21] 前文提到，在时尚领域，合群性和地位层级要素也无法独立地发挥作用，
但这两个要素的作用强度几乎相同。因此，在低合群性层级中，高社会地位的女性

仍然比中间层级的女性更有可能成为时尚领袖，同样，中间层级女性成为领袖的机会又要大于低社会层级的女性。在此，在公共事务领域中，低合群性女性则完全没有机会获得意见领袖地位。

294n.　　［22］就总体样本而言，成为这一领域的意见领袖的平均概率是12％。

第 13 章　电影观看领袖

在我们的调查对象中，大约有 60％的人自称每月会去看一次电影，或者更为频繁；另有 40％的调查对象则每月观影次数少于一次，或者从来不去看电影。基于此，我们决定在分析电影观看领域内的影响流动时，将调查对象限定在积极参与者中，也就是只收集那些每月至少观看一次电影的调查对象的相关数据。

从已有研究中我们知道，电影观看行为与年龄有着密切联系。[1]我们的数据对此予以了确认：只有年轻人才会更为频繁地观看电影。

表 2—13—1 显示，最年轻的女性群体中有 88％每月至少去看一次电影，而在此之后的各年龄群体中，这一比例明显下降，45 岁以上女性中超过一半的人去电影院的频次每月不足一次。

表 2—13—1　　　　年轻人是电影市场的主要消费人群

观影频次	小于 25 岁	25～34 岁	35～44 岁	45 岁及以上
一周一次或更多	68％	49％	34％	19％
每月一至三次	20％	31％	35％	27％
每月不足一次	7％	14％	26％	37％
从来不看电影	5％	6％	5％	17％
总计（＝100％）	(141)	(157)	(148)	(271)

"青年文化"：电影领袖和生命周期

从观影频次的分布来看，我们预期将会发现，这一领域中的意见领袖集中在女孩群体之中。但是我们想知道的并不仅止于此。比如，我们想知道，结婚和生子是如何影响女性成为电影意见领袖的机会的。下面就让我们来看一下生命周期和成为电影意见领袖之间的关系。

女孩群体中电影领袖的比例以压倒性的优势领先于其他群体，甚至要超过女孩群体在时尚领域拥有的优势，这是因为年轻的单身女性需要承担的家庭责任最少。超过半数的女孩声称近期曾有其他人就当时上映的电影向她们咨询过意见。[2] 当然，年龄并非是造成这一差异的唯一因素。如图 2—13—1 所示，女孩群体和小家庭妻子群体在成为意见领袖方面的差异非常之大（58％比 23％），而不同类型的已婚女性之间的差异又非常之小（23％、27％、16％）。很明显，已婚还是单身与年龄因素一样，是决定一位女性是否有机会成为电影意见领袖的既有因素（predisposing factor）。显而易见，一个群体的社会行为模式及其所承担的责任、义务，会与另一个群体完全不同。未婚女性不仅比小家庭和大家庭妻子们更为年轻，而且她们更为自由。因此，女孩和妻子们之间的区别，正表明前者相对而言较少受到家庭责任的羁绊，而一位母亲则必须承担起几乎所有的家庭责任。不仅如此，这种差异还体现了将观看电影作为其社会活动的女孩和那些"安定下来"（settled down）了的年轻女性之间的差异。

除了年轻未婚女性往往更频繁地去观看电影，也更容易获得意见领袖的地位之外，在每个年龄群体中，那些经常去电影院的女性也比看电影较少的人更有可能成为意见领袖（见表 2—13—2）。

297

298

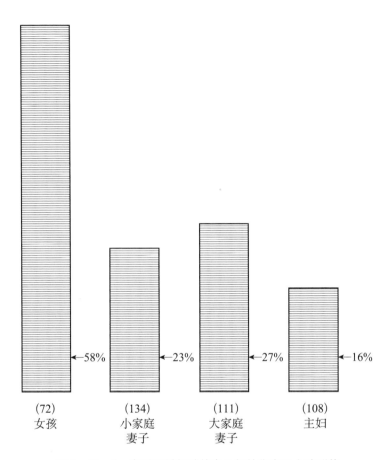

←58% ←23% ←27% ←16%

(72)   (134)   (111)   (108)
女孩   小家庭   大家庭   主妇
          妻子   妻子

图 2—13—1　电影观看领域的意见领袖集中于女孩群体

表 2—13—2　无论是在年轻还是年长的女性群体中，经常观看电影
的人都更有可能成为领袖

	不足 25 岁		25 岁及以上	
	经常观看电影	偶尔观看电影	经常观看电影	偶尔观看电影
领袖	55%	32%	28%	13%
非领袖	45%	68%	72%	87%
总计 =（100%）	（87）	（28）	（165）	（157）

表 2—13—2 显示，在年龄不足 25 岁的女性中，经常观看电影者（每周一次或更多）成为这一领域中的意见领袖的可能性，要远远大于偶尔观看电影的人（每月 1 至 3 次）。在年长的女性群体中，亦是如此。

現在我们已经对生命周期和获得意见领袖地位之间的关系有所了解，接着我们就需要对影响在不同年龄群体之间的流动进行追问（正如我们在前面所做的那样）。我们预期，同其他领域一样，影响者和被影响者在年龄上会表现出极大的同质性。但同时，考虑到电影意见领袖高度集中于女孩群体，我们也估计影响除了在同辈群体中发生交换外，还会由年轻群体向较为年长的群体流动。不过在进入这方面的讨论之前，我们想对另外一个发现进行一番介绍，它以一种极为有趣的方式，使得电影观看意见领袖的分析变得更为复杂，同时它也对这一领域中影响流动的特征产生了重要影响。这一发现来自我们对电影意见领袖和合群性指标之间的关系分析。

电影意见领袖和合群性：一个特殊案例

在我们迄今所分析的其他领域中，我们发现合群性影响着意见领袖的产生和分布。事实上，有理由认为，要成为任何类型的非正式的意见领袖，某位个体的社会接触程度都需要超过整体样本的平均值。然而，在电影观看领域，意见领袖地位的分布却和合群性之间毫无联系（见图 2—13—2）。

换言之，我们必须解释，为什么在购物、时尚和公共事务领域，合群性与意见领袖之间的联系要远远大于电影观看领域。我想我们找到了这个问题的答案。

实际上，我们有三个答案。第一个答案清楚地表现在本部分第 9 章我们对于生命周期和合群性之间关系的分析中。[3] 当时我们发现，女孩群体对正式组织的归属感较低，但相对而言朋友数量却很多，因此这一

群体中的多数人被归入到"中合群性"范畴之中。既然在此我们已经观
察到女孩群体中意见领袖的比例大大超过其他群体，因此也就不难理解
为何电影意见领袖在一定程度上相对集中于中合群性女性群体而不是高
合群性和低合群性女性群体。

　　第二个答案主要针对为何高合群性女性中没有出现更多的电影意见
领袖。这是因为高合群性女性，即那些组织化社会接触行为更多、私人
朋友也很多的女性，其社会生活比其他女性安排得更丰富，因而对电影
的兴趣就相对偏低。

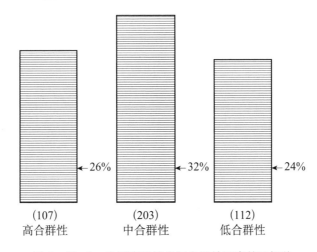

图 2—13—2　电影意见领袖与合群性因素并不相关

　　当然，第三个答案对于理解这一领域中的影响流动也十分重要，
因为尽管我们已经了解到高合群性女性对电影的兴趣偏低，而女孩群
体更多地处于中合群性层级，但我们还必须解释为何低合群性女性
（朋友最少，组织化接触也最少）中的意见领袖比例会与高合群性女
性群体相差无几。我们认为，答案在于电影观看行为本身就是一种具
有合群性的活动，尽管我们的合群性指标无法对其进行测量。以下是
我们的解释：

　　在分析电影观看领域中决策制定的情境因素（即在何种条件下人们
决定去观看某部影片而不是其他影片）时，我们发现调查对象中几乎没
有人会独自去看电影。[4]不像公共事务，或者更严格地说，不同于个体

对公共事务的意见产生过程，电影观看活动本身就是一种涉及他人的共享行为。在我们的调查对象中，10 人中有 9 人声称她们是与其他人一起去观看电影的。无论是不到 25 岁的年轻女孩，还是更为年长的女性，这种电影观看的"共享"特征对她们来说都是一样的。同样，无论是已婚女性还是未婚女性，无论是电影意见领袖还是非领袖，在这点上都没有太大的差别。

电影观看行为带有鲜明的小群体特征，因此有理由认为，在一起观看电影的小群体中，就观看哪部电影和电影内容，会产生许多意见的给予和接受行为。电影意见领袖发现她的同伴会立即追随她的意见；为了引导他人，她不需要拥有很大的朋友圈或者加入某个组织——而这正是其他领域内高合群性的意见领袖所具备的特征。在电影观看领域，没有独立行动。你发现了一位电影观看者，实际上就是发现了一个电影观看小群体。因此，电影观看行为更适合被当作群体决策行为来进行研究，而不是个体决策；在这样的决策过程中，我们的电影意见领袖无疑会占据优势。[5]不过此处的重点是，电影意见领袖在特定的意义上来看都是具有"合群性"的，因为电影观看行为本身就是一种合群行为。

302

共享的电影观看行为和影响流动

如果我们前面的分析是正确的话，那么接下来就应该会得出结论：这一领域中的影响流动集中在那些电影观看小群体之中。但是，由于我们之前并未预料到这一问题，因而在此我们只能假定存在着这样的可能性。[6]能够有力支撑我们观点的证据是，在那些被指认的观影决策影响者和调查对象（在回答另一个问题时）所报告的固定观影伙伴之间，存在着较大的一致性。比如，可以对比一下已婚和单身女性所提名的电影意见领袖[7]和观影伙伴。

表 2—13—3 清晰地显示，单身女性（女孩群体）更多地在家庭成员之外提名她们的观影伙伴和意见领袖，而已婚女性则在亲属中寻求建议和伙伴。更为仔细地分析表中数据我们可以发现：两个群体，尤其是妻子群体，在家庭外求建议的比例要高于对家庭外观影伙伴的寻找。这一区别或许反映了这样的事实，即家庭成员总是更容易接触到，同时对于妻子们而言，也更容易接受他们做自己的观影伙伴。可能有人会更喜欢与家庭以外的人一起去看电影，但这类人总不如家庭成员那样容易找到；此外对家庭的忠诚和责任，也在客观上限制了这种可能性。我们注意到，十分有趣的是，在相同年龄层次和婚姻状况的女性中，意见领袖比非意见领袖们更有可能和家庭以外的伙伴一起看电影（见表 2—13—4）。

表 2—13—3 电影观看伙伴和电影意见领袖在某种程度上是同一类人

	单身女性		已婚女性	
	她们的同伴	她们的意见领袖	她们的同伴	她们的意见领袖
非家庭成员（朋友、邻居、其他）	67％	76％	15％	40％
家庭成员（父母、丈夫、孩子、其他）	33％	23％	85％	60％
总计（＝100％）	（66）	（35）	（316）	（132）

表 2—13—4 意见领袖比非意见领袖更为经常地与非家庭成员一起看电影

	与非家庭成员看电影的比例	
	意见领袖	非意见领袖
25 岁以下	53％（57）	38％（58）
25 岁及以上	31％（66）	15％（249）
未婚	70％（42）	52％（30）
已婚	26％（78）	12％（275）

对这一现象的一种解释是：相对于那些与家庭成员一起去看电影的

女性，与非家庭成员同去的女性更有可能记住她们曾经向他人提供过电影方面的建议；而在家庭情境中，建议的提供和接受行为更为普遍，因而在接受访谈时不容易回忆起来。如果确实如此的话，那么表2—13—4的重要性就要大打折扣了，它仅仅是表明了与非家庭成员一起去看电影的人更有可能回忆起影响传受行为，因此也更有可能将自己指认为电影意见领袖。

不过，还有另外一种可能的解释：同非家庭成员一起看电影与获得电影意见领袖地位之间存在着直接关联。我们猜测，全家一起看电影在某种程度上更多地带有仪式化的色彩，因此人们对电影的选择也就不那么仔细了。也就是说，丈夫和妻子、父母和孩子们更加在意的是"去电影院"这一行为本身，而不是在本地影院上映的是哪部影片。而当与非家庭成员一起去看电影时，这种仪式性的色彩相对就弱了许多。

事实上，我们有一些证据可以证明这一猜测。所有的电影观看者都被问及："你最有可能何时去观看电影？"我们为调查对象提供了几种可能的回答，其中有一条是"当你对某部电影特别感兴趣时"。我们的预期是电影意见领袖，即那些更多地与非家庭成员而不是以家庭为单位观看电影的人，会比非意见领袖们更多地选择这一条答案。事实果真如此。

无论是较年轻群体中的经常观影者和偶尔观影者，还是较年长群体中的经常观影者，在这些群体中的电影意见领袖都比非意见领袖们更多地出于兴趣而去影院（见表2—13—5）。与之相反，只有19％的电影意见领袖回答称去看电影是因为"晚上有空"，但在非意见领袖群体中这一比例是27％。

表 2—13—5　　　当对某部电影特别感兴趣时，电影意见领袖
更有可能去观看这部电影

| | 出于对某部影片的兴趣而观看电影的比例 | | | |
| | 经常观看电影者 | | 偶尔观看电影者 | |
	小于 25 岁	25 岁及以上	小于 25 岁	25 岁及以上
电影意见领袖	70％（48）	76％（46）	89％（9）	71％（20）
非意见领袖	56％（39）	57％（112）	58％（19）	73％（137）

对于电影观看行为中的兴趣因素与电影意见领袖之间的关系，还有另外一个证据。在第一次调查中，就调查对象最近所观看的一部电影，我们问道："你是为看电影而看电影，还是冲着这部特定的影片而去电影院，又或者兼而有之？"我们再一次发现意见领袖们更多的是出于对影片内容的兴趣（见表2—13—6）。

表2—13—6　　　　意见领袖比非意见领袖更多地做出特定选择

	基于对内容的兴趣而观看某部影片的比例			
	经常观看电影者		偶尔观看电影者	
	小于25岁	25岁及以上	小于25岁	25岁及以上
电影意见领袖	57%（48）	63%（46）	78%（9）	81%（20）
非意见领袖	54%（39）	57%（112）	26%（19）	68%（137）

尽管在经常观看电影的较年轻女性群体中，意见领袖和非意见领袖之间的差异并不大，但在其他类别的群体中，以及在整体上，二者之间的区别仍是较为明显的。

与非意见领袖相比，电影意见领袖们选择出特定影片去观看的可能性更大——"平时"就是这样，针对某部特定的影片而言亦是如此。这一发现可能有两个方面的含义：首先，它表明，相对于电影意见领袖，那些陪同意见领袖去看电影的同伴较少对影片做出特定选择；其次，它可以证明这样的观点，即那些由非家庭成员所组成的电影观看小群体，比家庭成员所构成的群体，对影片的选择性更强。无论如何，这都是今后研究中应注意的一个有趣现象。

然而，在思考这些重要发现的同时，我们一定不能忘记了前面所提出的基本观点：一般而言，已婚女性的行为规范是在家庭成员中寻找观影伙伴和寻求意见领袖地位，而女孩们的行为规范则是和朋友们分享对于电影的意见。

年龄与影响流动

年轻的未婚女性与较年长的已婚女性之间的基本差别，对于分析电影观看领域中影响在不同年龄群体之间的流动十分重要。在前文中，我们特意推迟了对这一话题的讨论，而是先对电影观看行为的社会环境（social setting）做了介绍。我们的观点是，意见领袖地位的确立以及建议的提供和接受行为，往往发生在那些一起观看电影的小群体之中，我们有关影响流动的数据也对此有所反映。正如我们所见，女性电影领袖和她的观影同伴往往是同一类人，而在此我们也将看到，建议的提供和接受更有可能发生于相同年龄层次的人群之中。

306 　　调查对象们所指认的受到她们影响的人，绝大部分和她们处于同一年龄层级之中。如表 2—13—7 所示，在 15～24 岁群体中有 70％的人（43 人中有 30 人）受到同辈的影响，这一比例在 25～44 岁群体中是68％（53 人中有 36 人），45 岁以上女性中则是 52％（21 人中有 11人）。总之，综合前面的分析可以发现：女孩们最有可能受到同辈的影响，较年长女性也同样如此；当然，影响女孩们的人往往是她们的朋友，而较年长的已婚女性则主要受到家庭内的同一年龄层次的人的影响。

表 2—13—7　　　　电影观看方面的影响在年龄群体中的流动[8]

意见领袖的年龄	被影响者的年龄			
	15～24	25～44	45＋	总计
15～24	30	9	4	43
25～44	11	36	6	53
45＋	2	8	11	21
总计	43	53	21	117

电影专家的作用

　　表 2—13—7 中有关实际影响行为的数据似乎表明，在有关电影的影响流动、观看行为和决策制定等方面，"青年文化"和成人世界之间的差别是十分明显的。但是，如果我们认为电影领袖仅局限于电影观看小群体之中（即当领袖是女孩时，她的观影伙伴是同辈，而当她是较年长的女性时，其同伴是成年的家庭成员），同时影响流动也仅发生在那

些一起去看电影的小群体之中，那么我们对于电影影响流动的认识依然是不全面的。因为在那些小群体之外，还有可能存在着不同类型的影响传受。

借由我们要求调查对象回答的另一个问题，可以发现这类影响流动的存在（如果它确实存在的话）——"你周围是否有人对电影比较了解，而且可以告诉你哪部电影值得去看？"[9] 大约有 40％的调查对象称她们确实认识这样的人。做出确定回答的调查对象主要是那些经常观看电影的女性，以及那些报告称最近一次去影院的是"为了观看某部特定的电影"（而不是"为看电影而看电影"）的女性。

总之，我们在此所关注的重点，是要了解那些电影"专家"（一般影响者）及其建议接受者之间的关系，是否不同于我们前面所分析的特定影响者及其被影响者之间的关系。我们预期，如果特定影响者往往是在共同观影小群体中实施其领导行为的，而那些"专家"们则并非如此的话，那么这将使我们对于电影影响流动的分析更加完善。让我们借用上一个表格进行分析，只不过需要用"专家"来代替特定影响者。

表 2—13—8 十分清楚地表明，两种类型的意见领袖存在着较大差别。尽管最年轻群体中的电影"专家"仍然是同辈，但在较年长的女性群体中，将较年轻女性提名为专家的比例要大大超过将她们提名为特定影响者的比例。比较横列和纵栏中的"总计"数据，可以最为清晰地体现出这一点：不足 25 岁的女性数量只占到所有调查对象总数的 23％，但她们被指认为专家的比例却达到了 42％。

表 2—13—8　　　　　专家建议在年龄群体中的流动

电影专家的年龄	调查对象的年龄			
	15～24	25～44	45＋	总计
15～24	24	27	12	63
25～44	5	42	17	64
45＋	5	9	9	23
总计	34	78	38	150

对这些调查对象和她们的电影专家之间关系的分析揭示，孩子很可

能是造成这种差异的主要原因。在 35 岁及以上的女性所指认的专家中，孩子们（即她们自己的孩子们）大约占了 1/3。

308 如果这个有关"一般影响者"的问题确实具备一定效度的话，它显示，无论是较年轻的女性还是较年长者，都在年轻群体中寻找电影专家，尽管最终决策可能常常被共同观影群体中的特定影响者所改变，而这个小群体往往由处于同一年龄层中的个体所构成。

社会地位与电影意见领袖

在我们前面用来确认和描述意见领袖的三个因素中（生命周期、社会地位和合群性），只有生命周期因素与电影观看领域中的影响流动相关。我们已经看到，在我们的测量中，合群性与电影意见领袖之间并不存在关联。现在我们还得再加上一个无关因素，这就是社会地位。当然，这也符合我们的预期。也就是说，我们找不到理由提出这样的假设：某个特定地位层级的女孩，相对于另一个层级的女孩而言，更不可能成为电影意见领袖；妻子和主妇群体亦是如此。我们的分析表明：在任何一个地位层级中，都是大约每四人中产生一位电影意见领袖；社会地位因素与获得电影意见领袖地位之间的联系最弱。

电影领域中的影响流动：总结

总休而言，很明显，观看电影是美国"青年文化"中的一个重要主题，这一领域中的影响者往往来自无忧无虑的青年群体。此外，在每个生命周期类别中，意见领袖往往是那些更为频繁地观看电影、对观看哪部电影更为挑剔、更倾向于在家庭外选择观影同伴的女性。

我们看到，观看电影不是一项"独行侠"式的活动，人们往往结伴前去电影院。我们认为，这一领域中的影响流动更多地发生于一起去看电影的同伴之间，而这个小群体往往由同辈所构成。但是，当需要寻找一位电影"专家"时，所有年龄层次的女性都转向了女孩群体。

注释

［1］比如参见拉扎斯菲尔德和肯德尔（Lazarsfeld and Kendall，1948），以及汉德尔（Handel，1950）。 *296n.*

［2］如同其他领域一样，电影领袖是那些在两次调查中都告诉我们近期曾有人向她们寻求过与电影相关的建议的女性，以及在一次调查中称曾给予过他人建议，但认为自己比其他人"更有可能"成为电影方面的建议提供者的女性。 *298n.*

［3］参见本部分第 9 章。

［4］汉德尔（Handel，1950）也提出了相同观点，他所引用的一项研究表明，调查对象最近一次观看电影时，有 86％的女性和 70％的男性是与他人结伴而去的。典型的电影观看单位是由两个人组成的（Handel，1950，pp. 113 - 115）。 *301n.*

［5］我们认为，在其他三个领域中，购物是唯一在某种程度上带有共同决策（shared decisions）特征的领域。在有关购物意见领袖的章节中，我们已经非常简短地分析了这种可能性。其他的研究案例还可见莱利（Riley，1953），这项研究认为，母亲和孩子的共同决策决定了早餐麦片的选择。

［6］如果我们在调查开始之前就意识到这种可能性的存在，并在访谈中就电影观看行为中的共同决策进行明晰而详细的提问的话，那么应该会得到许多更为确定的回答。事实上，我们认为许多调查对象并没有将我们的问题——"你是否听到有谁谈论过这部电影"，简单地与她们跟观影同伴之间的日常意见提供和接受行为联系起来。前文中对此有过讨论，见本部分第 7 章。 *302n.*

［7］当调查对象回答称她们"听到了某人讨论过这部电影"时，她会被要求告诉我们这一影响者的姓名以及与她的关系。我们将这类被提名者称为"她们的意见领袖"。

［8］此表基于调查对象对被影响者的指认。因此，样本由电影意见领袖构成，不包括那些向她们寻求建议的女性。 *306n.*

［9］对所有领域的调查对象，我们都提出了同样的问题。但在前文中，除了公共事务领域，我们在分析其他领域时没有提到这个问题。 *307n.*

第 14 章　两级传播

　　最理想的是，我们应该描摹出一个社区中所有人际网络的全貌，去探究人与人之间是如何彼此相连的，但在本项研究中，我们只能对"影响者—被影响者"关系做出一种断面式的随机分析。不过，即使我们能够像分析公共事务领域中一般（专家）影响的流动那样，呈现出影响由一个人流向另一个人的完整"地图"，我们依然无法穷尽所有类型的影响流动。因为在当代社会，影响不仅来自相邻的其他个体，还会来自大众媒介。

　　事实上，本项研究起始于一个特定的假设："两级传播"假设。这一假设产生于《人民的选择》一书，它认为："思想常常由广播和印刷媒介流向意见领袖，再由意见领袖流向人口中不那么活跃的部分。"[1]不过，这一传播模式以及支持它的证据，都只建立在对某一特定类型的意见领袖（那些在竞选期间影响了他人的人）的分析基础上，我们并不知道这一假设是否适用于其他领域。因此在本章中，我们想要对比一下意见领袖和非意见领袖的媒介接触行为，以探究意见领袖们是否倾向于更多地接触大众媒介，并受其影响。一般而言，我们将会在本书所研究的所有领域中都发现支持这一假设的证据。此外，在本章的最后，还将对意见领袖所发挥的"中转"功能做进一步分析，以尽力界定和说明我们对这一有趣发现的理解。

意见领袖和大众媒介的接触

成为购物方面的意见领袖并发挥影响力所需要掌握的信息类型，无疑和公共事务意见领袖有着极大的差别，因此我们并不认为每个领域的意见领袖都会比非意见领袖更多地接触大众传播系统中的特定媒介。但在另一方面，考虑到"期刊"或"广播"这类媒介所涉及的兴趣范围极广，因此如果发现无论在哪个领域中，意见领袖对大众媒介的接触确实都会超过非意见领袖，我们也不会对此感到惊奇。作为第一个例证，让我们来看看期刊读者的有关数据，比较一下各类意见领袖和那些完全没有影响力的人群在杂志阅读上的差异。[2]

从表 2—14—1 中可以很清楚地看出，每种类型的影响者所阅读的期刊数量都要大于非意见领袖。非意见领袖群体中包括了更多的阅读量少于 5 本的个体。该表也显示，即使纳入教育变量进行统计，情形亦同样如此。[3] 换言之，在每一个领域中，无论是购物、时尚、公共事务领域，还是电影观看领域，意见领袖总体上都比非意见领袖更多接触到美国期刊中的报道和广告。

311

表 2—14—1　　　　意见领袖比非意见领袖更多地阅读期刊

期刊数	低教育程度人群				
	购物意见领袖	时尚意见领袖	公共事务意见领袖	电影意见领袖	非意见领袖
5 本及以上	41%	58%	60%	58%	30%
少于 5 本	59%	42%	40%	42%	70%
100%＝	(91)	(79)	(30)	(64)	(270)
期刊数	高教育程度人群				
	购物意见领袖	时尚意见领袖	公共事务意见领袖	电影意见领袖	非意见领袖
5 本及以上	65%	69%	63%	71%	53%
少于 5 本	35%	31%	37%	29%	47%
100%＝	(75)	(80)	(50)	(58)	(146)

将观察视野从期刊转向其他媒介形式时，我们发现同样的现象依然存在，并似乎已经成为一条准则——意见领袖比非意见领袖更多地接触大众媒介。但同时，与其他媒介的接触情况也提示出不同意见领袖类型的一些特质。比如在书籍阅读方面，如表2—14—2所示。

表2—14—2　　　　意见领袖比非意见领袖阅读更多的书籍

每月阅读的书籍数量	低教育程度人群				
	购物意见领袖	时尚意见领袖	公共事务意见领袖	电影意见领袖	非意见领袖
1本及以上	25%	47%	38%	38%	20%
不足1本	75%	53%	62%	62%	80%
100%＝	(81)	(76)	(29)	(61)	(270)
每月阅读的书籍数量	高教育程度人群				
	购物意见领袖	时尚意见领袖	公共事务意见领袖	电影意见领袖	非意见领袖
1本及以上	39%	42%	57%	51%	34%
不足1本	61%	58%	43%	49%	66%
100%＝	(74)	(79)	(49)	(55)	(146)

表2—14—2再次显示出，所有的意见领袖都比非意见领袖更有可能每月至少阅读一本书籍。无论是从总体上看，还是将两种教育程度区分开来考察，都是如此。不过，我们可以注意到，在两种教育程度上，购物意见领袖的书籍阅读量超出非意见领袖有限，而其他类型的意见领袖和非意见领袖之间的差异却十分明显。当然，这正与我们的预计相符。至少从直观上看，人们可能不会认为，阅读更多的书籍是成为购物意见领袖的必备"要求"之一，但对于其他三个领域，书籍阅读量和意见领袖之间的关系确实要更为密切。

同样，意见领袖也倾向于比非意见领袖花费更多的时间收听广播，不过二者之间的差异很小，而且也并非全部如此。两种教育程度的电影意见领袖在收听广播方面显得尤其积极，受教育程度较低的购物和时尚方面的意见领袖也是如此。然而，后两个领域中受教育程度较高的意见领袖，以及两种受教育程度的公共事务意见领袖，在收听广播的时间上并不比非意见领袖们更多。[4] 此外，只有公共事务意见领袖在电影观看方面落后于非意见领袖，而其他领域则相反。[5]

总之，我们有把握得出这样的结论：在所有领域中，意见领袖都比非意见领袖更多地接触大众媒介。不过，尽管我们已经开始涉及这些意见领袖之间差异的讨论，也就是将一类意见领袖的媒介接触习惯与另一类意见领袖的进行了对比，但我们对这些差异和媒介内容之间的关系仍未做出清晰的分析。

意见领袖和大众传播内容

无疑，每一种媒介所呈现的世界都不同于另一种媒介。广播媒介的主要内容是肥皂剧和"大都会歌剧院"（Metropolitan Opera）的演出，而期刊的范畴则无所不包，所有其他类型的媒介在传播内容方面也各有侧重。至此，我们只对一种普遍现象进行了分析，即意见领袖在总体上比非意见领袖更多地接触大众媒介。但是我们也看到，购物意见领袖或电影意见领袖对某一特定媒介的接触在一定程度上会多于时尚意见领袖或公共事务意见领袖。现在我们就需要更为细致地去分析不同类型的意见领袖更有可能会接触哪种媒介内容。

关于意见领袖的一项早期研究发现（它的研究对象正是我们在此所称的公共事务意见领袖），对社区中存在着的两类公共事务意见领袖进行区分十分重要：本地事务意见领袖，以及那些在国内和国际事务方面发挥着影响力的意见领袖。[6] 该项研究发现："外界事务"方面的意见领袖，即那些对社区之外所发生的新闻事件特别关注的人，尤其偏好接近外地的、可以将外界变动传递给他们的新闻媒介；而"本地事务"意见领袖，即那些所处市镇事务方面的专家，则偏向于接触本地媒介所传播的内容。本项研究没有将公共事务意见领袖区分为"本地事务"或"外界事务"意见领袖两种类型，但我们可以对此处所分析的不同意见领袖类型进行比较，看看谁更偏向于接触"本地"新闻，谁又更多地接触

"外界事务"方面的信息。换言之，尽管我们没有像那项早期研究一样对公共事务意见领袖进行细分，但是我们应该对我们所划分的四个领域中的意见领袖进行比较，以考察她们在"外界事务"新闻和"本地事务"新闻的接触方面有何区别。

　　为了进行比较，我们将两个问题的答案进行了合并处理，这两个问题都涉及报纸和期刊的阅读行为。[7] 那些回答称阅读外地报纸的调查对象，以及阅读全国性期刊中的新闻报道或新闻评论的读者，被归为"外界事务"读者类型；那些对上两类媒介均不接触的调查对象（但她们确实阅读本地报纸），被纳入"本地事务"读者范畴；而那些在外地报纸和杂志新闻中接触其中一类者，则被贴上"中间类型"的标签。在此，我们将对"外界事务"型读者在各个领域内的意见领袖群体和非意见领袖群体中的分布比例进行比较，以此完善对前文中的图表所做的分析（见表 2—14—3）。

表 2—14—3　　"外界事务"意见领袖集中在时尚和公共事务领域

	阅读外地报纸和全国性期刊新闻报道的比例							
	购物领域		时尚领域		公共事务领域		电影观看领域	
	意见领袖	非意见领袖	意见领袖	非意见领袖	意见领袖	非意见领袖	意见领袖	非意见领袖
低教育程度	27%	20%	39%	17%	50%	20%	25%	24%
100%＝	(88)	(324)	(79)	(330)	(30)	(381)	(64)	(159)
高教育程度	48%	43%	53%	41%	55%	41%	45%	47%
100%＝	(77)	(219)	(81)	(218)	(51)	(247)	(58)	(148)

　　首先让我们来看第一行。在低教育程度群体中，很明显，在对"外部事务"的接触方面，电影意见领袖几乎相当于这一领域中的非意见领袖，而在购物领域中，意见领袖群体较之非意见领袖亦超出有限。不过在时尚领域和公共事务领域，差异则十分明显。在这两个领域中，意见领袖接触"外界事务"传播的比例要远远大于非意见领袖。同样的情形亦出现在高教育程度群体中，尽管意见领袖与非意见领袖之间差别要稍小一些，也就是说，在电影和购物领域中，意见领袖与非意见领袖之间的差异并不明显，但时尚和公共事务领域内意见领袖则明显地领先于非

意见领袖。对于我们来说，出现这一差异的原因十分明显：无论是电影意见领袖还是购物意见领袖，她们都不"需要"通过接触外地报纸和杂志新闻来发挥自己的特定影响，事实上，没有理由认为这类群体会比非意见领袖们对新闻更感兴趣。然而，对于政治事务和时尚方面的影响者而言，外地媒体的意义显然就重要许多。外地报纸上的广告和特稿，以及全国性期刊中的新闻报道，为这些小城市居民跟上"大都市"中的时尚潮流以及了解全球范围内的新闻事件提供了一个渠道，而这类信息反过来又为她们的特定类型的影响力提供了支撑。

315

对媒介内容和不同类型的意见领袖之间关系的另一种解释由期刊媒介所提供。在前文中，我们观察到所有四种类型的意见领袖都比她们的追随者们更多地阅读期刊，但当时我们并没有探究意见领袖们更偏向于阅读哪类期刊。例如，比较一下时尚意见领袖和非意见领袖所阅读的期刊，我们发现无论其教育程度如何，领袖们都更多地阅读时尚期刊。在低教育程度人群中，有 9％的时尚领袖，但只有 2％的非意见领袖会阅读一本以上的时尚期刊；而在受过较好教育的女性中，有 30％的意见领袖和 15％的非意见领袖会阅读时尚期刊。同样的情形也出现在公共事务领域，该领域中的意见领袖会比非意见领袖更多地阅读全国性的新闻期刊：前者的比例是 22％，而后者是 14％。公共事务领域内意见领袖和新闻期刊阅读行为之间的关联程度，要超过其他任何一个领域，指明这点，可以使我们的发现更加具有说服力。[8]

沿着这一思路，让我们来对电影观看领域进行分析。如表 2—14—4 所示，电影意见领袖与非意见领袖两类群体在电影期刊的阅读方面存在着明显差异。

在所有两类教育程度的人群中，电影意见领袖都比非意见领袖更多地阅读电影期刊。同时，前者也更有可能自己去购买这些期刊，也就是说，电影意见领袖不会像非意见领袖那样，通过借阅、二手传阅或是通过美容院提供等方式接触电影期刊，她们往往是直接出门购买一本。[9]

316

同样，对其他类型的意见领袖（即时尚、购物和公共事务领域中的意见领袖）的分析表明，她们在电影期刊的阅读量上并不比各自领域中的非意见领袖更高。这就表明一个领域中的意见领袖往往与她对本领域（而非其他领域）的特定兴趣相关，而这种特定兴趣又决定了意见领袖往往只接触特定类别的媒介内容，而不是其他领域的媒介信息。

表 2—14—4　　　　　　　　　电影意见领袖更多地阅读电影期刊

电影期刊的阅读	低教育程度		高教育程度	
	电影意见领袖	非电影意见领袖	电影意见领袖	非电影意见领袖
是	56％	34％	50％	42％
否	44％	66％	50％	58％
总计（＝100％）	(66)	(157)	(58)	(151)

意见领袖和大众媒介效果

至此我们看到，意见领袖倾向于更多地接触大众媒介，同时也更多地接触与她们的影响领域紧密相关的特定媒介内容。我们推断，这种更多的接触（有意或无意地）成了意见领袖传递给他人的影响的一个组成部分。这些发现证明了"两级传播"思想的可信度。

以上就是"两级传播"思想告诉我们的主要内容。不过，我们还需要进一步去考察意见领袖是否将对媒介的更多接触"运用"到她们的决策之中。我们想知道，意见领袖是否不仅更多地接触媒介——这正是两级传播假设所宣称的全部内容，同时她们也比非意见领袖更多地受到媒介的影响。

实际上，并不能简单地认为实际情况必然如此。以购物领域为例，我们已经看到，购物意见领袖一般而言比非意见领袖更多地接触媒介，她们传递给他人的建议正是这种更多接触的体现。然而，并没有理由认为，相对于其他人，她们的决策也更多地建立在她们所接触的媒介内容的基础之上。相反，人们更有理由假设，如同非意见领袖一样，购物意见领袖主要也是基于同他人的人际接触而做出决策的（或许是和其他购物意见领袖的接触），她们"使用"媒介只是作为一种补充。

另一方面，针对时尚和公共事务领域，我们倒是有更多的理由假设意见领袖在其决策过程中更多地受到大众媒介的影响。不像购物领域，在这些领域中，意见领袖带领她的群体所接触到的"环境"距离她们当下的生活相对较远，同时也更多地依赖于大众媒介的信息传递。大众媒介从大城市带来了时尚语汇，以及"外部世界"的政治信息（至少是其他地区的政治信息）。因而可以假设，这类信息恰恰是这两个领域中的意见领袖所需要的。

让我们来对时尚领域进行一番分析。我们可以对进入意见领袖决策过程的相关影响进行评估，并将之与非意见领袖所接受的影响进行比较。表 2—14—5 是对时尚意见领袖和非意见领袖的对比，就调查对象所报告的在服饰、发型、化妆等方面的近期改变，我们问道："是谁或者什么促使你做出这一改变？"该表显示了不同教育程度的调查对象所认为的人际影响和大众媒介影响的比例。

表 2—14—5　　　相对于非意见领袖，时尚意见领袖更多地受到大众媒介而不是其他人的影响[10]

318

"是谁或者什么促使你做出改变"	所有被提及的影响的百分比（仅针对最近做出的改变）			
	低教育程度		高教育程度	
	时尚意见领袖	非时尚意见领袖	时尚意见领袖	非时尚意见领袖
其他人的言行	40%	56%	37%	47%
大众媒介	42%	31%	42%	33%
其他	18%	13%	21%	20%
影响总计（＝100%）	(164)	(308)	(135)	(250)

表 2—14—5 清楚地显示，在教育程度的每个层级中，相对于非意见领袖，那些在近期做出了改变的时尚意见领袖在决策过程中更多地受到了大众媒介的影响，而不是其他个体的影响。两类影响之间的差异尽管不是特别大，但普遍存在。[11]

正如我们的预计，购物领域和电影观看领域中的同类数据并不具有确定性，也就是说，经由不同渠道而来的影响对意见领袖所产生的效果，与它们对非意见领袖的作用效果没有什么差异。不过与我们的事先假设相反的是，公共事务意见领袖也没有表现出和时尚意见领袖的相似之处，甚至这些意见领袖比非意见领袖更多地将她们近期的意见改变，归因于人际影响。换言之，尽管每种类型的意见领袖都比非意见领袖更多地接触大众媒介，因而也可以推断她们更有可能将大众媒介的内容融入她们所传递的影响之中，但是，当我们分析大众媒介对个人决策的影响时，则发现只有时尚意见领袖所受的媒介影响明显地超过非意见领袖。

这就需要追问，原本我们预期公共事务领袖在其个人决策中会更多地利用她们接触媒介较多的优势，但为何实际情况却是她们比非意见领袖更少依赖媒介（至少是不多于非意见领袖）。这可能是因为我们的样本中包括了太多的"本地事务"的意见领袖，而"外界事务"的意见领袖太少，如果我们的数据能够允许我们对后者进行单独分析的话，那么有可能会发现大众媒介对于"外界事务"意见领袖的决策产生了较大影响。或者，如果我们回过头来更为细致地对人际影响网络做进一步追踪调查的话，大众媒介在公共事务方面的影响可能会体现得更为明晰；换言之，我们有可能会发现在下一步的人际影响（即意见领袖的意见领袖）中，影响者的意见形成会更为直接地体现出大众媒介的效果。又或者，我们还得往回追溯更多步，才可能发现公共事务意见流动过程中人际网络和大众媒介效果之间的联系。总之，与时尚领域相比较，我们怀疑公共事务领域中的人际影响链更长，同时"内幕消息"（inside dope）和特定事件的影响要大大多于人际影响。无论如何，各类意见领袖角色中所体现出的媒介和个人影响的不同结合方式，都较为充分地证实了我们到目前为止所提出的推断，同时也为今后的影响流动研究开启了新的道路。

最后还需要注意一点。我们刚刚已经了解到，电影意见领袖并不一定比非意见领袖更多地受到大众媒介的影响，实际上，我们也并没有这样的预期。但是就像在其他领域中一样，我们将讨论局限在了电影"决策"方面，即去看哪部影片的决策。换言之，我们提出的问题是，这一领域中意见领袖和非意见领袖如何做出去观看哪部电影的决定。但是我们没有问，除了这类决策外，人们从影片那里得到些什么。当然，这需要单独进行全面调查，但在此我们想介绍一个由数据中得来的、与本章内容相关的发现：电影意见领袖认为她们所观看的电影对其日常生活有所帮助。换种说法就是，电影意见领袖比非意见领袖从电影中"得到更多"。

比如我们问道："从你所观看的电影中，你是否获得了一些着装或 *320* 发型方面的想法？"无论其年轻或是年长，无论其教育程度如何，电影意见领袖都比非意见领袖更多地做出了肯定的回答。与之相似，我们向调查对象询问："电影对你更好地处理日常生活中所遭遇的问题是否有帮助？"意见领袖再一次比非意见领袖更多地回答说"是的"。同样的情况还出现在对这个问题的回答中："电影使你对自己的生活更加满意，还是更加不满？"

总之，需要调查的不仅是意见领袖接触大众媒介的模式，以及大众媒介对她们的意见和决策的影响，还应该包括不同领域中意见领袖对于大众媒介的不同"使用"方式，并将之与非意见领袖进行比较。[12]

注释

[1] Lazarsfeld，Berelson and Gaudet（1948），p. 151. 重要的是要区分影响的 *309n.* 流动和信息的流动。有关媒介和人际信源在新闻事件扩散中的作用的分析，见博加特（Bogart，1950）、拉尔森和希尔（Larsen and Hill，1954）。与我们的研究相似，怀特分析了口头传播在消费者影响流动中的作用，并认为它与大众媒介密切相关（Whyte，1954）。

[2] 为了简化表 2—14—1，我们分别列举了每一类意见领袖群体的数据，以 *310n.* 及在任何领域中都完全没有影响力的群体（"非意见领袖"）的数据。如果每个领域依次进行比较的话，可以发现非意见领袖的期刊阅读人数会有微量增加，因为在任何一个特定领域的非领袖群体中，均包括了其他领域的意见领袖。不过，每个领域内意见领袖和非意见领袖之间的差异还是十分明显的。还需要注意的是，该表中所列举的意见领袖群体并非是排他性的，即一位女性可能会重复出现在不同领域之中，因为她可能在数个领域中都是意见领袖。只有非意见领袖才是排他性的（即她

们在任何领域中都是非意见领袖）。我们的样本中在不同领域实际有多少意见领袖被重复计算，将在后面的章节中予以分析。

　　[3]"高教育程度"指学历程度在高中毕业以上，"低教育程度"人群则包括了未能完成高中学业的所有人群。

312n.　　[4]这一分析完成于电视媒介普及之前。

　　[5]此处不再列出这些表格。

313n.　　[6] Merton（1949B）.

　　[7]在6月的访谈中，调查对象们首先被问及她们是否阅读迪凯特当地的报纸，以及"你是否阅读外地报纸"，并被要求提供所阅读报纸的名称。在8月的访谈中，调查对象被问道："你是否尝试过定期阅读期刊中对新闻事件的详细报道？"对这两个问题的回答是"本地-外界"指标（the "local-cosmopolitan" index）的基础。

315n.　　[8]从"一般影响"问题中所得出的数据亦同样有趣。在此我们可以将原始样本中的女性以及她们所提名的女性专家，与第一组专家群体中的男性以及他们所提名的下一组一般影响者中的男性进行一番比较（关于这些专家组别的详细介绍，见本部分第12章）。以下是比较的数据：

	女性		男性	
	原始样本	专家群体 I	专家群体 I	专家群体 II
阅读新闻期刊的比例	34％	41％	57％	69％
总计（＝100％）	（718）	（122）	（201）	（162）

316n.　　[9]在低教育程度人群中，74％的电影意见领袖和52％的非意见领袖会自己购买电影期刊；在高教育程度人群中，这一比例分别是52％和48％。

318n.　　[10]该表中的数据仅包括那些报告称近期做出了时尚方面改变的个体（包括服饰、发型、化妆等方面）。每一纵栏底部的数字代表每一组别所提及的、与她们的时尚决策相关的影响的数量。

　　[11]控制住兴趣层级变量，也就是说，在每一教育程度层级中，对具有相同兴趣度的意见领袖和非意见领袖进行比较，这种差异依然显著，正如同仅对教育程度变量进行控制时一样。

320n.　　[12]另一个涉及"使用"方式的案例（不过没有对意见领袖和非意见领袖进行对比），见附录D"关于合群性、焦虑感和通俗小说指数"（On Gregariousness, Anxiety, and an Index of Popular Fiction）。

第 15 章 对影响和影响者的总结

除了在上一章中我们探讨了意见领袖和大众媒介之间的关系之外，在其他的部分，我们所关注的均是个体与个体之间的影响流动。在分析的过程中，我们一次又一次地提出两个基本问题：

首先，我们一直在问："每个影响领域中意见领袖的社会特征是什么?"为了回答这一问题，我们对生命周期、社会地位和合群性三个指标进行了测量，通过这些指标，我们对购物、时尚、公共事务和电影观看领域的"典型"意见领袖进行了描述。我们还试图更为精确地确定意见领袖的集中分布度，也就是说，试图去发现人口中的哪些群体中分布着最为大量的特定类型的意见领袖。

作为这种努力的一部分，我们调查了对某一特定话题的主观兴趣在多大程度上可以成为获得意见领袖地位的"决定"因素，尤其是在时尚领域和公共事务领域中。一旦发现相同社会环境（social setting）中意见领袖的集中度与兴趣度的分布相一致时，我们就会追问：一位女性的个人兴趣是否足以使其成为意见领袖，又或者是否存在这样一种情形，即尽管她具备兴趣，但决定其意见领袖地位的仍然是她的社会地位、生命周期类型或合群性这类因素？

322 我们的第二个问题与影响流动有关，即探寻建议寻求者们通过何种方式与她们的意见领袖联系在一起。我们提出了分析这一问题的两种方法，并指出了它们各自的不足之处。首先，在时尚领域，我们提出了"输出"指数的概念，并通过对这一指数的测量，比较了意见领袖对自己所处群体以及其他社会群体的成员的影响程度。我们的第二个也更为直接的方法带有试验的性质：我们根据年龄和社会地位因素，对每个领域中的影响者—被影响者关系对进行了分析，以考察不同类型的影响在这两类社会层级人群中的流动"方向"。同时，我们也指明了在哪些领域中影响者—被影响者关系对由同一家庭成员组成，而在哪些领域中则并非如此。最后，在对公共事务领域的分析中，我们将影响者 被影响者的二元关系结构，拓展为三级影响链（three-link chain of influence），它包括了原始样本中的调查对象、她们的影响者、她们的影响者的影响者，以及她们的影响者的影响者的影响者。但是所有这一切，我们只是刚刚起步。

在本章中，我们将对这些问题的发现进行总结，同时我们还将提出一个迄今尚未触及的问题，并尝试对其进行解答。这个问题就是：一个领域中的影响者，是否在另一个领域中也有可能成为意见领袖？换言之，在这四个领域中，意见领袖身份在多大程度上会出现重合？

意见领袖集中分布的社会区域

323 在本项研究的一开始，我们就假设社会地位、生命周期和合群性与意见领袖紧密相关，它们提供了用以定位和确认意见领袖的范畴。比如，我们在此并不是说时尚领域的意见领袖是女孩们，而是说在女孩群体中，集中分布着意见领袖。前一个论断是模糊不清的，它可能是说大多数女孩是时尚意见领袖，也有可能是说大多数时尚意见领袖是女孩，或者是说女孩们是所有其他女性的时尚意见领袖。尽管这些可能性也许可以得到经验上的证明，但基于我们的数据及其局限性，更为谨慎与正确的论断应该是后一种说法：可以发现，在被称为"女孩"（小于 35 岁的未婚女性）的生命周期类型中，相对于其他任何生命周期类型的女性群体，更为集中地分布着时尚意见领袖。

当然，我们发现，在不同生命周期阶段、不同社会地位层级和不同合群性的群体中，不同类型的意见领袖的集聚程度也往往有所不同。换言之，在不同影响领域中这三个因素所起的作用也会不同。比如，时尚意见领袖与生命周期类型和合群性之间的联系十分紧密，而社会地位因素则相对次要。在下面的篇幅中，我们将对这三个因素对于四个领域中的影响传递的相对重要性予以检视。

为此，我们需要测量哪些因素与某个特定领域最为相关，在这个领域中，这些因素之间的相对重要性如何。也就是说，我们必须设计某种测量方法，以探究不同社会地位、生命周期类型和合群性，对于一个女性获得某个领域的意见领袖位置究竟有多重要。同时，我们还想知道，这三个因素中的每一个对于所有四个影响领域的重要性程度如何。我们所使用的以达到这些研究目的的测量方法，可以被称为"重要性指数"（index of importance）。[1]

我们的发现体现在表 2—15—1 中。横向来看，该表列举了每一个因素对于每个影响领域的相对重要性。比如，它表明了生命周期因素对于时尚意见领袖的重要性要高于购物意见领袖。而纵向来看，它允许我们比较三个因素对于某个领域的相对重要性。比如它可以表明，对于时尚意见领袖而言，合群性或社会地位因素是否比生命周期因素更为重要。

表 2—15—1　　对于不同领域中的意见领袖而言，生命周期类型、
　　　　　　　　社会地位和合群性的"重要性指数"

	购物	时尚	公共事务	电影观看
生命周期	0.203	0.267	0.089	0.326
合群性	0.176	0.126	0.184	0.080
社会地位	0.055	0.113	0.161	0.040

注：当指数为 0 时，它表明某一特定因素（如生命周期）与某一特定领域中的意见领袖地位完全无关；当指数为 1 时，则表明这一领域中的意见领袖地位可以完全由这一特定因素来进行解释。不过，这些指数应该比较来看，而不是单看其绝对数值。相关细节见附录 D。

在三个领域中，生命周期是获得意见领袖地位的最重要因素。在电影观看领域中，它几乎就是唯一的相关因素。而在公共事务领域，它的重要性较弱，但也并非完全无关。

合群性在三个领域中的重要性程度稍次于生命周期因素。而在公共事务领域，它是最为显著的因素。对于购物领域而言，它也相当重要。不过在时尚领域，它对于成为意见领袖的重要性程度，相对于生命周期因素就要低上许多。[2]只有在电影观看领域，由于观影行为本身就是一种特殊类型的社交活动，但我们的合群性指标并未将之涵盖在内，因此我们对于朋友交际和社会接触程度的测量方法在此被证明几乎并不适用。

很明显，社会地位是三个因素中重要性程度最低的，这是一个十分有趣的发现。在购物和电影观看领域，它的作用可以忽略不计；在时尚领域，它显得稍重要一些，但与其他因素相比，它的总体影响最小。只有在公共事务领域，社会地位才是决定意见领袖集中度的主要因素之一。

325　在此要强调我们在前文中作为分析的基础所列举的一个假设。[3]我们的预期是，参与到特定领域中的任何群体，都有可能产生意见领袖，她们将影响输出到这一领域内的其他人群那里。而这些意见领袖的典型肖像是她们往往处于较高社会地位，人们假定影响流动过程只会是一种垂直流动过程，即由较高社会地位人群或较高威望的人群向下流动。现在，与对日常影响流动的实际分析相对照，很明显，这种想象性的图景并非影响流动的全部。任何人际影响流动的图谱，现在都必须包括水平意见领袖，她们出现在每一个社会—经济层级之中，且遍布于整个社区。在这点上，我们的研究所呈现出的图景是：不同生命周期类型中意见领袖的集中度不同，但在所有社会地位层级中她们的分布比例几乎相同；同时，一般而言，意见领袖往往倾向于分布在不同群体内具有较高合群性的人之中。

对于分布模式中的差异，需要进行更多的分析（正如我们一直提醒的那样），但基本图景还是很清晰的。如表2—15—1所示，除了公共事务领域，在我们所关注的面对面的影响情境中，较高社会地位并不会自动带来意见领袖的集中。在购物、时尚和电影观看领域中，意见领袖的"力量"体现在非正式的劝服和基于友谊的影响之中，它并不来源于财富或更高的地位，而是来源于同伴之间非正式的日常接触。

作为意见领袖地位决定因素的主观兴趣

我们所讨论的这几类意见领袖，并不需要具备出众的能力或是杰出的领导才能。事实上，有理由认为，一个人如果对这些领域中的某一个具有强烈的兴趣，并（或）积极参与其中，就有可能成为他人寻求建议的对象。这意味着对特定领域的兴趣可能足以造就一名意见领袖。在对我们的发现进行分析的过程中，这一假设似乎变得越来越有说服力。前文提到，在时尚和公共事务领域，我们发现意见领袖实际上比非意见领袖们对本领域的话题更感兴趣[4]，此外，我们还发现意见领袖分布集中度更高的群体，往往也是高兴趣度人群集中分布的地方。比如，当我们发现时尚意见领袖更多地集中在女孩群体中时，我们还发现女孩子们对时尚最感兴趣；当我们发现高社会地位人群中公共事务意见领袖的比例更高时，我们也同时发现高社会地位人群在公共事务方面的信息掌握度更高。对于这些发现，我们向自己提出这样的问题：这是否表明意见领袖就是那些具有更高兴趣度的人？其他那些因素，比如生命周期等，之所以与意见领袖地位相联系，是否只是因为它们也同时和兴趣程度相关？

我们的发现一再证明事实并非如此。通过对兴趣程度进行控制，也就是说，对那些社会地位、生命周期类型或合群性不同，但具有相同兴趣度的调查对象进行比较，我们发现，当"主观的"兴趣因素被纳入分析之后，那些"客观的"决定因素并没有消失。也就是说，当将具有高度时尚兴趣的女孩与兴趣度相同但生命周期类型不同的女性群体进行对比时，数据表明女孩群体中的时尚意见领袖的比例仍然要高于其他女性群体。这意味着，即使一位女性对特定领域的话题具有高兴趣度，但她

326

在生命周期、地位层级或社会接触量等方面所处的位置，依然在很大程度上影响着她能否成为意见领袖。

这并不是说意见领袖和兴趣度之间毫无关联，实际上，这二者紧密相关，尽管后者并不能直接决定意见领袖地位的获取。兴趣度和意见领袖之间的关系较为复杂。首先，我们必须再次声明，意见领袖群体中具有较高兴趣度的人群比例，要超过非意见领袖。其次，同样重要的是，从根本上讲，只有当一位女性与同样具有较高兴趣度的他人联系在一起时，她所具有的高兴趣度才可能为其带来领袖地位。

比如在对时尚领域的讨论中我们认为，对时尚具有高兴趣度的女孩
327 之所以比具有相同兴趣度的主妇更有可能成为意见领袖，其原因在于女孩们比主妇群体更有可能遇到建议寻求者。也就是说，凭借其对于时尚的高兴趣度，这类主妇倒是有成为意见领袖的可能性，但并不大，因为很少有其他主妇会向她们寻求建议。当然，这暗含了两层意思：其一，主妇往往与其他主妇相联系（女孩也更多地与女孩相接触）；其二，时尚领域的影响传受主要发生在生命周期相同的人群中。我们的影响流动数据证实了这些假设：在时尚方面，人们更有可能受到和自己非常相像的他人的影响。

因而，意见领袖地位的获得，并不仅仅是某人比他人具有更高兴趣度的问题，而是要求影响者和被影响者都对特定话题具有一定的兴趣。女孩群体对于时尚话题的较高兴趣度无疑会促成意见领袖的产生，反过来，意见领袖又会比受她们影响的人对时尚更感兴趣，而且更有"资格"提供建议。总之，有理由认为，多数时候影响并非是由兴趣度较高的人群流向对某一话题完全不感兴趣的人群，而是在兴趣度相同，或稍稍相差一点的人群中流动。[5]简而言之，共同兴趣是传播流动的渠道。[6]

对影响流动的回顾

328 我们从两种不同的角度对影响流动进行了调查——这是我们系统关

注的第二个问题。一种方法是通过我们所建构的"输出"指数：我们假定女性倾向于与处于同一生命周期阶段和社会层级的追随者相接触；我们还假定，每一生命周期阶段和社会地位的群体首先在自己的群体中寻找意见领袖（比如女孩们"首先"会影响其他女孩，然后再转向较年长的女性）。带着这些假设，我们进入时尚领域，计算出总体样本中时尚意见领袖相对于高时尚兴趣度人数的比值，以此作为"领袖—兴趣度"（leadership-to-interest）的"平均"值。

参照这一"平均"值，我们比对了每一类生命周期类型和社会地位群体各自的"领袖—兴趣度"比值。我们认为，某一群体的比值偏离平均值的程度，反映了这个群体中意见领袖的数量在多大程度上满足或落后于该群体中高兴趣度人群的建议寻求的需要。当我们发现意见领袖数量超过了该群体的兴趣度的需要时，我们就将之理解为该群体对于意见领袖的需要已经获得满足，而"多余"出来的意见领袖将"输出"至在这方面无法"自足"的其他群体。简言之，我们的计算公式是：意见领袖数量＝内在需求（通过群体对特定话题的兴趣的显著性进行测量）＋外部需求（反映出该群体作为影响源对其他群体的吸引力）。

我们在时尚领域的发现表明，在几种生命周期类型中，女孩群体的意见领袖"输出"最多，而大家庭妻子群体中意见领袖的数量甚至都无法满足本群体时尚兴趣度的内在需求。在不同的社会地位群体中，几乎不存在意见领袖"输出"的现象，尽管中等地位层级群体中的意见领袖数量要稍稍高于该群体对时尚兴趣的需求；高地位层级和低地位层级群体中意见领袖与兴趣需求大体相当。

不过，对于意见流动的分析，我们最为关注的是"谁影响了谁"的问题，这里的影响者和被影响者都是特定的个体，我们依据年龄、性别、社会地位对她们进行区分，同时要对她们彼此间的社会关系（家庭成员、朋友、同事）进行分析。我们一再强调，出于众多原因，本项研究中所得出的这些发现必须被视为暗示性的观点，而非定论。在下面的篇幅中，将对我们小心翼翼但仍带有冒险性质的（adventuresome）"社会关系调查"（survey sociometry）进行适当总结。

329

　　首先让我们来分析年龄群体间的影响流动，对家庭成员间的影响传受和家庭外的影响流动进行区分（在前文中我们进行了这方面的分析）。在家庭之内，首先需要注意的是影响者和被影响者在年龄上的差别。家庭外的"影响对"更有可能由处于同一年龄层次的个体所构成，而与此相对，家庭内的影响则倾向于在不同年龄层次的成员间流动。当然这也与我们的预期相符：当今的家庭单位往往由不同年龄的个体所构成。在时尚领域，家庭内的影响在一定程度上更多地由年轻成员向年长者流动，而不是相反；当然在公共事务领域，流动过程则恰恰相反，而且这一流动趋势更为明显。不过，在公共事务方面，很显然是男性影响女性。在购物领域，我们区分了两种类型的家庭内影响流动。就购物行为的总体而言，也就是说，当分析对象是所有生活用品的购买行为时，家庭内影响一定程度上倾向于在同一年龄层次的亲属间，而不是在家庭成员间（如夫妻之间或父母与孩子之间）流动。然而，当所需购买的是咖啡或早餐谷物这类在传统上属于家庭成员所支配的商品时，丈夫和孩子们则充分发挥着他们的影响。在电影观看领域，如果我们的理解是正确的话，家庭内影响倾向于在同年龄层次的成员间流动（绝大部分是在丈夫和妻子之间），而年轻人则更多地在家庭外寻找一起观影的同伴，以及电影观看方面的建议。然而当纳入"专家"因素进行分析时，我们发现所有人都在向女孩群体寻求建议——无论是在家庭内还是家庭外。

　　就家庭外不同年龄群体之间的影响流动而言，我们得出了下列发现：跨年龄层次的影响流动在购物领域最多，在时尚领域最少。但在购物领域，主要的流动方向是由较年长者流向年轻女性，而时尚方面的影响流动则很难发现明确的流动模式（尽管"输出"数据以及对家庭内影响流动的分析都暗示存在着由年轻人向年长者流动的趋势）。在公共事务和电影观看领域，影响者与被影响者在年龄层次上保持一致的特征较为明显。在公共事务方面，跨年龄层次的影响流动方向主要是由年长者向年轻人流动；而在电影观看领域，我们注意到，当分析对象是特定影片的观看决策时，有证据表明存在着向上流动的趋势，不过并不突出，但当我们分析的是"专家"们的观影建议时，这种趋势就变得十分明显了。

现在转向不同社会地位的群体间的影响流动。在此我们分析的只是家庭外的影响流动，因为家庭成员们往往处于同一地位层级。尽管较之其他三个领域，购物方面的影响传受在同一年龄层次的个体间发生的比例最低，但它在相同地位层级的"影响对"中流动的比例却最高。每10例购物方面的影响案例中，几乎就有7例发生在处于同一地位层级的"影响对"之间。稍低一些的是时尚领域，每10例中有6例。比例最低的是公共事务领域，只有46％的家庭外"影响对"处于相同的地位层级。当影响确实跨越了地位层级界限时，我们发现在购物意见领袖中并没有明晰的影响流动方向，也就是说，数据显示向下流动的影响并不比向上流动的多。在时尚领域，我们发现了轻微的向下流动的趋势，主要是由中等地位层级的女性流向低地位层级的群体。在公共事务领域（尽管家庭外的特定影响流动在这一领域中最不重要），我们发现了较为明显的向下流动的趋势。而当对公共事务领域的"专家"群体进行分析时（他们的影响更多地在家庭外流动），相对于特定影响者，他们往往更多地来自较高地位层级；而且，每个"专家"群体也更倾向于在更高地位层级的群体中指认出他们自己的新的"专家"。

意见领袖的肖像

我们对有关意见领袖的数据进行综合，可以做出如下概括：

购物意见领袖大多是已婚女性，且多处于大家庭之内。她们的合群性较高，但她们并不会集中于某个特定的社会地位层级之中，而是广泛分布于所有地位层级。这一领域中的影响倾向于在处于同一地位层级的人群中流动（这一点在其他领域中亦是如此），但当影响流动确实跨越了地位层级界限时，并没有迹象表明自上而下的流动会多于自下而上的流动。在不同年龄层次间的影响流动方面，有证据表明，至少在成年群体中，较年长者会更多地对年轻人造成影响，而不是相反。只有在涉及

331

丈夫或孩子喜好的特定商品方面，才会明显地出现家庭成员间的影响流动。

时尚意见领袖集中出现在年轻女性之中，而且是具有高合群性的年轻女性中。地位层级因素也发挥着部分作用，它可以使得某位女性更容易获得意见领袖地位，但并非主要因素。时尚影响在一定程度上沿地位层级向下流动，同时也有极少量的证据显示它会在年龄群体间向上流动。时尚影响流动的整体图景是一位女性更有可能对与她非常类似的其他女性产生影响，尤其是在较为年轻的、具有较高合群性且不属于最低地位层级的女性中，这方面的影响流动量非常之大。从我们的数据来看，购物领域内家庭成员间的影响流动只涉及特定商品，但在时尚领域中家庭内的影响流动则更为常见；不过在这两个领域中，男性影响者的数量总体上很少。

不同于其他三个领域，在公共事务领域中，地位层级因素显得极为重要，社会地位高的女性往往比处于较低地位的女性更有可能成为意见领袖。而且，有证据表明这一领域中的影响流动会跨越层级边界，由社会地位较高的人群向低层级人群流动。同样，研究数据还清楚地表明，当影响跨越年龄边界而流动时，较年长者影响着比她们更为年轻的群体——尽管事实上较年轻女性中公共事务意见领袖的比例要稍高一些。和其他领域一样，合群性因素对于公共事务意见领袖地位的获取发挥着一定作用。这一领域中最为明显的现象是丈夫和父亲们在影响流动中处于主导地位。

332

在电影观看领域，意见领袖集中在女孩群体中，这点和时尚领域极为相像。数据表明，女孩群体往往是影响的流出方，她们是较年长女性的"专家"。电影观看行为的内在社会特征使得我们的合群性指标并不适用于这一领域，而社会地位因素则完全没有发挥作用。

多领域意见领袖

至此，我们已经对购物领袖、时尚领袖等进行了讨论，但在结束这一部分前，我们想提出一个更为宽泛的问题：是否存在着"一般的意见领袖"（general leaders）类型？也就是说，一位女性是否会因为其特定的个性或社会特征，而更有可能在任何生活领域中都获得意见领袖的地位？简言之，我们所讨论的不同领域中的意见领袖，是否始终就是同一类人？

稍夸张点说，一般意见领袖假设的基础是：（1）意见领袖在总体上会具备某些共同的特质与属性；（2）在任何一个群体及任何一种情境中，那些能够在最大限度上具备这些领袖特质的个体，就会成为意见领袖。如果这些假设是有效的话，那么下面的推断就应该是正确的：那些在某一领域中身为意见领袖的个体，会比其他人更有可能成为另一个领域的意见领袖，因为已经成为意见领袖这一事实本身就意味着，他们在很大程度上具备了在其他领域中获得意见领袖地位所需的那些特质或属性。我们对此并不能完全予以证明，但不妨试着来进行一些分析。表2—15—2显示了在三个领域、两个领域及单个领域中成为意见领袖的女性的比例，以及在所有领域中都未能获得意见领袖地位的调查对象的比例。[7]

表2—15—2　　总体样本中多领域意见领袖、单领域意见领袖及非意见领袖的分布

333

不同领域中的意见领袖		百分比
三个领域		3.1%
两个领域		
时尚和购物领域	5.1%	
时尚和公共事务领域	2.4%	
购物和公共事务领域	2.8%	
		10.3%
单个领域		
时尚领域	12.0%	
购物领域	12.4%	
公共事务领域	3.0%	
		27.4%
非意见领袖		59.2%
总计 ＝（100%）		（704）

从总体上看，在我们的样本中有41%的女性至少在一个领域中成为意见领袖；在她们之中，大约有2/3的人是单个领域中的意见领袖，

有 1/4 的女性是两个领域的意见领袖，不到 1/10 的女性同时在三个领域中获得了意见领袖地位。从总数据来看，多领域意见领袖并不常见。但如果不与一些"常态"（norm）进行对比，我们并不能直接做出推断，认为这些领域中的意见领袖是相互独立的。也就是说，尽管多领域意见领袖的比例看上去较低，但它仍然可能具有统计上的显著性。

通过一种简单的统计方法，我们可以证明样本中多领域意见领袖所占的比例，要大于偶然概率。[8] 在表 2—15—3 中，我们计算了出现多领域意见领袖的理论上的偶然概率，由此我们可以将同时在两个领域或三个领域中成为意见领袖的实际比例与之进行对比。如果实际比例显著高于理论上的偶然概率，则我们可以较有把握地认为它表明了总体意见领袖的存在；而如果实际比例并未显著高于后者，则我们可以认为多领域意见领袖的出现只是偶然，因而也就没有证据可以支持我们的假设——一个领域中的意见领袖很可能在另一个领域中也获得意见领袖地位。

334

表 2—15—3　多领域意见领袖的出现比例与理论上的偶然概率的比较

	实际比例	偶然概率
三个领域的意见领袖	3.1%	0.6%
时尚和购物意见领袖	5.1%	5.3%
时尚和公共事务意见领袖	2.4%	2.6%
购物和公共事务意见领袖	2.8%	2.7%
总计（＝100%）	（704）	（704）

在所有的两个领域的意见领袖方面，实际比例与理论上的偶然概率之间并没有显著差异。在一个领域中身为意见领袖的女性，并没有多大可能会在另一个领域中也同样获得意见领袖地位。但就那些同时身为三个领域的意见领袖的女性们而言，情况发生了变化。我们所观察的这些意见领袖所占比例是偶然概率的 5 倍多。因此，只有在这些女性中，才有可能发现对总体意见领袖类型假设予以确认的数据支撑。但是，这类意见领袖的数量极少，因而我们无法就此得出任何结论，否则就有可能会夸大总体意见领袖的相关因素。这 3% 的总体意见领袖是真的存在，还是因为调查对象虚假地自封为意见领袖而导致，我们的数据对此无法

予以确认。从总体上看，本项研究无法支持总体意见领袖假设，各领域中并不存在任何多领域意见领袖，每个领域似乎只有属于自己的意见领袖群体。

注释

[1] 这一测量方法由哈佛大学社会关系学系（Department of Social Relations）的 F. 莫斯特勒（F. Mosteller）教授所发明。这方面的数学计算见附录 D。 *323n.*

[2] 合群性因素对于时尚意见领袖的重要性之所以较低，部分是因为这样一个事实：那些有可能成为时尚意见领袖的女孩们，往往处于中合群性层级，而不是高合群性层级。 *324n.*

[3] 参见本部分第 9 章"三个相关维度"部分。

[4] 在公共事务方面，我们使用了"信息掌握度"作为测量兴趣程度的指标。 *326n.*

[5] 这是今后有关意见领袖研究的一个基本点。它提醒我们要避免做出那种不言而喻式的假设，即想当然地认为那些关注"外界事务"的，或是具有"高兴趣度的"，或是"合群性最高"的人就将成为意见领袖，而那些不太关注外界事务，对特定领域没有什么兴趣，合群性很低的人群则一定会受到前者的影响。至少在我们所关注的日常生活影响中，更有把握的假设应该是，意见领袖往往影响的是其自身所处群体中的其他女性，二者之间具有较高的相似性。因而，重要的是首先要确定影响传递发生在哪类群体之中，然后再去探究意见领袖和受她们影响的追随者之间有哪些不同。 *327n.*

[6] 在前文（第一部分第 6 章）中对这一思想进行了分析，同时可参见如下文献。Allport and Postman（1947），Festinger，Schachter and Back（1950）etc.

[7] 我们只处理了涉及购物、时尚和公共事务领域的相关数据。正如我们前面所指出的，电影观看领域的数据中包含了特殊的次级样本，因而很难进行这方面的讨论。 *332n.*

[8] 两个事件同时发生的偶然概率是它们单独发生的概率的乘积，因此通过将两个或三个领域中意见领袖所占的比例相乘，我们可以得出多领域意见领袖的偶然概率。比如，假设所有女性中有 10% 的人是某一领域的意见领袖，而有 20% 的人是另一领域的意见领袖，同时如果这两个领域的意见领袖是相互独立的——重叠的部分只是基于巧合而产生，那么在所有女性中同时成为这两个领域的意见领袖的偶然概率即为 2%（0.10×0.20）。 *333n.*

附录 A　城市的选择

　　本项研究选择在多大规模的城市内进行访谈调查，受制于经济因素。也就是说，我们所希望的比率是不低于每 20 户家庭中抽取 1 户进行调查，以这一比率计算，一次 800 份样本的调查，其所在城市的总人口在 60 000 人左右。我们还进一步决定这座城市应地处美国中西部，因为这部分地区的地域特殊性最弱。下面的问题就是从中西部地区所有人口在 60 000 人左右的城市中，选择出最为"典型"的城镇（或最不典型的城镇）。我们首先将介绍本项研究在城市选择方面的程序，之后再对抽取结果进行评估。

一、选择城市的程序

　　1. 我们首先列出了中西部七个州（俄亥俄、密歇根、印第安纳、伊利诺伊、威斯康星、艾奥瓦、堪萨斯）中人口在 50 000 至 80 000 人之间的所有城市。无论是市区（city limit）人口，还是都市圈（metro-politan area）人口，只要符合这一范围要求，该城市都将进入备选列表之中。这样，我们一共找到了 28 座城市。

2. 在这些城市中，我们去除了所有的郊县或近郊城镇，比如所有大城市的卫星城。

3. 这样，就只剩下了 18 座城市，它们构成了可能展开最终研究的候选城市名单。对于每座城市，我们收集了与本项研究相关的 36 项社会指标的数据。这一系列被纳入分析范畴的社会特征以及被我们所使用的特定指标，与它们的来源一起，显示如下。

人口构成

性别：女性在总人口中的比例（根据 1940 年人口统计数据）。

年龄：年龄在 21 岁以上人口在总人口中的比例（根据 1940 年人口统计数据）。

出生情况：本地出生的白人在总人口中的比例（根据 1940 年人口统计数据）。

经济地位

生活标准：三个方面的人均指标——汽车拥有量、电话拥有量以及所得税报表［《城市市场与零售业》(Urban Markets and Retail Sales)，1938 年］。

可消费收入（buying income）：人均收入在全国数据（national figure）中的比例［《销售管理》(Sales Management)，1943 年 5 月］。

零售额：估算出的在 1942 年全国零售总额中所占的比例（《销售管理》，1943 年 5 月）。

职业状况：14 岁及以上人口中，职业、半职业人员及私营业主在总人口中所占的比例（根据 1940 年人口统计数据）。

商业结构

制造业：每千人所拥有的、产值在 5 000 美元及以上的企业数量（根据 1939 年企业统计数据）。

零售业：每千人所拥有的企业数量，该类企业主要从事个人或家庭消费品的销售，或为这类商品的销售提供服务（根据 1939 年企业统计数据）。

服务业：每千人所拥有的、以提供服务为主的企业数量（根据 1939 年企业统计数据）。

传播行为

期刊阅读：每千人中下列期刊各自的发行量以及平均发行量：《真实故事》（*True Story*）、《小说杂志》（*True Romance*）、《电影》（*Photoplay*）、《生活》（*Life*）、《自由杂志》（*Liberty*）、《柯利尔》（*Collier's*）、《星期六晚邮报》（*Saturday Evening Post*）、《女性家庭杂志》（*Ladies' Home Journal*）、《女士家庭伙伴》（*Woman's Home Companion*）、《好管家》（*Good Housekeeping*）、《麦考尔》（*McCall's*）［非公开来源（private sources）］。

广播家庭拥有量：拥有收音机的家庭在总家庭数中所占比例（根据 1940 年统计数据）。

教育程度：25 岁及以上人口中，接受过一些高中教育以及具有更高教育程度者所占比例（根据 1940 年统计数据）。

一般特质（杂项）

优度得分（g-score）：一般"优度"指标（general "goodness" index），综合了 37 项指标所得出的分值［E. L. 桑代克（E. L. Thorndike），《你的城市》（*Your City*），1939 年］。

稳定性：所有家庭单位中，拥有自有住房的家庭所占比例（根据 1940 年统计数据）。

337　　政治参与：完成了 1942 年政治登记（political registration）者，在 21 岁及以上人口中所占比例（根据 1940 年统计数据）。

4. 我们将 18 座候选城市综合在一起，计算出以上每一项指标的平均值，同时将每项平均值设定为 100，并据此对 18 座城市进行排序。这使我们不仅可以测算出每座城市距总体平均值的偏离值（deviation），而且还可以测算出每项社会特征的偏离方向（the direction of the deviation）。比如说，在教育程度上某座城市的得分为 110 分，这表明该城市人口接受正规学校教育的比例超过了平均值，而得分为 90 则意味着该城市的这项指标低于平均值。

5. 此后，我们计算出每项特征群组（cluster of characteristics）的平均值，以确定这些城市在每组社会指标群中的代表性。比如，某座城市在经济地位方面可能落后于平均值，但在传播行为这一指标群中的得分却可能排在前列。我们在计算这一平均值时没有做加权处理，它仅体现这一社会特征群组中各项指数的基本意义。

6. 最后，在不同社会特征群的平均值的基础上，计算出所有指标的总体平均值（grand average）。这一总体平均值体现出这些城市在代表性方面的综合得分。我们再一次假定每个社会特征组群具有同等重要性，因而没有对它们做出任何加权处理。

7. 为了保证重要指标（城市居民在不同职业群体中的差异或集中度）的可靠性，我们对另一套统计数据进行了计算。这套数据之所以没有被并入以上社会特征数据组群之中，是因为它们之间并不完全对应。我们首先计算了每座城市中下列职业群体在总劳动力（total labor force）中所占的比例：

> 矿业与建筑业
>
> 制造业
>
> 交通、传播及其他公共事业
>
> 批发贸易
>
> 零售贸易
>
> 商业、个人及家庭服务业
>
> 专业及相关服务业
>
> 政府服务

我们将 18 座城市作为一个整体，计算出每个职业群体的平均值，将之设定为 100，然后再分开计算每座城市的指数。这样，我们就得到了每座城市中每个职业群体与平均值之间的差值和偏差方向。这些指数的简单平均值（simple averaging）并不能用于我们的分析，因为假如一座城市在某一职业方面得分很高，而在另一些职业方面得分很低，这样它的平均值可能就是 100，尽管这座城市中的职业群体并非是平均分

338

布的。相反，我们必须将每座城市的所有职业群体的偏差值相加，得出总偏差值，而忽略其偏差方向。比如，一座得分为 76 的城市，其制造业方面的偏差值可能与一座得分为 124 分的城市相同。求得了每座城市的偏差值后，我们再次将 18 座城市视为一个整体，计算出平均偏差，并将之设定为 100。不过，对于这一平均偏差值，其解读方法并不同于本项研究此前所提及的那些指数。在此，100 分表示的是这些城市中职业群体的平均"分散—集中"（diversity-versus-concentration）度，较低分值代表这座城市中的人口在职业群体分布上更趋分散。得分越低，该市的职业分布越分散；得分越高，则表示职业结构越趋于集中。

8. 除了这些统计材料之外，我们还收集了 18 座城市的简介以及分类概要。这一分类由其他研究机构对美国城市所做的统计分析及评估所提供。在他们的研究的基础上，我们将这些城市分成了四类：公共机构型、市场型、工业型和平衡型。幸运的是，我们能够得到这些重要的分类资料。

二、结果的评估

根据所有这些材料，哪座城市（或哪些城市）最具代表性？要求得答案，最好的方法不是进行直接选择，而是排除那些不太理想的城市。以下是我们的排除过程：

1. 艾奥瓦州的四座城市 [锡达拉皮兹（Cedar Rapids）、沃特卢（Waterloo）、苏城（Sioux City）、达文波特（Davenport）]：尽管这些城市在经济地位和教育程度方面排名较高，但它们在期刊阅读方面则不太令人满意。此外，锡达拉皮兹和苏城是周边乡村地区的市场消费型城市。

2. 州政府所在城市 [托皮卡（Topeka）、兰辛（Lansing）、麦迪逊（Madison）和伊利诺伊州的春田市（Springfield）]：前三座城市在教育程度和一般"优度"指标方面排名较高，期刊阅读方面也排名靠前。由于州政府处于这些城市之中，因此它们均是公共机构型城市（此外，麦迪逊和兰辛两市还设有州立高等学校）。春田市（伊利诺伊州）是这几座城市中最为理想的一座，但它也是州政府所在地，此外其人口也比我们所期望的要多出不少。

3. "低排名城市" [汉密尔顿（Hamilton）、贝城（Bay City）、基诺沙（Kenosha）、拉辛（Rasine）]：这四座城市在经济地位、教育程度以及期刊阅读方面均排名靠后。

4. 卡拉马祖市（Kalamazoo）：该市在所有特征方面均排名较高，尤其是一般"优度"指标和期刊阅读方面。

5. 庞蒂亚克市（Pontiac）：尽管该市在许多社会特征上非常接近平均值，但它是一个高度工业型城市，且以单一工业为支柱（汽车制造业）。此外，它受到底特律市的极大影响，二者仅相距 25 英里（约 40 千米）。

6. 曼西市（Muncie）：尽管该市排名也非常接近平均值，但它同样也是一个单一工业为主的城市，同时，我们并不想选择一座"中产阶级城市"（middletown）为研究展开的地点。

7. 这样，我们就只剩下三座城市作为最后的备选：伊利诺伊州的迪凯特市、印第安纳州的特雷霍特市（Terre Haute）、俄亥俄州的春田市。以下是它们的社会特征指数，如表 A—1 所示。

表 A—1　　　　　　　　三座备选城市的社会特征指数

	平均经济地位	平均期刊阅读	教育程度	平均传播行为	优度得分	总体平均值	职业分散度（越低越好）	城市类型
迪凯特	94	99	102	103	92	99	39	公共机构型
特雷霍特	106	102	118	97	96	102	91	平衡型
春田	88	92	105	95	95	97	71	工业型

我们最终选择了迪凯特市。

三、样本选择

在迪凯特市，我们根据抽样调查的一般方法选择出访谈对象，在此方面没有什么需要加以特别说明的。在被抽出来的每一户中，我们针对 16 岁及以上的女性家庭成员进行了访谈，如果同一家庭中有两位以上的女性成员，我们就轮流选择较年长者和较年轻者进行调查。

附录 B　问卷指南

　　本项研究问卷由两大基本部分组成：问卷 I 用于 1945 年 6 月的调查，问卷 II 用于 1945 年 8 月的调查。两次调查的调查对象完全相同［零无效样本是此类"小样本反复研究法"（panel studies）的共同特征］。此外，为对调查对象所指认的不同类型的影响者和被影响者进行访谈，我们还设计了各类特定后续访谈问卷。在此，相对于将调查问卷原样重抄一遍，更好的做法是将不同问题进行重新分类，以使读者能够将这些问题与本书中的不同部分明晰地联系起来。同时，这一分类中还包括了一些本书中没有使用的其他问卷，正如在前文中所介绍的那样，迪凯特研究的视野远远超越了那些被选择出来构成本书的特定数据所覆盖的范围。[1]特定后续访谈的问题及操作程序的说明将在附录 C 中予以探讨，而以下是我们在迪凯特调查中，针对随机样本中的女性所使用的基本（小样本反复访谈）问卷的构成。[2]

　　1. 用以确认特定决策行为是否发生的问题。

　　2. 用以跟踪这些决策行为中特定影响的作用的问题。

　　3. 与调查对象所认定的潜在影响者们或专家们相关的更具普遍性的问题。

4. 与阅读和收听习惯相关的问题。

341

5. 用于评估调查对象对自身领袖地位的认定的问题。

6. 用以确定调查对象在我们所使用的主要指标（即社会地位、合群性和生命周期）中所处位置的问题。

7. 用以探寻访谈对象对调查所涉及的特定影响事件的一般态度的问题。

8. 服务于当前研究的其他次要目的的问题。

一、实际决策

在两次调查中，我们使用两类不同的问题以引出调查对象对她们的决策行为的回答。在第一次调查中，我们依赖于调查对象的回忆，以获知她们是否在近期做出了改变或决策。在日用品购买方面，这类问题是（I，8，9）：

8. 在最近一个月左右的时间里，你是否购买了以前不曾购买过的新的商品或品牌？（我不是指你必须购买的商品，因为此时你没有其他选择。）是＿＿＿否＿＿＿

（如果回答为"否"，则转至问题9。）

9. 在下列商品中，你最近一次尝试购买过新品牌的是：

　　a. 早餐麦片 ＿＿＿＿＿＿＿　　b. 肥皂或皂片＿＿＿＿＿＿＿

　　c. 咖　　啡＿＿＿＿＿＿　　d. 以上均没有＿＿＿＿＿＿＿

在时尚领域，这些问题是（I，16，17）：

16. 近期你是否在发型、服装风格、美容、化妆，或是其他方面做出了改变，以使自己变得更为时尚？是＿＿＿　否＿＿＿

（如果回答为"否"，请她做出说明。如果回答为"是"，转至问题17。）

17. 你做出了哪种类型的改变？

就电影观看而言，我们的起始点是要求调查对象告诉我们她上一次观看的电影的名字。而在公共事务方面，情形就稍显复杂，因为我们无法通过简单的方法以获知人们头脑中的观念。因此我们提出了一些典型的有关选举投票的问题，这将在后面介绍。当调查对象给出了她们的特定意见之后，我们就接着问她近期是否在这些方面做出了思想上的改变。具体措辞如下（I，44，45，46）：

44. 你近期是否在重要的社会或政治议题方面改变了意见？比如对欧洲应该采取怎样的举措，政府应该如何处理本国问题，或是其他与之类似的方面？是____否____

（如果为"否"，转至问题 45。如果回答为"是"，转至问题 46。）

45. 对于我们刚刚谈到的这些政治问题，你是否对其中某个话题的感受较之以往更为强烈？是____否____

（如果回答为"是"，则转至问题 46。）

46. 在哪些问题上：

　　问题来自：_____

　　问题针对：_____

无论调查对象给出了怎样的特定案例，我们的提问都将转向"导致变化的原因"，这将在下文中予以讨论。

不过，很明显，调查对象不太容易立即回忆起那些对于她们而言不太重要的意见改变的经历。因此，在第二次访谈中，我们补充使用了另一项技术。调查人员重复提出了第一次访谈中这些涉及意见改变的问题，而且他们也清楚调查对象在第一次访谈中的回答。如果两次回答不一致，那么就视为调查对象在这两次访谈期间做出了改变，调查人员会就此提出进一步的问题。类似的补充技术也应用于对上述三种日常消费品的调查中。在第一次访谈时，每位调查对象被问及在她们的置物架上有哪些品牌的早餐麦片、肥皂和咖啡。在第二次访谈中同样的问题被再次提出。一旦现有品牌与上次调查时有所不同，那么调查人员就会提出有关"变化原因"的问题（即下面将介绍的效果分析问题）。

以上报告指明了我们在分析和解释过程中所使用的数据类型。由于我们的发现主要用于举例说明本项研究的一般思想，因而此处并没有对我们所使用的不同提问技术之间的差异做特别讨论。我们的一些观察材料将与通过小样本反复访谈技术（panel techniques）所获得的总体回答结合起来使用。

二、效果分析

在本书中（第二部分第二单元）我们已经对这一组别的问题进行了详细讨论。为使读者获得一个整体性的印象，在此我们将完整地列出日用品方面的全部问题（II，问卷 B；I，13，14）：

（如果更换了此前所使用的日用品，提出问题 1。）

1.（a）在 6 月份我们进行交谈时，你正在使用（此处插入原有品牌）。现在你使用的是（在此插入新品牌）。为何你会停止使用（此处插入原有品牌）？

_____

（b）你是如何决定开始使用（此处插入新品牌）的？

_____

（如果调查对象是补充使用了新的品牌，提出问题 2。）

2. 在 6 月份我们进行交谈时，你并没有使用（此处插入新品牌）。你是如何决定开始使用（此处插入新品牌）的？

_____

（在访谈对象回答过问题 1 或问题 2 后，提出以下问题。）

3.（a）新品牌是否是你自己购买的？　是____　否____

　　（如果回答为"是"，转至问题 b。）

（b）你是否特意去购买的（此处插入新品牌）？　是____　否____

　　（如果回答为"否"，转至问题 c。）

（c）是谁购买的？　_____

　　你是否告诉他们要购买这个品牌？　是____　否____

　　（如果回答为"否"，则中断本分组问题，并回到问卷。）

4. 它是否是唯一选择？　是____否____不知道_____

（如果回答为"是"，则中断本分组问题，并回到问卷。）

5. 你以前是否使用过（此处插入新品牌）？　是____　否____

（如果回答为"是"，则问：）是否能告诉我为什么在 6 月的访谈时

343

它没有出现在你的置物架上？＿＿＿＿＿＿＿＿＿＿＿＿＿

6. 在开始使用（此处插入新品牌）之前，你对你之前使用的其他品牌是否满意？满意＿＿＿　不满意＿＿＿

7. 在开始使用（此处插入新品牌）之前，你的其他家庭成员对之前使用的其他品牌是否满意？满意＿＿＿不满意＿＿＿

（如果存在不满）谁不满意？＿＿＿＿＿＿＿＿＿

8. 在你做出改变之前，（此处插入新品牌）的哪些方面吸引了你？

＿＿＿＿＿＿＿＿＿＿＿＿＿＿＿＿＿＿＿＿＿＿＿＿＿＿＿

9. （a）在你开始使用（此处插入新品牌）之前，是否有其他家庭成员向你说过它的好处？是＿＿＿　否＿＿＿

（如果回答为"是"，转至问题 b。）

（b）是谁？＿＿＿＿＿＿＿＿＿＿＿＿＿

10. 你是如何发现（此处插入新品牌）的？

＿＿＿＿＿＿＿＿＿＿＿＿＿＿＿＿＿＿＿＿＿＿＿＿＿＿

11. 你是否听见有人谈论过它？是＿＿＿　否＿＿＿

（如果回答是"是"，则问：）

（a）你与他们之间：（1）有私交＿＿＿　（2）知道他们＿＿＿　（3）不认识他们＿＿＿。

（如果回答为 3，转向问题 12。如果回答为 1 或 2，则问 b、c、d、e。）

（b）你如何认识他们的？（获得调查对象与他们之间的关系）

＿＿＿＿＿＿＿＿＿＿＿＿＿＿＿＿＿＿＿＿＿＿＿＿＿

（c）他们是否先于你使用过（此处插入新品牌）？是＿＿＿　否＿＿＿

（d）他们是否在购物方面经常会提出些好建议？是＿＿＿　否＿＿＿

（e）他们的经济支柱的职业是＿＿＿＿＿＿＿＿＿

（f）年龄是＿＿＿＿＿＿＿

（g）他们的姓名＿＿＿＿＿＿＿地址＿＿＿＿＿＿＿＿＿＿＿＿＿

12. 你是否在广播中听到过（此处插入新品牌）？是＿＿＿　否＿＿＿
什么节目？＿＿＿＿＿＿＿＿＿＿＿＿＿

13. 你是否在报纸上看到过（此处插入新品牌）？是＿＿＿　否＿＿＿

哪份报纸? _____ 什么文章? _____

14. 是否有店主向你推荐过它? 是____ 否____

（如果回答为"是"，则问:）他只建议了这一个品牌，还是也建议了其他品牌?

只建议了这一个品牌_____

也建议了其他品牌_____

哪家商店? _____ 地址_____

店主姓名_____

15. 是否是店里的其他人向你推荐了它? 是____ 否____

（如果回答为"是"）你与他们之间：（1）有私交____ （2）知道他们是谁____ （3）不认识他们____

（如果回答为 1 或 2）

你是怎么认识他们的?（关系）_____

他们是否先于你使用过它? 是____ 否____

他们的姓名_____ 地址_____

16. 你是否在杂志上看到过（此处插入新品牌）? 是____ 否____

哪份杂志? _____ 什么文章? _____

17. 你是否在电影中看到过它? 是____ 否____

哪部电影? _____

18. 其他_____（详细说明）

13. 你提到有许多不同的事物吸引了你的注意。能否告诉我最能吸引你的是____第二是____第三是____第四是____。

14. 现在总结一下，促使你改变品牌或购买这一产品的最重要因素是_____。

其他领域中的问题与之非常相似，尽管在特定的点上会提出其他一些问题。比如在时尚领域，我们在预调查中了解到，在做出改变之前，调查对象往往会经过长时间的犹豫。因此我们就另外提出了下面的问题（I, 21B）：

21B. 在做出改变之前你是否花费了一定时间考虑? 是____否____

（如果回答为"是"，则问：）为何你没有在别的时间，而是在此时做出了改变？

_____

在电影观看领域，必须对特定类型的讨论进行区分，因此我们的提问中包括了以下问题（I，24.2，27；II，3）：

24.2. 你是否会在一周中固定的某一天去看电影？ 是____ 否____

27. 你看电影主要是为了：为看电影而看电影_____ 为观看某部特定的影片____二者兼有____。

3. 你最后一次看电影，主要是因为与你一起去的其他人（朋友或家庭成员）想看，还是因为你自己想看？

（a）其他人_____ （b）自己_____ （二者兼有_____ 不知道_____）

（如果回答是"其他人"，则问：）是谁（关系）？

三、潜在影响源

在大多数领域，我们向调查对象提出与以下相类似的问题（II，13.2，35）：

13.2. 你周围是否有人对电影比较了解，而且可以告诉你哪部电影值得去看？ 是____ 否____

（如果回答为"是"，则问：）

（a）你是如何认识他们的？

（b）年龄_____

（c）性别_____

（d）其经济支柱的职业？ _____

（e）姓名_____

（f）地址_____

35. 你周围是否有人对新闻比较关注，而且你信任他们所告诉你的有关正在发生着什么的信息？ 是_____ 否_____

（如果回答为"是"，则问：）

（a）你是如何认识他们的（关系）？＿＿＿＿＿＿＿＿＿＿＿

（b）年龄＿＿＿＿＿＿

（c）性别＿＿＿＿＿＿

（d）其经济支柱的职业？＿＿＿＿＿＿＿＿＿＿＿

（e）姓名＿＿＿＿＿＿

（f）地址＿＿＿＿＿＿＿＿＿

前文中提到（第二部分第一单元），那些在特定影响事件中给予调查对象以实际建议的人与那些调查对象觉得有能力提供这类建议的人，存在着极大的差别。我们在本书中（第二部分第一单元和第三单元）称后者为"一般影响者"、"潜在影响者"或者"专家"。

四、传播行为

出于许多原因，两次访谈所使用的问卷中都包含了大量旨在了解调查对象的阅读和收听习惯的问题。由此所获得的材料中的很大一部分，也被其他研究所采纳。[3] 在本书的第二部分第三单元中，我们有选择地报告了一部分发现。在此，没有必要重复所有的问题，因为其中许多都是受众调查中经常采用且为人所熟知的。不过，亦有一些问题较为特殊，今后如需参考本书时应加以注意（I，54；II，62，65，67，68；II，5，6，7）：

54. 你是否经常收听讨论公共议题的广播节目，比如谈话节目或辩论节目？是＿＿否＿＿

（如果回答为"是"）是什么节目？＿＿＿＿＿＿＿＿＿＿＿

62. 你是否经常阅读杂志上刊载的名人传记？是＿＿　否＿＿

65. 你是否经常阅读杂志上刊登的较为详细地讨论新闻事件的文章？是＿＿　否＿＿

67. 现在欧战已经结束，现在你收听广播新闻较欧战胜利日（V-E Day）之前是更多了还是更少了？更多＿＿　更少＿＿　差不多＿＿

68. 在报纸阅读方面，较之欧战结束前更多还是更少？更多＿＿更少＿＿差不多＿＿

346

5. 在过去的三个月左右的时间里，你是否看过旨在教育公众的电影短片——一般是纪录片或"文献片"（facts films）？是____否____

（如果回答为"是"，则问：）

（a）是哪部影片？_____

（b）在哪里观看的？在正规的电影院____或是其他某处_____

6. 你是否阅读电影杂志？是____否____

（如果回答为"是"，则问：）

（a）哪本杂志？_____

（b）由何处得到？_____

7. 你最近是否在其他类型的杂志中读到过有关电影或电影明星的内容？是_____否_____

（如果回答为"是"）哪本杂志？_____

五、自我指认的意见领袖

我们的研究报告的一个主要目的，就在于描绘意见领袖的特征。现在读者们已经知道，在我们的讨论过程中，通过两个问题对自我指认的意见领袖予以确认。在不同领域中，这两个问题的措辞基本相同。在此以电影领域的问题为例（I，32；II，13.1）：

32.（a）最近是否有人就观看哪部电影向你寻求过建议？是____否____

［如果回答为"否"，跳至"社会意见"（social opinions）部分。如果回答为"是"，则提出以下问题：］

（b）哪部影片？_____

（c）是谁？_____地址_____

（d）你是如何认识他们的？（获得调查对象与他们之间的关系）

13.1. 最近是否有人就观看哪部电影向你寻求过建议？是____否____

（如果回答为"是"，则问：）

（a）你是如何认识他们的？（与调查对象的关系）

（b）年龄_____

（c）性别_____

（d）经济支柱的职业？＿＿＿＿＿＿＿＿＿＿

可以看到，我们试图通过这两个问题，得到那些向我们的调查对象寻求建议的个体的不同信息（这正是对建议接受者进行后续访谈的出发点。在下文中将对用于这一特殊后续访谈的问题进行讨论）。除了这两个针对实际发生的建议提供行为而提出的问题以外，我们还运用了更为日常的词汇，就所调查的四个领域，要求调查对象对其相对影响力进行自我评估（II，15）：

15. 与那些和你同属一个朋友圈的其他女性相比较，你在以下方面被他人要求提供建议的可能性更大还是更小？

（a）怎样的服装或发型更有吸引力和更为时尚？更大＿＿＿ 更小＿＿＿

（b）哪种品牌和哪种产品更好？更大＿＿＿＿ 更小＿＿＿＿

（c）哪部电影更值得去看？更大＿＿＿＿ 更小＿＿＿＿

（d）对社会或政治议题的态度是什么？更大＿＿＿＿ 更小＿＿＿＿

这些问题合并后就形成每个影响领域中的意见领袖指标（如，可见第二部分第 10 章尾注［1］）。在前文中，结合大量调查案例，我们将这一指标与那些建议寻求者们所提供的信息结合起来进行了考察（第二部分第 2 章）。

六、意见领袖的相关因素

调查对象在生命周期中所处的位置，由她的年龄、婚姻状况以及还有多少子女与她同住所决定。合群性指标则通过对以下问题的分析得出（I，62；II，21，57，59，61）[4]：

62. 你参加了哪些组织、俱乐部或者讨论组——在这些群体中你可以讨论时事、阅读书籍、聆听演讲或者和其他人聚在一起聊聊天？

＿＿＿＿＿＿＿＿＿＿＿＿＿＿＿＿＿＿＿＿＿＿＿＿＿＿＿＿＿＿＿

21. 请回想一下你平常可以见到哪些人，并和他们就一些事务进行讨论——家庭成员、邻居、亲戚和朋友。有多少人经常和你进行讨论？他们是：

（a）与你居住在一起的家庭成员？＿＿＿＿＿＿＿＿

（b）与你不居住在一起的直系或配偶方亲属？_____

（c）你现在的邻居中有多少人会经常与你进行讨论？_____

（d）前邻居：那些以前是你的邻居而现在居住在别处的人？_____

（e）哪些同事会经常与你进行讨论？_____

（f）最后是你的朋友们，即那些现在与过去都不是你的邻居的人；在你的这类朋友中，有多少人会经常与你进行讨论？_____

57. 你是否喜欢结识陌生人，参加社会性的集会，或者平时喜欢和其他人聚在一起？是_____否_____

348 59. 你是否曾参与过"午后社会事务"（social affairs in the after-noon）？是_____否_____

（如果回答为"是"）哪种类型？_____

61. 你是否喜欢和其他人通电话？是_____否_____

与之相似，我们也提出了一些有关社会经济地位的问题，并最终在这些问题中选择出两道以构成我们的社会经济地位指标（I，64，65；II，75，76，77）[5]：

64. a. 经济层级（调查人员评定）

    A. _____

    B. _____

    C. _____

    D. _____

    b. 你是否拥有电话？是____ 否____

65. 教育程度

未接受过学校教育_____	接受过一些高等教育_____
接受过一些小学教育_____	获得高等教育学位_____
文法学校_____	中等专业学校_____
接受过一些高中教育_____	"商业技能"学校_____
高中毕业_____	其他（详细说明）_____

75. 家庭中有多少女性（16 岁及以上）外出工作？（a）全职_____

（b）兼职_____

76. 以下哪个卡片上的租金与你当前所支付的房屋租金最为接近？（如果是自住房，则问：如果这套房屋出租的话，你心目中的租金是多少？）

（见租金卡。圈出对应数字：）

　　1　2　3　4　5　6　7　8　9　10　11　12

77. 下列数字中哪个与你当前的家庭总收入（从所有渠道获得的收入）最为接近？

（见收入卡。圈出对应数字：）

　　1　2　3　4　5　6　7　8　9　10　11　12

七、其他态度问题

以下问题用于获取调查对象对本项研究所涉及的四个领域的一般态度。如针对时尚领域，我们通过以下问题对调查对象的态度进行测量（II，37，40，41，43）：

37. 你认为保持时尚非常重要_____比较重要_____完全不重要_____。

40. 你认为女性更多的是为男性还是为其他女性而着装打扮？

更多为男性_____更多为其他女性_____

41. 与迪凯特的其他女性相比，你觉得自己的着装打扮在总体上更为时尚，还是不太时尚？

更为时尚_____差不太多_____不太时尚_____从未考虑过这个问题或没有在意过_____

43. 一般来说，你觉得自己的外貌是否具有吸引力？

有吸引力_____没有吸引力_____不清楚或没有答案_____

就电影观看领域而言，我们感兴趣的有两点。首先，调查对象观看电影的一般动机是什么（II，3，4）：

349

3. 你上一次看电影，主要是因为（a）与你同去的其他人（朋友或家庭成员）想看电影，或（b）主要是因为你自己想看？

（a）其他人_____（b）你自己_____（二者兼有_____不

清楚_____）

（如果回答是"其他人"，则问：）是谁（关系）？_____

4. 你什么时候最有可能去看电影？——当你：

_____（a）觉得疲劳或心情不好时

_____（b）正好晚上有空时

_____（c）对某部影片特别感兴趣时

_____（d）其他人要你一起去看时

_____（e）其他（详细说明）_____

其次，我们想知道调查对象如何评估电影对于她们的一般影响（II，10，11，12）：

10. 从你所观看的电影中，你是否获得了一些着装或发型方面的想法？是____ 否____

（如果回答为"是"，则问：）

（a）什么想法？_____

（b）从哪位女演员那里获取？_____

（c）哪部电影？_____

11. 电影对你更好地处理日常生活中所遭遇的问题是否有帮助？是____ 否____

（如果回答为"是"，则问：）它可以在哪些类型的问题上为你提供帮助？_____

12.（a）电影使你对自己的生活更加满意，还是更加不满？

更加满意_____更加不满_____都没有_____

（b）在哪些方面？_____

与公共议题有关的问题数量较多，其中一些涉及本地事务议题。不过，在此我们只列出两次访谈调查中均被提出的问题（I，33 至 43）：

33. 德国人是否应该被要求用两三年的时间，帮助重建那些德国以外的、被他们所摧毁的欧洲城市？

是____ 否____不知道____没有考虑过这个问题____

34. 你认为杜鲁门总统在处理国际问题方面：

非常好_____比较好_____比较差_____还需要再观察一段时间_____没考虑过这个问题_____不知道_____

35. 你觉得杜鲁门总统更偏向劳工阶层还是商业阶层？

更偏向劳工阶层_____更偏向商业阶层_____二者差不多_____没考虑过这个问题_____不知道_____还需要再观察一段时间_____

36. 你认为应该持续对日本的战争直至其被彻底击败，还是应该考虑接受日本提出的和平谈判以结束战争？

继续战争_____接受谈判_____不知道_____没有考虑过这个问题_____

37. 你觉得现在让士兵退伍是否合适？

是_____否_____不知道_____没有考虑过这个问题_____

38. 你觉得犹太人在美国的影响是过大，还是不够，或者与他们应该具备的影响大体相当？

过大_____不够_____与应该具备的大体相当_____

39. 你是否担心战后状况会影响你和你的家庭？

非常担心_____比较担心_____有些担心_____不担心_____没有考虑过这个问题_____

40. 你认为谁是治理战后美国的最佳人选：商业领袖、华盛顿政府、工人领袖，或是以上所有三者？

商业领袖_____华盛顿政府_____工人领袖_____所有三者_____没有考虑过这个问题_____不知道_____

41. （a）你认为今天的年轻人，如果他勤俭节约、有能力、有抱负的话，是否有机会在社会中崛起，拥有自己的家庭，一年挣到 5 000 美元？是____ 否____ 不知道____

（b）那如果他身在迪凯特，他能做到吗？是____ 否____不知道____

42. 你认为美国和苏联能否和睦相处？是____ 否____ 没有考虑过这个问题_____不知道_____

43. 如果它们（美国和苏联）未能和睦相处，你认为应归咎于谁？

350

美国_____苏联_____其他_____

由于人际接触在我们的调查中处于中心位置，因此我们也提出了大量有关于此的一般性问题（II，14，16至21）：

14. 当你在广播里听到什么或者在报纸中看到什么时，你是否会在据此做出决定之前，与其他人进行讨论？是____　否____

（如果回答为"是"，则问:）

（a）谁（关系）？_____

（b）性别_____

（c）年龄_____

（d）经济支柱的职业？_____

16. 当你与一位和你年纪相仿的女性朋友就某一话题进行讨论，且观点不一致时，一般情况下是：

_____（a）她会接受你的观点

_____（b）你们继续持有各自观点

_____（c）你屈服，尽管你并不认同她的观点

_____（d）你接受她的观点

_____（e）其他（详细说明）_____

17. 在回答问题 16 时，你想到的是哪些争论或话题？_____

18. （如已婚）当你和自己的丈夫就某一话题产生观点分歧时，一般情况下是：

_____（a）他会接受你的观点

_____（b）你们继续持有各自观点

_____（c）你屈服，尽管你并不认同他的观点

_____（d）你接受他的观点

_____（e）其他（详细说明）_____

19. 在回答问题 18 时，你想到的是哪些争论或话题？_____

20. 你是怎么认识你在迪凯特的最好的朋友的，因为她是你的邻居，还是通过其他途径？

（a）因为她是邻居_____

（b）通过其他途径_____

（如果回答为"b"，则问：）你是怎么认识她的？_____

21. 请回想一下你平常可以见到哪些人，并和他们就一些事务进行讨论——家庭成员、邻居、亲戚和朋友。有多少人经常和你进行讨论？他们是：

（a）与你居住在一起的家庭成员？_____

（b）与你不居住在一起的直系或配偶方亲属？_____

（c）你现在的邻居中有多少人会经常与你进行讨论？_____

（d）前邻居：那些以前是你的邻居而现在居住在别处的人？_____

（e）哪些同事会经常与你进行讨论？_____

（f）最后是你的朋友们，即那些现在与过去都不是你的邻居的人；在你的这类朋友中，有多少人会经常与你进行讨论？_____

最后，我们还试图通过一些问题，以更为细致的心理术语，对调查对象的特征予以确定（II，55，56，58，60）[6]：

55.（a）一般而言，你是否担心与其他人进行比较？

比较担心_____较少担心_____差不太多_____

（b）你最担心的是哪个方面？_____

56.（a）你是否曾对生活中的一些事物感到忧郁或沮丧？是_____否_____

（如果回答为"是"）

（b）一般是哪种类型的事物？_____

（c）你是否找到了排解这种情绪的好办法？_____

58.（a）如果你能重新再活一次，你是否想要一种不同的生活？是_____否_____

（如果回答为"是"）

（b）你想要在哪些方面做出改变？_____

60. 在过去的 10 年或 15 年的时间里，你觉得你的家庭越来越好_____差不太多_____还是不太好_____

为什么？（在哪些方面？）_____

八、附加问题

这一部分包括两组问题，因为本项研究的其他参与者想借此对他们
352 所感兴趣的特定信息有所了解。由于当时对战后经济问题的讨论很多，
因此我们提出了许多问题，以了解调查对象战后在耐用消费品方面的购
买情况。本项研究田野调查工作的负责人对职业流动有着特殊兴趣，因
此，在问卷中有 12 项问题涉及调查对象父亲、调查对象（或她们的丈
夫）的职业历史以及她对其子女所做的职业规划。

注释

340n. ［1］那些本书中未予报告的许多图表存档于哥伦比亚大学应用社会研究所。在
研究所中亦可查阅到问卷的完整文本。

　　［2］我们用罗马数字 I 和 II 指代第一次（6 月）和第二次（8 月）调查所使用的
问卷。比如，"I，8，9"指的是第一次调查所使用的问卷中的第 8 道和第 9 道问题。

345n. ［3］ See, for example, Lazarsfeld（1948），Handel（1950），Lazarsfeld
（1947）.

347n. ［4］在进行了"潜在结构"分析（"latent structure" analysis）之后，这些问题
中的两个会被挑选出来，以形成合群性指标。见附录 D 及第二部分第 9 章中的相关
讨论。

348n. ［5］见附录 D，以及第二部分第 9 章。

351n. ［6］对于这些"情绪"问题（"mood" questions）和大众媒介接触行为之间的关
系，见附录 D。

附录 C 关于后续访谈及其分析

在上一个附录中，我们报告了针对迪凯特市的随机样本所使用的基本"小样本反复访谈"问卷（basic "panel" questionnaire）。在本附录中，我们将对"后续"访谈分析中的特定问题进行汇报。我们将从后续访谈问卷的设计与形成开始。在此，从一位田野调查的负责人所做的备忘录的摘记中，我们可以清楚地看到执行这样一项新的研究设计时所遭遇到的困难，以及对这些困难的探索与克服——在本项研究中，这项设计是由被影响者跳转至她的影响者，同时也有反向的跳转。

另一项对田野调查备忘录的摘记表明，为何我们会选择对影响者的后续访谈（即原始样本中的调查对象是被影响者）进行报告，而没有选择被影响者。从表面上看，这两类后续访谈对象之间可以进行直接比较，同时可以彼此相互验证。但是我们将证明，情况并不必然如此。

之后，我们将选择一个影响领域——时尚领域，来阐明后续访谈的"失败率"（mortality）和"代表性"。也就是说，首先我们将说明为何有那么多被指认的影响者没有接受调查人员的访谈，其次我们将考察后续访谈在多大程度上真正代表了那些被指认出来的全体意见领袖。不过，需要记住的是，我们一直没有就代表性做出断言，正如我们在本书最后部分中一直反复强调的那样。

最后，我们还将对"影响流动"图表进行分析。本书中所列举出的这一表明影响"由谁流向谁"的图表，其构成数据尚不完备，需要对其进行更为细致的分析与探索。

一、后续访谈问卷的发展变化

在我们的基本问卷的不同地方，都要求调查对象提供她们的影响者（意见领袖）和被影响者的姓名。在获得这些不同类型的"提名"之后，下一步的工作就是选择出后续访谈的对象——寻找出那些特定类型的指认对象并对其进行访谈。[1]

在第一次调查中：

"影响者"——那些对调查对象近期做出的特定决策产生了影响的个体：

购物领域（问题 12c）

时尚领域（问题 20a 和 b)[2]

公共事务领域（问题 47a）

"被影响者"——调查对象所认定的，那些近期在决策过程中接受了自己影响的个体：

购物领域（问题 15）

时尚领域（问题 23）

公共事务领域（问题 50）

在第二次调查中：

"影响者"——对调查对象近期做出的特定决策产生了影响的个体：

购物领域（问卷 B；问题 11）

"被影响者"——那些近期受到了调查对象的观点影响的个体：

公共事务领域（问题 36）

在所有这些个案中，特定的传播行为均由原始调查对象所提出。[3]也就是说，要么她曾听到过某人在她所做出改变的方面发表过意见，要么她曾在某些特定话题上被其他人要求提供建议（或未曾要求便直接给予）。这些后续访谈对象（被指认的个体）能够且被要求对原始调查对象所指认的传播行为是否实际发生予以确认。因此，后续访谈最初的目的就是验证调查对象所宣称的人际接触是否存在。

不过，对田野工作最早得出的（具有引导性的）结论的评估，以及对数据的一致性的分析却表明，所得到的数据并不足以清晰地界定我们所期望寻找到的关系。相反，我们发现需要两个步骤才能完成确认分析，而且这两步必须被分开予以考察：第一步在于确认原始调查对象所报告的特定传播行为是否发生，第二步则需要辨别特定传播行为是否实际发生了影响和（或）双方关系的本质——影响流动的方向。换言之，针对调查对象所宣称的对话行为，我们想知道，后续访谈对象是否也承认对原始样本中的女性施加了影响（或者接受了原始调查对象的影响），又或者后续访谈对象是否坚持认为二者间是平等交换的关系，甚至是否有可能她们对于关系的认定恰与原始调查对象相反。

当然，我们知道上述两个方面的存在，但并没有在问卷设计中对它们加以细致考虑。我们希望在分析中能对这一缺陷予以弥补。不过，现在还是让我们回到起点，最早的（引导）数据使我们确信，有两类相互独立的分析对象需要我们予以确认。

首先，我们知道不可能走到一位指认对象面前，伸出一根手指指着对方问："你是否在 Z 事务方面影响了 A 夫人（或受到了 A 夫人的影响）？"我们不能期望后续访谈对象能够界定和确认连我们自己都没有充分理解（事实上是仍处于研究之中）的现象。我们应当选择出反映了影响流动的人际关系因素，以日常生活中的语言（比如运用我们的调查对象所熟悉的指标），形成访谈中要提出的问题。此外，提问还涉及技巧的问题。我们必须避免给访谈对象这样的感觉：我们是在唆使其在背后议论其他人，以及我们认为后续访谈对象高人一等或稍逊一筹。

在记住这些问题的基础上，与此类研究的一般方法相反，我们要求一旦后续访谈过程开始之后，调查人员所提出的问题不能是僵化死板的。因此，我们对调查人员进行了指导，要求他们在牢记调查目的的同时，发挥自己的创造力。在整个后续访谈过程中，新的建议被不断提

356

交，我们也一直在思考我们想知道些什么，以及我们已经知道了些什么。

最初设计出来的问卷和访谈程序被做了如下修正。像在对原始样本进行调查时一样，调查人员直接做自我介绍，并不提及指认者的姓名。他们首先会简要地提出原始（小样本反复访谈）问卷中的问题，对于后续访谈对象在其被指认影响领域（比如时尚领域或购物领域）内所提及的其他人的姓名，调查人员会予以特别关注。在经过一番努力之后，如果后续访谈对象提到了那些对她做出提名的原始调查对象的姓名，调查人员就会问："那么，你通常和谁就这个话题进行讨论？"同时，他们还会就后续访谈对象与其他人（非原始调查对象）之间的对话行为提出一些一般性的问题。[4]从某种意义上说，"常规问卷"此时被用作了后续访谈中"确认问卷"的跳板。

如果后续访谈对象一直没有提出原始样本中指认者的名字，那么调查人员就将挑选出涉及二者之间关系的相关问题，以此展开确认问卷的访谈。调查人员会以尽可能随意的方式提出原始样本的指认者的姓名，以确定后续访谈对象是否认识她（当然，如果彼此之间是亲属关系，则不需再确认彼此是否相识）。确认问卷中的相关问题包括：

（如果与原始调查对象处于同一家庭中）："你是否和_____经常讨论_____（调查领域：购物、时尚或公共事务）？"

（如果与原始调查对象并不处于同一家庭内，但在之前的访谈中被提及）："你提到了_____。你是否经常与她讨论_____（领域）？"

（如果与原始调查对象不处于同一家庭内，且未在之前的访谈中被提及）："顺便问一下，你是否认识_____夫人？她和我在前段时间谈到了_____（领域）。你认识她吗？"（如果认识的话）"你是否曾和她讨论过_____？"

接着：

1. "你是否能够想起最近你和她就_____（原始调查对象提出的在某一领域内的特定影响事件，比如时尚领域中的美甲话题）交换过意见的实例？"

2.（针对后续访谈对象中的影响者）："你是否提议她尝试下＿＿＿＿品牌或考虑下＿＿＿＿＿＿观点？"

（针对后续访谈对象中的被影响者）："她是否提议你尝试＿＿＿＿？"

3.（针对后续访谈对象中的影响者）："她是否向你寻求过意见，或者你向她提供过意见？"

（针对后续访谈对象中的被影响者）："你是否向她寻求过意见，或者她向你提供过意见？"

在所有的访谈个案中，受这一问卷的引导，调查人员试图确认后续访谈对象和原始调查对象是否就某一领域、某一特定话题进行过交谈，被指认的意见交换行为是否发生，以及由谁发起——是自愿提供建议还是被对方要求提供。

此外，后续访谈的首要要求是确认二者在特定领域中的一般关系，与之一致的是，调查人员（在接受访谈前的指导时）被告知：

对于所有后续访谈对象而言，最为重要的是确认他们与原始样本中调查对象的关系是下列三种情形中的哪一种：

（a）后续访谈对象在所涉及领域中是影响者或意见领袖。

（b）后续访谈对象在所涉及领域中是追随者或被影响者。

（c）原始调查对象和后续访谈对象是完全平等的，比如"相互影响"。

在一定程度上，以上三种关系的判断交由调查人员根据自己的理解而做出，他们会得到调查指导者的提醒并与之进行讨论。在访谈过程中，调查人员要注意避免使用影响、建议、意见领袖、追随者这样的词汇（因为它们具有特定的专业含义），同时要避免对意见领袖的一些特质比如自信、沉着等进行讨论。

在访谈过程中，调查人员会遇到许多问题，同时也会得到许多建议。调查对象并不总是能够提供对特定对话的记忆，因此类似的对话会被作为替补而得到接受（比如用有关唇膏的讨论代替有关美甲的对话）。[5]偶尔，后续访谈对象对其在特定对话中的角色的自我认定，与原始调查对象的指认正好相反，或者她们无法回忆起任何特定对话行为，而只能对两方的观念进行一般性的描述。要克服的最大困难是，有些后续访谈对象只能够对她们曾经谈论过某事予以确认，却无法指明彼此的角色。显然，我们必须对双方角色的评估指标进行修正。

针对无法回忆起特定对话和无法判定彼此在影响流动中角色的现象，我们提出的建议是首先聚焦于特定商品、时尚样式和具体意见：后续访谈对象自己是否使用这一商品，她是否被它强烈吸引，她是否讨论过它，她是否和原始调查对象讨论过它，她们中是谁最先使用它的。其中最后一点尤为重要，它建立起时间上的先后次序，由此可以从逻辑上辨别影响流动的过程。

对后续访谈对象中的被影响者，我们从原始调查对象那里得到的信息极为有限。我们知道对话的大致主题，但是不知道谁是提议者谁是赞同者，也没有任何线索弄清双方在讨论中各自站在哪一边。因此我们提出这些问题："你使用的是什么（或你觉得它怎么样），她使用的是什么，你们中谁先开始使用，她是否赞同你，她在这方面是否有什么好主意……"

事实上，我们所做的是努力消除原先的后续访谈设计中存在的模糊与泛化的缺陷，并在一定程度上求得与原始问卷（针对原始调查对象的问卷）之间的可比性。由于我们是在对后续访谈对象的第一轮调查的过程中发现问题并形成这样的想法的，因此在我们对所有调查对象提出的问题中，所包含的具体信息并不一致。不过，在总结第一轮访谈经验的基础上，下列问题被纳入第二轮后续访谈之中：

对购物领域中的影响者的后续访谈

1. 你是否曾与_____（具体说明与原始调查对象的关系，比如朋友、亲戚、邻居或同事等）讨论过购物方面的问题？

2. 你使用_____产品（原始调查对象所提到的产品，如早餐麦片、清洁剂等）？

3. 你是否就_____（话题）与_____（指明关系）交换过看法？

4. 你是否认识_____夫人（原始调查对象）？

5. 你是否和她讨论过买什么比较好？（如果回答为"是"：）在什么场合？

6. 你是否和她讨论过_____（特定品牌或产品）？

7. （若对问题 2 的回答中未提及特定品牌者：）你是否使用_____？

8. 你使用它多长时间了？

9. 你是否知道，你们中谁先使用的它？

10. 你对_____（特定品牌）是否比较了解？

11. 她呢？

12. 是你推荐她尝试_____（特定品牌或产品），还是她推荐你使用的？

对政治领域中的被影响者的后续访谈

1. 人们都在讨论一些当下问题，比如_____（插入特定话题）。你是否曾和你的_____（提出她和原始调查对象之间的关系，比如朋友、亲戚、邻居）就它进行过讨论？

2. 在这些_____（列出与原始调查对象之间的关系）中，你和谁讨论过它？

3. 你是否认识_____夫人（原始调查对象）？

4. 你是否曾和她讨论过_____（这一话题）？

5. 在什么场合？

6. 你对_____（话题）有何看法？

7. 她是否同意你的看法？

8. 她是否对你表明过_____（她的观点），或者是你对她提出过_____（观点）？

9. 你是否认为她在这些话题上的观点很不错？

10. 你是否经常和她讨论这类话题？

由此，最后的调查问卷（第二轮调查中针对购物方面的影响者所提的 31 道问题和针对政治方面的被影响者所提的 76 道问题）做了如下区分：

（a）有关是否参与了某一领域讨论的介绍性问题。

（b）对被指认的特定传播行为的介绍：

它是否发生；

在什么条件或情形下；

意见交换所涉及的每个人使用了什么产品，或采纳了什么意见。

（此外，仅针对购物领域：谁先使用了特定产品，谁告诉了谁，即意见传递的方向是否与原始调查对象所宣称的一致。）

（c）对两人之间的通常意见氛围（usual opinion climate）的介绍：

对原始调查对象和自己在特定领域内的影响能力与影响地位的评估（仅针对政治领域：这些讨论是否经常发生，或仅是孤立的个案）。

这样，我们就获得了两个方面的信息。对于所有的后续访谈对象，我们获得了有关特定传播行为的数据：它是否发生，以及后续访谈对象或原始调查对象是否提出了建议。这类信息是我们通过询问原始调查对象而获得，并希望通过后续访谈得以确认的。

第二类数据的一致性相对较低，它涉及对影响的辨析：谁先使用某一产品，后续访谈对象对自己和她的指认者的影响能力的判断，以及对于被指认的被影响者而言，他们是否接受了原始调查对象的建议。

在本书的第二部分第一单元中，我们报告了对这类信息的许多分析结果。而在此处，我们的目的是呈现后续调查问卷的形成及演化过程。

二、两类后续访谈对象：影响者和被影响者

下面我们将讨论后续访谈中第二个值得关注的方面，它涉及后续访谈对象中影响者和被影响者之间的区别。从表面上看，人们可能会认为这二者是一个硬币的两面：一方面，原始调查对象指出那些影响了她们的人，而在另一方面，原始访谈对象中的影响者们则指出谁受到了她们的影响。如果确是如此，那么我们有理由认为，在任何领域中，先对被影响者进行调查之后再对影响者进行访谈，与先调查影响者再调查被影响者，由这两种不同的调查顺序所得到的影响流动图景应该是完全相同的。如果二者不一致，我们就要怀疑是什么地方出了问题。

但是，在访谈过程中，我们再次学习到了一些新的东西：这就是，我们无权奢望这两幅图景完全匹配。

在对原始调查对象所指认的影响者们进行访谈时，我们带着这样的信息：我们知道原始调查对象做出了哪些改变——从 A 品牌的咖啡到 B 品牌的咖啡，从长"波波头"（a long bob，一种发型）到碎卷发（a feather-cut），对"美国物价管理局"（OPA）的活动从漠不关心到以暴力方式表达不满。我们知道，原始调查对象听到了后续访谈对象对于某个话题的讨论；我们还知道，至少根据原始调查对象自己的表述，后续访谈对象所说的内容对前者态度和行为的改变产生了一定影响。

不过，对于后续访谈中的被影响者，我们所掌握的信息却非常不明晰。首先，影响者和被影响者之间所讨论的话题没有得到很好的界定。原始调查对象很少被问道："最近是否有人就某些品牌或产品向你寻求过建议"，或者"最近是否有人在这些话题上（比如时尚）向你寻求过建议"。就我们想要得到的有关变化的具体信息而言（比如哪些建议被拒绝了，哪些被采纳了），原始调查对象对"关于什么"（on what）的回答无法满足我们的需要。

其次，在后续访谈中，我们对被影响者的了解并不像对影响者那样全面，这是因为在原始调查中，我们觉得这样的问题——"近期是否有人在……（方面）向你寻求过建议"，往往会给调查对象以这个问题比较重要和正式的感觉，因而可能会在一定程度上忽视恰恰为我们所关注的非正式的传播行为。所以我们的调查人员被要求在田野调查中以较为非正式的"提议"（suggestion）一词代替"建议"（advice），他们会问"近期你是否提议……"，而不是"近期是否有人就……向你寻求过建议（意见）"。不幸的是，我们并没有记录下针对每位调查对象这类问题是如何被提出的，只知道一个大概范围。[6]

此外，那些在原始调查中自我认为向被影响者提出了建议或提议的调查对象，并不能告诉我们她的建议或提议是否得到了采纳。那些被指认的影响者们的名字往往和原始调查对象所做出的实际改变密切联系在一起，但与此不同的是，在后续访谈真正展开之前，我们无法了解被影响者是否接受了影响者们所宣称的给出的那些建议。事实上，当开始与被指认出来的被影响者们进行交谈时，我们发现有时她们会做出与原始调查对象的建议完全相反的行为，其中有些甚至是故意反其道而行之（与之类似的是，在个别案例中，原始调查对象所做出的改变，也会与她们宣称的影响者所提供的建议有所不同）。

在这里，我们可以再次指出（这在本书的第二部分第 2 章中已经提及）[7]，有的人会将寻求建议当作"开场白"，其真正的意图不是为了接受建议，而恰恰是想提供建议。对于一些想要对他人施加影响的人而言，询问他人的意见或提议是一种引出话题的好方法，有些被我们认为是后续访谈中的被影响者们所提供的材料证明了这一点。

除了原始调查对象所提供的建议没有得到采纳以外，还存在着另一种情形，即原始调查对象并没有提供建议，但她们的意见或行为却被人所追随，或者至少可以这样说，原始调查对象中的影响者并没有意识到她的影响力的存在。在这个方面，最明显的例子可能是某位女性看到另一个人的时尚风格并对其进行模仿，但更多的情形则是在许多日常交谈中，影响者已经明确地给出了建议，但她自己却没有意识到。这也影响了下面两类访谈材料的可比性：当原始调查对象是被影响者时，她可以指出自己采纳了哪些建议，却不知道影响者是谁；当原始调查对象自我指认为影响者时，她却不知道她所提供的意见是否得到了施行。因此，原始调查对象中的影响者常常可能会高估或低估自己的影响力。

362

出于以上原因，我们最初的假设——两类后续访谈对象可以与她们的影响者和被影响者直接进行比较——无法成立。因此，在我们的调查报告中，并没有用图表的形式，去对后续访谈中的影响者和她们在原始调查对象中的被影响者，或是后续访谈中的被影响者及其在原始样本中的影响者进行比较。但在此我们想要申明的是，尽管存在着以上提及的诸多差别，二者间的可比性也并非预期中的那样低。

最后，应该注意的是，我们在本书中所列出的影响流动的图表，只涉及原始调查对象身为被影响者的类型，这是因为对她们的确认度更高。同时，对那些被指认出来的影响者的后续访谈，以及对其特征的研究也表明，对此类影响流动的分析更具实际价值。[8]

　　然而，在另一方面，本书中有些地方我们通过自我指认来确定意见领袖，这主要是因为我们别无选择，只能通过对原始调查对象提出一些问题，让她自己来判断自己是否是影响者。

三、后续访谈的失败率

　　在此将要报告的是我们在后续访谈中所遭遇的失败。正如前文所述，在我们原本期望访谈到的对象中——他们的名字与我们所跟踪的影响传受联系在一起——有相当大一部分人实际未能接触到。出于这个原因，我们不断重复指出，在任何意义上讲，我们的影响流动数据都不具备"代表性"（representative），因为我们必须假定由于未能成功地访谈到所有指认对象，可能会使我们的数据产生偏差。此外我们也已经指出，在每个领域中我们所调查到的后续访谈对象实际上数量极少。不过，我们还是有必要向读者展现这些努力在何处遭到了挫折，表C—1是就时尚领域所做的统计，但其他领域中的情形亦大体如此。该表仅针对被指认的影响者们。

363

表 C—1　　　　时尚领域中，对被指认的影响者的后续访谈失败率

访谈状况	数量	百分比
访谈成功[9]	186	41%
未尝试接触		
原始调查对象不认识其指认对象[10]	71	16%
信息不完整[11]	28	6%
不居住在本市	94	21%
尝试接触但未成功		
迁居，死亡，因病住院	7	2%
临时外出	13	3%
接触到但遭拒绝	12	3%
访谈失误，记录笔误	41	8%
总计	(452)	(100%)

四、后续访谈的代表性

尽管我们避免宣称这些时尚方面的后续访谈对象具有怎样的"代表性"，但在限定的范围内，我们仍然能够指出这些人在多大程度上接近（或相异于）被指认的影响者的总体状态。我们可以将这一分析建立在原始调查对象对其影响者的陈述的基础上，比如可以将成功接受了后续访谈的影响者的年龄，与所有被指认出的影响者进行对比。继续以时尚领域为例，从表 C—1 中可以看出，一共有 452 人被指认为影响者，而我们成功访谈了其中的 186 人。

由于我们选择的是时尚领域，因此这迫使我们首先要将被指认的影响者们分为三类：那些原始调查对象就新的时尚风格与其进行讨论的影响者；那些原始调查对象看见了她的着装和时尚样式的影响者；那些原始调查对象看见了她的时尚样式并与其进行了讨论的影响者。对上面第二类影响者所做的后续访谈失败率最高，这些影响者中有 2/3 的人不认识提名了她们的原始调查对象。表 C—2 体现了对这三类指认对象的访谈结果。

表 C—2　　时尚领域中，依据其与被影响者的接触特征而划分的后续访谈影响者的比例

	被指认的影响者		
	讨论对象	视觉样板	讨论对象与视觉样板
成功访谈的被指认的影响者的比例	50%	33%	41%
总计（=100%）	(188)	(201)	(63)

在我们所成功访谈到的对象中，多数人是通过面对面的交流方式，而不是通过树立视觉样板，从而对原始调查对象产生影响的。我们并不清楚，这种情形会使我们的结论在多大程度上产生偏差。如果视觉样板型的影响者，与通过交谈对他人产生影响的影响者，是完全不同的两类影响者的话，那么有理由认为我们的分析必然会产生偏差，因为时尚方面的意见在不同阶层之间的传播量是极小的，一位较高社会阶层的个体要对处于较低阶层的他人产生影响（或者是相反），那么最好的方式就

是提供视觉样板。

另一方面，如果我们以另外一些特征（社会经济地位、教育程度和年龄）为变量进行分析，就会发现后续访谈中不同影响者群体之间的比例差异并不显著。表 C—3 列举了成功接受访谈的这些类型的影响者的比例分布。不过，该表的划分依据的并不是被指认的影响者的总数，而是不同社会地位的原始调查对象的总数。当然，由原始调查对象的社会地位等因素入手，去比较那些她们所指认的且成功接受了后续访谈的影响者，这只是间接的方法。但由于我们并没有掌握那些未能成功接受访谈的被指认的影响者的全面数据，因此我们只能以这些数据取而代之。

表 C—3 在时尚领域中，根据原始调查对象的社会经济地位、教育程度和年龄因素，对后续访谈中影响者分布比例的统计

原始调查对象（被影响者）	成功接受访谈的被指认的影响者的比例
小于 45 岁	46%
大于 45 岁	48%
高社会地位（A&B）[12]	48%
中间社会地位（C）	52%
低社会地位（D）	39%
完成了高中学业	41%
未完成高中学业	51%
总计 =（100%）	（452）

较年长和较年轻的原始调查对象所指认的影响者大致相当；而低社会地位人群（D）和较高教育程度的调查对象所提名的意见领袖在后续访谈中的比例相对偏低。不过从总体上看，它们之间的差异并不很大。

从我们所成功进行的后续访谈看，不同年龄和地位群体所指认的影响者差别不大，因此我们或许可以认为，至少在这两个重要方面，后续访谈对象具有一定的代表性。

那些与指认者存在血缘或姻亲关系但并不与原始调查对象居住在同一家庭的指认对象，相对于原始调查对象的朋友或邻居们，调查起来更加困难。因为这些调查对象的亲属们在地域分布上更广。

表 C—4 显示出样本存在偏差的证据。指认对象中邻居和朋友所占

365

366

比例过高，而所有非家庭成员的各类亲属则比例偏低。这使我们的结论
在多大程度上出现了偏差，在未能找到进一步的相关信息之前，只能是
一种猜测。

再次回到原始调查对象。我们发现，对于已婚或单身的原始调查对
象、成婚不久或已结婚很长时间的调查对象所指认的影响者，成功接受
后续访谈的比例差异并不大；此外，在传播习惯、宗教信仰、政治派别
不同的原始调查对象中，也不存在任何显著差异。

**表 C—4　　在时尚领域中，根据与被影响者的关系类型，对后续
访谈中影响者分布比例的统计**

被指认的影响者是 原始调查对象的	成功接受访谈的被 指认的影响者的比例	总计 （＝100％）
邻居	50％	（26）
朋友	58％	（117）
老板或同事	39％	（36）
父母	37％	（32）
孩子	35％	（40）
其他存在血缘关系的亲属	41％	（56）
丈夫	61％	（18）
姻亲	30％	（27）

五、对后续"流动"表格的分析

正如文中所述，当我们对一位影响者的特征和与其相对应的被影响
者的特征进行交叉分析时，流动表格（flow table）就得以生成。假设
这一特征是年龄因素，我们可以将之划分为年长者（o）、中年人（m）、
年轻人（y）三类，这样表 C—5 就提供了一个示意图。

表 C—5　（假设性的）100 位影响者及其被影响者的年龄分布的交叉表格

		被影响者			
		o	m	y	总计
影响者	o	15	7	8	30
	m	3	40	7	50
	y	2	3	15	20
	总计	20	50	30	100

下面三个方面与对此表格的分析和理解最为相关。

（1）较之平均水平，谁更年长？影响者还是被影响者？通过比较最后一栏和最后一行的数据分布，可以找到答案。在表 C—5 中，由于影响者平均年龄稍大，因此意见流动表现出微弱的向下流动的趋势，对此我们称为"方向"。

（2）在同一年龄层级中，有多少建议在流动？这时就需要关注对角线上的数据。有 70% 的影响对处于同一年龄群体中。或许读者们还记得文中所述，这一数据在一定程度上依赖于研究者将所分析的特征分为几种类型。一般而言，如果将年龄特征细分为 5 类，则同年龄层次的群体对所占的比例就会更小一些。因此，如果我们针对影响流动的"一致性"（homogeneity）对两个特征进行比较，那么就必须对这两个特征采取相同的分层方法。在这里，我们将年龄、社会地位以及其他一些要素特征划分成三种类型，并对影响流动表格进行了比较分析。

（3）最后，可以通过以下的方式对流动的"范围"进行审视。在表 C—5 中有 30 位年长的影响者，其中有一半向比他们年轻的人提供建议，且向最年轻群体（8 人）和中间年龄层群体提供建议的人数基本相当。不过从总体上讲，相同或相邻层级间的影响流动要比由年长者向年轻人的远距离流动更为频繁。

在分析中，我们可以改变这些方面中的一个要素，同时保持另一个不变；但如果对三个方面同时进行分析，则必须进行相互调整。比如，假设想要建构一个"范围"更小的流动表格，那么我们可以保持"方向"或"一致性"不变，但无法做到此二者同时保持不变。表 C—6 表明了第一点，而表 C—7 则证明了第二点。

| 表 C—6 | | （假设性的）如果范围缩小且方向（最右边和最下边的数据）保持不变，表 C—5 将变为： | | | |

		被影响者			
		o	m	y	总计
影响者	o	15	12	3	30
	m	4	34	12	50
	y	1	4	15	20
	总计	20	50	30	100

表 C—7　　　　（假设性的）如果范围与表 C—6 相同且一致性与
　　　　　　　　表 C—5 相同，则表格为：

		被影响者			
		o	m	y	总计
影响者	o	15	12	3	30
	m	2	40	8	50
	y	1	4	15	20
	总计	18	56	26	100

在表 C—7 中，数字 2 和 8 并非由问题本身的计算公式所得出，而是尽可能取得与表 C—6 相近的值。显然，这一示意图受到研究者可能选择的方向、一致性和流动的特定"度量"指标的影响。以上说明并不在于得出怎样的量化结论，而旨在举例表明这些方面在性质上的联系。在这里，由流动表格所得出的正是这类性质上的差异。

注释

[1] 用于确定后续访谈对象的代表性问题，可以在附录 B 的第二和第五部分找到。

[2] 时尚方面的影响者，包括了那些被调查对象看到穿着或使用着新款式、新商品的个体。

[3] 我们也跟踪了公共事务方面的"一般影响者"（调查 II，问题 35："有谁密切关注新闻，而且你信任其向你传递的有关……的信息？"）。此处之所以将这些人排除在外，是因为这些人的名字并非出现在对特定决策行为的回忆之中，因而对这些人的后续访谈与此处所讨论的有所不同，比如，做出指认的调查对象的姓名不会出现在对"一般影响者"的访谈之中。后续访谈对象中还有另一类"被提名者"，这些人是第一次调查中所称的"专业人士"：在购物和时尚变化中被提名的销售人员和美容顾问，在政治方面被提名的教师和公职人员。这些人也被排除出讨论范围，是因为这些人的角色带有"正式"的特性，而且本书亦未就这类人群展开分析。

[4] 这样做是为了引起后续访谈对象对于提名自己的原始调查对象的自发注意，因为如果调查人员直接介绍指认者的话，会使调查气氛比较尴尬，同时这样也会引起后续访谈对象的疑虑。

[5] 幸运的是，最终统计表明这样的情形只有 9 例。

[6] 如何对所提的每个问题恰当地措辞，当时并未被视为一个特别重要的问

题，因为我们首先强调的是如何避免调查对象对提名他人产生排斥情绪。当时我们
希望的是在后续访谈中对指认者和指认对象之间的关系进行清晰界定。

　　［7］尽管影响者无法确定后续访谈中的被影响者是否实际采纳了她的建议，但
后续访谈问卷可以对此予以确认。因此，如果在影响者和（作为原始调查对象的）
被影响者之间只存在这一种差别，那么我们有理由期望（源自双方的）确认性的后
续访谈可以为我们呈现出相同的影响流动图景。但是正如下面将要看到的，其他一
些差异（原始调查对象作为影响者或被影响者）则无法通过后续访谈进行检验，比
如，由于其建议是被他人机智地引诱出来的，或是因为她的着装风格被其他人所模
仿，或是其他类似的情况，原始调查对象并不知道她已经成了影响者。

　　［8］在有关确认技术的章节中（第二部分第 2 章），表 2—2—5 和表 2—2—6 比 _362n._
较了后续访谈对象中的被影响者和影响者。需注意的是，后续访谈对象中的影响者
较之被影响者，会更多地对实际发生的会话行为予以确认。同时，在购物和时尚领
域，影响者也比被影响者更多地意识到自己所起的作用。而这一差异在公共事务领
域中之所以没有得以体现，是因为有相当一部分影响者坚持认为他们并非单方面的
产生影响，而是在与他人交换意见。我们并不清楚为何只有在这一领域中，才会出
现这种对自我影响角色的十分谨慎的认定。因此，我们在本附录中的讨论并不能得
出这样的预测——后续访谈中的影响者必然具备更高的确认度，尽管可能有人会这
样认为。

　　［9］在前文中我们只报告了 186 中的 162 例，因为在这些时尚方面的影响者中 _363n._
有 24 人（13%）是男性，其中 11 人是原始调查对象的丈夫。时尚领域中男性影响
者的数量相对较少（与公共事务方面男性的统治性影响相比较），因此在这一领域
中我们只对女性影响者进行了分析。

　　［10］比如，模仿某人的着装风格，但并不认识那个人。

　　［11］比如，原始调查对象不知道她的影响者的全名或住址等。

　　［12］此处所采用的社会地位测量方法是，调查人员根据自己的直观感受，将 _364n._
调查对象归入 A、B、C、D 四个范围之内。A 和 B 被称为"高社会地位"。

附录 D　关于指标的构建

——包括一个独立的有关通俗小说 消费指数的附录

本附录中列出了所有在本书中出现过的指标，我们将选择其中一些进行说明。同时，我们还将介绍最后一个指标——通俗小说消费指数，它并未出现在正文中，但围绕它有一些不得不说的有趣内容。

一、文中出现的指标清单

本书中每项指标的特定生成方式，已在正文的合适位置或注释中进行了讨论。在此，我们仅简单地列举出本书所使用的众多指标，并概略地说明构成这些指标的项目内容。[1]

1. 意见领袖（自我指认的）[2]

a. 在 6 月和 8 月的调查中均被指认为特定领域（比如购物）内的建议提供者；或

b. 在某一次调查中被指认为建议提供者，且自认为比其他人"更有可能"成为他人寻求建议的目标。

2. 有效性指数（目的在于评定某一特定媒介对于选择行为的整体效果）

对某一特定媒介的"有效接触"量与对该媒介的接触总量的比值。

3. 生命周期

年龄，婚姻状况，子女数量。

4. 社会经济地位（由下列三个指标替代使用）

a. 房屋租金和教育程度；

b. 经济支柱的职业；

c. 调查者的直观评定。

370

5. 合群性

拥有的朋友数量，参加的组织数量。

6. 时尚兴趣度

对于保持时尚的重要性的看法；近期是否做出改变；之前的三个月中是否购买与定制了新的服装。

7. "输出"指数（对意见领袖向所属群体外人群传递意见的比例评估）

在特定领域内（比如时尚领域），某一特定群体中的意见领袖比例与兴趣度的比值，偏离样本总体的同一"平均"比值的程度。

8. 公共事务信息掌握度

对有关国内高速公路计划和英国选举的相关问题正确回答的程度。

9. 意见表达指数

在对 10 个公共事务意见性问题的回答中表现出持有某种意见。

10. "本地"和"外界"媒介行为

阅读外地报纸和全国性期刊中的新闻报道。

11. 重要性指数（目的在于评估成为意见领袖的不同决定因素之间的相对重要性）[3]

二、对四个指标的讨论：合群性、社会地位、"重要性"和意见领袖（自我指认的）

在本项研究中，为达到研究目的，我们使用了相对更为复杂的方法，形成了四个重要指标。

合群性指标和社会地位指标

在最后这一部分中，由于使用了更为大量的材料进行分析，因此社会地位指标[4]和合群性指标得到了比在正文中更进一步的发展。

371　　　让我们以合群性指标为主要分析对象。读者们应该还记得，在本书中，合群性指标是根据调查对象所报告的朋友数量及她们所参加的组织数量将她们进行分类的。但在问卷中还包括了与此相关的一些其他信息，比如调查对象是否参与过"午后社会事务"，或是她是否喜欢结识陌生人。所有这类信息被并入所谓"潜在结构分析"（latent structure analysis）之中。这一方法背后的思想是：我们希望能根据社交活跃程度对调查对象进行排序，为此我们可以使用刚才所提到的这些指标（indicator），但是必须保证它们是在一个维度上展开的。也就是说，我们向自己提出追问，我们是否有权假定那些在五项或六项指标中获得确认的对象，其合群性就一定高于那些只在一两项指标上获得确认的对象。对此不太了解的人可以从别处获得对这一方法的全面而通俗易懂的介绍。[5]在此我们有充足的证据表明，经过检验，这些指标的确可以在同一个维度上用于对调查对象的检验，就像传统的智商测试一样。一旦这一点得到了确认，那么就没有必要再同时使用所有的指标项来对调查对象进行测试。由于我们只想将调查对象分成三个群体，因此选择使用两个原始指标就足以胜任了。前文已述，我们将同时在两项指标上获得确认的人群认为是高合群性人群，两项指标均不具备的人群为低合群性人群，而其余调查对象的合群性居中。

　　　如果与我们对社会地位的区分联系在一起，这一方法的意义就更加明晰。我们再次由大量的细分指标入手，除了最终所采用的房屋租金和教育程度因素外，我们还提出了"调查对象是否拥有电话"这类问题，其背后的思想依然是个体的社会地位可以通过众多方式表现出来。一个人可能会居住在一处较为昂贵的居住区，但房屋的装修并不太好，而另一个人则可能更加关注室内装修的舒适程度。一个人可能
372　因为接受了高中程度以上的教育而获得威信，而另一个人可能尽管是一个工人，但他花钱装了一部电话，并由此提高了他潜在的影响力。在使用这些指标时，我们所做的工作就如同一位医生在诊断疾病。也就是说，指向病人可能罹患癌症的指标项越多，医生就越能确定这位

病人的身体出了问题。不过，与之前相同的是，当要将调查对象按照统一的维度分成若干类人群时，我们并不需要同时使用所有的这些指标。之所以选择房屋租金和教育程度因素，主要是因为它们代表了一个人生活的两个重要方面，而且按照惯常的理解，它们是个体获得威信的主要来源。不过最终有权决定是否将它们作为社会地位这一重要特征的衡量指标的，并非惯常理解，而是我们对全部指标所做的潜在结构分析。

重要性指数

我们将要讨论的第三个指标要更为复杂一些。在第二部分的最后，我们提出了这样的问题：调查对象的合群性、社会地位和生命周期等特征在多大程度上与其获得意见领袖地位相关？具有统计分析意识的读者或许也想对我们所使用的"相关性指数"（index of correlation）有一些细节性的了解。我们假定读者们都知道，两个属性间的相关性可以用一张四重表格（four-fold table）来表示（见图 D—1）。

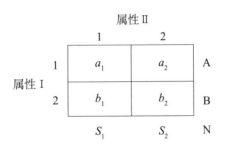

图 D—1

一般我们采用下面的公式来测量二者之间的内在相关性：

$$r^2 = \frac{a_1 b_2 - a_2 b_1}{A\ B\ S_1\ S_2}$$

通过简单的代数换算，同一指数也可以用下面的公式表示：

$$r^2 = 1 - \frac{\dfrac{a_1 b_1}{S_1} + \dfrac{a_2 b_2}{S_2}}{\dfrac{AB}{N}}$$

以这种形式，这一公式可以很容易地运用于我们的问题之中。意见领袖可能在场也可能缺席（因此对它可以像图 D—1 一样采用二分法进行分析），但我们的调查对象的特征均被分为了三个层级（高、中、低，或小家庭妻子、大家庭妻子和主妇）。因此我们必须以六格或八格的表格来代替四重表格，如图 D—2 所示。

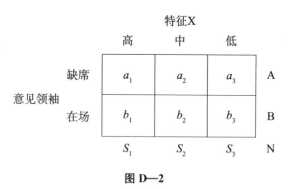

图 D—2

这样，计算公式也相应拓展为：

$$r^2 = 1 - \frac{\dfrac{a_1 b_1}{S_1} + \dfrac{a_2 b_2}{S_2} + \dfrac{a_3 b_3}{S_3}}{\dfrac{AB}{N}}$$

这一由莫斯特勒教授发展起来的公式可以用一种简单的方式来理解。如果意见领袖完全由所考察的这一特征所决定，则量值为 1；如果后者与获得意见领袖地位毫无影响，则这一指数就将为 0。这一指数的数值必然很小，比如，如果相同规模群体间的差异分别是 0.60—0.40 —0.20，那么最终指数就将只有 0.334。"边缘"群体（"corner" groups）越小，这一指数的数值就越低。因此，指数数值只适于比较之用。

374

意见领袖指数

需要予以特别关注的第四个指标是自我指认的意见领袖指数。在前文中已述，我们使用三项指标以建构这一指数。首先，在 6 月和 8 月的访谈中，我们重复提出了有关近期的特定影响事件的问题："近期是否有其他人就……（购物、时尚等）向你咨询过？"其次我们问道："与你的其他女性朋友相比，在……方面（购物、时尚等），你接受其他人咨询的可能性是更大还是更小?"这两个有关特定影响的指标加上一个有关一般影响的指标,构成了意见领袖指数。

这些问题的优点和缺点都十分明显,我们已经在本书中对它们进行了讨论,并在前一个附录中进行了评估。不过在此,我们想报告的是有多少调查对象在 6 月和 8 月的两次调查中所回答的特定影响事件并不相同,以及这些特定的影响事件在多大程度上与调查对象的自我评估(自己是否更有可能被他人要求提供建议)相关。换言之,我们想要报告的是调查对象对这三个问题的回答的内在相关性。

当然,比较调查对象对两个特定建议提供行为的问题所做的回答是否一致,并不是要检验她们在两次调查中的回答是否可靠。如果去问一个人的国籍和出生日期,那么他所提供的答案并不会因时间不同而改变。但我们没有理由希望那些在 6 月被问及近期是否被他人要求提供建议的个体,在 8 月时还有相同的"近期"经验。以下是时尚和公共事务领域中的交叉列表(见图 D—3)。[6]

在这两个领域中,仅有 40% 的调查对象在 6 月和 8 月均认为自己是影响者。[7]

即使不能据此认为调查对象对特定建议提供行为的报告中存在着高度一致性,但我们仍有理由相信根据这两类特定影响事件所筛选出来的个体,与那些只报告了一例特定影响案例的女性存在着区别,同时也区别于那些在两次调查中均未能报告影响案例的女性。我们有理由认为,

375

376

6月的调查中的

时尚建议提供者

		是	否	
8月的调查中的	是	76	106	182
时尚建议提供者	否	98	434	532
		174	540	

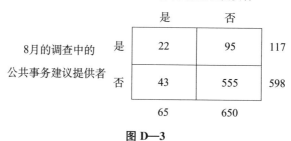

图 D—3

她们之间的显著差异体现在影响的"潜力"方面。调查对象对自己被生活圈层中的他人要求提供建议的可能性的评估，正表明了这一点。

表 D—1 显示，在调查对象对自己的影响力的自我评估和她们所报

表 D—1	提供建议的频度和影响力的自我评估		
"与你所处的交际圈层中的其他女性相比，你是否会更多地（或更少地）被要求提供时尚方面的建议"	两次调查中均被确认为时尚建议提供者（6月和8月）	在一次调查中被确认为时尚建议提供者（6月或8月）	两次调查中均表示没有提供时尚方面的建议者
可能性更大	72%	42%	17%
可能性更小	21%	51%	77%
相同（自主填答）	4%	2%	2%
不知道；未填答	3%	6%	4%
总计＝（100%）	（76）	（204）	（434）
"与其他女性相比，你是否会更多地（更少地）被要求提供公共事务方面的建议"	两次调查中均被确认为公共事务建议提供者（6月和8月）	在一次调查中被确认为公共事务方面的建议提供者（6月或8月）	两次调查中均表示没有提供公共事务方面的建议者
可能性更大	64%	44%	15%
可能性更小	27%	49%	77%
相同（自主填答）	9%	1%	3%
不知道；未填答	—	7%	6%
总计＝（100%）	（22）	（138）	（555）

告的实际建议提供行为之间，存在着紧密关联。在时尚领域和公共事务领域中，最经常向他人提供建议的女性往往更多地认为自己更有可能成为他人的咨询对象；那些在两次调查中均未能报告具体影响事件的女性，认为自己"可能性更小"的比例最高；而那些只报告了一次影响案例（在 6 月或 8 月的调查中）的女性，对影响力的自我评估很显然处于前两者之间。

以上这些方面的计算使我们得以建构起自我指认的意见领袖指数。将三个问题的六类回答合并，得出以下交叉表格，如表 D—2 所示。

表 D—2　　　　　　　　　　　　六种建议提供类型

	两次建议提供者 （6 月和 8 月）	一次建议提供者 （6 月或 8 月）	两次均未报告意见 提供行为者
可能性更大[8]	1	3	5
可能性更小	2	4	6

回答处于表中 1 和 6 位置的个体，其意见提供类型最为典型。回答为 2 的个体被认为是"低调的"，而回答为 5 的个体则被认为是"自负的"；这两种类型分别与 1 和 6 相对应。对于类型 3 和类型 4 中的调查对象（很显然这两种类型的个体是最难分析的），通过对他们的社会及其他方面的特征的分析可以发现，类型 3 的个体与类型 1 和类型 2 更为接近，而类型 4 的个体则与类型 5 和 6 中的调查对象更为相似。因此，这 6 种回答类型可以被简化为两个群体：意见领袖群体——包括类型 1、类型 2 和类型 3；非意见领袖群体——由类型 4、类型 5 和类型 6 中的个体构成。

简而言之，我们针对时尚和公共事务领域，报告了与意见领袖指数相关的三个问题之间的内在联系。在电影观看领域，这些问题之间的内在关联程度与时尚和公共事务领域差不太多，但需要注意的是，购物领域的内在关联程度则要稍低一些。在购物领域中，建议提供行为似乎更具随机性，而在其他三个领域中，日常对话中的建议提供和接受行为往往会更为频繁地将某些女性固定在建议提供者的位置上。或许是购物领域中影响流动的特征，使得一位报告了特定建议提供案例的女性并不认为自己比那些寻求建议的女性"更有可能"成为建议提供者；与之相似，那些实际并未提供建议的女性，也有可能认为自己和她的邻居一样，都很有可能成为其他女性寻求建议的对象。无论如何，这就是购物领域与其他三个领域的区别之处。

三、一个独立的附录：关于合群性、焦虑感和通俗小说消费

在结束本书之前，我们还将介绍最后一个指数，即我们所称的"通俗小说"（popular fiction）的接触指数。[9]在调查中，我们询问样本中的女性：（1）她们是否阅读"真实故事"（true story）类型的杂志；（2）她们是否阅读电影类期刊；（3）她们是否收听广播中的日间肥皂剧（daytime serials）。对于那些接触其中 2 项或 3 项的调查对象，我们赋值为 2；接触其中 1 项者赋值为 1；如果调查对象没有接触其中任何一项，我们将其赋值为 0。由此，我们可以依据不同合群性（由前面所讨论的合群性指标所测量）和不同的"焦虑感"（anxiety）程度，对样本中的女性进行比较，以检视她们在通俗小说的接触方面有何不同。我们认为这方面的发现对于大众媒介以及流行文化方面的研究者会极有吸引力。

首先，我们根据不同的合群性对样本女性在通俗小说接触方面的得分进行比较。需要注意的是，教育程度变量（它与通俗小说指数直接相关）被控制为常量。

我们知道，合群性与社会地位相关联，因此我们也可以控制社会经济地位指标（替代教育程度指标）保持不变，重新进行统计分析。[10]这样统计出来的结果与表 D—3 是大致相同的：无论是在高社会地位还是在低社会地位的群体中，合群性最低的女性最有可能成为通俗小说迷。这些数据间的差异并不特别显著，但确实始终存在。在高社会地位的调查对象中，有 36％的高合群性女性和 50％的低合群性女性，报告称至少接触通俗小说指数三项构成指标之一。

表 D—3   **在教育程度不同的两类女性中，合群性较低者更多地接触通俗小说**

通俗小说指数得分	低教育程度			高教育程度		
	高合群性	中合群性	低合群性	高合群性	中合群性	低合群性
2	7%	15%	20%	3%	7%	12%
1	38%	43%	46%	33%	41%	38%
0	55%	42%	34%	64%	52%	50%
总计 =（100%）	(87)	(189)	(136)	(102)	(135)	(60)

合群性和通俗小说指数之间的负相关关系，并无法通过教育程度或社会地位因素予以解释，它印证了这样一种惯常的解释：接触刊载通俗小说的媒介在某种程度上替代了个体的社会化活动——尽管在大众媒介研究中对此很少有人提及。流行文化的研究者们为这些个体贴上了"逃避者"的标签。

当然，我们并不知道在社会经济地位相同的情况下，是什么使得某位女性的合群性高于其他人，或许调查对象的个性特征因素可以对此进行解释。事实上，在我们的研究中，有些问题与"焦虑感"（担忧、忧郁等）相关，这些都涉及个性因素。这些情绪因素同样也与通俗小说指数相关，尽管它们完全独立于合群性因素。[11]

我们的调查对象被问及："一般而言，你觉得与其他人相比，你的忧虑感更高还是更低？"从回答的分布来看，那些回答"更低"的调查对象，与那些回答"相同"或"更高"的调查对象之间存在着显著差异。表 D—4 表明了这些回答与通俗小说指数之间的关系。

379

表 D—4 **认为自己的忧虑感高于其他人的女性，有可能更多地接触通俗小说**

通俗小说指数得分		与其他人相比，你认为自己的忧虑感	
		"更高"或"相同"	"更低"
高	2	13%	6%
中	1	42%	39%
低	0	45%	55%
总计（=100%）		(507)	(202)

表 D—4 显示，在焦虑者的自我形象指认和对通俗小说的接触之间，存在着微弱的联系。个体越倾向于认为自己是一个焦虑的人，则越多地接触通俗小说媒介。不过，让我们再来看看另一个与情绪相关的问题："你是否对生活中的某些事情感到忧郁或沮丧？"此时，我们将再次引入合群性指标，同时将会发现合群性和焦虑感均独立地与对通俗小说的消费产生关联。

380　比较每一合群性层级中"是"和"否"的回答数据，可以很明显地发现，在"忧郁或者沮丧"的情感与通俗小说的消费之间存在着明显的关联。而表 D—5 也显示，合群性同样也是一个独立的相关指标，而无论调查对象的焦虑感如何。

表 D—5　　有时会感到忧郁或沮丧的女性更有可能成为通俗小说的消费者，而无论其合群性如何

通俗小说指数得分	是否会感到忧郁或者沮丧？					
	是			否		
	高合群性	中合群性	低合群性	高合群性	中合群性	低合群性
2～1	44%	58%	67%	34%	44%	47%
0	56%	42%	33%	66%	56%	53%
总计 ＝ (100%)	(131)	(220)	(141)	(59)	(102)	(55)

对于这些发现我们可以做出以下概括：

（1）通俗小说消费与社会经济地位相关。尽管我们并未就此展开详细论述，但它得到了数据的坚实支撑：接触通俗小说可以说是低社会阶层群体中大多数人的主要特征，而在处于较高社会阶层的人群中，只有少数人如此。

（2）当社会层级变量保持恒定时，通俗小说消费与合群性变量之间呈现出负相关关系。尽管我们在此并未列举出全部数据，但这一特征在较高社会层级群体中更为明显。

（3）通俗小说消费直接随着情绪中的焦虑感的变化而变化，此二者的关系完全独立于合群性变量。

简言之，被我们称为通俗小说的媒介内容，满足了较低社会层级群体的亚文化的需要和兴趣，提供了一种较低层级的社会行为的替代方式，舒缓了个性中存在着的焦虑感。[12]

注释

[1] 除有效性指数外，其他所有指标都出现在本书的第二部分第三单元。有效性指数出现在第二部分第二单元；意见领袖指数在第二部分第一单元中做了介绍，但在第二部分第三单元中再次出现。 *369n.*

[2] 限定在购物、时尚、公共事务和电影观看范围内。

[3] 将在本附录下文中进行讨论。 *370n.*

[4] 在此我们指的是本书中最经常使用的指标——由房屋租金和教育程度构成。有时，我们被迫使用职业和调查者的直观感觉作为社会地位的替代性指标，因为我们缺少后续访谈对象的房屋租金与教育程度的相关数据。我们根据惯例，将调查对象分为商业及专业人士、白领和工薪阶层三类职业群体。调查人员的直观感受评定，则依据田野调查时所获得的下列材料而建构：

层级 A：最好的居住区。生活标准处于总人口中最顶端的 5%～10% 的人口区间。成功的商业及专业人士。

层级 B：高端中产阶层居住区。生活标准处于层级 A 之下的 20% 的人口区间内。包括白领和管理职业者、小型商业机构的所有者、销售人员、某些专业人士、 *371n.* 掌握高级技术的工人。

层级 C：大部分掌握中等技术或半熟练的技术工人、薪金较低的白领雇员。处于平均社会经济地位或稍低一些。能够满足生活需求但无法追求奢华。

层级 D：处于总人口中最为贫困的 1/4 至 1/3 的人口区间。普通劳工、家务雇员（domestic employees），许多人出生在国外。区间由极度贫困到接近层级 C。

[5] "潜在结构分析的概念基础"，见拉扎斯菲尔德（Lazarsfeld，1954）。

[6] 我们在此对时尚和公共事务领域的分析同样也适用于购物和电影观看领域，做出特别说明的除外。 *374n.*

[7] 通过对那些在 8 月份的调查中自我指认为影响者的调查对象的分析，我们发现，在时尚领域，他们中约有 40% 的人在 6 月的调查中也是影响者（同样，在 6 月的调查中自认为是影响者的调查对象，同时又成为 8 月的调查中的影响者的比例也与此大致相当）。然而在公共事务领域，情况就并非如此。虽然有 34% 的 6 月的调查中的影响者在 8 月的调查中依然具有影响者身份，但在 8 月的调查的影响者

375n.　中，只有19％的人是6月的调查中的影响者。观察图表上侧和右侧两边的数据可以发现，时尚方面的影响者数量在两次调查中基本相同（172，184），而公共事务方面的影响者数量在6月和8月的调查中几乎相差一倍。原因可能是在8月的调查中，公共事务方面的问题的措辞在一定程度上发生了改变，以检视"你最近是否被他人要求提供建议"这种提问方式，是否阻碍了调查对象对我们所期望寻求的非正式影响的理解和报告。相应地，只有在公共事务领域，8月的调查的问题变为"近期是否有其他人就国内、国际或本地事务询问过你的观点"。因此在6月的调查中，只有9％的调查对象对这方面的问题给出了肯定的回答，而在8月的调查中有18％的人报告了特定的建议提供行为。不过，尽管在改变了提问方式后发现了更多的影响者，我们还是有理由相信这两个问题都指向同一类型的领袖。因此，分析这些回答之间的相关性可以发现，那些对8月的"观点"性问题给予了肯定回答的调查对象和那些在6月的访谈中对"建议"性问题予以肯定回答的受访女性，对"与其他女性相比……你是否更有可能被他人要求提供建议"同样做出肯定回答的比例大致相当。

376n.　　　〔8〕经过对调查材料的仔细分析，少数做出自主填答、认为自己的影响力和其他人"相同"的调查对象，被归入"可能性更大"组别。

377n.　　　〔9〕雷奥·斯罗尔提出了这一指数并进行了如下分析。

378n.　　　〔10〕我们使用四级分类，将调查对象的社会经济地位分为A、B、C、D四级。

379n.　　　〔11〕也就是说，合群性的高低与担忧、忧郁等情绪因素之间并无关联。

380n.　　　〔12〕在别处，我们将大众媒介研究中的这种路径称为"使用与满足"（E. Katz, 1953；McPhee, 1953）。这些数据与我们有关个人影响的讨论主题并不直接相关，但确实又非常有趣，因而在此予以简短论述。

参考文献

参考文献说明：本书中的参考文献根据作者的姓氏字母进行排列，当某位作者被引用的著作不止一部时，则同时根据其著作的出版时间进行排序。本书正文中涉及的所有参考文献，都可以通过作者姓名和出版时间，在此寻找到详细信息。

只要有可能，我们都尽量列出某个思想或观点的最容易被搜寻到的来源，而不一定是其最初出处。因此，我们会特意列举斯旺森、纽克姆和哈特利（Swanson，Newcomb and Hartley，1952），因为对于小群体研究而言，它是一个十分出色的材料来源；而对于大众传播方面的著作，我们则会列出施拉姆（Schramm，1949）以及贝雷尔森和贾诺维茨（Berelson and Janowitz，1950）。

一般来说，第一部分中的参考文献（当然它们构成了本参考文献的主体）的出版时间不会晚于 1953 年。但由于在此之后出现了大量与本书所讨论的话题直接相关的著作，故在此补充列举一些。

小群体研究方面的著述近来增长迅速。一个出色的新"读本"是卡特莱特（Cartwright and Zander，1953）所著，另一本值得期待的是黑尔、伯加塔和贝尔斯（Hare，Borgatta and Bales，1955）所著。林德齐（Lindzey，1954）对小群体研究领域做出了全面而极具权威性的评论。《美国社会学评论》（*American Sociological Review*）邀请弗雷德·施托特贝克（Fred L. Strodtbeck）担任编辑，用整整一期的篇幅（Vol. 19，No. 6，December 1954）刊载了小群体研究领域的最新成果。

在大众传播研究领域，霍夫兰、贾尼斯和凯利（Hovland，Janis and Kelley，1953）以及施拉姆（Schramm，1955）等人的研究亦对该领域起到了丰富与拓展的作用。前者沿袭大众传播研究的一个主要的传统框架，组织、收录了一系列相关研究报告；后者则对传播过程予以特别关注，分析了人际关系在传播流中的作用，同时还有一部分专门探讨国际传播研究。国际传播同时也成为《舆论学季刊》（*Public Opinion Quarterly*，Vol. 16，No. 4，Winter 1952 - 1953）以专刊形式讨论的话题，由雷奥·洛温塔尔（Leo Lowenthal）担任编辑。最后，其他的相关著作，可见 D. 卡茨、卡特莱特等人（D. Katz，Cartwright et al.，1954）。

Allport, Gordon W. and Leo J. Postman (1940), *The Psychology of Rumor*, New York: Henry Holt.

Asch, S. E. (1940), "Studies in the Principles of Judgments and Attitudes: II. Determination of Judgments by Groups and by Ego-Standards," *Journal of Social Psychology*, Vol. 12, pp. 433-465.

—— (1952A), "Effects of Group Pressures Upon the Modification and Distortion of Judgments," in Swanson, Newcomb and Hartley, eds., *Readings in Social Psychology*, New York: Henry Holt.

—— (1952B), *Social Psychology*, New York: Prentice-Hall.

Back, Kurt W. *et al.* (1950), "A Method of Studying Rumor Transmission," in Festinger *et al.*, *Theory and Experiment in Social Communication*, Ann Arbor, Mich.: Research Center for Group Dynamics, University of Michigan.

Back, Kurt W. (1952), "Influence Through Social Communication," in Swanson, Newcomb and Hartley, eds., *Readings in Social Psychology*, New York: Henry Holt.

Bales, R. F. (1945), "Social Therapy for a Social Disorder—Compulsive Drinking," *Journal of Social Issues*, Vol. 1, No. 3, pp. 14-22.

—— (1952), "Some Uniformities of Behavior in Small Social Systems," in Swanson, Newcomb and Hartley, eds., *Readings in Social Psychology*, New York: Henry Holt.

Barnett, H. G. (1953), *Innovation: The Basis of Cultural Change*, New York: McGraw-Hill.

Bavelas, Alex (1951), "Communications Patterns in Task Oriented Groups," in Lerner and Lasswell, eds., *The Policy Sciences*, Stanford, Calif.: Stanford University Press. Reprinted in Cartwright and Zander (1953).

Benne, K. D. and P. Sheats (1948), "Functional Roles of Group Members," *Journal of Social Issues*, Vol. 4, No. 2, pp. 41-49.

Bennett, Edith (1952), *The Relationship of Group Discussion, Decision, Commitment and Consensus to Individual Action*, unpublished Doctoral Dissertation, University of Michigan. Abstracted in *The American Psychologist*, Vol. 7, p. 315.

Berelson, Bernard R. (1950), "Communication and Public Opinion," in Berelson and Janowitz, eds., *Reader in Public Opinion and Communication*, Glencoe, Illinois: Free Press.

Berelson, Bernard R. and Morris Janowitz, eds. (1950), *Reader in Public Opinion and Communication*, Glencoe, Illinois: Free Press.

—— (1951), *Content Analysis in Communication Research*, Glencoe, Illinois: Free Press.

Berelson, Bernard R., Paul F. Lazarsfeld and William N. McPhee (1954), *Voting: A Study of Opinion Formation During a Presidential Campaign*, Chicago: University of Chicago Press.

Berenda, Ruth W. (1950), *The Influence of the Group on the Judgments of Children*, New York: Columbia University Press.

Blumer, Herbert (1946), "The Mass, the Public, and Public Opinion," in A. M. Lee, ed., *New Outline of the Principles of Sociology*, New York: Barnes and Noble. Reprinted, in part, in Berelson and Janowitz (1950).

Bogart, Leo (1950), "The Spread of News on a Local Event: A Case History," *Public Opinion Quarterly*, Vol. 14, pp. 769-772.

Brunner, Edmund deS. *et al.* (1945), *Farmers of the World*, New York: Columbia University Press.

Bureau of Applied Social Research, Columbia University (1951), unpublished series of studies on Communications Behavior in the Near and Middle East.

Burt, Cynl (1938), *The Young Delinquent*, New York: Appleton-Century.

Bushee, Frederick A. (1945), "Social Organizations in a Small City," *American Journal of Sociology*, Vol. 51, pp. 217-226.

Cantril, Hadley and Gordon Allport (1935), *The Psychology of Radio*, New York: Harper & Brothers.

Carter, L. F. and M. Nixon (1949), "An Investigation of the Relationship Between Four Criteria of Leadership Ability for Three Different Tasks," *Journal of Psychology*, Vol. 27, pp. 245-261.

Cartwright, Dorwin (1949), "Some Principles of Mass Persuasion: Selected Findings of Research on the Sale of U.S. War Bonds," *Human Relations*, Vol. 2, pp. 253-267. Reprinted in Katz, Cartwright et al (1954).

—— (1951), "Achieving Change in People: Some Applications of Group Dynamics Theory," *Human Relations*, Vol. 4, pp. 381-392.

Cartwright, Dorwin and Alvin Zander (1953), *Group Dynamics: Research and Theory*, Evanston, Illinois: Row, Peterson.

Chowdhry, Kamla and Theodore M. Newcomb (1952), "The Relative Abilities of Leaders and Non-Leaders to Estimate Opinions of their Own Groups," *Journal of Abnormal and Social Psychology*, Vol. 47, pp. 51-57. Reprinted in Hare, Borgatta and Bales (1955).

Coch, Lester and John R. P. French, Jr. (1952), "Overcoming Resistance to Change," in Swanson, Newcomb and Hartley, eds., *Readings in Social Psychology*, New York: Henry Holt.

Cooley, C. H. (1909), *Social Organization*, New York: Charles Scribner's Sons.

—— (1950), "The Significance of Communication," in Berelson and Janowitz, eds., *Reader in Public Opinion and Communication*, Glencoe, Illinois: Free Press.

Cooper, Eunice and Marie Jahoda (1947), "The Evasion of Propaganda," *Journal of Psychology*, Vol. 23, pp. 15-25. Reprinted in Katz, Cartwright et al (1954).

Davis, Kingsley (1949), *Human Society*, New York: Macmillan.

Dotson, Floyd (1951), "Patterns of Voluntary Association Among Urban Working Class Families," *American Sociological Review*, Vol. 16, pp. 687-693.

Duncker, Karl (1938), "Experimental Modifications of Children's Food Preferences Through Social Suggestion," *Journal of Abnormal and Social Psychology*, Vol. 33, pp. 489-507.

Eisenstadt, S. N. (1952), "Communication Processes Among Immigrants in Israel," *Public Opinion Quarterly*, Vol. 16, pp. 42-58.

Ennis, Philip H. (1955), *The Changed to Tea, A Study in the Dynamics of Consumer Behavior*, unpublished research report of the Bureau of Applied Social Research, Columbia University.

Faris, Robert E. L. (1953), "Development of the Small Group Research Movement," in Sherif and Wilson, eds., *Group Relations at the Crossroads*, New York: Harper and Brothers.

Ferber, Robert (1955), "On the Reliability of Purchase Influence Studies," *Journal of Marketing*, Vol. 19, pp. 225-232.

Festinger, Leon (1950), "Informal Social Communication," *Psychological Review*, Vol. 57, pp. 271-282.

Festinger, Leon, Stanley Schachter and Kurt Back (1950), *Social Pressures in Informal Groups*, New York: Harper and Brothers. Excerpts in Cartwright and Zander (1953), Chaps. VIII and XVI.

Festinger, Leon and John Thibaut (1952), "Interpersonal Communication in Small Groups," in Swanson, Newcomb and Hartley, eds., *Readings in Social Psychology*, New York: Henry Holt.

Fisher, Sarah C. (1948), *Relationships in Attitudes, Opinions, and Values Among Family Members*, Berkeley, Calif.: University of California Press.

Foskett, John M. (1955), "Social Structure and Social Participation," *American Sociological Review*, Vol. 20, pp. 431-438.

Freidson, Eliot (1953A), "Communications Research and the Concept of the Mass," *American Sociological Review*, Vol. 18, pp. 313-317. Reprinted in Schramm (1955).

—— (1953B), "The Relation of the Social Situation of Contact to the Media in Mass Communication," *Public Opinion Quarterly*, Vol. 17, pp. 230-238.

Gibb, Cecil A. (1947), "The Principles and Traits of Leadership," *Journal of Abnormal and Social Psychology*, Vol. 42, pp. 267-284.

—— (1950), "The Research Background of an Interactional Theory of Leadership," *Australian Journal of Psychology*, Vol. 28, pp. 19-42.

Giddings, Charles H. (1896), *Principles of Sociology*, New York: Macmillan.

Glock, Charles Y. (1953), "The Comparative Study of Communication and Opinion Formation," *Public Opinion Quarterly*, Vol. 15, pp. 512-523. Reprinted in Schramm (1955).

Goldhamer, Herbert (1942), *Some Factors Affecting Participation in Voluntary Associations*, unpublished Doctoral Dissertation, University of Chicago.

Handel, Leo A. (1950), *Hollywood Looks at its Audience*, Urbana, Illinois: University of Illinois Press.

Hare, A. Paul (1952), "Interaction and Consensus in Different Sized Groups," *American Sociological Review*, Vol. 17, pp. 261-267. Reprinted in Cartwright and Zander (1953).

Hare, Paul, Edgar F. Borgatta and Robert F. Bales (1955), *Small Groups: Studies in Social Interaction*, New York: Knopf.

Hartley, Eugene (1951), "Psychological Problems of Multiple Group Membership," in Rohrer and Sherif, eds., *Social Psychology at the Crossroads*, New York: Harper and Brothers.

Hartley, E. L. and R. E. Hartley (1952), *Fundamentals of Social Psychology*, New York: Knopf.

Hites, R. W. and D. T. Campbell (1950), "A Test of the Ability of Fraternity Leaders to Estimate Group Opinion," *Journal of Social Psychology*, Vol. 32, pp. 95-100.

Homans, George C. (1950), *The Human Group*, New York: Harcourt, Brace.

—— (1952), "Group Factors in Worker Productivity," in Swanson, Newcomb and Hartley, eds., *Readings in Social Psychology*, New York: Henry Holt.

Horsfall, A. B. and C. M. Arensberg, "Teamwork and Productivity in a Shoe Factory," *Human Organization*, Vol. 8, pp. 13-28.

Hovland, Carl I., Arthur A. Lumsdaine and Fred D. Sheffield (1949), *Experiments in Mass Communications* (Studies in Social Psychology in World War II, Vol. III), Princeton, N. J.: Princeton University Press.

Hovland, Carl I., Irving L. Janis and Harold H. Kelley (1953),

Communication and Persuasion, New Haven, Conn.: Yale University Press.

Huth, Arno G. (1952), "Communications and Economic Development," *International Concilliation*, No. 477, Carnegie Endowment for International Peace.

Hyman, Herbert H. and Paul B. Sheatsley (1952), "Some Reasons Why Information Campaigns Fail," in Swanson, Newcomb and Hartley, eds., *Readings in Social Psychology*, New York: Henry Holt.

Inkeles, Alex (1950), *Public Opinion in Soviet Russia*, Cambridge, Mass.: Harvard University Press.

Jenkins, W. O. (1947), "A Review of Leadership Studies with Particular Reference to Military Problems," *Psychological Bulletin*, Vol. 44, pp. 54-79.

Jennings, Helen H. (1952), "Leadership and Isolation," in Swanson, Newcomb and Hartley, eds., *Readings in Social Psychology*, New York: Henry Holt.

Jones, Maxwell *et al.* (1953), *Social Psychiatry: A Study of Therapeutic Communities*, New York: Basic Books.

Kagan, Henry E. (1952), *Changing the Attitude of Christian Toward Jew*, New York: Columbia University Press.

Katz, Daniel (1949), "Psychological Barriers to Communication," in Wilbur Schramm, ed., *Mass Communications*, Urbana, Illinois: University of Illinois Press.

—— (1951), "Social Psychology and Group Processes," *Annual Review of Psychology*, Vol. 2, pp. 137-172.

Katz, Daniel, Dorwin Cartwright, Samuel Eldersveld and Alfred M. Lee, eds. (1954), *Public Opinion and Propaganda*, New York: Dryden Press.

Katz, Elihu (1953), *The Part Played by People: A New Focus for the Study of Mass Media Effects*, unpublished memorandum of the Bureau of Applied Social Research, Columbia University.

Katz, Elihu and Herbert Menzel (1954), *On the Flow of Scientific Information in the Medical Profession* (2 vols.), unpublished research reports on a pilot study of the Bureau of Applied Social Research, Columbia University.

Kelley, Harold H. (1950), "Communication in Experimentally Created Hierarchies," in Festinger *et al.*, *Theory and Experiment in Social Communication*, Ann Arbor, Michigan: Research Center for Group Dynamics, University of Michigan. Reprinted in Cartwright and Zander (1953).

Kelley, Harold H. and Edmund H. Volkart (1952), "The Resistance to Change of Group Anchored Attitudes," *American Sociological Review*, Vol. 17, pp. 453-465. Reported also in Hovland, Janis and Kelley (1953), Chap. V.

Klapper, Joseph T. (1950), *The Effects of the Mass Media*, New York: Bureau of Applied Social Research, Columbia University.

Komarovsky, Mirra (1940), *The Unemployed Man and his Family*, New York: The Dryden Press.

—— (1946), "The Voluntary Associations of Urban Dwellers," *American Sociological Review*, Vol. 11, pp. 686-698.

Krech, David and Richard S. Crutchfield (1948), *Theory and Problems in Social Psychology*, New York: McGraw-Hill.

Larsen, Otto N. and Richard J. Hill (1954), "Mass Media and Interpersonal Communication in the Diffusion of a News Event," *American Sociological Review*, Vol. 19, pp. 426-433.

Larsen, Otto N. and Melvin L. DeFleur (1954), "The Comparative Role of Children and Adults in Propaganda Diffusion," *American Sociological Review*, Vol. 19, pp. 593-602.

Lazarsfeld, Paul F. (1940), *Radio and the Printed Page*, New York: Duell, Sloan and Pearce.

—— (1941), "Audience Building in Educational Broadcasting," *Journal of Educational Sociology*, Vol. 14.

—— (1942), "The Effects of Radio on Public Opinion," in Douglas Waples, ed., *Print, Radio and Film in a Democracy*, Chicago, Ill.: University of Chicago Press.

—— (1947), "Audience Research in the Movie Field," *Annals of the American Academy of Political and Social Science*.

—— (1948), "Communications Research and the Social Psychologist," in Wayne Dennis, ed., *Current Trends in Social Psychology*, Pittsburgh, Pa.: University of Pittsburgh Press.

Lazarsfeld, Paul F., Bernard Berelson and Hazel Gaudet (1948), *The People's Choice*, New York: Columbia University Press.

Lazarsfeld, Paul F. and Patricia L. Kendall (1948), *Radio Listening in America*, New York: Prentice-Hall.

Lazarsfeld, Paul F. and Robert K. Merton (1949), "Mass Communication, Popular Taste and Organized Social Action," in Wilbur Schramm, ed., *Mass Communications*, Urbana, Ill.: University of Illinois Press.

Lazarsfeld, Paul F. and Patricia L. Kendall (1950), "Problems of Survey Analysis," in Merton and Lazarsfeld, eds., *Continuities in Social Research: Studies in the Scope and Method of "The American Soldier,"* Glencoe, Ill.: Free Press.

Lazarsfeld, Paul F. and Morris Rosenberg, eds. (1955), *The Language of Social Research*, Glencoe, Ill.: Free Press.

Leavitt, Harold J. (1952), "Some Effects of Certain Communications Patterns on Group Performance," in Swanson, Newcomb and Hartley, eds., *Readings in Social Psychology*, New York: Henry Holt.

Lee, Alfred M. and Elizabeth B. Lee (1939), *The Fine Art of Propaganda*, New York: Harcourt, Brace.

Leighton, Alexander (1945), *The Governing of Men*, Princeton, N. J.: Princeton University Press.

Lerner Daniel, Paul Berkman and Lucille Pevsner (forthcoming), *Modernizing the Middle East: Studies in Communication and Social Change* (tentative title).

Levine, Jacob and John Butler (1952), "Lecture vs. Group Decision in Changing Behavior," *Journal of Applied Psychology*, Vol. 36, pp. 29-33. Reprinted in Cartwright and Zander (1953).

Lewin, Kurt and Paul Grabbe (1945), "Conduct, Knowledge and Acceptance of New Values," *Journal of Social Issues*, Vol. 1, No. 3, pp. 53-64. Reprinted in Lewin (1948).

Lewin, Kurt (1948), *Resolving Social Conflicts*, New York: Harper and Brothers.

—— (1951), *Field Theory in Social Science*, New York: Harper and Brothers.

—— (1952), "Group Decision and Social Change," in Swanson, Newcomb and Hartley, eds., *Readings in Social Psychology*, New York: Henry Holt.

Lewis, Helen B. (1952), "An Experiment on the Operation of Prestige Suggestion," in Swanson, Newcomb and Hartley, eds., *Readings in Social Psychology*, New York: Henry Holt.

Lindzey, Gardner (1954), *Handbook of Social Psychology* (2 vols.), Cambridge, Mass.: Addison-Wesley Press.

Lippitt, Ronald, Norman Polansky, Fritz Redl and Sidney Rosen (1952) "The Dynamics of Power," in Swanson, Newcomb and Hartley, eds., *Readings. in Social Psychology*, New York: Henry Holt.

Lippitt, Ronald and Ralph K. White (1952), "An Experimental Study of Leadership and Group Life," in Swanson, Newcomb and Hartley, eds., *Readings in Social Psychology*, New York: Henry Holt.

Lipset, Seymour M., James S. Coleman and Martin A. Trow (forthcoming), *Union Democracy* (tentative title), Glencoe, Ill.: Free Press.

Lundberg, G. A. and Virginia Beazley (1948), "Consciousness of Kind in a College Population," *Sociometry*, Vol. 11, pp. 59-74.

Lundberg, G. A., Virginia B. Hertzler and Lenore Dickson (1949),

"Attraction Patterns in a University," *Sociometry*, Vol. 12, pp. 158-169.

Lynd, Robert S. and Helen M. Lynd (1929), *Middletown*, New York: Harcourt, Brace.

—— (1937), *Middletown in Transition*, New York: Harcourt, Brace.

MacIver, Robert M. (1942), *Social Causation*, Boston: Ginn and Co.

McPhee, William N. and Rolf B. Meyersohn (1951), *The Radio Audiences of Lebanon*, unpublished research report of the Bureau of Applied Social Research, Columbia University.

McPhee, William N. (1953), *New Strategies for Research in the Mass Media*, unpublished memorandum of the Bureau of Applied Social Research, Columbia University.

Maisonneuve, J. *et al.* (1952), "Selective Choices and Propinquity," *Sociometry*, Vol. 15, pp. 135-140.

March, James G. (1954), "Group Norms and the Active Minority," *American Sociological Review*, Vol. 19, pp. 733-741.

Mead, Margaret (1937), "Public Opinion Mechanisms Among Primitive Peoples," *Public Opinion Quarterly*, Vol. 1, No. 3, pp. 5-16.

Mead, Margaret, ed. (1953), *Cultural Patterns and Technical Change*, New York: UNESCO.

Merei, Ferenc (1952), "Group Leadership and Institutionalization," in Swanson, Newcomb and Hartley, eds., *Readings in Social Psychology*, New York: Henry Holt.

Merton, Robert K. (1949A), "Patterns of Influence: A Study of Interpersonal Influence and Communications Behavior in a Local Community," in Lazarsfeld and Stanton, eds., *Communications Research 1948-49*, New York: Harper and Brothers.

—— (1949B), *Social Theory and Social Structure*, Glencoe, Ill.: Free Press.

Merton, Robert K. and Alice Kitt (1950), "Contributions to the Theory of Reference Group Behavior," in Merton and Lazarsfeld, eds., *Continuities in Social Research*, Glencoe, Ill.: Free Press.

Merton, Robert K., *et al.* (forthcoming), *Patterns of Social Life: Explorations in the Sociology and Social Psychology of Housing* (tentative title). Under a grant from the Lavanburg Foundation.

Meyersohn, Rolf (1953), *Research in Television: Some Highlights and a Bibliography*, unpublished memorandum of the Bureau of Applied Social Research, Columbia University.

Miller, Delbert C. (1945), "A Research Note on Mass Communication," *American Sociological Review,* Vol. 10, pp. 691-694.

Miller, Neal A. and John Dollard (1941), *Social Learning and Imitation,* New Haven: Yale University Press.

Minnesota, University of, School of Journalism Research Division (1949), *Newspapers and their Readers* (2 vols.), Minneapolis, Minn.: University of Minnesota Press.

Moreno, Jacob L. (1953), *Who Shall Survive?,* Beacon, N. Y.: Beacon House.

Myrdal, Gunnar (1944), *An American Dilemma,* New York: Harper and Brothers.

Newcomb, Theodore M. and G. Svehla (1937), "Intra-family Relationships in Attitude," *Sociometry,* Vol. 1, pp. 180-205.

Newcomb, Theodore M. and Eugene L. Hartley, eds. (1947), *Readings in Social Psychology,* New York, Henry Holt.

Newcomb, Theodore M. (1950), *Social Psychology,* New York: Dryden Press.

—— (1951), "Social Psychological Theory," in Rohrer and Sherif, eds., *Social Psychology at the Crossroads,* New York: Harper and Brothers.

—— (1952), "Attitude Development as a Function of Reference Groups: The Bennington Study," in Swanson, Newcomb and Hartley, eds., *Readings in Social Psychology,* New York: Henry Holt.

Park, Robert E. (1949), "The Natural History of the Newspaper," in Wilbur Schramm, ed., *Mass Communications,* Urbana, Ill.: University of Illinois Press.

Precker, Joseph A. (1952), "Similarity of Valuings as a Factor in Selection of Peers and Near-Authority Figures," *Journal of Abnormal and Social Psychology,* Vol. 47, pp. 406-414.

Public Administration Clearing House (1954), "Experiences of Personnel of U.S. Voluntary Agencies," *Economic Development and Cultural Change,* Vol. 2, pp. 329-349.

Riesman, David, Reuel Denney and Nathan Glazer (1950), *The Lonely Crowd,* New Haven, Conn.: Yale University Press.

Riley, Matilda W. and John W. Riley, Jr. (1951), "A Sociological Approach to Communications Research," *Public Opinion Quarterly,* Vol. 15, pp. 445-460. Reprinted in Schramm (1955).

Riley, Matilda W. (1953), "An Interpersonal Approach to Opinion Research," paper delivered at the 1953 meeting of the American Association for Public Opinion Research.

Robinson, William S. (1941), "Radio Comes to the Farmer," in Lazarsfeld and Stanton, eds., *Radio Research 1941,* New York: Duell, Sloan and Pearce.

Roethlisberger, F. J. and W. J. Dickson (1939), *Management and the Worker*, Cambridge, Mass.: Harvard University Press.

Rogers, Maria (1951), "The Human Group: A Critical Review with Suggestions for Some Alternative Hypotheses," *Sociometry*, Vol. 14, pp. 20-31.

Roseborough, Mary E. (1953), "Experimental Studies of Small Groups," *Psychological Bulletin*, Vol. 50, pp. 275-303.

Rossi, Peter H. (1955), *Why Families Move*, Glencoe, Ill.: Free Press.

Sanford, Fillmore H. (1952), "The Psychology of Military Leadership," in Wayne Dennis, ed., *Psychology in the World Emergency*, Pittsburgh, Pa.: University of Pittsburgh Press.

Schachter, Stanley (1951), "Deviation, Rejection and Communication," *Journal of Abnormal and Social Psychology*, Vol. 46, pp. 190-207. Reprinted in Cartwright and Zander (1953).

Schramm, Wilbur and David M. White (1949), "Age, Education and Economic Status as Factors in Newspaper Reading," *Journalism Quarterly*, Vol. 26, pp. 155-157.

Schramm, Wilbur (1949), *Mass Communications*, Urbana, Ill.: University of Illinois Press.

—— (1955), *The Process and Effects of Mass Communication*, Urbana, Ill.: University of Illinois Press.

Sherif, Muzafer (1952), "Social Factors in Perception," in Swanson, Newcomb and Hartley, eds., *Readings in Social Psychology*, New York: Henry Holt.

Shils, Edward A. and Morris Janowitz (1948), "Cohesion and Disintegration in the Wehrmacht," *Public Opinion Quarterly*, Vol. 12, pp. 300-315; reprinted, in part, in Berelson and Janowitz, eds., *Reader in Public Opinion and Communication*, Glencoe, Ill.: Free Press.

Shils, Edward A. (1950), "Primary Groups in the American Army," in Merton and Lazarsfeld, eds., *Studies in the Scope and Method of "The American Soldier,"* Glencoe, Ill.: Free Press.

—— (1951), "The Study of the Primary Group," in Lerner and Lasswell, eds., *The Policy Sciences*, Stanford, Calif.: Stanford University Press.

Sims, Verner M. and James R. Patrick (1947), "Attitude Toward the Negro of Northern and Southern College Students," in Newcomb and Hartley, eds., *Readings in Social Psychology* (first edition), New York: Henry Holt.

Slater, Philip E. (1955), "Role Differentiation in Small Groups," *American Sociological Review*, Vol. 20, pp. 300-310. Reprinted in Hare, Borgatta and Bales (1955).

Smith, Everett R. (1952), "What Is Socio-Economic Status?" *Printer's Ink*, August 1, 1952.

Smith, Joel, William H. Form and Gregory P. Stone (1954), "Local Intimacy in a Middle-Sized City," *American Journal of Sociology*, Vol. 60, pp. 276-284.

Social Science Research Council (1947), *Public Reaction to the Atomic Bomb and World Affairs*, Ithaca, N. Y.: Cornell University Press.

Speier, Hans (1950), "The Historical Development of Public Opinion," *American Journal of Sociology*, Vol. 55, pp. 376-388.

Stewart, Frank A. (1947), "A Sociometric Study of Influence in Southtown," *Sociometry*, Vol. 10, pp. 11-31, 273-286.

Stogdill, R. M. (1948), "Personal Factors Associated With Leadership: A Survey of the Literature," *Journal of Psychology*, Vol. 25, pp. 35-71.

Stouffer, Samuel A. *et al* (1949), *The American Soldier: Studies in Social Psychology in World War II*, (Vols. 1 and 2), Princeton, N. J.: Princeton University Press.

Strodtbeck, Fred L. (1951), "Husband and Wife Interaction Over Revealed Differences," *American Sociological Review*, Vol. 16, pp. 468-477. Reprinted in Hare, Borgatta and Bales (1955).

Stycos, J. Mayone (1952), "Patterns of Communication in a Rural Greek Village," *Public Opinion Quarterly*, Vol. 16, pp. 59-70.

Suchman, Edward A. (1941), "An Invitation to Music," in Lazarsfeld and Stanton, eds., *Radio Research 1941*, New York: Duell, Sloan and Pearce.

Sullivan, Harry S. (1953), *The Interpersonal Theory of Psychiatry*, New York: Norton.

Swanson, G. E., T. M. Newcomb and E. L. Hartley, eds. (1952), *Readings in Social Psychology* (revised edition), New York: Henry Holt.

Tarde, Gabriel (1901), *L'Opinion et la Foule*, Paris.

Thibaut, John (1950), "An Experimental Study of the Cohesiveness of Underprivileged Groups," *Human Relations*, Vol. 3, pp. 251-278. Reprinted in Cartwright and Zander (1953).

Tolman, Edward C. (1951), "A Psychological Model," in Parsons and Shils, eds., *Toward A General Theory of Action*, Cambridge, Mass.: Harvard University Press.

Warner, W. Lloyd and Paul S. Lunt (1941), *The Social Life of a Modern Community* (Vol. 1, Yankee City Series), New Haven, Conn.: Yale University Press.

Whyte, William Foote (1943), *Street Corner Society*, Chicago, Ill.: University of Chicago Press.

—— (1945), "The Social Role of the Settlement House," *Applied Anthropology,* Vol. 1, pp. 14 ff.

Whyte, William H., Jr. (1954), "The Web of Word-of-Mouth," *Fortune,* November, 1954.

Wiebe, G. D. (1951), "Merchandising Commodities and Citizenship on Television," *Public Opinion Quarterly,* Vol. 15, pp. 679-691.

—— (1952), "Responses to the Televised Kefauver Hearings," *Public Opinion Quarterly,* Vol. 16, pp. 179-200. Reprinted in Katz, Cartwright *et al* (1954).

Wilson, A. T. M., E. L. Trist and Adam Curle (1952), "Transitional Communities and Social Reconnection: A Study of the Civil Resettlement of British Prisoners of War," in Swanson, New-comb and Hartley, eds., *Readings in Social Psychology,* New York: Henry Holt.

Wirth, Louis (1949), "Consensus and Mass Communication," in Wilbur Schramm, ed., *Mass Communications,* Urbana, Illinois: University of Illinois Press.

人名索引

（所注页码为英文原书页码，即本书边码）

术语索引

(所注页码为英文原书页码，即本书边码)

译后记

　　无论从哪种视角来看传播研究的发展历程，拉扎斯菲尔德主导下的哥伦比亚大学应用社会研究所进行的一系列研究都是绕不开的重要学术地标——你可以不赞同他们的学术观点与研究路径，但你绝对无法无视它的存在。在施拉姆所构建的历史话语体系中，拉扎斯菲尔德被尊为"四大奠基人"之一，他开创了传播研究的全新阶段；但在另外的历史叙事中（如批判的视角或文化的视角），哥伦比亚学派的"管理研究"取向又饱受诟病，受詹姆斯·凯瑞的影响，许多研究者往往将哥伦比亚学派与芝加哥学派对立起来，认为二者间的学术传统与民主理想是完全相异或是断裂的。

　　但是一个有意思的现象是，尽管国内学界近十多年来在相关话题上的讨论不可谓不热闹，但由于种种原因，我们讨论的这些对象们的经典著作的译介工作却进展得并不算太快。比如李普曼的重要著作《幻影公众》直到 2013 年才有中文译本，而杜威回应李普曼观点所写的《公众及其问题》更是到了 2015 年才被译介出版。拉扎斯菲尔德的重要著作也同样如此：《人民的选择》汉译本出版于 2012 年，而当本书与读者们见面时，时光的指针指向的是 2016 年。这也就是说，我们对于传播研究历史所形成的很多认知与概念，很有可能是受到他人的影响而形成的"刻板成见"——特别是对于那些缺乏相应渠道获得第一手学术资料的研究者或学习者们而言，总是在吃别人嚼过的馍，这就几乎无法摆脱他人的影响而形成自己的独立认识与见解。因此，译介经典著作的价值就在于使我们可以在细读文本的基础上对理论、对人物、对历史形成更为准确与全面的认知，并进而批判性地反思那些影响着我们的"神话"或者意识形态化了的历史叙事。

2008 年本书校译者刘海龙在美国宾夕法尼亚大学访问时，参加了本书作者之一伊莱休·卡茨的"媒介研究经典文献解读"博士研讨班。因为这个研讨班主要讨论经典论文，没有将《人际影响》列在其中，但是卡茨却屡次提到本书的观点及研究故事，还送给班上同学每人一本美国政治与社会科学学会（AAPSS）《年鉴》（*The Annals*）杂志 2006 年在该书出版 50 周年时推出的一本《人际影响》研究专刊。这些机缘引导校译者仔细阅读了这本传播学哥伦比亚学派的经典著作，并将其推荐给中国人民大学出版社"新闻与传播学译丛·大师经典系列"丛书。在李学伟编辑的努力下，2010 年此书顺利立项。但是这本书似乎有某种魔咒。原书的写作耗时十年；因为编辑工作交接、译校衔接问题等各种原因，翻译工作也耗费了近五年。好在现在终于勉强能向关心此书翻译工作的卡茨老先生交代了。

本书由张宁翻译，刘海龙负责译稿的校对与修改工作。在这一过程中，中国人民大学出版社的编辑翟江虹、汤慧芸付出了巨大的辛劳，她们的认真、细致与勤勉，是推动整个译校工作顺利进行、打破"魔咒"的重要动力。在此，向她们表示由衷的感谢！

由于译校者水平有限，本书难免出现错漏，敬请读者批评指正。

图书在版编目（CIP）数据

人际影响：个人在大众传播中的作用/（美）卡茨，（美）拉扎斯菲尔德著；
张宁译.—北京：中国人民大学出版社，2015.4
（当代世界学术名著·新闻与传播学译丛·大师经典系列）
ISBN 978-7-300-20915-9

Ⅰ.①人… Ⅱ.①卡… ②拉… ③张… Ⅲ.①传播效果-研究
Ⅳ.①C912.1

中国版本图书馆 CIP 数据核字（2015）第 039240 号

当代世界学术名著

新闻与传播学译丛·大师经典系列

人际影响

个人在大众传播中的作用

[美] 伊莱休·卡茨　保罗·F·拉扎斯菲尔德　著

张　宁　译

刘海龙　校

Renji Yingxiang

出版发行	中国人民大学出版社		
社　　址	北京中关村大街 31 号	**邮政编码**	100080
电　　话	010 - 62511242（总编室）	010 - 62511770（质管部）	
	010 - 82501766（邮购部）	010 - 62514148（门市部）	
	010 - 62515195（发行公司）	010 - 62515275（盗版举报）	
网　　址	http://www.crup.com.cn		
经　　销	新华书店		
印　　刷	天津中印联印务有限公司		
规　　格	170 mm×240 mm　16 开本	**版　　次**	2016 年 4 月第 1 版
印　　张	28 插页 2	**印　　次**	2022 年 3 月第 2 次印刷
字　　数	393 000	**定　　价**	89.00 元